Excel 2013

Aufbauwissen

Verlag:
BILDNER Verlag GmbH
Bahnhofstraße 8
94032 Passau

http://www.bildner-verlag.de
info@bildner-verlag.de

Tel.: +49 851-6700
Fax: +49 851-6624

ISBN: 978-3-8328-0061-1

Covergestaltung:
Christian Dadlhuber

Autoren:
Inge Baumeister, MMTC Multi Media Trainingscenter GmbH

Herausgeber:
Christian Bildner

Unsere Bücher werden auf FSC-zertifziertem Papier gedruckt.

Das FSC-Label auf einem Holz- oder Papierprodukt ist ein eindeutiger Indikator dafür, dass das Produkt aus verantwortungsvoller Waldwirtschaft stammt. Und auf seinem Weg zum Konsumenten über die gesamte Verarbeitungs- und Handelskette nicht mit nicht-zertifiziertem, also nicht kontrolliertem, Holz oder Papier vermischt wurde. Produkte mit FSC-Label sichern die Nutzung der Wälder gemäß den sozialen, ökonomischen und ökologischen Bedürfnissen heutiger und zukünftiger Generationen.

Vorwort

Dieses Buch wendet sich an Anwender, die bereits über Grundlagenkenntnisse in Excel verfügen. Der Schwerpunkt wurde auf Problemstellungen gelegt, die sich in der Praxis aus der täglichen Arbeit mit Excel ergeben. Wichtige und nützliche Funktionen und ihre Verwendung werden anhand zahlreicher Beispiele detailliert erklärt und Sie erhalten Tipps und Hinweise für den Einsatz von Funktionen für Ihre Zwecke.

Weitere Lektionen erläutern die Nutzung von Excel-Datenbanken und was bei deren Erstellung zu beachten ist, sowie den Datenimport aus anderen Anwendungen. Außerdem erhalten Sie zu Diagrammen Tipps und Hinweise für fortgeschrittene Nutzer.

Selbstverständlich dürfen auch Pivot-Tabellen (PivotTable) und Pivot-Diagramme (PivotChart) in einem solchen Buch nicht fehlen und Sie werden sehen, wie schnell und einfach sich auch umfangreiche Datenmengen mit ihnen auswerten und ansprechend darstellen lassen.

Der zweite Teil dieses Buches dreht sich rund um die Automatisierung. Sie lernen nicht nur die Aufzeichnung und Ausführung von Makros, sondern erhalten auch eine Einführung in die VBA-Programmierung. Mit diesem Wissen können Sie aufgezeichnete Makros oder vorhandene Prozeduren besser verstehen und an Ihre Erfordernisse anpassen, sowie kleine Prozeduren selbst schreiben. Allerdings stellt die Lektion „Einführung in die VBA-Programmierung" keine vollständige Beschreibung der Programmiersprache Visual Basic for Applications dar - dies wäre Thema für ein gesondertes Buch - sondern soll Ihnen einen ersten Einstieg in die Programmierung vermitteln.

Abschließend lernen Sie die Formularsteuerelemente von Excel und ihre Einsatzmöglichkeiten kennen und können ihre neuerworbenen VBA-Kenntnisse zusammen mit ActiveX-Steuerelementen einsetzen.

Welche Kenntnisse sollten Sie mitbringen?
Sie sollten über Grundlagenkenntnisse in Excel verfügen. Dazu zählen der allgemeine Umgang mit Excel-Arbeitsmappen und Tabellenblättern, Einsatz von Zahlen- und Zellformaten, sowie das Erstellen und Bearbeiten einfacher Standarddiagramme. Darüber hinaus sollten Sie Berechnungen mit Formeln und einfachen Funktionen, z. B. Summe durchführen können.

Da Formeln und Funktionen einen der Schwerpunkte dieses Buches bilden, finden Sie in Lektion 1 alles, was Sie dazu wissen müssen und dazu noch einiges mehr.

Schreibweise
Befehle, Schaltflächen und die Beschriftung von Dialogfenstern sind zur besseren Unterscheidung farbig und kursiv gesetzt, Beispiel: Register *START*, Gruppe *Zahl*.

Verwendete Symbole

 Dieses Symbol kennzeichnet Detailinformationen und Tipps.

 Das Ausrufzeichen macht Sie auf wichtige Punkte aufmerksam und warnt vor möglichen Fehlern.

Download von Beispieldateien

Sämtliche Beispiele aus diesem Buch sind kostenlos zum Download verfügbar auf unserer Homepage unter www.bildner-verlag.de/00074.

Inhalt

1 Was Sie über Formeln und Funktionen wissen sollten

In dieser Lektion lernen Sie...

- Zellbezüge in Formeln und Funktionen
- Funktionen eingeben
- Namen verwenden
- Formeln und Funktionen als Funktionsargumente
- Formelkontrolle und Fehlerkorrektur
- Matrixformeln eingeben

Diese Kenntnisse sollten Sie bereits mitbringen...

- Umgang mit Excel-Arbeitsmappen und Tabellenblättern
- Daten in Tabellen eingeben und korrigieren

1.1   Berechnungen mit Excel (Überblick)

Grundlagen

Berechnungen werden in Excel-Arbeitsmappen entweder mit Formeln oder mit Hilfe von Funktionen durchgeführt.

Bild 1.1 Einfache Formel eingeben

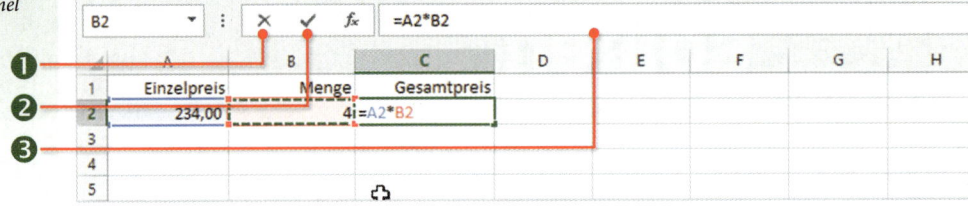

❶   Abbrechen

❷   Eingeben

❸   Die Bearbeitungsleiste mit der Formel

Für einfache Berechnungen, z. B. Multiplikation von zwei Zahlen, geben Sie eine Formel ein; Funktionen dagegen sind bereits vollständige Formeln, in die Sie nur noch die Zellbezüge einfügen brauchen. Für alle Formeln und Funktionen gelten die folgenden Grundregeln:

■   Formeln und Funktionen werden wie Text und Zahlen in eine Zelle eingegeben und müssen mit dem Gleichheitszeichen (=) beginnen.

■   Eine Formel oder Funktion kann Zellbezüge, Zahlen, Text oder eine weitere Formel bzw. Funktion enthalten. Text in Formeln muss in Anführungszeichen " " gesetzt sein.

■   Anstelle von Zahlen werden normalerweise Zellbezüge verwendet. Dies hat den Vorteil, dass bei nachträglichen Änderungen der zur Berechnung verwendeten Zahlen sofort eine automatische Neuberechnung erfolgt. Ausnahmen davon sind sogenannte Konstanten, z. B. die 12 Monate eines Jahres, diese können als Zahl in eine Formel eingegeben werden.

■   Zellbezüge lassen sich in eine Formel am einfachsten einfügen, indem Sie die betreffende Zelle mit der Maus anklicken. Als Alternative verwenden Sie die Pfeiltasten der Tastatur.

■   Mehrere Zellen umfassende Zellbereiche werden in Formeln und Funktionen in der Schreibweise ErsteZelle:LetzteZelle angegeben, zum Beispiel: A5:A25. Zellbereiche werden ebenfalls durch Markieren mit der Maus eingefügt.

■   Die Eingabe einer Formel wird über die Tastatur mit der Eingabe-Taste oder der Tab-Taste abgeschlossen, verwenden Sie dazu nicht die Pfeiltasten, siehe oben. Als zweite Möglichkeit klicken Sie mit der Maus in der Bearbeitungsleiste auf das Symbol *Eingeben* ❷.

■ Die Regelung „Punkt vor Strich" gilt auch für alle Excel-Formeln. Zur Steuerung der Berechnungsreihenfolge benötigen Sie daher in manchen Formeln runde Klammern ( ).

■ Neben Gleichzeitszeichen und runden Klammern können in Formeln die folgenden Operatoren verwendet werden, ihre Eingabe erfolgt über die Tastatur:

Zeichen	Bedeutung	Zeichen	Bedeutung
+	Addition	=	Gleich
-	Subtraktion	<	Kleiner als
*	Multiplikation	<=	Kleiner oder gleich
/	Division	>	Größer als
^	Potenz	>=	Größer oder gleich
&	Zeichenfolgen aneinanderfügen	<>	Ungleich, Nicht

Eine einfache Formel eingeben

1 Markieren Sie die Zelle, in die Sie die Formel eingeben möchten und geben Sie das Gleichheitszeichen über die Tastatur ein.

2 Klicken Sie mit der Maus auf die erste Zelle, deren Zellbezug Sie in die Formel einfügen möchten. Sofort erscheint deren Adresse in der Formel und im Tabellenblatt wird diese Zelle mit einem farbigen gestrichelten Laufrahmen hervorgehoben. Dieser Laufrahmen kennzeichnet die aktuell aktive Zelle und ihr Zellbezug in der Formel kann jederzeit durch Anklicken einer anderen Zelle geändert werden.

3 Geben Sie über die Tastatur einen Operator, z. B. * für Multiplikation ein und klicken Sie anschließend auf die nächste, in der Formel benötigte Zelle, um deren Zellbezug einzufügen.

4 Schließen Sie die Formeleingabe mit der Eingabe-Taste ab oder klicken Sie in der Bearbeitungsleiste auf *Eingeben*.

5 Im Tabellenblatt erscheint anstelle der Formel das Ergebnis, allerdings zeigt ein Blick in die Bearbeitungsleiste, dass die markierte Zelle immer noch die Formel und keine Zahl enthält.

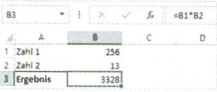

Summe und einfache Funktionen berechnen

Summen über mehrere Zellen bzw. einen Zellbereich berechnen Sie mit der Funktion Summe. Das Symbol zum Einfügen dieser Funktion finden Sie gleich an mehreren Stellen:

- Im Register *START*, Gruppe *Bearbeiten*

- Register *FORMELN*, *Funktionsbibliothek*

   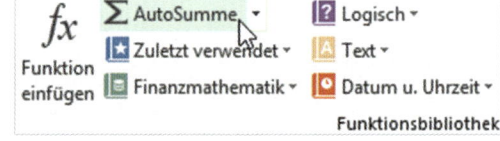

Bild 1.2 Register START   *Bild 1.3 Register FORMELN*

Zur Berechnung der Summe sind folgende Vorgehensweisen möglich:

Alternative 1: Markieren Sie den Zellbereich, den Sie addieren möchten und klicken Sie auf die Schaltfläche *AutoSumme*. Das Ergebnis wird sofort in die Zelle unmittelbar unterhalb des markierten Zellbereichs eingefügt. Dies funktioniert auch, wenn mehrere nebeneinander liegende Zellen in einer Zeile markiert werden. Dann wird das Ergebnis in die nächste Zelle rechts eingefügt.

Bild 1.4 Summe für Spalte berechnen: 1

	A	B	C
1	Januar	1768	
2	Februar	12780	
3	März	3450	
4	Summe		
5			

	A	B	C
1	Januar	1768	
2	Februar	12780	
3	März	3450	
4	Summe	17998	
5			

Alternative 2: Markieren Sie zuerst die Zelle, in der Sie die Summe berechnen möchten und klicken Sie dann auf die Schaltfläche *AutoSumme*. Die Funktion Summe erscheint in der markierten Zelle, gleichzeitig schlägt Excel meist auch gleich einen Zellbereich zur Summenberechnung vor. Dieser Bereich ist im Tabellenblatt mit einem gestrichelten Laufrahmen versehen. Sie können nun entweder den Vorschlag übernehmen oder durch Markieren mit der Maus einen anderen Bereich festlegen, bevor Sie die Eingabe-Taste drücken oder auf *Eingeben* klicken. Diese Methode besitzt den Vorteil, dass sich das Ergebnis in jeder beliebigen Zelle berechnen lässt.

Bild 1.5 Summe berechnen: 2

	A	B	C
1	Januar	1768	
2	Februar	12780	
3	März	3450	
4			
5			
6	Summe		
7			

	A	B	C
1	Januar	1768	
2	Februar	12780	
3	März	3450	
4			
5			
6	Summe	=SUMME(B1:B3)	
7		SUMME(**Zahl1**; [Zahl2]; ...)	

Tipp: Die Summe kann auch gleichzeitig für mehrere Spalten berechnet werden. Markieren Sie dazu entweder bei Alternative 1 als Zellbereich gleich mehrere Spalten oder bei Alternative 2 mehrere Ergebniszellen.

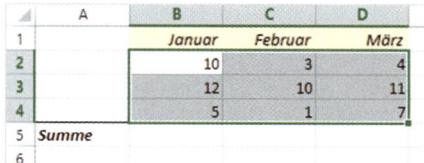

Bild 1.6 Summe für mehrere Spalten berechnen

Weitere Funktionen

Ein Klick auf den Dropdown-Pfeil der Schaltfläche *AutoSumme* zeigt zusätzlich die Funktionen Mittelwert (Durchschnitt), Anzahl (ermittelt, wie viele Zahlen ein Zellbereich enthält), Max und Min an. Deren Eingabe unterscheidet sich nicht von der Funktion Summe.

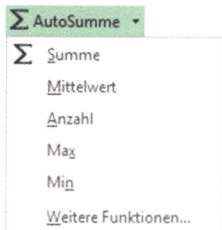

Die Schnellanalyse nutzen

Sobald Sie einen Zellbereich markiert haben, erscheint im Tabellenblatt an der unteren rechten Ecke dieses Bereichs die Schaltfläche *Schnellanalyse*. Hier finden Sie noch zusätzliche Berechnungsmöglichkeiten. So gehen Sie dabei vor:

Beispiel 1: Summen für mehrere Spalten berechnen

Markieren Sie den auszuwertenden Zellbereich, dies können auch mehrere Spalten und Zeilen sein. Klicken Sie auf die Schaltfläche *Schnellanalyse* und im Schnellanalysetool auf das Register *ERGEBNISSE*.

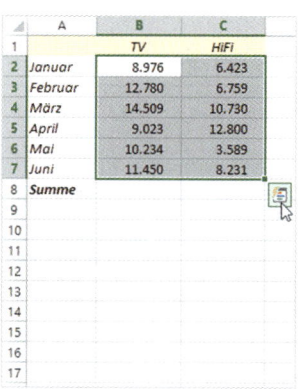
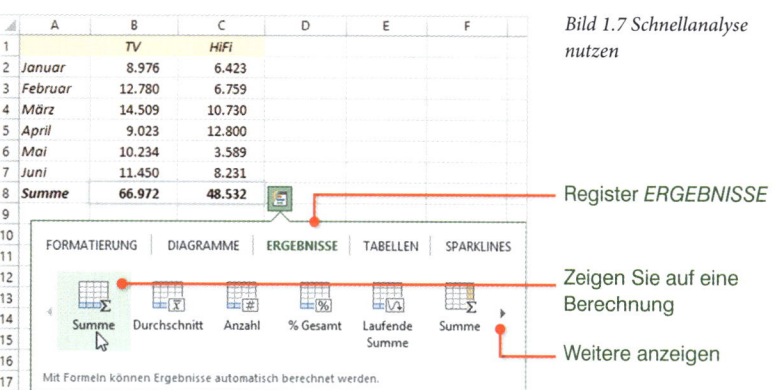

Bild 1.7 Schnellanalyse nutzen

Register *ERGEBNISSE*

Zeigen Sie auf eine Berechnung

Weitere anzeigen

Sie können nun wählen, ob beispielsweise die Summen über mehrere Zeilen in einer neuen Spalte oder Summen über Spalten in der Zeile unterhalb berechnet werden sollen. Im oben abgebildeten Beispiel sollen die Summen für die beiden Spalten in der Zeile unterhalb berechnet werden. Klicken Sie daher auf das Symbol *Summe* (in Zeile) . Tipp: Sie erhalten im Tabellenblatt eine

Vorschau, wenn Sie auf eine Berechnung zeigen und können so vorab das Ergebnis kontrollieren.

Beispiel 2: Laufende Summe berechnen

Als zweites Beispiel soll in einer weiteren Spalte die laufende Summe berechnet werden. Markieren Sie dazu den Zellbereich, für den die laufende (kumulierte) Summe berechnet werden soll und klicken Sie im Schnellanalysetool auf *ERGEBNISSE*.

Klicken Sie auf den kleinen Pfeil nach rechts, um weitere Möglichkeiten anzuzeigen und wählen Sie *Laufende Summe* (in Spalte) 🗇, Bild 1.8. Zur Kontrolle zeigen Sie zuerst auf das Symbol und übernehmen dann das Ergebnis mit einem Mausklick.

Bild 1.8 Laufende Summe berechnen

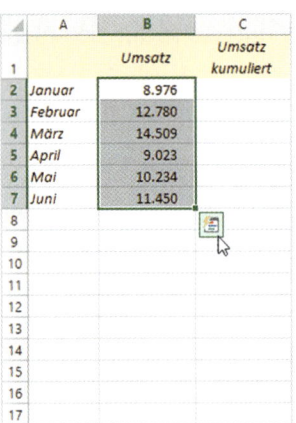

1.2   Zellbezüge in Formeln und Funktionen

Formeln und Funktionen kopieren

Häufig wird dieselbe Formel oder Funktion gleich in mehreren Zeilen oder Spalten benötigt, dazu kann die Formel kopiert werden. Markieren Sie die Zelle mit der Formel und zeigen Sie mit der Maus auf das kleine Kästchen in der rechten unteren Ecke des Markierungsrahmens: Der Mauszeiger erscheint als + und Sie können nun durch Ziehen mit gedrückter Maustaste die Formel nach rechts oder nach unten (bzw. nach links oder nach oben) in die angrenzenden Zellen kopieren.

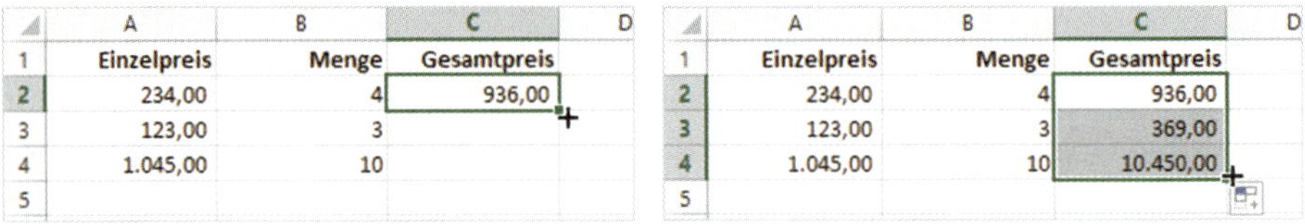

Bild 1.9 Formel mit der Maus kopieren

Automatisches Anpassen von Zellbezügen (relative Zellbezüge)

Normale Zellbezüge in der Schreibweise Spalte Zeile, z. B. A2, werden beim Kopieren automatisch entsprechend der Kopierrichtung angepasst. So wird in Bild 1.9 aus der Formel =A2*B2 in Zeile 2 nach dem Kopieren in Zeile 3 die Formel =A3*B3 usw., die Formel wird also in jeder Zeile korrekt berechnet.

Dies gilt auch für Spalten: Beim Kopieren um eine Spalte nach rechts würde A2 in der Formel in B2 umgewandelt.

Anpassen der Zellbezüge durch absolute Zellbezüge verhindern

Nicht in jedem Fall ist beim Kopieren von Formeln ein Anpassen aller Zellbezüge erwünscht. In Bild 1.10 unten würde nach dem Kopieren die ursprüngliche Formel =B4*B1 in Zeile 5 lauten: =B5*B2. Der Bezug auf B5 wäre korrekt, nicht aber auf B2. Damit die Formel trotzdem kopiert werden kann, muss in der Formel für die Provision in B1 ein sogenannter absoluter (fester) Zellbezug angegeben werden, der beim Kopieren nicht angepasst wird. In absoluten Zellbezügen werden der Spalte und der Zeile das Dollarzeichen $ vorangestellt, die Formel muss daher lauten: =B4*$B$1.

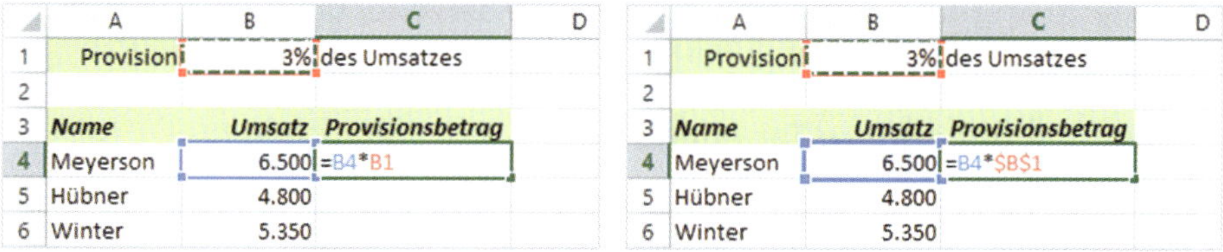

Bild 1.10 Absoluter Zellbezug

So geben Sie am einfachsten einen absoluten Zellbezug in eine Formel ein:

Fügen Sie zunächst mit einem Klick auf die benötigte Zelle einen normalen (relativen) Zellbezug in die Formel ein. Drücken Sie dann unmittelbar danach auf der Tastatur die Funktionstaste F4. Dadurch werden Spalte und Zeile des zuletzt eingefügten Zellbezugs mit dem Dollarzeichen versehen, und Sie erhalten einen absoluten Zellbezug. Eine manuelle Eingabe des Dollarzeichens über die Tastatur ist also nicht erforderlich.

Ein relativer Zellbezug kann auch nachträglich umgewandelt werden: Editieren Sie die Formel mit Doppelklick und klicken Sie in der Formel auf den zu ändernden Zellbezug. Ein Markieren des Zellbezugs ist nicht erforderlich, es genügt, wenn sich der Cursor unmittelbar links oder rechts bzw. innerhalb der Adresse befindet. Drücken Sie dann die Taste F4 und übernehmen Sie die Änderung mit der Eingabe-Taste.

Durch mehrmaliges Drücken der Taste F4 erzeugen Sie nacheinander auch noch gemischte Bezüge, bei denen jeweils nur die Spalte oder Zeile mit dem Dollarzeichen versehen ist, bis zuletzt wieder der normale Zellbezug erscheint.

Um einen absoluten Zellbezug wieder in einen relativen Bezug umzuwandeln, brauchen Sie also nur mehrmals die Taste F4 drücken.

Gemischte Bezüge

Gemischte Zellbezüge verhindern die automatische Anpassung nur hinsichtlich der Zeile oder der Spalte. Damit können im unten abgebildeten Beispiel die Preise abzüglich Rabatt für die unterschiedlichen Rabattgruppen in einer einzigen Formel berechnet werden. Die VK-Preise befinden sich immer in Spalte A, aber in unterschiedlichen Zeilen, Sie benötigen daher in der Formel in B3 für die VK-Preise den Zellbezug $A3. Die Rabatte befinden sich dagegen immer in Zeile 2 und Sie benötigen hierfür den Zellbezug B$2.

Bild 1.11 Beispiel gemischte Bezüge

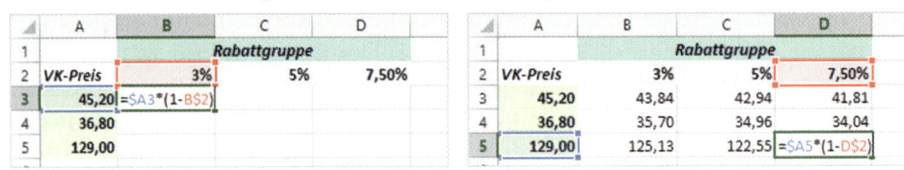

Hinweis: Leider kann eine Formel nicht diagonal kopiert werden, Sie müssen sie daher zuerst nach rechts und dann nach unten oder umgekehrt kopieren.

Zellbezüge auf andere Tabellenblätter

Verwenden Sie in einer Formel Bezüge auf Zellen in einem anderen Tabellenblatt derselben Arbeitsmappe, so wird der Zelladresse der Blattname, gefolgt von einem Ausrufezeichen ! vorangestellt, die Schreibweise lautet:

Blattname!Zelladresse

Zum Einfügen solcher Zellbezüge klicken Sie während der Formeleingabe zuerst im Blattregister auf das benötigte Tabellenblatt und anschließend in diesem Blatt auf die Zelle, oder markieren wie in Bild 1.12 einen Zellbereich. Anschließend fahren Sie mit der Formeleingabe fort bzw. beenden die Eingabe.

Bild 1.12 Zellbezug Tabellenblatt

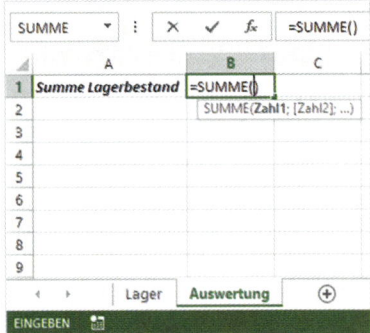
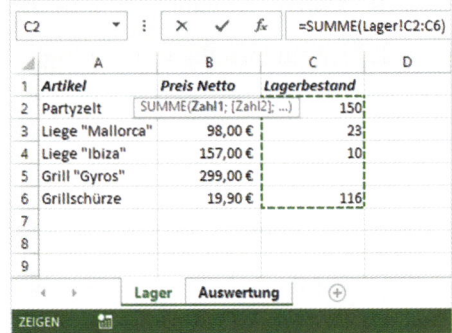

Achtung: Während der Formeleingabe stellt Excel mit jedem Klick auf ein Tabellenblatt im Blattregister der aktuellen Zelladresse (Laufrahmen) den Blattnamen voran. Klicken Sie daher erst wieder auf das Tabellenblatt mit der Formel, wenn Sie aus diesem Blatt eine weitere Zelladresse in die Formel einfügen möchten. Spätestens nach Beenden der Formeleingabe kehrt Excel automatisch zum ursprünglichen Blatt zurück.

Zellbezüge auf Arbeitsmappen (Arbeitsmappen verknüpfen)

Bei der Verwendung von Bezügen auf Zellen einer anderen Arbeitsmappe muss diese geöffnet sein. Wechseln Sie dann während der Formeleingabe zum Einfügen des Zellbezugs über die Taskleiste in die zweite Arbeitsmappe und klicken Sie dort auf die gewünschte Zelle oder markieren Sie einen Zellbereich. Der Dateiname wird dem Tabellenblatt und der Zelladresse in eckigen Klammern vorangestellt und die allgemeine Schreibweise lautet:

[Dateiname.xlsx]Tabellenblatt!Zelladresse

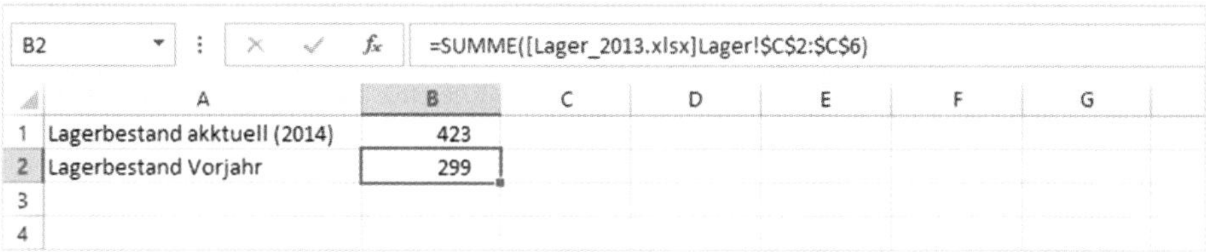

Bild 1.13 Beispiel Zellbezüge auf Arbeitsmappe

B2	▼	:	×	✓	*fx*	=SUMME([Lager_2013.xlsx]Lager!$C$2:$C$6)			
	A			B	C	D	E	F	G
1	Lagerbestand akktuell (2014)			423					
2	Lagerbestand Vorjahr			299					
3									
4									

Für die eigentliche Zelladresse verwendet Excel in diesem Fall automatisch absolute Adressen, also z. B. $A$3.

Auch hier gilt: Nach Beenden der Formeleingabe kehrt Excel automatisch zur ursprünglichen Arbeitsmappe bzw. dem Tabellenblatt mit der Formel zurück.

1.3   Namen anstelle von Zellbezügen verwenden

Insbesondere in umfangreichen Arbeitsmappen oder Tabellen werden Formeln durch absolute Zellbezüge oder Bezüge auf andere Tabellenblätter schnell unübersichtlich. Abhilfe können hier Namen für Zellen und Zellbereiche schaffen. Sie besitzen innerhalb der gesamten Arbeitsmappe Gültigkeit und werden in Formeln anstelle von absoluten Zellbezügen verwendet.

Namen anstelle von absoluten Zellbezügen

Achtung: Ein Name muss mit einem Buchstaben beginnen und darf weder Leerzeichen noch Bindestrich, Punkt, Semikolon oder Doppelpunkt enthalten. Unterstrich (_) ist erlaubt. Namen unterscheiden nicht zwischen Groß- und Kleinschreibung, die maximale Länge beträgt 255 Zeichen.

Namen erstellen

Am einfachsten verwenden Sie das Namenfeld in der Bearbeitungsleiste, um Namen zu vergeben.

1 Markieren Sie die Zelle, der Sie einen Namen zuweisen möchten.

2 Klicken Sie dann in das Namenfeld und geben Sie den Namen über die Tastatur ein.

3 Wichtig: Schließen Sie mit der Eingabe-Taste ab.

Bild 1.14 Namen vergeben

Namenfeld

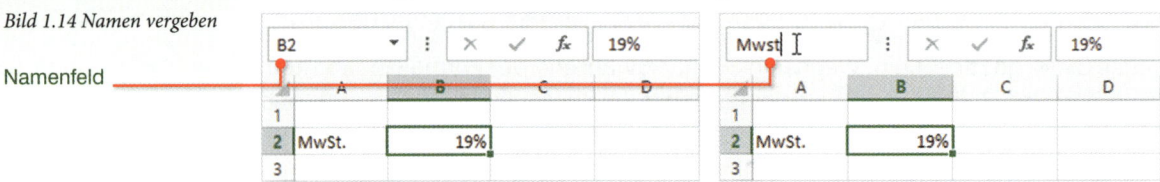

Namen können auch für Zellbereiche vergeben werden: In diesem Fall markieren Sie den entsprechenden Bereich, bevor Sie den Namen eingeben.

Tipp: Wenn Sie zur Kontrolle alle Namen der Arbeitsmappe anzeigen lassen möchten, dann klicken Sie in der Bearbeitungsleiste auf den Dropdown-Pfeil des Namenfeldes. Klicken Sie hier auf einen Namen, so markiert Excel im Tabellenblatt automatisch die dazugehörige Zelle oder den Zellbereich.

Namen aus dem Tabellenblatt übernehmen

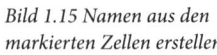

Namen automatisch erstellen

Häufig befindet sich im Tabellenblatt bereits eine entsprechende Beschriftung über oder neben den Zellen. In diesen Fällen können Namen auch aus der Beschriftung erstellt werden.

1 Markieren Sie dazu die Zellen zusammen mit der dazugehörigen Beschriftung und klicken Sie im Register *FORMELN*, Gruppe *Definierte Namen,* auf die Schaltfläche *Aus Auswahl erstellen*.

2 Ein Dialogfenster erscheint: Geben Sie an, wo sich die dazugehörige Beschriftung befindet und bestätigen Sie mit *OK*.

Bild 1.15 Namen aus den markierten Zellen erstellen

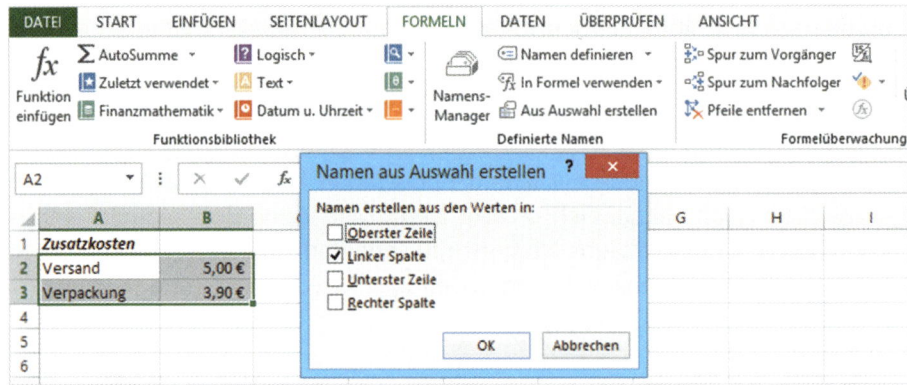

Namen verwalten

Alle Befehle und Schaltflächen zum Arbeiten mit Namen finden Sie im Register *FORMELN* in der Gruppe *Definierte Namen*. Mit der Schaltfläche *Namens-Manager* öffnen Sie ein Fenster mit einer Übersicht über alle Namen der aktuellen Arbeitsmappe und die dazugehörigen Werte. Dazu gehören nicht nur die Namen von Zellen und Zellbereichen, sondern auch von Zellbereichen, die als Tabelle formatiert wurden. Diese tragen meist die Namen Tabelle1, Tabelle2, usw. und unterscheiden sich durch ihr Symbol 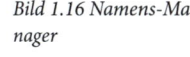 von den übrigen Namen 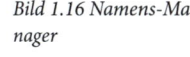. Die Tabellen sind nicht mit Excel-Tabellenblättern zu verwechseln!

Siehe Lektion 3.6

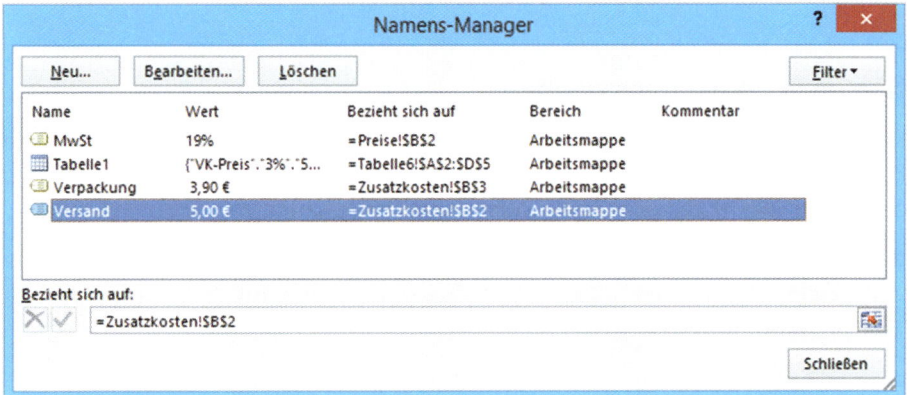

Bild 1.16 Namens-Manager

Namen löschen

Markieren Sie den Namen in der Übersicht und klicken Sie auf die Schaltfläche *Löschen*. Achtung: Namen, die bereits in Formeln verwendet werden, sollten nicht gelöscht werden, da Excel hier die ursprünglichen Zelladressen nicht wiederherstellt. Wurde ein Name trotzdem gelöscht, so erhalten Sie im Tabellenblatt anstelle des Formelergebnisses den Fehlerwert #NAME.

Namen ändern

Falls Sie einen Namen ändern möchten, so markieren Sie diesen und klicken auf *Bearbeiten....* Das Fenster *Name bearbeiten* öffnet sich und Sie können einen anderen Namen eingeben, bei Bedarf einen Kommentar hinzufügen und, falls erforderlich, mit einem Klick auf das Symbol 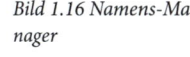 der Zeile *Bezieht sich auf* eine andere Zelle auswählen.

Bild 1.17 Name bearbeiten

Bild 1.18 Neuer Name

Änderungen des Namens und/oder Zellbezugs werden automatisch in alle Formeln übernommen, die diesen Namen verwenden.

Neuen Namen erstellen

Falls Sie im Namens-Manager einen neuen Namen erstellen möchten, klicken Sie auf die Schaltfläche *Neu...*. Geben Sie einen Namen, ggfs. zusammen mit einem Kommentar ein und klicken Sie zum Festlegen des Zellbezugs im Feld *Bezieht sich auf* auf das Symbol 🔣 (Bild 1.18).

Tipp: Anstelle eines Zellbezugs können Sie hier einem Namen auch einen festen Wert, z. B. 12 (Monate eines Jahres), zuordnen.

Namen in Formeln verwenden

Bei der Formeleingabe haben Sie verschiedene Möglichkeiten, Namen in die Formel einzufügen. Die Formel kann anschließend problemlos kopiert werden, da Namen immer mit absoluten Zellbezügen gleichzusetzen sind.

- Klicken Sie während der Formeleingabe einfach auf die Zelle. Besitzt die Zelle einen Namen, erscheint dieser automatisch anstelle des Zellbezugs in der Formel.

Pfeiltasten + Tab-Taste

- Als Alternative tippen Sie den Namen über die Tastatur ein. Bereits nach Eingabe der ersten Zeichen erscheint eine Liste von Namen und Funktionen. Anhand ihres Symbols 🔲 sind die Namen leicht von den Funktionen zu unterscheiden. Zum Übernehmen genügt ein Doppelklick auf den gewünschten Namen. Falls Sie den Namen über die Tastatur einfügen möchten, verwenden Sie zur Auswahl die Pfeiltaste nach unten und zum Übernehmen die Tab-Taste.

- Als dritte Möglichkeit klicken Sie bei der Formeleingabe auf das Register *FORMELN* und hier in der Gruppe *Definierte Namen* auf die Schaltfläche *In Formel verwenden*. Eine Liste mit Namen öffnet sich, klicken Sie zum Einfügen auf den gewünschten Namen.

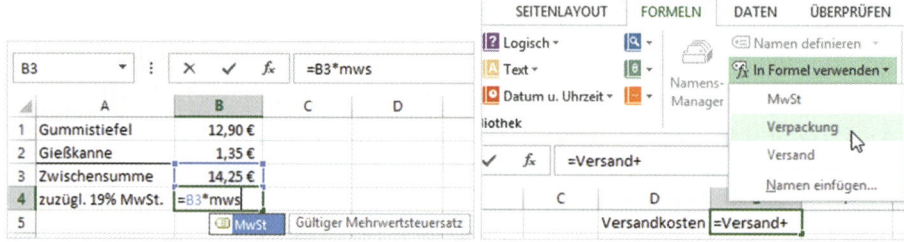

Bild 1.19 Name über Tastatur eingeben   Bild 1.20 Namen einfügen

1.4 Eingabe und Syntax von Funktionen

Funktion eingeben

Neben den bereits beschriebenen Funktionen Summe, Mittelwert, Anzahl, Min und Max verfügt Excel über eine Vielzahl von Funktionen für verschiedene Zwecke. Die wichtigsten davon werden in der nächsten Lektion eingehender beschrieben. Allerdings sollten Sie mit ihrer Eingabe bereits vertraut sein, dazu stehen die folgenden Möglichkeiten zur Auswahl:

Funktionsassistent

Wenn Sie eine bestimmte Funktion suchen, deren genauen Namen jedoch nicht kennen, dann verwenden Sie am besten zur Eingabe den Funktionsassistenten. Markieren Sie dazu die Zelle, in die Sie die Funktion eingeben möchten und klicken Sie entweder im Register *FORMELN*, *Funktionsbibliothek*, auf die Schaltfläche *Funktion einfügen* oder auf dasselbe Symbol in der Bearbeitungsleiste (Bild 1.21). Das Fenster *Funktion einfügen* öffnet sich und Sie können im ersten Schritt die gewünschte Funktion entweder anhand eines Suchbegriffs suchen oder eine Kategorie wählen.

Die vorherige Eingabe des Gleichheitszeichens ist nicht erforderlich!

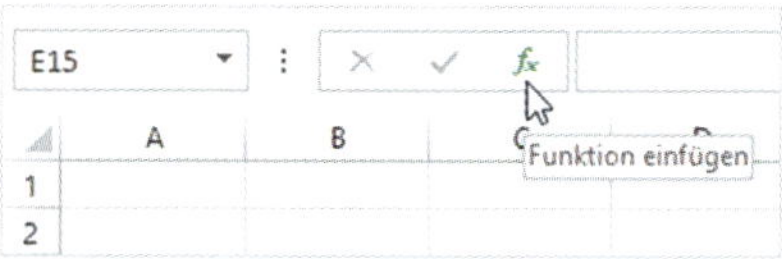

Funktion einfügen

Bild 1.21 Funktionsassistent anzeigen

Bild 1.22 Funktion einfügen / Funktionsassistent

❶ Geben Sie einen Suchbegriff zur benötigten Funktion, z. B. Durchschnitt, ein (optional) und klicken Sie auf *OK* ❷, um die Suche zu starten.

❸ Als Alternative klicken Sie hier auf den Dropdown-Pfeil und wählen eine Kategorie, beispielsweise *Datum und Zeit*. Mit der Auswahl *Alle* werden alle Funktionen alphabetisch aufgelistet. Standardmäßig werden die zuletzt verwendeten Funktionen angezeigt.

❹ Die Suchergebnisse bzw. alle Funktionen der ausgewählten Kategorie erscheinen unterhalb, markieren Sie die gewünschte Funktion und klicken Sie auf *OK*.

❺ Hier erhalten Sie eine Kurzinfo zur markierten Funktion.

❻ Mit einem Klick auf *Hilfe für diese Funktion* öffnen Sie die Excel-Hilfe mit einer genaueren Beschreibung der markierten Funktion.

Nach Auswahl einer Funktion und anschließendem Klick auf die Schaltfläche *OK* öffnet sich das nächste Fenster *Funktionsargumente*. Hier geben Sie die erforderlichen Zellbezüge oder Werte an, diese werden als Funktionsargumente bezeichnet.

Bild 1.23 Funktionsargumente eingeben

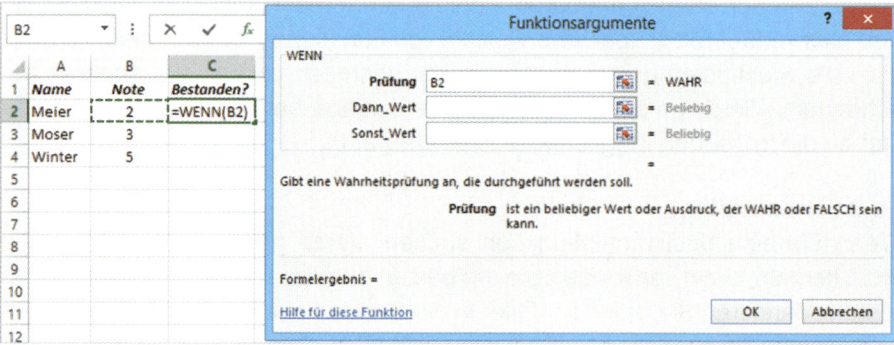

Zum Einfügen von Zellbezügen klicken Sie zuerst in die betreffende Eingabezeile und anschließend im Tabellenblatt auf die erforderliche Zelle. Sollte der Zellbereich durch das Fenster *Funktionsargumente* verdeckt sein, so klicken Sie in einen freien Bereich des Fensters und schieben es mit gedrückter Maustaste einfach beiseite. Als Alternative verwenden Sie das kleine Symbol der jeweiligen Argumentzeile: Ein Klick darauf blendet das Fenster bis auf die Zeile aus, ein weiterer Klick auf das Symbol stellt das Fenster wieder her.

Bild 1.24 Fenster ausblenden/einblenden

Was Sie noch über Funktionsargumente wissen sollten:

- Fett hervorgehobene Argumente sind zwingend für die Berechnung erforderlich, alle anderen sind optional.

- Nähere Informationen zum Argument erhalten Sie unterhalb, sobald sich der Cursor in der betreffenden Eingabezeile befindet.

- Als Argumente können neben Zellbezügen auch Zahlen, Formeln, Funktionen oder Text angegeben werden. Achtung: Text muss in Anführungszeichen " " stehen, für Formeln oder Funktionen ist kein Gleichheitszeichen erforderlich!

- Rechts von jedem Argument erscheint der Wert der angegebenen Zelle bzw. das Ergebnis, falls als Argument eine Formel verwendet wird.

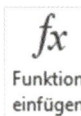

Funktion einfügen

Funktion nachträglich bearbeiten

Falls Sie eine Funktion nachträglich wieder im Fenster *Funktionsargumente* zur Überprüfung oder Korrektur anzeigen möchten, so markieren Sie die betreffende Zelle und klicken in der Bearbeitungsleiste oder im Register *FORMELN* auf die Schaltfläche *Funktion einfügen*.

Funktionsbibliothek

Die *Funktionsbibliothek* im Register *FORMELN* enthält, nach Kategorien geordnet, ebenfalls alle verfügbaren Excel-Funktionen und stellt eine weitere Eingabemöglichkeit von Funktionen dar. Ein Mausklick auf eine Kategorie öffnet die Liste aller dazugehörigen Funktionen. Sollten Sie die gewünschte Kategorie, z. B. statistische Funktionen, nicht finden, dann klicken Sie auf *Mehr Funktionen*.

Bild 1.25 Funktionsbibliothek, Register FORMELN   *Bild 1.26 Mehr Funktionen*

Nach Auswahl einer Funktion öffnet sich ebenfalls das Fenster *Funktionsargumente*, über das Sie alle erforderlichen Argumente eingeben (s. links).

Eingabe über die Tastatur

Als dritte Möglichkeit geben Sie eine Funktion über die Tastatur ein. Markieren Sie dazu die Zelle und geben Sie das Gleichheitszeichen (=) ein, anschließend beginnen Sie mit der Eingabe des Funktionsnamens. Bereits während der Eingabe der ersten Zeichen schlägt Excel entsprechende Funktionen vor und mit einem Doppelklick übernehmen Sie die gewünschte Funktion zusammen mit der öffnenden Klammer in die Zelle. Nun können Sie die Argumente eingeben, unterhalb der Funktion sehen Sie fett hervorgehoben, welches Argument gerade benötigt wird. Wichtig: Werden mehrere Argumente benötigt, müssen Sie diese durch Eingabe eines Semikolons (;) trennen. Schließen Sie die Eingabe mit der Eingabe-Taste ab, die schließende Klammer wird von Excel in den meisten Fällen automatisch ergänzt und muss deshalb nicht zwingend eingegeben werden.

Auch Funktionen beginnen mit = Zeichen

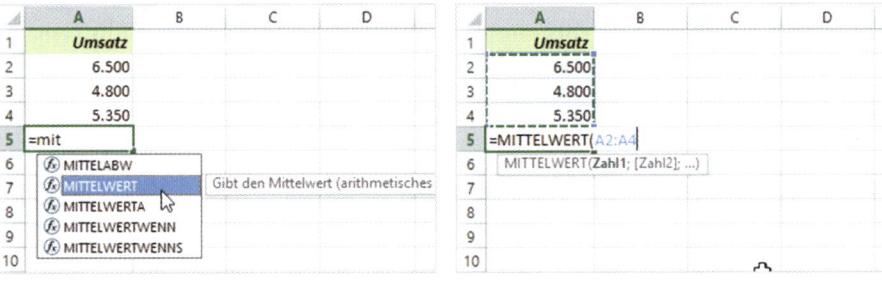

Bild 1.27 Funktion eingeben

Tipp: Als Alternative können Sie eine Funktion aus der Liste der Vorschläge mit der Tastatur einfügen: Markieren Sie die Funktion mit der Pfeiltaste nach unten bzw. oben und übernehmen Sie dann die markierte Funktion mit der Tab-Taste.

Funktionssyntax

Für den sicheren Umgang mit Funktionen sollten Sie den Aufbau bzw. die Schreibweise (Syntax) einer Funktion kennen:

Schreibweise beachten!

=FUNKTIONSNAME(Argument1;Argument2;Argument3;...)

- Eine Funktion beginnt wie jede Formel mit dem Gleichheitszeichen. Dieses wird automatisch eingefügt, wenn Sie eine Funktion über die Funktionsbibliothek oder den Assistenten eingeben, bei der Eingabe über die Tastatur muss das Gleichheitszeichen mit eingegeben werden.

Text in Anführungszeichen " " erledigt der Funktionsassistent meist automatisch.

- Funktionen benötigen, von wenigen Ausnahmen abgesehen, zur korrekten Berechnung weitere Angaben, die so genannten Funktionsargumente. Dies können Zellbezüge, Zahlen, Text oder Formeln bzw. Funktionen sein, Text muss in Anführungszeichen stehen.

- Die Argumente sind immer in runde Klammern eingeschlossen, mehrere Argumente werden durch Semikolon (;) getrennt. Die Klammern sind auch dann erforderlich, wenn die Funktion keine Argumente benötigt.

1.5   Formeln und Funktionen als Argumente

Als Funktionsargumente können auch Formeln oder Funktionen (verschachtelte Funktionen) verwendet werden. Dabei sind folgende Besonderheiten zu beachten:

- Innerhalb einer Funktion ist für Formeln und Funktionen kein weiteres Gleichheitszeichen erforderlich.

- Bei der Eingabe über den Funktionsassistenten werden auch in verschachtelten Funktionen alle schließenden Klammern korrekt eingefügt. Wenn Sie dagegen eine Funktion manuell über die Tastatur als Funktionsargument eingeben, dann müssen Sie auch alle schließenden Klammern über die Tastatur eingeben.

Mehrere Funktionen verschachteln

Maximal 64 Ebenen können verschachtelt werden

In Funktionen können mit Excel 2013 bis zu 64 Ebenen ineinander verschachtelt werden. Häufig werden beispielsweise in einer Funktion die Funktionen UND( ), ODER( ) bzw. WENN( ) zur Prüfung mehrerer Bedingungen benötigt.

Funktionen als Argument werden entweder manuell über die Tastatur oder im Funktionsassistent eingefügt; wenn Sie dabei einige Punkte beachten, dann verlieren Sie auch in verschachtelten Funktionen nicht so schnell den Überblick.

Funktion mit dem Funktionsassistent einfügen

Wenn Sie eine Funktion mit dem Funktionsassistent bzw. im Fenster *Funktionsargumente* eingeben, dann fügen Sie jede weitere Funktion als Argument über die Bearbeitungsleiste ein. Hier erscheint während der Eingabe einer Formel oder Funktion anstelle des Namenfeldes das Feld *Funktionen*, das standardmäßig die zuletzt verwendete Funktion anzeigt (Bild 1.28). Mit einem Klick auf den Dropdown-Pfeil erhalten Sie weitere Funktionen zur Auswahl.

Bild 1.28 Funktion in Formel einfügen

Beispiel: Sie möchten mit Excel ermitteln, für welche Artikel eine Nachbestellung erforderlich ist, und welche Menge jeweils bestellt werden muss (Bild 1.29). Dabei sind folgende Bedingungen zu beachten: Eine Nachbestellung ist nur dann erforderlich, wenn der gesamte Lagerbestand kleiner ist als der Sollbestand. Zusätzlich muss die Mindestbestellmenge berücksichtigt werden: Ist die fehlende Menge kleiner als die Mindestbestellmenge, so gilt die Mindestbestellmenge, andernfalls wird die fehlende Menge nachbestellt.

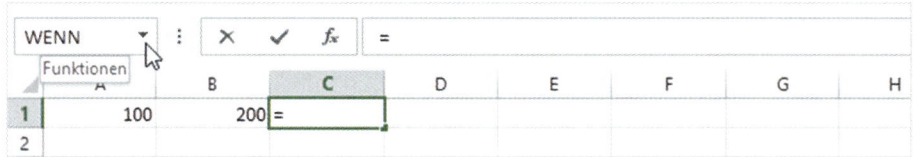

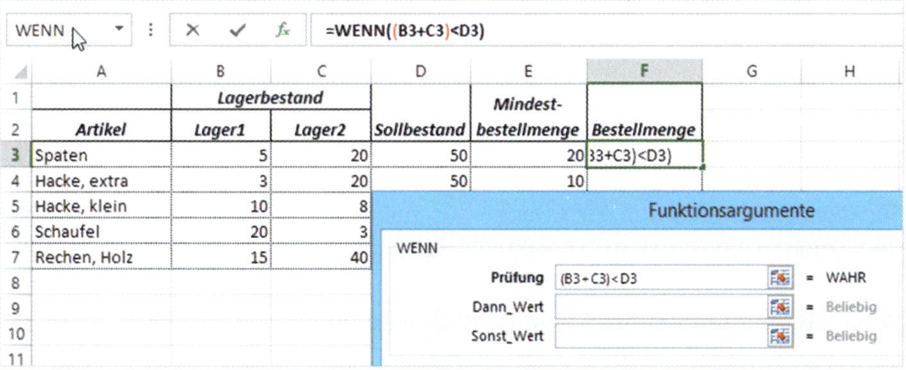

Bild 1.29 Bestellmenge ermitteln

So gehen Sie vor:

Fügen Sie in F3 die Funktion WENN( ) ein und prüfen Sie zunächst mit einer einfachen Formel, ob der Lagerbestand (Lager1 + Lager2) kleiner ist als der Sollbestand. Wenn ja, benötigen Sie als Dann_Wert eine zweite WENN-Funktion, um mit der Mindestbestellmenge zu vergleichen. Klicken Sie daher in das Feld Dann_Wert und klicken Sie links in der Bearbeitungsleiste auf die

Funktion WENN( ). Das Fenster *Funktionsargumente* zeigt nun die Argumente der Funktion an. Geben Sie hier die nächste zu prüfende Bedingung ein, sowie den Dann_Wert (Mindestbestellmenge) und den Sonst_Wert (Differenz zwischen Soll- und Lagerbestand). Nun fehlt eigentlich nur noch der Sonst_Wert der ersten Funktion (keine Bestellung erforderlich bzw. 0), daher müssen Sie zur ersten Funktion zurückkehren.

Zwischen den Funktionen wechseln

Achtung: Nicht die Schaltfläche *OK* verwenden, diese beendet die Eingabe!

Dass Sie sich innerhalb einer weiteren Funktion befinden, zeigt ein Blick auf die Formel in der Bearbeitungsleiste (Bild 1.30). Diese Leiste benutzen Sie nun, um zwischen den beiden Funktionen zu wechseln, die jeweils aktuelle Funktion ist fett hervorgehoben. Klicken Sie auf das erste WENN, wenn das Fenster *Funktionsargumente* wieder die erste Funktion anzeigen soll und klicken Sie auf das zweite WENN, um die zweite Funktion zu kontrollieren. Mit der Schaltfäche *OK* schließen Sie das Fenster und übernehmen die gesamte Funktion.

Bild 1.30 Die zweite Funktion eingeben

Erste WENN-Funktion —

Zweite WENN-Funktion —

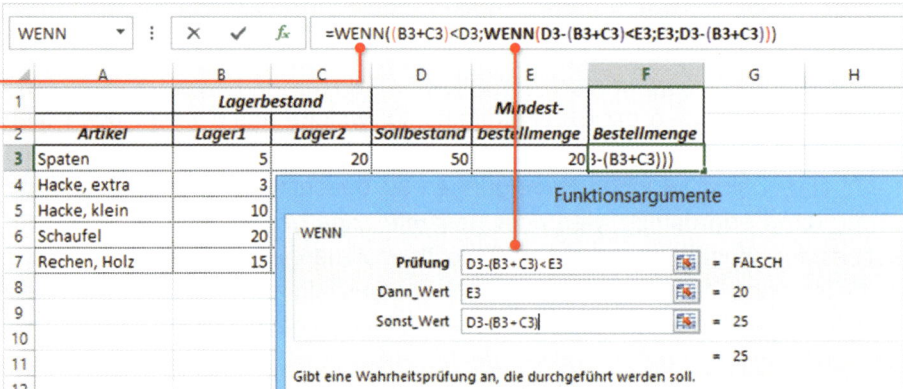

Funktion nachträglich kontrollieren

Zur späteren Kontrolle der Funktion markieren Sie die Zelle und klicken in der Bearbeitungsleiste auf *Funktion einfügen*. Die Funktion erscheint im Fenster *Funktionsargumente* und Sie können nun mit der oben beschriebenen Methode wieder zu jeder der verschachtelten Funktionen wechseln.

Verschachtelte Funktionen per Tastatur eingeben
Die Eingabe verschachtelter Funktionen über die Tastatur ist ähnlich problemlos. Tippen Sie die erste WENN-Funktion ein und geben Sie als erstes Argument die zu prüfende Bedingung an (s. vorhergehendes Beipiel).

Bild 1.31 Tastatureingabe

	A	B	C	D	E	F	G	H
D3				=WENN((B3+C3)<D3;WENN(				
1		*Lagerbestand*			*Mindest-*			
2	*Artikel*	*Lager1*	*Lager2*	*Sollbestand*	*bestellmenge*	*Bestellmenge*		
3	Spaten	5	20	50	20	=WENN((B3+C3)<D3;WENN(		

Nach Eingabe des Semikolons (;) tippen Sie den Namen der einzufügenden Funktion ein bzw. übernehmen diese mit Doppelklick. Nun geben Sie in dieser alle erforderlichen Argumente an und beenden die Funktion mit einer schließenden Klammer. Damit befinden Sie sich automatisch wieder in der ersten Funktion, hier geben Sie noch als letztes Argument den Sonst_Wert 0 ein und schließen die Klammer der ersten Funktion.

Tipps zum Umgang mit Klammern

Insbesondere, wenn innerhalb einer Funktion in Formeln zusätzliche Klammern erforderlich sind, kann die Funktion schnell unübersichtlich werden bzw. werden häufig die abschließenden Klammern vergessen. Aus diesem Grund kennzeichnet Excel während der Eingabe zusammengehörige Klammernpaare farbig.

Bild 1.32 farbige Klammernpaare

| | × | ✓ | *fx* | =WENN((B3+C3)<D3;WENN(D3-(B3+C3)<E3;E3;D3-(B3+C3))) |

	B	C	D	E	F	G	H	I
	Lagerbestand			**Mindest-**				
	Lager1	**Lager2**	**Sollbestand**	**bestellmenge**	**Bestellmenge**			
	5	20	50	20	=WENN((B3+C3)<D3;WENN(D3-(B3+C3)<E3;E3;D3-(B3+C3)))			
	3	20	50	10				

In der Praxis hat sich auch bewährt, wenn nach Eingabe der öffnenden Klammer sofort die zweite schließende Klammer eingegeben wird und Sie erst danach innerhalb des Klammernpaares die eigentliche Formel einfügen.

1.6   Formeln überprüfen und korrigieren

Formeln editieren

Wie alle Zellinhalte lassen sich auch Formeln in der Bearbeitungsleiste kontrollieren und nach einem Klick in die Leiste auch bearbeiten. Einfacher und übersichtlicher ist es, wenn Sie im Tabellenblatt auf die Zelle mit der Formel doppelklicken. Dann wird die Formel auch in der Zelle wieder sichtbar und kann direkt im Tabellenblatt bearbeitet werden. Zudem sind alle verwendeten Zellbezüge im Blatt farbig hervorgehoben, sodass sich die Formel leicht überprüfen lässt.

Die markierte Zelle kann auch mit der Funktionstaste F2 editiert werden.

Zum Übernehmen der Änderung verwenden Sie die Eingabe-Taste oder klicken Sie in der Bearbeitungsleiste auf das Symbol *Eingeben*. Sollen dagegen bei versehentlichen Änderungen diese nicht übernommen werden, so drücken Sie einfach die Esc-Taste oder klicken auf das Symbol *Abbrechen*.

Zellbezüge korrigieren

Fehlerhafte Zellbezüge ändern Sie am einfachsten mit der Maus. Editieren Sie die Formel mit Doppelklick oder der Taste F2 und zeigen Sie dann im Tabellenblatt auf den farbigen Rahmen des fehlerhaften Zellbezugs: Am Mauszeiger erscheinen vier Richtungspfeile, ziehen Sie nun den Rahmen auf die korrekte Zelle. Auch Zellbereiche lassen sich auf diese Weise mit der Maus verschieben, außerdem vergrößern und verkleinern. Dazu zeigen Sie mit der Maus in eine der Ecken der farbigen Umrandung: Der Mauszeiger verwandelt sich in einen Doppelpfeil und durch Ziehen vergrößern oder verkleinern Sie den Zellbereich. Übernehmen Sie anschließend die Änderung mit der Eingabe-Taste oder durch Klick auf das Symbol *Eingeben*.

Bild 1.33 Zellbezüge mit der Maus ändern

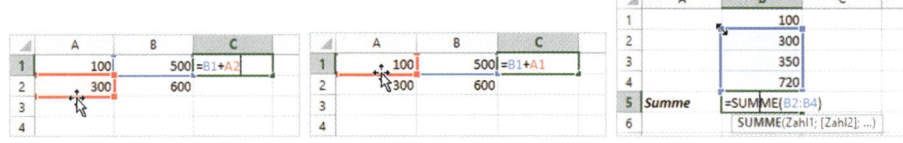

Formeln im gesamten Tabellenblatt anzeigen

Um im gesamten Arbeitsblatt anstelle der Ergebnisse alle Formeln sichtbar zu machen, klicken Sie auf das Register *FORMELN* und in der Gruppe *Formelüberwachung* auf die Schaltfläche *Formeln anzeigen*. Mit Anzeige der Formeln werden alle Spalten automatisch verbreitert und Zahlenformate ignoriert. Mit derselben Schaltfläche blenden Sie die Formelanzeige auch wieder aus und damit erhalten die Spalten ihre ursprüngliche Breite zurück, vorausgesetzt sie wurden zwischenzeitlich nicht geändert.

Bild 1.34 Formeln anzeigen

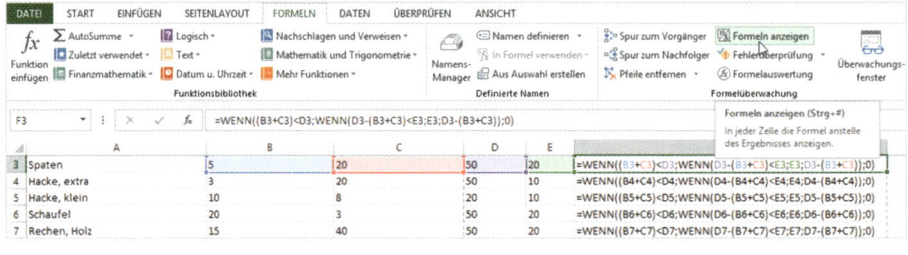

Auch in dieser Anzeige lassen sich fehlerhafte Zellbezüge schnell mit der Maus korrigieren.

Tipp: Wenn Sie das Blatt mit den eingeblendeten Formeln drucken möchten, dann sollten Sie zur besseren Kontrolle auch die Zeilen- und Spaltennummerierung sowie die Gitternetzlinien drucken. Aktivieren Sie dazu im Register *SEITENLAYOUT*, Gruppe *Blattoptionen*, unter *Gitternetzlinien* und *Überschriften* jeweils die Kontrollkästchen *Drucken*.

Die Excel-Fehlerkontrolle

Bei Syntaxfehlern in Funktionen und von Excel erkannten Fehlern in Formeln, beispielsweise Division durch Null, zeigt die Zelle anstelle eines Formelergebnisses einen Fehlerwert an und wird mit einen grünen Dreieck in der linken oberen Ecke gekennzeichnet. Beim Markieren einer solchen Zelle erscheint im Tabellenblatt eine kleine Schaltfläche und ein Mausklick auf diese Schaltfläche blendet die mögliche Ursache zusammen mit verschiedenen Optionen ein. Häufige Fehlerwerte sind:

Fehlerwert	Ursache
#DIV/0!	Sie dividieren in der Formel eine Zahl durch 0 oder eine leere Zelle. Beides ist mathematisch nicht zulässig.
#NAME?	Die Formel enthält einen nicht existierenden Namen, möglicherweise wurde auch der Funktionsname nicht korrekt geschrieben.
#WERT!	Sie führen eine arithmetische Operation mit einer Zelle durch, die anstelle einer Zahl Text enthält, z. B. ist 12,-- keine gültige Zahl.
#NV	Diesen Fehlerwert erhalten Sie, wenn eine Verweisfunktion, z. B. SVERWEIS( ), keinen passenden Wert findet (Nicht Verfügbar).

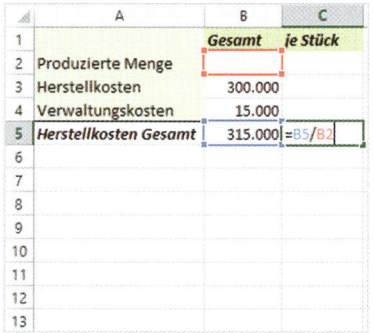 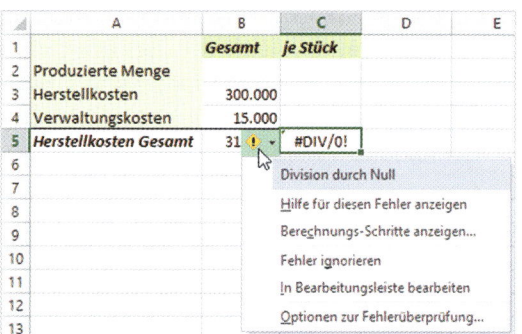

Bild 1.35 Beispiel Fehlerwert

- Wenn Sie die Formel anschließend im Tabellenblatt oder in der Bearbeitungsleiste korrigieren möchten, dann klicken Sie auf *In Bearbeitungsleiste bearbeiten*.

- Die Option *Berechnungsschritte anzeigen* öffnet das Fenster *Formel auswerten*, in dem Sie in komplexen Formeln die Berechnungsschritte kontrollieren können (siehe „Formeln schrittweise ausführen" auf Seite 35).

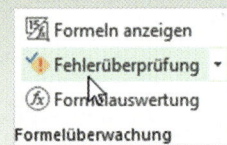

*Bild 1.36 Tabellenblatt auf
Fehler prüfen*

Tabellenblatt auf Fehler prüfen

Um das gesamte Tabellenblatt auf die oben genannten Fehlerwerte zu überprüfen, klicken Sie im Register *FORMELN*, Gruppe *Formelüberwachung*, auf die Schaltfläche *Fehler überprüfen*. Anschließend erscheint in einem Dialogfenster der erste gefundene Fehler mit denselben Korrekturmöglichkeiten. Mit einem Klick auf die Schaltfläche *Weiter* gelangen Sie zum nächsten Fehlerwert.

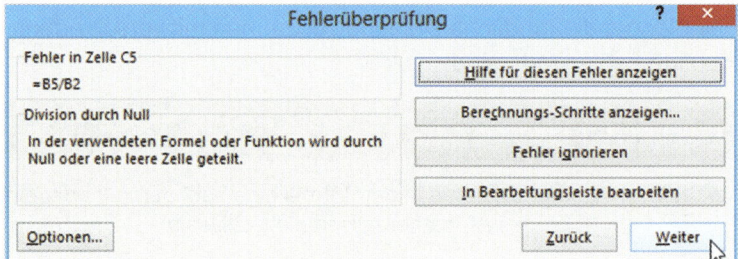

Weitere Möglichkeiten der Formelkontrolle

Auf logische Fehler
prüfen

Problematischer sind logische Fehler in Formeln, die kein oder ein falsches Ergebnis liefern, von Excel aber nicht erkannt werden. Für diese Fälle finden Sie Hilfsmittel zur Kontrolle im Register *FORMELN*, Gruppe *Formelüberwachung*.

Spuren einblenden

Die einfachste Möglichkeit der Formelkontrolle besteht darin, dass Sie die Zelle mit der Formel markieren und über die Schaltfläche *Spur zum Vorgänger* (*FORMELN*) Pfeile einblenden, die auf die verwendeten Zellen verweisen (in früheren Excel-Versionen auch als *Detektiv* bezeichnet). Die Schaltfläche *Pfeile entfernen* löscht wieder alle Pfeile aus dem Arbeitsblatt.

Bild 1.37 Formelüberwachung   *Bild 1.38 Beispiel*

Umgekehrt können Sie mit der Schaltfläche *Spur zum Nachfolger* Pfeile zu allen Zellen bzw. Formeln legen, die sich auf die markierte Zelle beziehen.

Ausgewählte Formeln im Überwachungsfenster kontrollieren

Das Überwachungsfenster ermöglicht die Anzeige einzelner Formeln einschließlich der Ergebnisse in einem gesonderten Fenster. Nützlich ist diese Methode insbesondere in umfangreichen Tabellen und bei Verwendung tabellenübergreifender Zellbezüge, da das Überwachungsfenster ausgewählte

Formeln der gesamten Arbeitsmappe anzeigt. Zum Einblenden klicken Sie im Register *FORMELN*, Gruppe *Formeln überwachen*, auf die Schaltfläche *Überwachungsfenster* (Bild 1.37).

Bild 1.39 Das Überwachungsfenster

Um eine Formel in das Überwachungsfenster einzufügen, klicken Sie auf *Überwachung hinzufügen* und klicken anschließend auf die Zelle mit der Formel. Mit der Schaltfläche *Überwachung löschen* entfernen Sie die markierte Formel aus dem Überwachungsfenster.

Tipp: Sie können das Überwachungsfenster am oberen Rand des Arbeitsbereichs verankern: Ziehen Sie dazu einfach das Fenster mit gedrückter Maustaste in den Bereich der Bearbeitungsleiste oder doppelklicken Sie in den Titel des Fensters.

Formeln schrittweise ausführen

Einzelne komplexe Formeln lassen sich im Dialogfenster *Formel auswerten* schrittweise überprüfen, auch wenn sie von Excel nicht als Fehler erkannt wurden. Auf diese Weise können Sie beispielsweise die Einzelergebnisse verschachtelter WENN-Funktionen kontrollieren.

Markieren Sie im Tabellenblatt die Zelle mit der zu überwachenden Formel und klicken Sie auf die Schaltfläche *Formelauswertung*. Klicken Sie im Dialogfenster *Formel auswerten* auf die Schaltfläche *Auswerten*, um das Ergebnis des ersten unterstrichenen Ausdrucks zu kontrollieren.

Bild 1.40 Einzelschritte ausführen

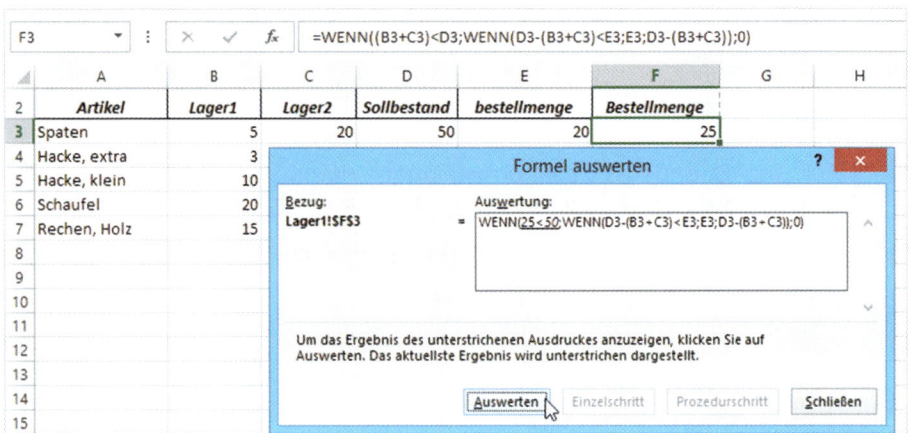

Mit jedem weiteren Mausklick auf die Schaltfläche *Auswerten* werten Sie den nächsten Schritt der Formel aus. Enthält die Formel oder Funktion einen Bezug auf das Ergebnis einer weiteren Formel, können Sie über die Schaltfläche *Einzelschritt* einen neuen Bereich für die Formel öffnen und diese anschließend ebenfalls überprüfen.

1.7   Matrixformeln

Nicht zu verwechseln mit Matrixfunktionen!

Unter einer Matrix versteht man (nicht nur in Excel) eine Tabelle oder einen rechteckigen zusammenhängenden Zellbereich über mehrere Zeilen und/oder Spalten. Matrixformeln in Excel unterscheiden sich von normalen Formeln dadurch, dass sie in einem einzigen Schritt in einen zusammenhängenden Zellbereich eingegeben werden. Anschließendes Kopieren und Berücksichtigung eventuell erforderlicher absoluter Zellbezüge erübrigen sich. Nachteil: Eine Matrixformel über mehrere Zellen stellt eine Einheit dar und innerhalb dieses Bereichs können einzelne Formeln weder bearbeitet, noch gelöscht werden.

Da auch einige Funktionen von Excel das Formelergebnis in einen Zellbereich ausgeben und daher unbedingt als Matrixformel eingegeben werden müssen, sollten Sie sich auch mit Matrixformeln etwas genauer befassen:

Matrixformel eingeben

Beispiel 1

Ein einfaches Beispiel für die Eingabe einer Matrixformel: Sie möchten die Werte der Spalten A und B in C miteinander multiplizieren, so gehen Sie vor:

1   Markieren Sie den gesamten Ergebnisbereich für die Formel, im Beispiel aus Bild 1.41 unten sind dies die Zellen C4:C7.

2   Geben Sie anschließend die folgende Formel ein, die Zellbereiche legen Sie am einfachsten durch Markieren mit der Maus fest:

```
=A4:A7*B4:B7
```

3   Achtung: Beenden Sie die Formeleingabe durch Drücken der Tastenkombination Strg+Umschalt+Eingabe (Strg+Shift+Enter).

4   In der Bearbeitungsleiste sehen Sie nun die Matrixformel. Sie ist in geschweifte Klammern {} eingeschlossen.

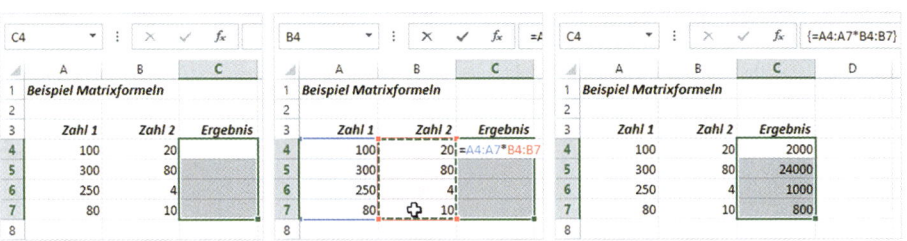

*Bild 1.41 Zwei Spalten
miteinander multiplizieren*

Die folgenden Punkte sind bei der Verwendung von Matrixformeln zu beachten:

- Markieren Sie vor Eingabe der Formel den gesamten Ergebnisbereich.

- Schließen Sie die Eingabe einer Matrixformel immer mit der Tastenkombination Strg+Umschalt+Eingabe ab.

- Matrixformeln sind in der Bearbeitungsleiste an den geschweiften Klammern zu erkennen. Dies bedeutet, dass einzelne Formeln innerhalb des Ergebnisbereichs nicht bearbeitet werden können.

Beispiel 2, Werte aus zwei Tabellen (Bild 1.42) multiplizieren

Mit einer einzigen Matrixformel lassen sich auch Ergebnisse mit zwei verschiedenen Tabellen berechnen. Als Beispiel sollen die Werte der linken Tabelle (Matrix 1) mit dem jeweiligen Wert aus Matrix 2 multipliziert und die Ergebnisse in der dritten Tabelle, im Bereich A8 bis C9 eingefügt werden. Die Vorgehensweise ist dieselbe:

1 Markieren Sie den Zellbereich A8:C9 und geben Sie folgende Formel ein:

    =A4:C5*E4:G5

2 Schließen Sie die Formeleingabe mit Strg+Umschalt+Eingabe ab.

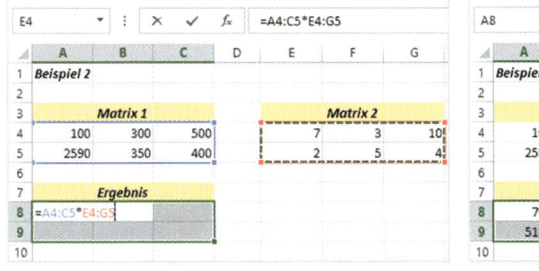
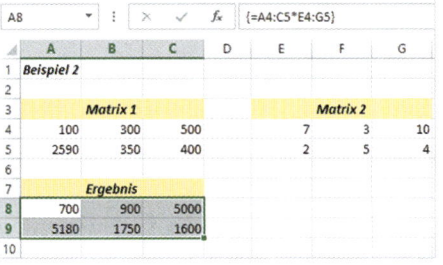

*Bild 1.42 Zwei Zellbereiche
miteinander multiplizieren*

Zellbezüge in Matrixformeln

Die Verwendung relativer und absoluter Zellbezüge in Formeln kennen Sie bereits, etwas anders verhalten sich Matrixformeln:

Beispiel 3, mehrere Werte mit demselben Wert multiplizieren

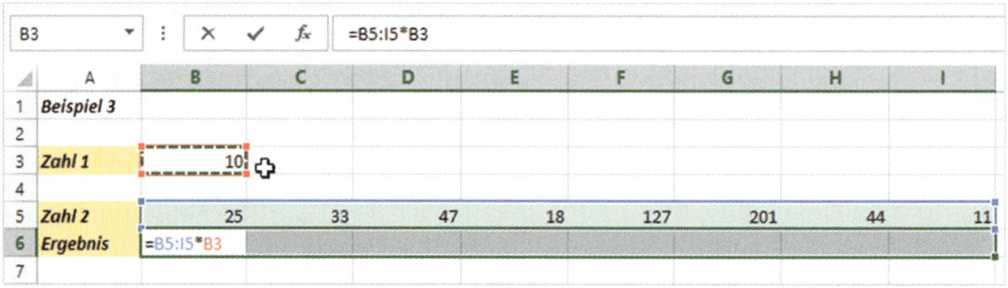

Bild 1.43 Mehrere Werte mit derselben Zelle multiplizieren

B3	▼	:	×	✓	*fx*	=B5:I5*B3		

▲	A	B	C	D	E	F	G	H	I
1	*Beispiel 3*								
2									
3	*Zahl 1*	10							
4									
5	*Zahl 2*	25	33	47	18	127	201	44	11
6	*Ergebnis*	=B5:I5*B3							
7									

In diesem Beispiel (Bild 1.43) multiplizieren Sie eine Matrix mit dem Inhalt einer einzigen Zelle, nämlich B3. Im Gegensatz zu einer normalen Formel, die anschließend kopiert werden soll, benötigen Sie hierzu in einer Matrixformel keinen absoluten Zellbezug.

Formel nachträglich in eine Matrixformel umwandeln

Falls Sie eine bereits vorhandene Formel nachträglich in eine Matrixformel umwandeln möchten, gehen Sie so vor:

1 Markieren Sie den Zellbereich, in den Sie die Matrixformel einfügen möchten und drücken Sie dann die Taste F2, um die Formel zu editieren.

2 Anschließend korrigieren Sie die Zellbezüge und übernehmen dann die Formel als Matrixformel mit den Tasten Strg+Umschalt+Eingabe. Eventuell vorhandene absolute Zellbezüge werden ignoriert und müssen daher nicht zwingend korrigiert werden.

1.8   Zusammenfassung

■ Alle Formeln und Funktionen beginnen in Excel mit dem Gleichheitszeichen (=), anschließend können die Zellbezüge entweder durch Anklicken mit der Maus oder Ansteuern mit den Pfeiltasten der Tastatur eingefügt werden. Einfache Funktionen, wie z. B. Summe oder Mittelwert, fügen Sie über die Schaltfläche *AutoSumme* ein, in diesem Fall ist die vorherige Eingabe des Gleichheitszeichens nicht erforderlich.

■ Eine andere Möglichkeit der schnellen Auswertung bietet das Symbol Schnellanalsye an. Es erscheint im Tabellenblatt, sobald Sie einen Zellbereich markiert haben und stellt im Register *ERGEBNISSE* verschiedene

Berechnungsmöglichkeiten, darunter die laufende Summe sowie Prozentanteile, zur Auswahl.

- Bei den Zellbezügen in Formeln und Funktionen unterscheidet Excel zwischen relativen, absoluten und gemischten Bezügen. In absoluten Bezügen werden Zeile und Spalte mit dem $-Zeichen versehen, diese werden dann beim Kopieren der Formel nicht angepasst. Bei tabellenübergreifenden Zellbezügen oder Bezügen auf Zellen in anderen Arbeitsmappen werden der eigentlichen Zelladresse noch Blattname und Dateiname vorangestellt.

- Anstelle von absoluten Zellbezügen können für Zellen und Zellbereiche auch Namen vergeben werden. Namen besitzen in der gesamten Arbeitsmappe Gültigkeit und sorgen vor allem bei Zellbezügen auf andere Tabellenblätter für übersichtlichere Formeln. Die Schaltflächen zum Erstellen und Verwalten von Namen finden Sie im Register *FORMELN*, Gruppe *Definierte Namen*.

- Bei der Auswahl und Eingabe von Funktionen unterstützt Sie der Funktionsassistent. Als Alternative können Sie eine Funktion direkt über die Tastatur eingeben, auch dann erhalten Sie während der Eingabe kleine Hilfen und Hinweise. Achten Sie in diesem Fall darauf, dass die Funktionsargumente in Klammern gesetzt und unbedingt mit Semikolon (;) getrennt werden müssen. Als Argumente können nicht nur Zellbezüge, sondern auch Formeln oder weitere Funktionen verwendet werden, man bezeichnet dies als verschachtelte Funktionen.

- Syntaxfehler und einige andere Fehler in Formeln werden von Excel erkannt und entsprechend gekennzeichnet. Nicht erkannte logische Fehler und komplexe Formeln lassen sich überprüfen, indem Sie entweder Pfeile zu den verwendeten Zellen einblenden oder eine Formel schrittweise ausführen lassen. Alle Möglichkeiten der Formelüberprüfung finden Sie im Register *FORMELN* in der Gruppe *Formelüberwachung*.

- Formeln und Funktionen können auch als Matrixformeln in einen größeren Zellbereich eingegeben werden, anschließendes Kopieren der Funktion entfällt. Vor der Eingabe einer Matrixformel muss der gesamte Ergebnisbereich markiert werden, die Eingabe wird mit der Tastenkombination Strg+Umschalt+Eingabe abgeschlossen. Matrixformeln sind in der Bearbeitungsleiste an den geschweiften Klammern {} zu erkennen, diese werden bei der Eingabe automatisch erzeugt. Matrixformeln sind nicht zu verwechseln mit Matrixfunktionen!

Notizen:

2 Funktionen für Fortgeschrittene

In dieser Lektion lernen Sie...

- Logikfunktionen und wichtige statistische Funktionen
- Verweis- und Matrixfunktionen
- Finanzmathematische Funktionen
- Berechnungen mit Datum und Uhrzeit
- Textfunktionen
- Funktionen zur Fehlervermeidung einsetzen

Diese Kenntnisse sollten Sie bereits mitbringen...

- Verwendung von Zahlenformaten
- Syntax von Funktionen, Verwendung von Namen und Zellbezügen
- Eingabe von Matrixformeln

Die wichtigsten Excel-Funktionen, nämlich SUMME( ) und MITTELWERT( ) dürften den meisten Anwendern geläufig sein. Excel stellt jedoch mit seiner umfangreichen Funktionsbibliothek zahlreiche weitere Funktionen auch für komplexe Berechnungen und spezielle Einsatzzwecke bereit. Eine ausführliche Beschreibung aller Funktionen würde daher den Rahmen dieses Buches sprengen. Stattdessen werden in dieser Lektion aus jeder Kategorie einige wichtige und in der Praxis bewährte Funktionen vorgestellt, die sich für fast jeden Einsatz eignen. Nebenbei sollen Ihnen ausführliche Erklärungen und Beispiele bei der Auswahl der passenden Funktion helfen.

2.1   Logikfunktionen

Alle hier vorgestellten Funktionen finden Sie entweder im Register *FORMELN*, Schaltfläche *Logisch*, oder wenn Sie im Funktionsassistent die Kategorie *Logik* auswählen.

Die Funktion WENN( )

Macht die Berechnung von einer Prüfung abhängig

Eine der wichtigsten Funktionen, die Funktion WENN( ), dürfte den meisten Anwendern zumindest in Grundzügen bereits bekannt sein. Diese Funktion erlaubt Berechnungen, die vom Ergebnis der Prüfung einer Bedingung abhängig sind. Aufgrund ihrer vielfältigen Einsatzmöglichkeiten wird sie hier trotzdem genauer erläutert. Der allgemeine Aufbau der Funktion:

> =WENN(Zu überprüfende Bedingung;Dann_Wert;Sonst_Wert)

Beachten Sie, dass die Bedingung als Ergebnis einen der beiden Wahrheitswerte, WAHR oder FALSCH, liefert. Die Anzeige FALSCH im Fenster *Funktionsargumente* weist also nicht auf einen Syntaxfehler in der Bedingung hin.

Beispiel 1: Versandkosten abhängig vom Bestellwert berechnen

Ausgangssituation: Ab einem Bestellwert von mindestens 200 Euro werden keine Versandkosten berechnet. Liegt der Bestellwert darunter, dann betragen die Versandkosten 7,50 Euro.

Bild 2.1 Beispiel Versandkosten

Als WENN-Funktion ausgedrückt, lautet der Sachverhalt:

```
=WENN(Bestellwert >= 200;Versand=0;Versand=7,50)
```

Beispiel 2: Die Ergebniszelle soll unter bestimmten Bedingungen leer bleiben

In manchen Fällen wird eines der beiden Argumente, Sonst_Wert oder Dann_Wert nicht benötigt, z. B. wenn wie in Bild 2.2 nur für Artikel einer bestimmten Warengruppe Sonderpreise berechnet werden sollen. Bleibt das Argument einfach leer, so liefert Excel stattdessen als Funktionsergebnis das Resultat der Prüfung, also WAHR oder FALSCH. Um die Anzeige dieser Werte zu unterdrücken, lassen Sie das Argument nicht einfach leer, sondern geben entweder die Zahl 0 ein, wenn diese als Ergebnis erscheinen soll, oder zwei Anführungszeichen ohne ein Leerzeichen dazwischen (""), wenn die Zelle leer bleiben soll.

Semikolon ; muss natürlich trotzdem eingegeben werden!

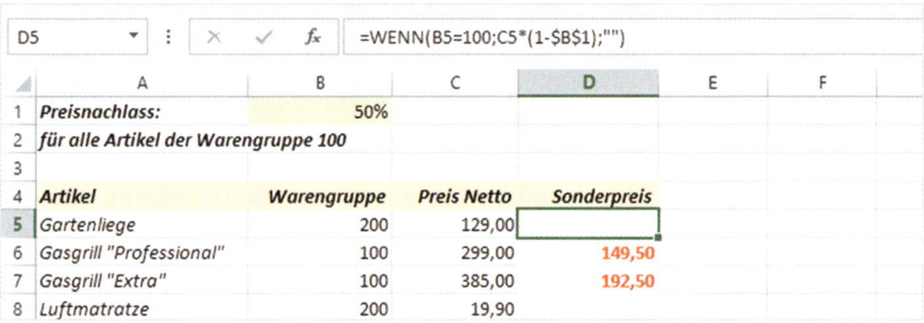
D5 =WENN(B5=100;C5*(1-$B$1);"")

	A	B	C	D	E	F
1	Preisnachlass:	50%				
2	für alle Artikel der Warengruppe 100					
3						
4	Artikel	Warengruppe	Preis Netto	Sonderpreis		
5	Gartenliege	200	129,00			
6	Gasgrill "Professional"	100	299,00	149,50		
7	Gasgrill "Extra"	100	385,00	192,50		
8	Luftmatratze	200	19,90			

Bild 2.2 Beispiel: Zelle bleibt leer

Mehrere Bedingungen mit WENN( ) prüfen (Verschachteln)

Die WENN-Funktion lässt immer nur zwei Alternativen zu: Die Bedingung liefert das Ergebnis WAHR oder FALSCH. In der Praxis müssen aber häufig gleich mehrere Bedingungen berücksichtigt werden, hier sind zwei Möglichkeiten zu unterscheiden: Wenn die Bedingungen nacheinander geprüft werden können, dann fügen Sie als Dann_Wert und/oder Sonst_Wert eine weitere WENN-Funktion ein. Sollen dagegen zwei oder mehr Bedingungen gleichzeitig erfüllt sein, verknüpfen Sie diese mit den Funktionen UND( ) bzw. ODER( ).

Beispiel Rabattstaffel: WENN-Funktionen verschachteln

Ausgangssituation: Rabatte werden nach Umsätzen gestaffelt vergeben. Beim Beispiel in Bild 2.3 wird mit der ersten WENN-Funktion der Umsatz mit dem Wert in A2 (1.000 Euro) verglichen. Da dieser auch niedriger sein kann, muss als Sonst_Wert mit einer weiteren WENN-Funktion der Umsatz mit der nächsten Alternative (700 Euro) verglichen werden. Da noch eine dritte Möglichkeit, nämlich Umsatz über 250 Euro, zu berücksichtigen ist, muss auch hier als

Sonst_Wert wieder eine WENN-Funktion eingefügt werden. Erst in dieser letzten WENN-Funktion bleibt als letzte Rabatt-Alternative nur noch 0 als Sonst_Wert.

Bild 2.3 WENN verschachtelt

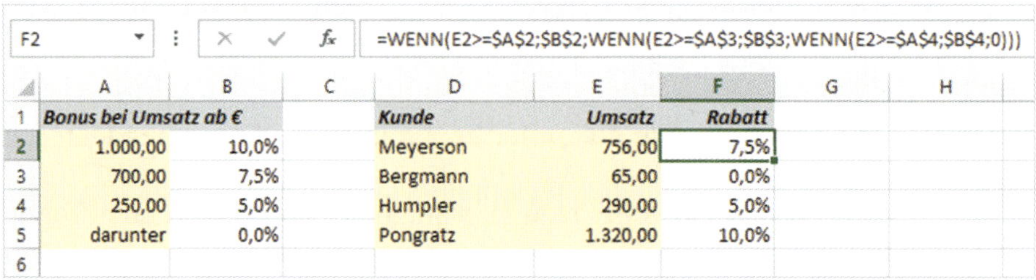

| F2 | ▼ | : | × | ✓ | f_x | =WENN(E2>=$A$2;$B$2;WENN(E2>=$A$3;$B$3;WENN(E2>=$A$4;$B$4;0))) |

◢	A	B	C	D	E	F	G	H
1	**Bonus bei Umsatz ab €**			**Kunde**	**Umsatz**	**Rabatt**		
2	1.000,00	10,0%		Meyerson	756,00	7,5%		
3	700,00	7,5%		Bergmann	65,00	0,0%		
4	250,00	5,0%		Humpler	290,00	5,0%		
5	darunter	0,0%		Pongratz	1.320,00	10,0%		
6								

Siehe Lektion 1.5, Formeln und Funktionen als Argumente

Wie Sie mehrere Funktionen verschachteln bzw. als Argument einfügen, wurde in Lektion 1.5 ausführlich beschrieben.

Bedingungen mit Logikfunktionen verknüpfen

Logikfunktionen zur Formulierung von Bedingungen, wie z. B. UND( ) und ODER( ), sind keine eigenständigen Funktionen, sondern werden in Funktionen eingesetzt, um mehrere Bedingungen zu verknüpfen. Sie liefern als Ergebnis die Werte WAHR oder FALSCH. Folgende Funktionen sind zu unterscheiden:

■ Verknüpfen Sie zwei oder mehr Bedingungen mit UND( ), so erhalten Sie nur dann das Ergebnis WAHR, wenn alle Bedingungen erfüllt sind.

■ Bei einer ODER-Verknüpfung unterscheidet Excel zwischen zwei Möglichkeiten: Die Funktion ODER( ) liefert das Ergebnis WAHR, wenn mindestens eine der Bedingungen erfüllt ist. Mit XODER( ) dagegen erhalten Sie nur dann WAHR, wenn maximal eine der Bedingungen erfüllt ist (ausschließendes ODER), siehe Übersicht in der Tabelle unten.

■ Eine dritte Funktion NICHT( ) kehrt das Ergebnis um, liefert also das Ergebnis WAHR, wenn die Bedingung als Ergebnis FALSCH ergibt.

Alle drei Funktionen besitzen denselben Aufbau, als Beispiel die Funktion UND:

=UND(Bedingung1;Bedingung2;Bedingung3;...)

Übersicht und Beispiele:

Funktion	Beispiel	Ergebnis
UND( )	=UND("Katze"="Tier";"Hund"="Tier")	WAHR
	=UND("Katze"="Tier";"Rose"="Tier")	FALSCH

Funktion	Beispiel	Ergebnis
ODER( )	=ODER("Katze"="Tier";"Rose"="Tier")	WAHR
	=ODER("Katze"="Tier";"Hund"="Tier")	WAHR
	=ODER("Rose"="Tier";"Tulpe"="Tier")	FALSCH
XODER( )	=XODER("Katze"="Tier";"Rose"="Tier")	WAHR
	=XODER("Katze"="Tier";"Hund"="Tier")	FALSCH
NICHT( )	=NICHT("Rose"="Tier";"Tulpe"="Tier")	WAHR

Beispiel: Versandkosten, abhängig von zwei Bedingungen

Ausgangssituation: Ab einem Bestellwert von mindestens 300 Euro oder einer Entfernung unter 75 km erfolgt die Lieferung kostenlos. Für alle anderen Lieferungen werden Versandkosten in Höhe von 10 Euro berechnet (Bild 2.4).

Dann muss die Funktion wie folgt lauten:

=WENN(ODER(Bestellwert>=300;Entfernung<75);0;10)

Bild 2.4 Beispiel ODER

H2	▾	:	✕	✓	f_x	=WENN(ODER(F2>=$B$2;$G2<$B$3);$C$3;$C$4)	

⊿	A	B	C	D	E	F	G	H
1			Versandkosten		Kunde	Bestellwert	Entfernung	Versandkosten
2	Bestellwert ab	300,00 €			Schulze	254,00	56	0,00
3	oder Entfernung unter km	75	0,00		Hinzpeter	785,00	123	0,00
4	sonst		10,00		Wiesendörfer	69,00	92	10,00
5					Wagerl	348,00	189	0,00
6								

Fehlerwerte mit Logikfunktionen vermeiden

Häufig werden Excel-Tabellen als Vorlagen erstellt. In diese werden alle zur Berechnung erforderlichen Formeln eingegeben, sodass später nur noch die Daten eingegeben werden müssen. Dies kann auch von ungeübten Nutzern vorgenommen werden. Allerdings erscheinen in der leeren Vorlage häufig auch durch leere Zellen verursachte Fehlerwerte und überflüssige Formelergebnisse. Diese lassen sich mit Hilfe entsprechender Funktionen vermeiden.

Nicht benötigte Formelergebnisse unterdrücken

Überflüssige Formelergebnisse können mit der Funktion WENN( ) vermieden werden, wie das Beispiel Kassenbuch zeigt. Wird der neue Saldo mit einer einfachen Formel (Bild 2.5) berechnet und über die gesamte Spalte kopiert, so erscheint auch für leere Zeilen ein Ergebnis.

F8	▾	⋮	×	✓	fx	=F7+D8-E8		

◢	A	B	C	D	E	F	G	H
4	*Lfd. Nr.*	*Datum*	*Text*	*Eingang*	*Ausgang*	*Neuer Saldo*		
5	1	01. Feb	Übertrag Vormonat			1.200,00		
6	2	03. Feb	Porto		43,00	1.157,00		
7	3	03. Feb	Benzin		73,10	1.083,90		
8	4	05. Feb	Bank	500,00		1.583,90		
9	5					1.583,90		
10	6					1.583,90		
11	7					1.583,90		

Dies lässt sich mit einer zusätzlichen Bedingung vermeiden: Wenn kein Eingangs- und kein Ausgangsbetrag vorhanden ist, dann erfolgt keine Berechnung, sonst soll der Saldo berechnet werden. Zur Prüfung der beiden Werte, nämlich Eingang und Ausgang, verwenden Sie die Funktion UND( ). Mit einer weiteren einfachen Funktion, nämlich ISTLEER( ) aus der Kategorie *Information* (Register *FORMELN*, Auswahl *Mehr Funktionen*), lässt sich prüfen, ob in diesen Zellen auch tatsächlich Zahlen vorhanden sind. Ist die angegebene Zelle leer, so erhalten Sie das Ergebnis WAHR. Die gesamte Funktion in F6 lautet:

=WENN(UND(ISTLEER(D6);ISTLEER(D7));"";F5+D6-E6)

Die Formel lässt sich jetzt problemlos in die gesamte Spalte kopieren (Bild 2.6).

F9	▾	⋮	×	✓	fx	=WENN(UND(ISTLEER(D9);ISTLEER(E9));"";F8+D9-E9)		

◢	A	B	C	D	E	F	G	H
4	*Lfd. Nr.*	*Datum*	*Text*	*Eingang*	*Ausgang*	*Neuer Saldo*		
5	1	01. Feb	Übertrag Vormonat			1.200,00		
6	2	03. Feb	Porto		43,00	1.157,00		
7	3	03. Feb	Benzin		73,10	1.083,90		
8	4	05. Feb	Bank	500,00		1.583,90		
9	5							
10	6							
11	7							

Fehlerwerte unterdrücken

Die Anzeige von Excel-Fehlerwerten, wie z. B. #NV oder #DIV/0, lässt sich mit Hilfe von Funktionen unterdrücken. Die Funktion WENNFEHLER( ) prüft, ob die angegebene Formel einen Fehlerwert liefert und gibt anstelle des Fehlerwertes einen beliebigen Wert oder Text als Ergebnis aus. Berücksichtigt werden alle Fehlerwerte wie #DIV/0, #NV, #WERT, #BEZUG. Die Syntax dieser Funktion:

=WENNFEHLER(Wert bzw. Formel;Wert_falls_Fehler)

Im unten abgebildeten Beispiel (Bild 2.7) erhalten Sie in der mittleren Tabelle für das zweite Quartal anstelle des Mittelwerts den Fehlerwert #DIV/0, da hier noch keine Zahlen vorliegen. Schließen Sie daher, wie in der rechten Tabelle, die Berechnung des Mittelwerts in die Funktion WENNFEHLER( ) ein. Wenn die Funktion MITTELWERT( ) einen Fehlerwert liefert, dann wird als Ergebnis der unter Wert_falls_Fehler angegebene Wert (in diesem Beispiel 0) angezeigt, dies könnte auch Text, z. B. "Keine Berechnung möglich", sein.

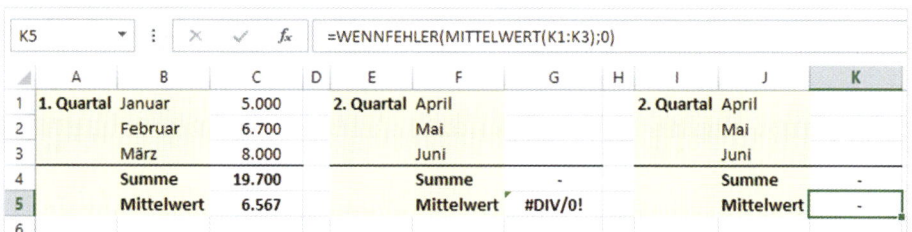

Bild 2.7 Beispiel

Eine zweite Möglichkeit stellt die Verwendung der Funktion ISTFEHLER( ), (Kategorie *Information*) dar. Diese Funktion prüft ebenfalls, ob das Ergebnis einer Formel ein Fehlerwert ist, liefert aber nur die Werte WAHR oder FALSCH. Daher müssen Sie diese Funktion noch mit einer WENN-Funktion verbinden, für das vorherige Beispiel wäre die Formel daher wesentlich komplexer und müsste lauten:

ISTFEHLER

```
=WENN(ISTFEHLER(MITTELWERT(K1:K3))=WAHR;0;
MITTELWERT(K1:K3))
```

2.2   Werte runden

Standardmäßig bezieht Excel bei der Berechnung von Formeln alle Nachkommastellen einer Zahl ein, unabhängig davon, mit wie vielen Stellen Sie die Anzeige formatiert haben. Dies kann daher bei Nachberechnungen mit der angezeigten Anzahl Dezimalstellen zu abweichenden Ergebnissen, den Rundungsfehlern, führen. Runden Sie dagegen Zahlen mit einer Funktion, so erfolgen alle weiteren Berechnungen mit der angegebenen Anzahl Dezimalstellen. Zu diesem Zweck finden Sie in der Kategorie *Mathematik und Trigonometrie* gleich mehrere Rundungsfunktionen.

Berechnungen erfolgen mit allen Dezimalstellen

Beispiel Preisberechnung
Als Beispiel wurden in Bild 2.8 auf der nächsten Seite in der linken Tabelle Skontobetrag und MwSt. Betrag berechnet und ausnahmsweise mit mehreren Nachkommastellen formatiert. Zur Kontrolle wurden beide Formelergebnisse

mit je zwei Stellen in die mittlere Tabelle (Nachberechnung Taschenrechner) eingegeben und der Endbetrag berechnet. Dieser weicht um 0,01 ab.

Bild 2.8 Beispiel RUNDEN

H4 =RUNDEN(H2*H3;2)

	A	B	C	D	E	F	G	H
1	***Nicht gerundet***			***Nachberechnung Taschenrechner***			***Gerundet***	
2	Preis netto	9,19		Preis netto	9,19		Preis netto	9,19
3	Skonto	2,75%		Skonto	2,75%		Skonto	2,75%
4	Skontobetrag	0,252725		Skontobetrag	0,25		Skontobetrag	0,250000
5	Ergebnis	8,94		Ergebnis	8,94		Ergebnis	8,94
6								
7	MwSt.	7%		MwSt.	7%		MwSt.	7%
8	MwSt. Betrag	0,625609		MwSt. Betrag	0,63		MwSt. Betrag	0,630000
9	**Endbetrag**	**9,56**		**Endbetrag**	**9,57**		**Endbetrag**	**9,57**
10								

Die Differenz lässt sich aus den Nachkommastellen erklären, die Excel in der ersten Tabelle zur Berechnung aller weiteren Ergebnisse verwendet. Abhilfe schafft in diesem Fall die Funktion RUNDEN( ). Diese rundet Zahlen bzw. Formelergebnisse kaufmännisch auf die angegebene Zahl Stellen auf bzw. ab. Am einfachsten schließen Sie die beiden Formeln zur Berechnung des Skontobetrags und des MwSt. Betrags in die Funktion RUNDEN( ) ein, wie in Bild 2.8 in der rechten Tabelle. Deren Endbetrag stimmt mit der mittleren Tabelle überein.

Weitere Rundungsfunktionen

Zum Runden von Werten können noch folgende Funktionen eingesetzt werden, alle sind in der Kategorie Mathematik und Trigonometrie zu finden.

- Die Funktion RUNDEN( ) rundet eine Zahl kaufmännisch auf eine genau festgelegte Anzahl Dezimalstellen.
- Die Funktion KÜRZEN( ) schneidet Dezimalstellen bis auf die angegebene Anzahl einfach ab. Die Zahl wird dabei nicht gerundet!
- Mit der Funktion GANZZAHL( ) wird eine Zahl auf die nächstkleinere ganze Zahl abgerundet.
- Die Funktion AUFRUNDEN( ) rundet eine Zahl auf die angegebene Anzahl Dezimalstellen auf. Im Gegensatz zur Funktion RUNDEN( ) wird immer aufgerundet.
- Die Funktion ABRUNDEN( ) rundet eine Zahl auf die angegebene Anzahl Stellen ab.

Hier eine Übersicht über die Ergebnisse, wenn Sie die Zahl 12,14709315 mit den verschiedenen Funktionen runden (zum besseren Vergleich sind alle Ergebnisse mit 5 Nachkommastellen angegeben).

Syntax	Beispiel	Ergebnis
=RUNDEN(Zahl;Anzahl_Stellen)	=RUNDEN(12,14709315;2)	12,15000
=KÜRZEN(Zahl;Anzahl_Stellen)	=KÜRZEN(12,14709315;1)	12,10000
=GANZZAHL(Zahl)	=GANZZAHL(12,14709315)	12,00000
=AUFRUNDEN(Zahl;Anzahl_Stellen)	=AUFRUNDEN(12,14709315;1)	12,20000
=ABRUNDEN(Zahl;Anzahl_Stellen)	=ABRUNDEN(12,14709315;2)	12,14000

2.3 Auswertungs- und Statistikfunktionen

Die meisten der hier vorgestellten Funktionen finden Sie im Register *FORMELN*, Gruppe Funktionsbibliothek, über die Schaltfläche *Mehr Funktionen*, Auswahl *Statistik* bzw. im Funktionsassistenten über die Kategorie *Statistik* sowie in der Kategorie *Mathematik und Trigonometrie*.

Anzahl der Werte ermitteln

Sie möchten ermitteln, wie viele Werte ein Zellbereich umfasst, z. B. die Anzahl der in einer Excel Tabelle gespeicherten Kunden. Auch dazu gibt es mehrere Möglichkeiten bzw. Funktionen.

ANZAHL( ) und ANZAHL2( )

Im einfachsten Fall zählen Sie die Kunden anhand der Kundennummer und verwenden dazu die Funktion ANZAHL( ). Diese Funktion lässt sich schnell über den Dropdown-Pfeil der Schaltfläche *Summe* einfügen. Allerdings berücksichtigt sie ausschließlich Zahlen, wozu in Excel auch Datumswerte zählen. Was aber, wenn Kunden- oder Artikelnummern Buchstaben enthalten?

Würden Sie im Beispiel in Bild 2.9 die Funktion ANZAHL( ) zur Ermittlung der Anzahl der Artikelnummern verwenden, so würden Sie, trotz korrekter Syntax, als Ergebnis 0 erhalten. In diesem Fall müssen Sie die Funktion ANZAHL2( ) einsetzen. Diese ermittelt die Anzahl aller nichtleeren Zellen eines Zellbereichs und berücksichtigt im Gegensatz zur Funktion ANZAHL( ) alle Inhalte, also sowohl Text als auch Zahlen.

Bild 2.9 Anzahl berechnen

F4	▼	:	×	✓	fx	=ANZAHL2(A4:A9)	

◢	A	B	C	D	E	F	G
1	*Lagerübersicht*						
2							
3	**Artikel-Nr.**	**Produziert**	**Lagernd**		**Anzahl der Artikel:**	**Ergebnis**	**Formel**
4	XY-123	1000	800		*Insgesamt*	6	=ANZAHL2(A4:A9)
5	XY-245	2000	1800		*Produziert*	5	=ANZAHL(B4:B9)
6	AB-300	200	nicht vorhanden		*Lagernd*	4	=ANZAHL(C4:C9)
7	AD-428	1500	nicht vorhanden				
8	FG-333	-	2500				
9	JK-401	3000	230				
10							

Tipp: Zur Ermittlung der Anzahl aller produzierten und lagernden Artikel lässt sich dagegen die Funktion ANZAHL( ) problemlos einsetzen, da Text im angegebenen Zellbereich nicht berücksichtigt wird und Sie somit automatisch das korrekte Ergebnis erhalten.

Die Anzahl mit einer Bedingung verknüpfen, ZÄHLENWENN( )

Möchten Sie die Berechnung der Anzahl mit einer Bedingung verknüpfen, dann verwenden Sie dazu die Funktion ZÄHLENWENN( ).

Diese Funktion ermittelt aus einem Zellbereich die Anzahl aller nichtleeren Zellen, deren Inhalt mit einem vorgegebenen Suchkriterium übereinstimmt. Das Suchkriterium kann eine Zahl, eine Zeichenfolge oder ein Ausdruck mit einem Vergleichsoperator sein, die Syntax der Funktion lautet:

=ZÄHLENWENN(Bereich;Suchkriterien)

Mit ZÄHLENWENN( ) und Angabe eines Suchkriteriums können Sie beispielsweise ermitteln, wie oft eine bestimmte Warengruppe innerhalb eines Zellbereichs vorkommt, um so die Anzahl der Artikel je Warengruppe zu erhalten (Bild 2.10).

Bild 2.10 Anzahl Artikel je Warengruppe

UND	▼	:	×	✓	fx	=ZÄHLENWENN($B$2:$B$10;E2)		

◢	A	B	C	D	E	F	G	H
1	**Artikel-Nr.**	**Warengruppe**	**Lagerbestand**		**Warengruppe**	**Anzahl Artikel**		
2	XY-123	A	1.300		*A*	=ZÄHLENWENN($B$2:$B$10;E2)		
3	XY-245	A	700		*B*	ZÄHLENWENN(Bereich; Suchkriterien)		
4	AB-300	C	50		*C*	4		
5	AD-428	C	2.300					
6	FG-333	B	18.000					
7	JK-401	B	3					
8	BF-309	C	4.000					
9	XY-712	A	6.760					
10	AB-866	C	7.310					
11								

Eine Bedingung als Suchkriterium verwenden

ZÄHLENWENN( ) kann auch mit einer Bedingung als Suchkriterium eingesetzt werden, um z. B. bei der Berechnung der Anzahl Nullwerte auszuschließen. Dann geben Sie einen Ausdruck mit einem Vergleichsoperator ein. Beachten Sie dabei, dass Ausdrücke in Anführungszeichen angegeben werden müssen. Beispiel: Sie benötigen die Anzahl der lagernden Artikel und bei nicht vorhandenen Artikeln ist der Lagerbestand 0 angegeben (siehe Beispiel ANZAHL( ) und ANZAHL2( )). Der Ausdruck bzw. die Bedingung lautet: ">0".

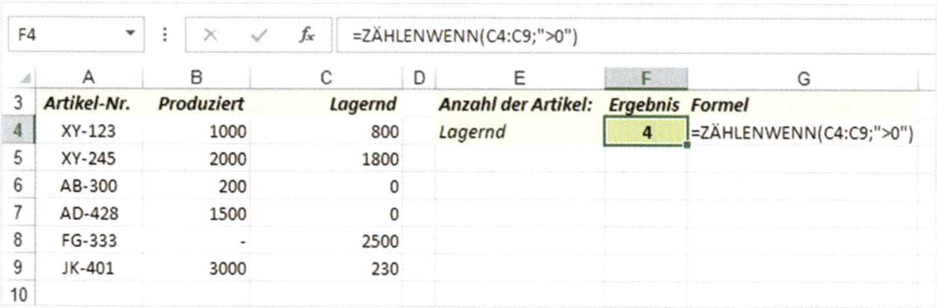

Bild 2.11 Anzahl ohne Nullwerte

F4		:	×	✓	*fx*	=ZÄHLENWENN(C4:C9;">0")	

	A	B	C	D	E	F	G
3	**Artikel-Nr.**	**Produziert**	**Lagernd**		**Anzahl der Artikel:**	**Ergebnis**	**Formel**
4	XY-123	1000	800		*Lagernd*	4	=ZÄHLENWENN(C4:C9;">0")
5	XY-245	2000	1800				
6	AB-300	200	0				
7	AD-428	1500	0				
8	FG-333	-	2500				
9	JK-401	3000	230				
10							

Die Funktion ZÄHLENWENNS( ) erlaubt die Verwendung mehrerer Auswahlkriterien, die Syntax lautet:

> =ZÄHLENWENNS(Kriterienbereich1;Kriterien1;Kriterienbereich2;
> Kriterien2;Kriterienbereich3;Kriterien3;…)

Beachten Sie, dass alle angegebenen Bereiche dieselbe Anzahl Zeilen und Spalten umfassen müssen. Im Beispiel unten wird ermittelt, wieviele Teilnehmer beide Prüfungen bestanden haben. ZÄHLENWENNS( ) überprüft die jeweils erste Zelle (in Zeile 3 des Beispiels) der angegebenen Bereiche und liefert 1, wenn beide Zellen den Kriterien entsprechen. Anschließend wird die Prüfung mit der nächsten Zelle der Bereiche fortgesetzt (in Zeile 4), wenn hier alle den Kriterien entsprechen, erhöht sich das Zwischenergebnis um 1 usw., bis alle Zellen ausgewertet sind.

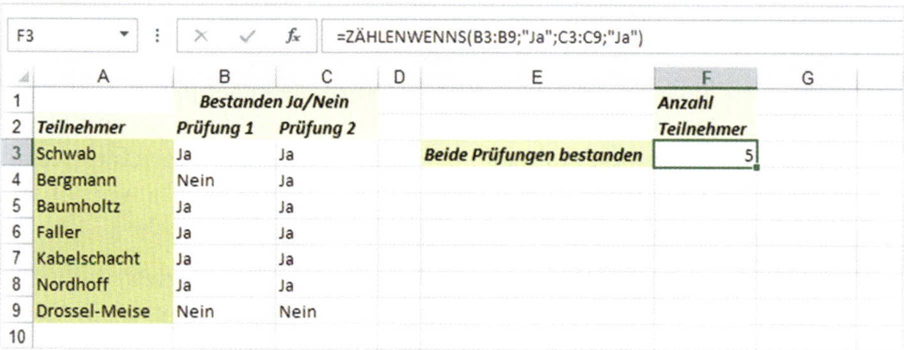

Bild 2.12 Mehrere Kriterien

F3		:	×	✓	*fx*	=ZÄHLENWENNS(B3:B9;"Ja";C3:C9;"Ja")	

	A	B	C	D	E	F	G
1		**Bestanden Ja/Nein**				**Anzahl**	
2	**Teilnehmer**	**Prüfung 1**	**Prüfung 2**			**Teilnehmer**	
3	Schwab	Ja	Ja		**Beide Prüfungen bestanden**	5	
4	Bergmann	Nein	Ja				
5	Baumholtz	Ja	Ja				
6	Faller	Ja	Ja				
7	Kabelschacht	Ja	Ja				
8	Nordhoff	Ja	Ja				
9	Drossel-Meise	Nein	Nein				
10							

Durchschnittswerte berechnen

MITTELWERT( )
Die Funktion MITTELWERT( ) dürfte den meisten Excel-Anwendern geläufig sein. Sie berechnet den Durchschnitt, genauer gesagt, das arithmetische Mittel aus einer Reihe von Werten und ist schnell über den Dropdown-Pfeil der Schaltfläche *Summe* eingefügt. Ein einfaches Beispiel ist die Berechnung der Durchschnittsnote in Bild 2.13.

Median
Neben dem arithmetischen Mittel kennt die Statistik noch weitere Möglichkeiten, Mittelwerte zu berechnen, zum Beispiel die Funktion MEDIAN( ). Der Median halbiert die Verteilung aller Werte, unterhalb und oberhalb des Median befinden sich also exakt gleich viele Werte. Die Funktion MEDIAN( ) besitzt die gleiche Syntax wie die Funktion MITTELWERT( ), liefert aber ein anderes Ergebnis, wie das Beispiel in Bild 2.13 zeigt.

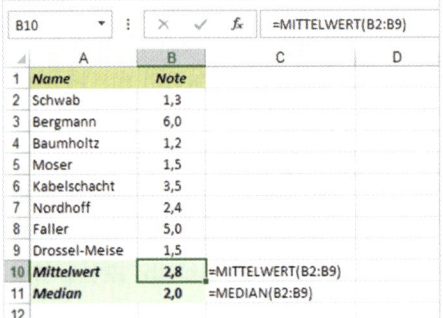
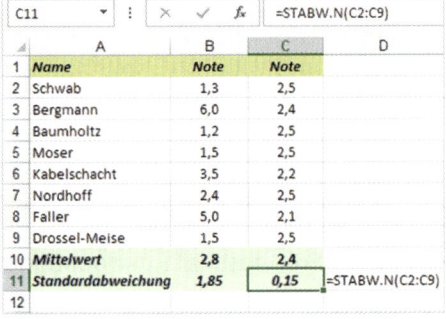

Bild 2.13 Mittelwert und Median   *Bild 2.14 Mittelwert und Standardabweichung*

Standardabweichung, STABW.N( )
Die Standardabweichung berechnet zwar keinen Durchschnitt, wird aber in der Statistik häufig zur Beurteilung der Aussagefähigkeit des Mittelwerts herangezogen. Die Standardabweichung ermittelt die Streuung der Einzelwerte bzw., wie stark die einzelnen Werte vom Mittelwert abweichen. Beim Beispiel Schulnoten kann ein Mittelwert von 3,0 im Extremfall bedeuten, dass alle Prüfungsteilnehmer dieselbe Note, nämlich 3 erreicht haben, dann beträgt die Standardabweichung 0. Denselben Mittelwert 3,0 erhalten Sie aber auch, wenn sich die Einzelnoten aus einerseits sehr guten und andererseits sehr schlechten Noten zusammensetzen, nur die Standardabweichung ist dann wesentlich höher, wie in Bild 2.14 ein Vergleich der Noten in den Spalten B und C zeigt.

Im Gegensatz zu früheren Versionen verfügt Excel 2013 über zwei Methoden zur Berechnung. STABW.S( ) ist identisch mit der früheren Funktion STABW() und wird zur Berechnung anhand einer Stichprobe eingesetzt. STABW.N( ) sollte dagegen verwendet werden, wenn die Werte gleichzeitig die Grundgesamtheit bilden. Umfasst der Bereich sehr viele Werte, dann liefern beide Funktionen etwa gleiche Ergebnisse. Beide Funktionen verwenden dieselbe einfache Syntax wie die Funktion MITTELWERT( ).

Mittelwert mit einer Bedingung verknüpfen, MITTELWERTWENN( )

Auch die Berechnung des Mittelwertes lässt sich mit einem Suchkriterium bzw. einer Bedingung verknüpfen, nämlich mit der Funktion MITTELWERTWENN( ). Diese berechnet den Mittelwert von Zellen, die einem vorgegebenen Kriterium entsprechen. Das Kriterium kann eine Zahl, Zeichenfolge oder ein Ausdruck mit einem Vergleichsoperator sein. Die Syntax:

Wird ein Ausdruck, z.B. ">0" in der Funktion verwendet, so muss dieser in Anführungszeichen " " stehen!

=MITTELWERTWENN(Bereich;Kriterien;Mittelwert_Bereich)

UND | =MITTELWERTWENN(B2:B8;E3;C2:C8)

	A	B	C	D	E	F	G	H	I
1	*Name*	*Geschlecht*	*Punkte*		*Durchschnittliche Punktzahl*				
2	Humpler	m	15		m	24,0			
3	Bergmann	w	33		w	=MITTELWERTWENN(B2:B8;E3;C2:C8)			
4	Pongratz	w	29			MITTELWERTWENN(Bereich; Kriterien; [Mittelwert_Bereich])			
5	Grubenfeld	m	37						
6	Grünwald	m	21						
7	Eder	m	23						
8	Schwab	w	18						
9									

Bild 2.15 Beispiel MITTELWERTWENN( )

Beispiel: Sie möchten die durchschnittliche Punktezahl für Männer (m) und Frauen (w) getrennt berechnen. Das Argument *Bereich* legt fest, welcher Zellbereich auf die Kriterien überprüft werden muss, in diesem Beispiel die Spalte Geschlecht und das Argument *Mittelwert_Bereich* gibt an, für welchen Bereich der Mittelwert berechnet werden soll, nämlich die erzielte Punktezahl.

Tipp: Mit dieser Funktion lassen sich zum Beispiel die 0-Werte bei der Berechnung des Mittelwertes ausschließen, siehe Bild 2.16.

F4 | =MITTELWERTWENN(C3:C7;">0";C3:C7)

	A	B	C	D	E	F	G
1	*Arbeitsstunden im Monat*		**Mai**				
2	*Tag*	*Datum*	*Stunden*				
3	Montag	04. Mai	9,0		*Durchschnittlich geleistete Stunden*	6,5	
4	Dienstag	05. Mai	8,5		*Durchschnittlich geleistete Stunden*	8,13	
5	Mittwoch	06. Mai	7,0		*ohne Nullwerte*		
6	Donnerstag	07. Mai	0,0				
7	Freitag	08. Mai	8,0				
8							

Bild 2.16 Mittelwert ohne 0-Werte

Hinweis: Mehrere Kriterien lassen sich mit der Funktion MITTELWERTWENNS verwenden, Näheres zu Syntax und Verwendung unter SUMMEWENNS( ).

SUMMEWENNS( ), Seite 55

Summe mit Bedingungen verknüpfen

Neben der Funktion SUMME( ) gibt es noch die Möglichkeit der bedingten Summenberechnung mit SUMMEWENN( ), diese Funktion finden Sie in der Kategorie Mathematik und Trigonometrie. Sie addiert nur dann die Werte eines Zellbereichs, wenn die Inhalte eines festgelegten Bereichs mit dem angegebenen Suchkriterium übereinstimmen. Die Syntax lautet:

=SUMMEWENN(Bereich;Suchkriterien;Summe_Bereich)

- *Bereich* gibt an, welcher Zellbereich auf das angegebene Suchkriterium überprüft werden soll.

- Als *Suchkriterien* können Zahlen, Text oder Ausdrücke angegeben werden. Text und Ausdrücke mit Vergleichsoperatoren müssen in Anführungszeichen (" ") eingeschlossen sein.

- Als *Summe_Bereich* geben Sie den Zellbereich an, dessen Werte addiert werden sollen.

Beispiel 1: Umsatzsumme je Warengruppe berechnen

Bild 2.17 Beispiel 1

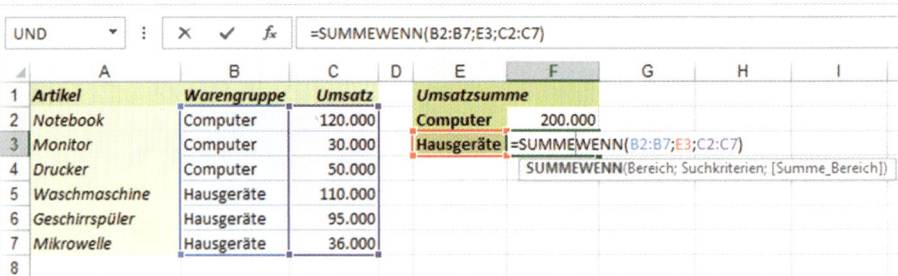

Beispiel 2: Vergleichsoperatoren und Ausdrücke

Ausdrücke mit Vergleichsoperatoren als Suchkriterium müssen in Anführungszeichen (" ") angegeben werden, siehe die erste Formel in F2, Bild 2.18. Möchten Sie, wie in in der zweiten Formel in F3, Vergleichsoperatoren zusammen mit einem Zellbezug verwenden, dann benötigen Sie das &-Zeichen, mit dem Zeichenfolgen verkettet werden. Dann lautet das Kriterium: ">"&E3.

Bild 2.18 Beispiel 2

	F3	▼	⋮	✕	✓	fx	=SUMMEWENN(C2:C7;">" &E3;C2:C7)			
⊿	A		B	C	D	E	F	G	H	I
1	**Artikel**		**Warengruppe**	**Umsatz**		**Summe der Umsätze über**				
2	Notebook		Computer	120.000			325.000	=SUMMEWENN(C2:C7;">50000";C2:C7)		
3	Monitor		Computer	30.000		50.000	325.000	=SUMMEWENN(C2:C7;">" &E3;C2:C7)		
4	Drucker		Computer	50.000						
5	Waschmaschine		Hausgeräte	110.000						
6	Geschirrspüler		Hausgeräte	95.000						
7	Mikrowelle		Hausgeräte	36.000						
8										

Mehrere Kriterien mit SUMMEWENNS( ) verwenden

Die Funktion SUMMEWENNS( ) erlaubt die Verwendung mehrerer Kriterien. Allerdings unterscheidet sich die Syntax etwas von SUMMEWENN( ), die Argumente müssen in anderer Reihenfolge angegeben werden.

Maximal 127 Bereiche können verwendet werden.

```
=SUMMEWENNS(SummeBereich; Kriterien_Bereich1;Kriterien1;
Kriterien_Bereich2;Kriterien2;...)
```

Wie bei der Funktion ZÄHLENWENNS( ) wird die Zahl im, unter *Summe_Bereich* angegebenen Zellbereich, erst hinzuaddiert, wenn alle Kriterien erfüllt sind. Die Kriterienbereiche müssen genauso groß sein, wie der Summenbereich.

Im nachfolgenden Beispiel (Bild 2.19) wird für Kunde A die Umsatzsumme im Monat März (3) berechnet, es werden ausschließlich Umsätze ab 10.000 Euro berücksichtigt.

F2 =SUMMEWENNS(C2:C8;A2:A8;E2;B2:B8;3;C2:C8;">=10000")

	A	B	C	D	E	F	G	H
1		**Monat**	**Umsatz**		**Umsatz im Monat März (3)**			
2	Kunde A	1	5.000		Kunde A	**27.000**		
3	Kunde B	2	6.000					
4	Kunde A	3	12.000					
5	Kunde B	3	8.000					
6	Kunde A	3	15.000					
7	Kunde A	3	9.000					
8	Kunde A	4	7.000					
9								

Bild 2.19 Beispiel SUMMEWENNS

Häufigkeit ermitteln

Die Funktion HÄUFIGKEIT wertet Daten nach der Häufigkeit ihres Vorkommens aus und ordnet sie vorgegebenen Klassen zu. Sie kann beispielsweise zur Einteilung in Altersklassen verwendet werden. Die Syntax:

Daten in Klassen einteilen, z. B. Altersklassen

```
=HÄUFIGKEIT(Daten;Klassen)
```

Beachten Sie außerdem:

- Die Funktion HÄUFIGKEIT( ) erfordert eine Ergebnistabelle, die gleichzeitig auch die Klasseneinteilung festlegt. Die Ergebnistabelle sollte außerdem eine zusätzliche Zelle für Werte umfassen, die oberhalb der höchsten angegebenen Klassengrenze liegen.
- Die Funktion muss als Matrixformel eingegeben werden, Sie müssen daher vor Eingabe der Funktion den gesamten Ergebnisbereich markieren und die Eingabe mit den Tasten Strg+Umschalt+Eingabe abschließen.

Siehe 1.7, Matrixformeln

- Als Argument *Daten* geben Sie den auszuwertenden Zellbereich an, hierbei werden ausschließlich Zahlen berücksichtigt, Text und leere Zellen werden ignoriert.

- Das Argument *Klassen* umfasst die Klasseneinteilung in der Auswertungstabelle. Den Klassen werden alle Werte zugeordnet, die kleiner oder gleich der angegebenen Klassengrenze sind.

Beispiel Auswertung Testergebnisse

Sie möchten ermitteln, wie oft in einem Test eine Punktzahl zwischen 0 und 10, zwischen 11 und 20 usw. erzielt wurde.

Bild 2.20 Beispiel
HÄUFIGKEIT( )

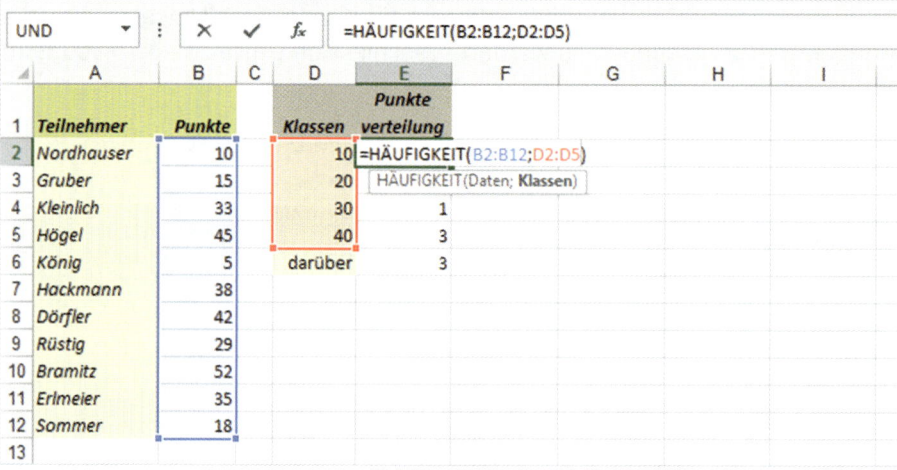

Als Argument *Daten* geben Sie den Zellbereich mit der erzielten Punktezahl an, die Klasseneinteilung wird durch den Zellbereich D2:D5 der Ergebnistabelle festgelegt. Beachten Sie bei Festlegung des Ergebnisbereichs, dass die Tabelle auch Punktzahlen enthalten kann, die über der höchsten angegebenen Klassengrenze liegen. Daher ist eine zusätzliche Zelle für diese Werte zu berücksichtigen, im Beispiel oben ist dies E6.

Trendberechnung

Häufig wird auf der Basis vorhandener Zahlen eine Hochrechnung auf künftige Werte benötigt, diese Aufgabe lässt sich in Excel mit der Funktion TREND( ) erledigen. Beachten Sie aber, dass aufgrund weiterer Einflußgrößen und unvorhersehbarer Ereignisse das tatsächliche Ergebnis von der Prognose abweichen kann, da TREND( ) lediglich auf der Basis der linearen Regression eine Schätzung vornimmt. Die Syntax lautet:

```
=TREND(Y_Werte;X_Werte;Neue_X_Werte;Konstante)
```

Eine Übersicht über die Argumente:

Argument	Beschreibung
Y-Werte	Der Bereich mit den bereits vorhandenen Zahlen, aus denen der Trend berechnet werden soll.
X-Werte	Optionale, zu den Y-Werten dazugehörige Werte, in Bild 2.21 sind dies die Kalenderwochen. Ohne Angabe der X-Werte werden diese einfach durchnummeriert.
Neue-X-Werte	Damit werden für die Trendberechnung weitere X-Werte vorgegeben.
Konstante	Optional, lassen Sie dieses Argument leer, so wird die Ursprungsverschiebung beibehalten.

Soll TREND( ) die Ergebnisse in mehreren Zellen ausgeben, so muss die Funktion als Matrixformel eingegeben werden.

Achtung - Matrixformel!

Als Beispiel soll ein Trend für Verkaufszahlen geschätzt werden. Vor Ihnen liegen die Verkaufszahlen der letzten 8 Kalenderwochen und Sie möchten daraus den Trend für den Verkauf der nächsten 4 Kalenderwochen ableiten (Bild 2.21).

■ Da die Funktion als Matrixformel eingegeben werden muss, markieren Sie als Ergebnisbereich den Bereich C11 bis C14.

■ Dann geben Sie folgende Funktion ein und schließen mit den Tasten Strg+Umschalt+Eingabe ab.

=TREND(C3:C10;B3:B10;B11:B14)

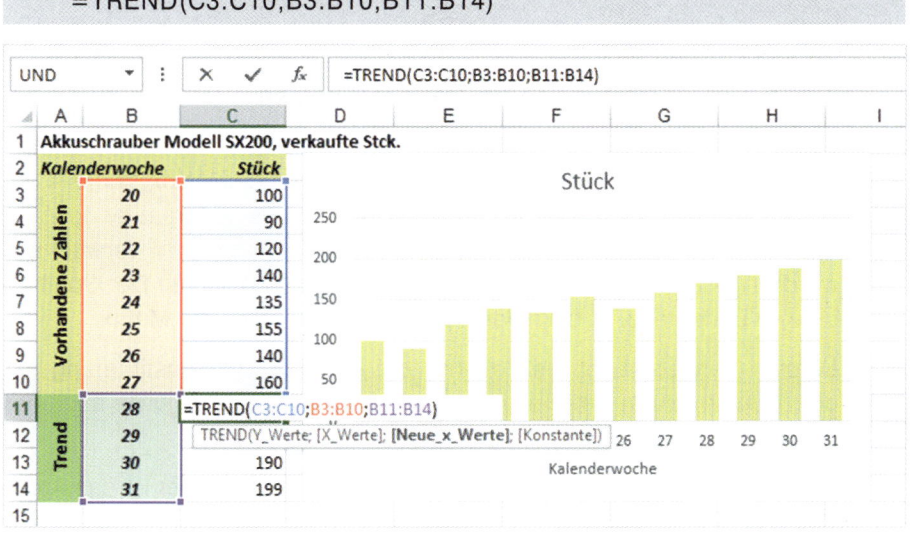

Bild 2.21 Beispiel Trendberechnung

Sollte allerdings in Kalenderwoche 29 ein vergleichbares günstigeres Konkurrenzprodukt auf den Markt kommen und rückläufige Zahlen zur Folge haben, so kann dies von Excel nicht vorausgesehen werden.

2.4   Nachschlage- und Verweisfunktionen

Die Nachschlage- und Verweisfunktionen von Excel dienen dazu, einen Zellbereich (Matrix) zu durchsuchen und bestimmte Inhalte oder die Position eines Inhalts zu ermitteln. Sie finden diese Funktionen in der Kategorie *Matrix* des Funktionsassistenten oder in der Funktionsbibliothek über die Schaltfläche *Nachschlagen und Verweisen.* Achtung: Matrixfunktionen dürfen nicht zu verwechselt werden mit Matrixformeln!

SVERWEIS( )

SVERWEIS = Senkrecht Verweis

Die Funktion SVERWEIS( ) gehört zu den am häufigsten verwendeten Matrixfunktionen von Excel. Sie durchsucht von oben nach unten die erste Spalte einer Tabelle (Matrix) nach einem vorgegebenen Suchkriterium und liefert bei der ersten Übereinstimmung einen Wert aus der derselben Zeile in einer beliebigen Spalte. Wird kein Wert gefunden, der dem Suchkriterium entspricht, zeigt Excel den Fehlerwert #NV (nicht verfügbar) an. Die Syntax:

=SVERWEIS(Suchkriterium;Matrix;Spaltenindex;Bereich_Verweis)

- *Suchkriterium*: Der Wert, nach dem die Tabelle (Matrix) durchsucht wird. Dieser muss sich unbedingt in der ersten Spalte der Tabelle befinden.

- *Matrix*: Geben Sie hier den gesamten, zu durchsuchenden Tabellenbereich an, hierfür kann auch ein Bereichsname verwendet werden. Die Werte der ersten Spalte müssen die gesuchten Werte enthalten, dies können Zahlen, Datumswerte oder Zeichenfolgen sein. Bei Text wird nicht zwischen Groß- und Kleinbuchstaben unterschieden.

- Der *Spaltenindex* gibt an, in der wievielten Spalte der Matrix sich der gesuchte Wert befindet. Der Spaltenindex ist immer eine fortlaufende Zahl, beginnend mit der ersten Spalte der Matrix und darf nicht verwechselt werden mit der Spaltennummerierung des Tabellenblattes! Der Spaltenindex 3 bedeutet z. B. den Wert aus der dritten Spalte der Matrix.

- *Bereich_Verweis*: Legt fest, ob nur bei genauer Übereinstimmung mit dem Suchkriterium ein Ergebnis angezeigt werden soll oder ob auch der nächstliegende Wert als Ergebnis verwendet werden darf.

- Wird als *Bereich_Verweis* der Wert WAHR angegeben oder ist das Argument leer, so ist keine exakte Übereinstimmung mit dem Suchkriterium erforderlich und SVERWEIS( ) liefert als Ergebnis den nächsthöheren Wert aus der darüber liegenden Zeile. Daher muss in diesem Fall die Matrix unbedingt nach der ersten Spalte aufsteigend sortiert sein!

■ Verwenden Sie dagegen als *Bereich_Verweis* den Wert FALSCH, so erhalten Sie nur bei exakter Übereinstimmung mit dem Suchkriterium ein Ergebnis, andernfalls den Wert #NV (nicht verfügbar). Enthält die erste Spalte der Matrix zwei oder mehr übereinstimmende Werte, so wird nur der erste gefundene Wert ausgegeben.

Tipp: Hilfe zu *Bereich_Verweis* erhalten Sie sowohl im Funktionsassistent, als auch bei der Eingabe über die Tastatatur. Hier bietet Excel sogar die Werte WAHR bzw. FALSCH zur Übernahme in die Funktion an (Bild 2.22).

Beispiel 1, Näherungswerte

Bei der Auswertung von Testergebnissen (Bild 2.22) soll anhand der Punktzahl (Suchkriterium) die dazugehörige Note (Spaltenindex 2) aus einer Notentabelle (Matrix) ermittelt werden. Da nicht jede Punktzahl exakt in der Notentabelle vorhanden ist, soll SVERWEIS( ) in diesen Fällen als Ergebnis die nächstgelegene Note aus der Zeile darüber liefern. Die Notentabelle muss daher unbedingt nach Punktzahlen sortiert sein, als *Bereich_Verweis* geben Sie den Wert WAHR an oder lassen das Argument leer.

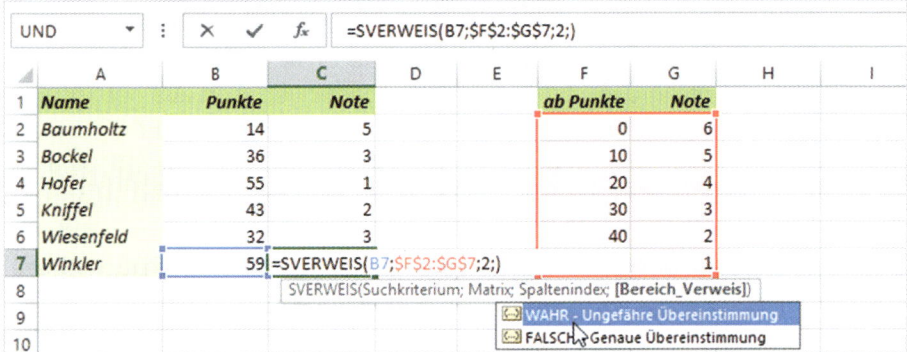

Bild 2.22 Beispiel 1

Beispiel 2, exakte Übereinstimmung erforderlich

Für die monatliche Auswertung der Arbeitszeiten benötigen Sie im Tabellenblatt „Auswertung" als weitere Informationen Name und Abteilung der Mitarbeiter. Diese sind zusammen mit weiteren Mitarbeiterdaten in einer zweiten Tabelle im Tabellenblatt „Personalliste" gespeichert (Bild 2.23). Da Sie Name und Abteilung nur bei Übereinstimmung mit dem Suchkriterium benötigen, ist eine Sortierung nach Personalnummer nicht erforderlich.

Als Suchkriterium für SVERWEIS( ) dient die Personalnummer, als Matrix geben Sie den Tabellenbereich im Blatt „Personalliste" an. Zur Ermittlung des Mitarbeiternamens benötigen Sie den Spaltenindex 2, da sich dieser in der zweiten

Spalte befindet. Für die Abteilung muss Spaltenindex 3 angegeben werden. Da Name und Abteilung nur bei exakter Übereinstimmung mit dem Suchkriterium angezeigt werden sollen, müssen Sie außerdem in diesem Beispiel als *Bereich_Verweis* FALSCH angeben (Bild 2.24). Sollte die Personalnummer in der Personalliste nicht gefunden werden, erhalten Sie nicht den nächstgelegenen Wert als Ergebnis, sondern #NV.

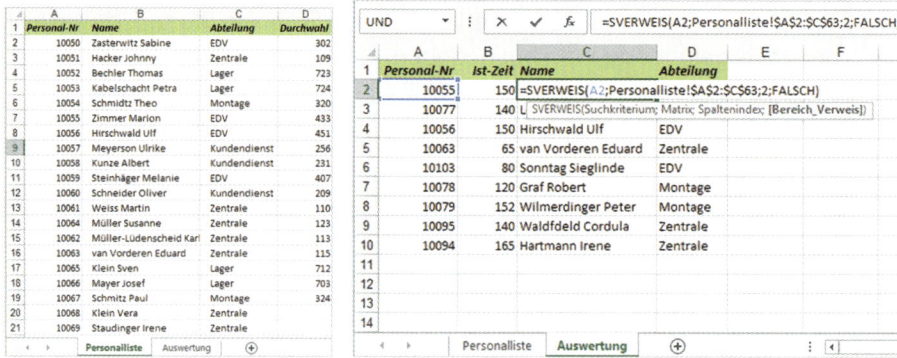

Bild 2.23 Die Matrix   Bild 2.24 Exakte Übereinstimmung erforderlich

WVERWEIS( )

WVERWEIS = Waagrecht Verweis

Die Funktion WVERWEIS( ) besitzt den gleichen Aufbau wie SVERWEIS( ). Der Unterschied liegt darin, dass WVERWEIS( ) die erste Zeile einer Matrix nach dem Suchkriterium durchsucht und den dazugehörigen Wert aus der angegebenen Zeile (=Zeilenindex) liefert. Im abgebildeten Beispiel unten (Bild 2.25) geben Sie als Suchkriterium den gewünschten Termin in B8, den 16. Juni an, der Zellbereich B3 bis F5 stellt die Matrix dar und als Zeilenindex benötigen Sie für das Hotel „Bella Vista" den Wert 2 und für „Mare & More" den Index 3. Beachten Sie, dass das Beispiel in Bild 2.25 nur mit Datumswerten funktioniert, diese können in beliebiger Schreibweise formatiert sein.

Bild 2.25 Beispiel WVERWEIS( )

UND ▼ : ✕ ✓ fx	=WVERWEIS(B8;B3:F5;3;WAHR)						
	A	B	C	D	E	F	G	H
1	Hotelpreise pro Woche						
2		ab					
3	*Hotel*	30. Apr.	31. Mai.	31. Aug.	30. Sep.	10. Nov.	
4	*Bella Vista*	180,00	220,00	175,00	150,00	120,00	
5	*Mare & More*	250,00	320,00	300,00	280,00	260,00	
6							
7	Preis ermitteln						
8	*gewünschter Termin*	16. Jun.					
9	*Hotel Bella Vista*	220,00					
10	*Hotel Mare & More*	=WVERWEIS(B8;B3:F5;3;WAHR)					
11		WVERWEIS(Suchkriterium; Matrix; Zeilenindex; [Bereich_Verweis])					

INDEX( ) und VERGLEICH( )

Nicht immer befindet sich das Suchkriterium in der ersten Spalte und nicht immer steht eindeutig fest, in welcher Spalte sich der gesuchte Wert befindet. Dann bieten sich die Funktionen VERGLEICH( ) und INDEX( )an.

VERGLEICH( )

VERGLEICH( ) liefert im Gegensatz zu SVERWEIS( ) als Ergebnis keinen Wert, sondern die relative Position des gesuchten Wertes innerhalb eines Bereiches, z. B. einer Spalte oder Zeile. Die Syntax:

Position des gesuchten Wertes ermitteln

> =VERGLEICH(Suchkriterium;Suchmatrix;Vergleichstyp)

Das Argument *Vergleichstyp* ist optional und steuert die Art der Suche:

■ Vergleichstyp 1 (oder keine Angabe) liefert den größten Wert, der kleiner oder gleich dem Suchkriterium ist. Dazu müssen die Werte in der Such-matrix aufsteigend sortiert sein.

■ Vergleichstyp 0 liefert den ersten Wert, der dem Suchkriterium exakt ent-spricht, die Werte können in beliebiger Reihenfolge angeordnet sein.

■ Vergleichstyp -1 gibt den kleinsten Wert zurück, der größer als das Such-kriterium ist und die Werte der Suchmatrix müssen absteigend sortiert sein.

Bild 2.26 Beispiel VERGLEICH( )

D10	▼	:	×	✓	*fx*	=VERGLEICH(B10;A4:A7;0)		
⊿	A	B	C	D	E	F	G	H
1	*Preistabelle*							
2				*ab Menge kg*				
3	*Artikel Nr.*	10	20	30	40	50		
4	*100*	5,00	9,00	13,50	16,00	20,00		
5	*200*	4,50	8,20	12,80	17,00	22,00		
6	*300*	10,00	18,00	26,00	34,00	42,00		
7	*400*	1,20	2,00	3,40	4,10	5,00		
8								
9	*Gesuchter Artikel:*							
10	*Artikel Nr.*	300	Zeile	3				
11	*Menge kg*	25	Spalte	2				
12								

Als Beispiel soll aus einer, nach Mengen gestaffelten Preistabelle, anhand von Artikelnummer und Menge der dazugehörige Preis ermittelt werden (Bild 2.26). Dieser befindet sich in der Preistabelle am Schnittpunkt der gesuchten Zeile mit der gesuchten Spalte, daher wird VERGLEICH( ) zweimal benötigt.

Mit der folgenden Formel ermitteln Sie in D10, in welcher Zeile der ersten Spal-te sich die gesuchte Artikelnummer befindet. Die Suchkriterien müssen exakt übereinstimmen, daher Vergleichstyp 0.

=VERGLEICH(B10;A4:A7;0)

Die zweite Formel in D11 liefert die benötigte Spalte. Für die Menge, z. B. 25 kg wird der nächstkleinere Wert benötigt, daher Vergleichstyp 1.

=VERGLEICH(B11;B3:F3;1)

Leider erhalten Sie mit diesen Ergebnissen noch nicht die gewünschte Angabe, den Preis, sondern nur dessen relative Position in der Matrix. Also benötigen Sie eine weitere Funktion, nämlich INDEX( ).

INDEX( )

Hinweis: INDEX( ) existiert in zwei Versionen, als Matrix- und als Bezugsfunktion, für dieses Beispiel benötigen Sie die Matrixfunktion. Diese Funktion verwendet kein Suchkriterium, sondern benötigt die genaue Positionsangabe des gesuchten Wertes in Form von Zeilen- und Spaltenindex, die Syntax:

=INDEX(Matrix;Zeilenindex;Spaltenindex)

Sie brauchen also im Beispiel aus Bild 2.26 nur noch mit INDEX( ) den Preis ermitteln, die Formel dazu lautet in B12:

=INDEX(B4:F7;D10;D11)

Bild 2.27 Beispiel
INDEX( )

UND	▼	⋮	✕	✓	fx	=INDEX(B4:F7;D10;D11)		
	A	B	C	D	E	F	G	H
1	*Preistabelle*							
2				*ab Menge kg*				
3	*Artikel Nr.*	**10**	**20**	**30**	**40**	**50**		
4	*100*	5,00	9,00	13,50	16,00	20,00		
5	*200*	4,50	8,20	12,80	17,00	22,00		
6	*300*	10,00	18,00	26,00	34,00	42,00		
7	*400*	1,20	2,00	3,40	4,10	5,00		
8								
9	*Gesuchter Artikel:*							
10	*Artikel Nr.*	300	Zeile	3				
11	*Menge kg*	25	Spalte	2				
12	Preis:	=INDEX(B4:F7;D10;D11)						
13		INDEX(Matrix; Zeile; [Spalte])						
14		INDEX(Bezug; Zeile; [Spalte]; [Bereich])						

Natürlich ist dies auch mit verschachtelten Funktionen in einer einzigen Formel möglich, dann sieht die Formel so aus:

=INDEX(B4:F7;VERGLEICH(B10;A4:A7;0); VERGLEICH(B11;B3:F3;1))

Zellbereiche mit BEREICH.VERSCHIEBEN( ) anpassen

Sie kennen sicher das folgende Problem: Sie möchten mit einer Funktion eine Liste auswerten, allerdings soll der Zellbereich dynamisch sein, also automatisch um nachträglich am Ende der Liste angefügte Zeilen erweitert werden. Eine einfache Möglichkeit zur Lösung dieses Problems stellen dynamische Tabellen dar, wie sie in der nächsten Lektion beschrieben werden. Wo dies nicht möglich ist, stellt die Funktion BEREICH.VERSCHIEBEN( ) eine Alternative dar, damit Sie den Datenbereich nicht nach jeder Änderung manuell anpassen müssen.

Siehe auch dynamische Listen, Lektion 3.5

BEREICH.VERSCHIEBEN( ) ist keine eigenständige Funktion, sie verschiebt oder vergrößert einen Zellbereich um die angegebene Anzahl Spalten und/oder Zeilen und wird ausschließlich als Argument überall dort eingesetzt, wo Sie Bezüge auf Zellbereiche benötigen, deren Größe variabel ist. Die Syntax:

=BEREICH.VERSCHIEBEN(Bezug;Zeilen;Spalten;Höhe;Breite)

Argument	Beschreibung
Bezug	*Bezug* gibt den Ausgangspunkt des zu verschiebenden Bereichs an, hier genügt die linke obere Ecke des Zellbereichs.
Zeilen	Anzahl der Zeilen, um die der Bezug nach unten verschoben werden soll, negative Werte verschieben den Bereich nach oben.
Spalten	Anzahl der Spalten, um die der Bezug nach rechts verschoben werden soll, negative Angaben verschieben nach links.
Höhe	Optional, die Anzahl der Zeilen des neuen Bereichs; wenn nichts angegeben ist, wird die ursprüngliche Höhe verwendet.
Breite	Optional, die Anzahl der Spalten des neuen Bereichs; wenn nichts angegeben ist, wird die ursprüngliche Breite verwendet.

Beispiel Börsenkurse auswerten

In einer Tabelle werden die Börsenkurse täglich aktualisiert, es kommen also jeden Tag neue Werte hinzu. Der Mittelwert soll aber immer nur für die letzten fünf Tage berechnet werden (Bild 2.28). Dazu verwenden Sie in der Funktion MITTELWERT( ) anstelle eines festen Zellbereichs die Funktion BEREICH.VERSCHIEBEN( ).

■ Als *Bezug* geben Sie die linke obere Ecke des zu verschiebenden Bereichs an, also B3.

■ Nun benötigen Sie die Anzahl der Zeilen, um die der Bezug nach unten verschoben werden soll. Dazu ermitteln Sie mit der Funktion ANZAHL( )

zunächst die Anzahl der nicht leeren Zellen im angegebenen Bereich. Da diese Funktion ausschließlich Zahlen berücksichtigt, kann als Bereich die gesamte Spalte B (B:B) angegeben werden. Allerdings werden immer nur die letzten fünf Werte des Zellbereichs benötigt, Sie müssen daher vom Ergebnis noch 5 Zeilen subtrahieren.

- Da der Bereich ausschließlich um Zeilen verschoben wird, geben Sie als *Spalten* 0 an.

- Als *Höhe* des neuen Bereichs geben Sie 5 (Zeilen) an, dies kann entfallen, wenn Sie unter Bezug bereits einen Zellbereich aus 5 Zeilen angegeben haben. Das Argument *Breite* wird nicht benötigt.

Die Funktion lautet also:

=MITTELWERT(BEREICH.VERSCHIEBEN(B3;ANZAHL(B:B)-5;0;5))

oder

=MITTELWERT(BEREICH.VERSCHIEBEN(B3:B7;ANZAHL(B:B)-5;0))

Bild 2.28 Beispiel Mittelwert der letzten 5 Tage

E2	▼	⋮	✕ ✓ *fx*	=MITTELWERT(BEREICH.VERSCHIEBEN(B3;ANZAHL(B:B)-5;0;5))			
▲	A	B	C	D	E	F	G	H
1	**Börsenkurse der XY AG**						
2	*Datum*	*Kurs in €*		Mittelwert der letzten 5 Tage	8,784		
3	01.04.	12,435					
4	02.04.	12,560					
5	03.04.	11,934					
6	04.04.	10,201					
7	05.04.	9,200					
8	06.04.	11,564					
9	07.04.	10,231					
10	08.04.	9,231					
11	09.04.	8,123					
12	10.04.	8,359					
13	11.04.	9,251					
14	12.04.	8,955					
15							

Siehe Lektion 1.6, Formeln überprüfen und korrigieren

Tipp: Mit Hilfe des Dialogfensters *Formelauswertung* können Sie die einzelnen Berechnungsschritte dieses Beispiels kontrollieren und leichter nachvollziehen.

Namen mit der Funktion BEREICH.VERSCHIEBEN( ) definieren
Die Funktion BEREICH.VERSCHIEBEN( ) kann auch in Zusammenhang mit Bereichsnamen verwendet werden. Dabei wird bei der Definition des Namens anstelle eines festen Zellbereichs die Funktion BEREICH.VERSCHIEBEN( ) angegeben. So gehen Sie vor:

- Klicken Sie im Register *FORMELN,* Gruppe *Definierte Namen* auf die Schaltfläche *Namen definieren...*

■ Geben Sie einen Bereichsnamen, eventuell zusammen mit einem Kommentar ein und tragen Sie dann im Feld *Bezieht sich auf* anstelle fester Zellbezüge die Funktion ein.

Tipp: Damit Ihnen die Syntax-Hilfe zur Verfügung steht, geben Sie die Funktion am besten zunächst in eine beliebige, leere Zelle des Tabellenblattes ein, eventuell mit Hilfe des Funktionsassistenten und kopieren die Funktion anschließend über die Zwischenablage (Strg+C und Strg+V) in das Dialogfenster *Neuer Name*. Achtung: Da diese Funktion ausschließlich Zellbereiche festlegt, zeigt Excel im Tabellenblatt als Ergebnis #WERT an, dies bedeutet aber nicht, dass die Funktion einen Fehler enthält. Wenn Sie sicher gehen möchten, dann kontrollieren Sie die Funktion wieder im Dialogfenster *Formel auswerten*.

Für das unten abgebildete Beispiel (Bild 2.29) benötigen Sie folgende Funktion, die Tabelle befindet sich im Blatt „Rohdaten". Beachten Sie bei der Festlegung von Namen außerdem, dass den Zellbezügen der Blattname vorangestellt werden muss, wenn der Name in der gesamten Mappe Gültigkeit besitzen soll.

```
=BEREICH.VERSCHIEBEN(Rohdaten!$A$1;;;ANZAHL2(Rohdaten!$A:$A);
ANZAHL2(Rohdaten!$1:$1))
```

	A	B	C	D	E	F	G	H	I	J
1	Jahr	Kunden-Nr	Firma	Land	Modell-Nr	VK-Preis Netto	Auftragsmenge	Umsatz		
2	2011	233	ELCOG	Deutschland	450	510,00	25	12.750,00		
3	2011	971	BRAIN	Österreich	100	290,00	24	6.960,00		
4	2011	233	ELCOG	Deutschland	209	1.019,00	3	3.057,00		
5	2011	1019	WGT GmbH	Deutschland	100	290,00	14	4.060,00		
6	2011	971	BRAIN	Österreich	304	620,00	6	3.720,00		
7	2011	1019	WGT GmbH	Deutschland	100	290,00	12	3.480,00		
8	2011	45	Hügli & Brettschneider	Schweiz	450	510,00	2	1.020,00		
9	2011	1019	WGT GmbH	Deutschland	200	63,50	100	6.350,00		
10	2012	233	ELCOG	Deutschland	100	290,00	17	4.930,00		
11	2012	45	Hügli & Brettschneider	Schweiz	200	63,50	12	762,00		
12	2012	233	ELCOG	Deutschland	304	620,00	7	4.340,00		
13	2012	971	BRAIN	Österreich	209	1.019,00	3	3.057,00		
14	2012	971	BRAIN	Österreich	209	1.019,00	9	9.171,00		
15	2012	45	Hügli & Brettschneider	Schweiz	304	620,00	56	34.720,00		
16	2013	45	Hügli & Brettschneider	Schweiz	300	500,00	9	4.500,00		
17	2013	971	BRAIN	Österreich	100	290,00	22	6.380,00		
18	2013	1019	WGT GmbH	Deutschland	450	510,00	34	17.340,00		

Bild 2.29 Beispiel

Als Bezug oder Ausgangspunkt kann die linke obere Ecke des Bereichs verwendet werden, in diesem Beispiel A1, bzw. $A$1 da der Zellbereich ja nicht verschoben, sondern vergrößert oder verkleinert wird. Aus diesem Grund werden hier auch die beiden Argumente *Zeilen* und *Spalten* nicht benötigt und bleiben leer. Dafür müssen Sie die Höhe des neuen Bereichs ermitteln, dies geschieht mit der Funktion ANZAHL2( ), da diese alle nicht leeren Zellen, also auch Text in Spalte A berücksichtigt. Die Breite des neuen Bereichs ermitteln Sie ebenfalls mit der Funktion ANZAHL2( ) für die Zeile 1.

2.5 Finanzmathematische Funktionen

Für finanzmathematische Berechnungen finden Sie in der Kategorie *Finanzma-thematik* eine Reihe von Funktionen. Hier soll ein Beispiel zur Zinsberechnung, näher betrachtet werden. Beachten Sie, dass diese Funktionen ausschließlich die Verzinsung berechnen, Gebühren, Provisionen, usw. werden von Excel nicht berücksichtigt.

Zum Rechnen mit Krediten und Zinsen verwendet Excel die folgenden Ausdrücke. Diese sind als Funktionen verfügbar, bezeichnen aber gleichzeitig auch die jeweils erforderlichen Argumente.

Argument	Beschreibung
ZINS( )	Zins = fester Zinssatz. Da dieser normalerweise jährlich angegeben ist, müssen Sie den Zins bei monatlichen Zahlungen ebenfalls in Monaten angeben, also Zins / 12.
ZZR( )	Zzr = Zahlungszeitraum. Über welchen Zeitraum sollen die Zahlungen erfolgen? Beachten Sie, dass auch hier einheitliche Angaben erforderlich sind. Bei monatlichen Zahlungen und einer Laufzeit von beispielsweise 5 Jahren müssen Sie auch die Laufzeit in Monate umrechnen, also Jahre * 12.
RMZ( )	Rmz = regelmäßige Zahlung. Dies ist ein konstanter, meist monatlicher Betrag, den Sie entweder zur Rückzahlung oder als Sparbetrag aufwenden. Achtung: Von Ihnen aufgewendete Beträge müssen mit negativem Vorzeichen eingegeben werden, da sonst das Ergebnis mit einem Minus als Vorzeichen angezeigt wird!
BW( )	Bw = Barwert, der aktuelle Gesamtwert zu Beginn der Zahlungen.
ZW( )	Zw = Zinswert, dies ist der Endwert (verzinste Wert) einer Investition.
F	Die Fälligkeit gibt an, ob die regelmäßige Zahlung am Beginn (1) der Periode, z. B. eines Monats erfolgt oder am Ende der Periode (0).

Beispiel Kreditrückzahlung

Sie möchten ermitteln, wie hoch ist die monatliche Belastung bei der Rückzahlung eines Kredits in Höhe von 10.000 Euro, einer Laufzeit von 3 Jahren und einem jährlichen Zins von 6,5%? Mit der Funktion RMZ( ) berechnen Sie die konstante regelmäßige Zahlung.

Als Barwert (Bw) geben Sie den Kreditauszahlungsbetrag, also 10.000 an. Zw dagegen ist der Zinswert, also der Wert, der am Ende der Rückzahlung erreicht werden soll. Tragen Sie hier 0 ein, wenn am Ende der Kredit abbezahlt sein soll. Da die monatlichen Rückzahlungsbeträge von Ihnen aufzuwenden sind, erscheint das Ergebnis der Formel mit negativem Vorzeichen.

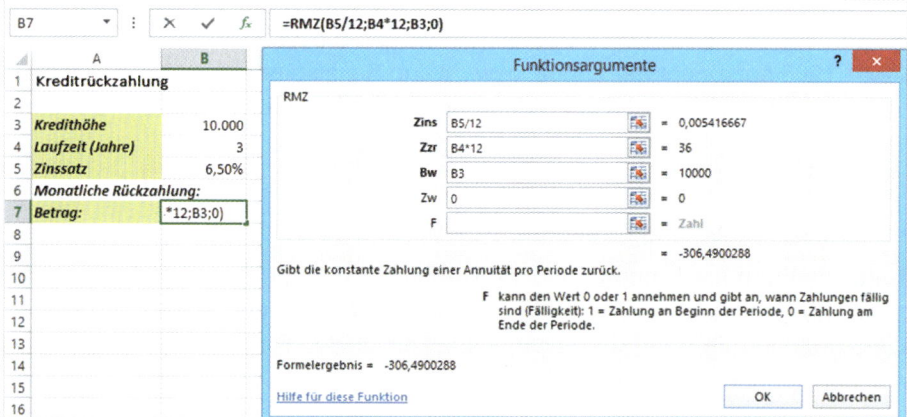

Bild 2.30 Beispiel Kredit-rückzahlung

Beispiel Tilgung und Zinszahlung berechnen

Im Beispiel oben wird nur die gesamte Höhe der monatlichen Rückzahlung berechnet. Diese besteht jeweils aus einem Zinsanteil und einem Tilgungsanteil. Diese Werte lassen sich mit den Funktionen ZINSZ( ) und KAPZ( ) berechnen, beide erfordern, neben den bereits erläuterten, noch ein weiteres Argument, nämlich mit Zr die einzelne Zahlungsperiode im Gesamtzeitraum. Im Beispiel in Bild 2.31 ist dies das jeweilige Jahr in Zeile 3. Die Syntax der beiden Funktionen ist fast identisch:

=ZINSZ(Zins;Zr;Zzr;BW;ZW;F)

=KAPZ(Zins;Zr;Zzr;BW;ZW;F)

Beachten Sie außerdem, dass dieses Beispiel jährliche Beträge berechnet.

Bild 2.31 Beispiel Zinsan-teil und Tilgung

B9		fx	=ZINSZ(B5;B3;B6;B4;0)							
	A	B	C	D	E	F	G	H	I	J
1	Zins und Tilgung berechnen									
2										
3	Jahr	1	2	3	4	5	6	7	8	
4	Kredithöhe	20.000	20.000	20.000	20.000	20.000	20.000	20.000	20.000	
5	Zinssatz	6,50%	6,50%	6,50%	6,50%	6,50%	6,50%	6,50%	6,50%	
6	Laufzeit (Jahre)	8	8	8	8	8	8	8	8	
7										
8	Jährl. Rückzahlung	-3.284,75 €	-3.284,75 €	-3.284,75 €	-3.284,75 €	-3.284,75 €	-3.284,75 €	-3.284,75 €	-3.284,75 €	RMZ( )
9	Zinsanteil	-1.300,00 €	-1.170,99 €	-1.033,60 €	-887,27 €	-731,44 €	-565,47 €	-388,72 €	-200,48 €	ZINSZ( )
10	Tilgung	-1.984,75 €	-2.113,75 €	-2.251,15 €	-2.397,47 €	-2.553,31 €	-2.719,27 €	-2.896,03 €	-3.084,27 €	KAPZ( )
11										

Hinweis: Ein weiteres Beispiel zur Zinsberechnung finden Sie in Zusammenhang mit einer Mehrfachoperation.

Siehe auch Lektion 4.3

2.6   Datums und Uhrzeitfunktionen

Datumswerte werden auch korrekt sortiert!

Alle Datumswerte, die nach dem 01.01.1900 liegen, sind für Excel serielle (fortlaufende) Zahlen, die als Datum formatiert sind. Da dieser Tag gleichzeitig Beginn der „Excel-Zeitrechnung" ist, entspricht dieses Datum der Zahl 1, der 02.01.1900 entspricht der Zahl 2, usw.. Wenn Sie also wissen möchten, wieviele Tage seither vergangen sind, dann brauchen Sie nur das aktuelle Datum in eine beliebige Zelle eingeben und als Zahl formatieren.

Uhrzeiten sind Dezimalzahlen auf der Basis eines Tages, wobei die Zahl 1 für 24 Uhr steht, 0,5 bedeutet also 12 Uhr mittags.

Berechnungen mit Datums- und Zeitwerten sind daher sowohl in Formeln als auch mit Funktionen problemlos möglich. Über die Schaltfläche *Datum und Uhrzeit* stehen Ihnen in der Funktionsbibliothek des Registers *FORMELN* verschiedene Funktionen zur Verfügung.

Aktuelles Datum bzw. aktuelle Uhrzeit

Die beiden Funktionen HEUTE( ) und JETZT( ) benötigen keine weiteren Argumente und liefern das aktuelle Datum (Systemdatum), allerdings mit einem kleinen Unterschied:

Funktion	Beschreibung	Beispiel
=HEUTE( )	liefert das aktuelle Datum (Systemdatum)	11.11.2014
=JETZT( )	liefert Datum und Uhrzeit	11.11.2014 15:46

Achtung: Wenn Sie das aktuelle Datum für Datumsberechnungen benötigen, dann sollten Sie ausschließlich die Funktion HEUTE( ) verwenden, da Sie sonst unter Umständen falsche Ergebnisse erhalten.

F9 aktualisiert eine Funktion

Tipp: Beide Datumswerte werden beim Öffnen der Excel-Arbeitsmappe automatisch aktualisiert. Um die Uhrzeit in einer geöffneten Mappe zu aktualisieren, klicken Sie im Register *FORMELN*, Gruppe Berechnung auf die Schaltfläche *Neu berechnen* oder verwenden die Funktionstaste F9.

Teil eines Datums als Zahl

Teil des Datums als Zahl

Die folgenden Datumsfunktionen geben einen Teil eines Datums als Zahl zurück und werden immer dann benötigt, wenn es beispielsweise darum geht, eine Tabelle, unabhängig vom Jahr, nach Monaten zu sortieren oder zu filtern:

Funktion	Beschreibung	Beispiel	Ergebnis
TAG(Datum)	Liefert aus einem Datum den Tag als Zahl	=TAG(23.01.2014)	23
MONAT(Datum)	Liefert aus einem Datum den Monat als Zahl	=MONAT(23.01.2014)	1
JAHR(Datum)	Liefert aus einem Datum das Jahr als Zahl	=JAHR(23.01.2014)	2014

Datumswerte zusammensetzen

Die Funktion DATUM( ) erlaubt es umgekehrt, ein Datum aus Zahlen zusammenzusetzen. Die Syntax:

Datum aus Zahlen

> =DATUM(Jahr;Monat;Tag)

Beispiel: Die Zahlen der Spalten A, B und C zu einem Datum zusammenfügen:

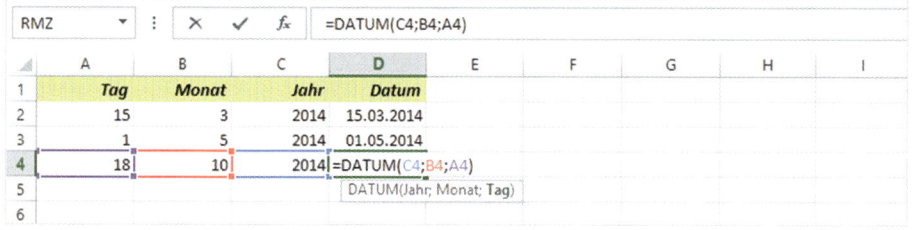

Bild 2.32 Beispiel
DATUM( )

Wochentag ermitteln

Die Funktion WOCHENTAG( ) liefert aus einem Datum den Wochentag als Zahl von 1 bis 7. Achtung: Das Argument *Typ* legt fest, mit welchem Wochentag die Woche beginnt. Sie müssen hier 2 angeben, da Excel die Zählung sonst mit dem Sonntag beginnt.

Mit welchem Tag beginnt die Zählung?

> =WOCHENTAG(Datum;Typ)

Bild 2.33 Wochentag als
Zahl ermitteln

	A	B	C	D	E	F	G	H	I
1	01.01.2014	=WOCHENTAG(A1;							
2									
3			⌨ 1 - Zahlen 1 (Sonntag) bis 7 (Samstag)						
4			⌨ 2 - Zahlen 1 (Montag) bis 7 (Sonntag)						
5			⌨ 3 - Zahlen 0 (Montag) bis 6 (Sonntag)						
6			⌨ 11 - Zahlen 1 (Montag) bis 7 (Sonntag)						
7			⌨ 12 - Zahlen von 1 (Dienstag) bis 7 (Montag)						
8			⌨ 13 - Zahlen von 1 (Mittwoch) bis 7 (Dienstag)						
9			⌨ 14 - Zahlen von 1 (Donnerstag) bis 7 (Mittwoch)						
10			⌨ 15 - Zahlen von 1 (Freitag) bis 7 (Donnerstag)						
11			⌨ 16 - Zahlen von 1 (Samstag) bis 7 (Freitag)						
			⌨ 17 - Zahlen 1 (Sonntag) bis 7 (Samstag)						

69

Kalenderwoche

Kalenderwoche aus einem Datum ermitteln

In vielen Fällen benötigen Sie auch die Information, zu welcher Kalenderwoche ein bestimmtes Datum gehört. Dazu sind in Excel zwei Funktionen mit unterschiedlichen Berechnungsmethoden verfügbar.

■ ISOKALENDERWOCHE( ) ermittelt die Kalenderwoche nach dem europäischen Wochennummerierungssystem. Danach beginnt eine Woche mit dem Montag und die Woche mit dem ersten Donnerstag des Jahres ist die Kalenderwoche 1.

■ KALENDERWOCHE( ) erlaubt die Auswahl zwischen mehreren Systemen. Bei der Berechnung nach System 1 ist die Woche mit dem 1. Januar die erste Kalenderwoche, System 2, bzw. Typ 21 entspricht wieder der europäischen Norm.

=ISOKALENDERWOCHE(Datum)   oder

=KALENDERWOCHE(Datum;Zahl_Typ)

In Bild 2.34 unten sehen Sie die Berechnung der Kalenderwoche mit der Funktion KALENDERWOCHE( ). Bild 2.35 zeigt die unterschiedlichen Ergebnisse beider Berechnungsfunktionen.

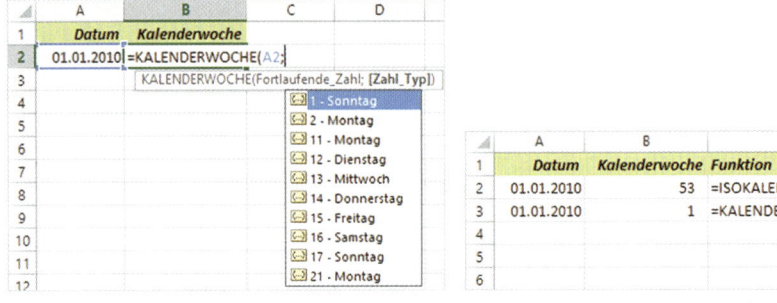

Bild 2.34 KALENDERWOCHE( )   Bild 2.35 Vergleich der beiden Funktionen

Monat oder Wochentag als Text

Um anstelle eines Datums den Wochentag oder Monat als Text anzuzeigen, gibt es zwei Möglichkeiten:

■ Als einfachste Möglichkeit formatieren Sie ein Datum einfach mit dem benutzerdefinierten Zahlenformat TTTT (Wochentag) oder MMMM (Monat).

Klicken Sie dazu im Register *START*, Gruppe *Zahl* auf den Dropdown-Pfeil des Feldes *Zahlenformat* und auf Mehr.... Markieren Sie im Dialogfenster *Zellen formatieren*, im Register Zahlen die Kategorie Benutzerdefiniert und geben Sie hier das Format ein.

Funktion TEXT wandelt eine Zahl in Text um

- Die zweite und bessere Möglichkeit, insbesondere um aus einem Datum den Monat oder Wochentag als Text zu erhalten, ist die Funktion TEXT( ). Diese wandelt eine Zahl nach dem angegebenen Textformat in Text um, die Syntax lautet:

```
=TEXT(Wert;Textformat)
```

Das Textformat steuert die Anzeige, es muss in Anführungszeichen " " angegeben werden und entspricht den Regeln für benutzerdefinierte Zahlenformate. Eine Übersicht über die Datumsformate finden Sie in der Tabelle unten. Beachten Sie, dass Monatsformate stets mit Großbuchstaben (M) angegeben werden müssen, um Verwechslungen mit dem Uhrzeitformat Minuten zu vermeiden, diese werden in Kleinbuchstaben (m) angegeben.

Textformat	Ergebnis	Beispiel
"M"	Monat als ein- oder zweistellige Zahl	1; 12
"MM"	Monat als zweistellige Zahl	01; 02
"MMM"	Monat als abgekürzten Text	Jan; Feb
"MMMM"	Vollständiger Monatsname	Januar
"t"	Wochentag als Zahl von 1 bis 7	1; 2
"tt"	Wochentag als zweistellige Zahl mit führender 0	01; 02
"ttt"	Wochentag als abgekürzten Text	Mo; Di
"tttt"	Vollständiger Wochentag als Text	Montag

Unten zwei Beispiele: In Bild 2.36 wurde in Spalte B der, mit MONAT( ) aus dem Datum in Spalte A ermittelte Monat, in Text umgewandelt. In Bild 2.37 wurde in Spalte C dasselbe mit dem Wochentag vorgenommen.

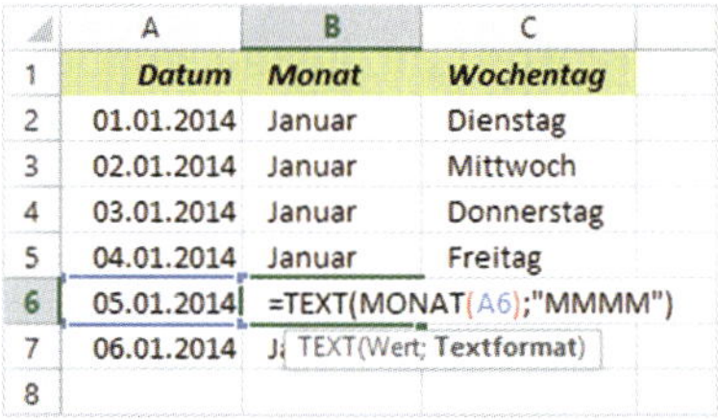

	A	B	C
1	Datum	Monat	Wochentag
2	01.01.2014	Januar	Dienstag
3	02.01.2014	Januar	Mittwoch
4	03.01.2014	Januar	Donnerstag
5	04.01.2014	Januar	Freitag
6	05.01.2014	=TEXT(MONAT(A6);"MMMM")	
7	06.01.2014	J TEXT(Wert; Textformat)	
8			

Bild 2.36 Monat als Text

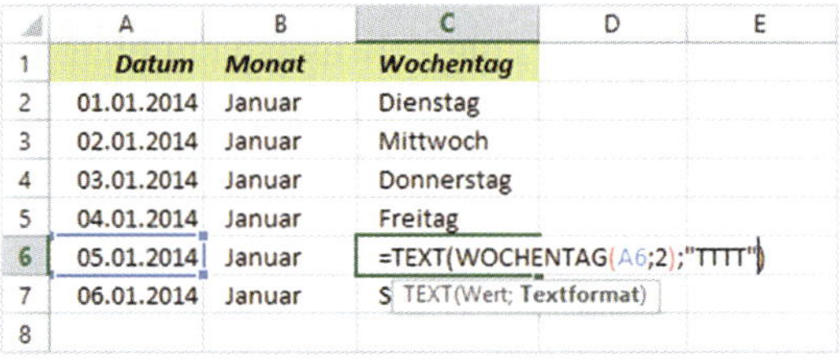

	A	B	C	D	E
1	Datum	Monat	Wochentag		
2	01.01.2014	Januar	Dienstag		
3	02.01.2014	Januar	Mittwoch		
4	03.01.2014	Januar	Donnerstag		
5	04.01.2014	Januar	Freitag		
6	05.01.2014	Januar	=TEXT(WOCHENTAG(A6;2);"TTTT")		
7	06.01.2014	Januar	S TEXT(Wert; Textformat)		
8					

Bild 2.37 Wochentag als Text

Differenz zwischen Datumswerten berechnen

Vorsicht bei negativen Datumswerten: Excel kann zwar bei Datumsberechnungen negative Zahlen, z. B. Tage berechnen und anzeigen, nicht aber, wenn diese als Datum formatiert sind. Dann erscheint statt dessen das #-Zeichen.

Differenz in Tagen berechnen

Um die Differenz zwischen zwei Datumswerten in Tagen zu ermitteln, genügt eine einfache Formel. Als Beispiel wollen wir berechnen, wieviele Tage noch bis Weihnachten sind: Mit der folgenden Formel erhalten Sie allerdings ein Ergebnis, das ausschließlich für das Jahr 2014 gilt, da Sie das Datum entweder in die Formel oder in eine Zelle eingeben.

> =24.12.2014 – HEUTE()

Wenn die Formel auch noch für weitere Jahre Gültigkeit besitzen soll, dann müssen Sie den 24.12. des jeweils aktuellen Jahres berücksichtigen. Dazu setzen Sie mit der Funktion DATUM( ) das Weihnachtsdatum aus den Zahlen 12 und 24 und dem aktuellen Jahr zusammen. Die Formel lautet dann:

> =DATUM(JAHR(HEUTE());12;24) – HEUTE()

Differenz in Jahren berechnen

Mit Jahren rechnen

Die Funktion BRTEILJAHRE( ) berechnet die Differenz zwischen zwei Datumswerten in Bruchteilen von Jahren. Die Syntax:

> =BRTEILJAHRE(Anfangsdatum; Enddatum; Basis)

Das Argument *Basis* ist optional und wird eigentlich nur zur Berechnung der Zinstage benötigt: Dann können Sie damit angeben, auf welcher Basis die Tage gezählt werden sollen.

Mit BRTEILJAHRE( ) können Sie auch das Alter in Jahren berechnen. Allerdings erhalten Sie ein Ergebnis mit Dezimalstellen, die Sie nicht einfach kaufmännisch runden dürfen, da Sie sonst unter Umständen ein falsches Alter erhalten. Sie dürfen die Zahl also nicht ohne Dezimalstellen formatieren, sondern müssen nicht benötigte Dezimalstellen mit KÜRZEN( ) abschneiden (Bild 2.38).

Bild 2.38 Alter berechnen

ISOKALEN... ▾	:	✕	✓	f_x	=KÜRZEN(BRTEILJAHRE(A4;HEUTE());0)		

⊿	A	B	C	D	E	F	G	H
1	*Geburtsdatum*	*Alter*	*Alter 2*					
2	13.06.1989	24,72777778	24					
3	05.12.1966	47,25	47					
4	18.01.1982	32,13055556	=KÜRZEN(BRTEILJAHRE(A4;HEUTE());0)					
5				BRTEILJAHRE(Ausgangsdatum; **Enddatum**; [Basis])				
6								

Die Möglichkeiten der Funktion DATEDIF( )

Excel kennt mit DATEDIF( ) noch eine weitere Funktion zur Berechnung der Differenz zwischen zwei Datumswerten. Diese berechnet die Differenz wahlweise in Jahren, Tagen oder Monaten. Leider ist die Funktion nicht dokumentiert, so dass sie vollständig über die Tastatur eingegeben werden muss. Die Syntax:

> =DATEDIF(Ausgangsdatum;Enddatum;Einheit)

Folgende Argumente werden benötigt:

Argument	Beschreibung
Ausgangsdatum	Startdatum, z. B. das Geburtsdatum
Enddatum	Das Enddatum, z. B. das aktuelle Datum
Einheit	Wie soll die Differenz berechnet werden: "y" in vollständigen Jahren "m" in Monaten "d" in Tagen "ym" in Monaten, ohne Berücksichtigung des Jahres "md" in Tagen, ohne Berücksichtigung des Monats

Das Beispiel in Bild 2.39 berechnet in Jahren, Monaten und Tagen, wie lange ein Mitarbeiter bereits im Unternehmen ist, die Formel in D3 zur Ermittlung der Monate lautet:

> =DATEDIF(B3;Heute();"ym")

E3	▼	⋮	✕	✓	*fx*	=DATEDIF(B3;HEUTE();"md")			
◢	A		B	C	D	E	F	G	
1				*Mitarbeiter ist im Unternehmen:*					
2	*Mitarbeiter*		*Eintritt Firma*	*Jahre*	*Monate*	*Tage*			
3	Moser		02.02.2008	6	1	4			
4	Baumholtz		15.04.2010	3	10	19			
5	Waldfeld		01.03.2012	2	0	5			

Bild 2.39 Beispiel DATEDIF( )

Differenz in Arbeitstagen berechnen, NETTOARBEITSTAGE( )

Häufig sollen bei der Berechnung der Datumsdifferenz in Tagen ausschließlich Arbeitstage berücksichtigt werden, nicht aber Wochenenden und Feiertage, z. B. bei der Berechnung von Urlaubstagen. Dazu verwenden Sie die Funktion NETTOARBEITSTAGE.INTL( )

Im Gegensatz zu älteren Versionen verfügt Excel 2013 über zwei Funktionen zur Berechnung der Nettoarbeitstage. NETTOARBEITSTAGE.INTL( ) berechnet die Anzahl der vollen Arbeitstage zwischen zwei Datumsangaben, wobei im Gegensatz zur älteren Funktion NETTOARBEITSTAGE( ) angegeben werden kann, welche und wie viele Tage auf Wochenenden fallen. Die Syntax:

```
=NETTOARBEITSTAGE.INTL(Ausgangsdatum;Enddatum;
Wochenende;Freie_Tage)
```

Beachten Sie außerdem:

■ Ausgangs- und Enddatum werden in die Berechnung mit einbezogen.

■ Bei der Eingabe des Arguments *Wochenende* erscheint eine Liste der verschiedenen Parameter, *1* bedeutet *Samstag und Sonntag*.

■ Mit *Freie_Tage* geben Sie an, welche Tage z. B. als Feiertage berücksichtigt werden sollen. Diese müssen in eine gesonderte Tabelle, evtl. auch in einem anderen Tabellenblatt, eingetragen werden. Im abgebildeten Beispiel (Bild 2.40) erhält die Liste den Namen *Feiertage*. Aufgrund unterschiedlicher Feiertagsregelungen in den einzelnen Bundesländern, können Ihre Angaben von der Abbildung abweichen.

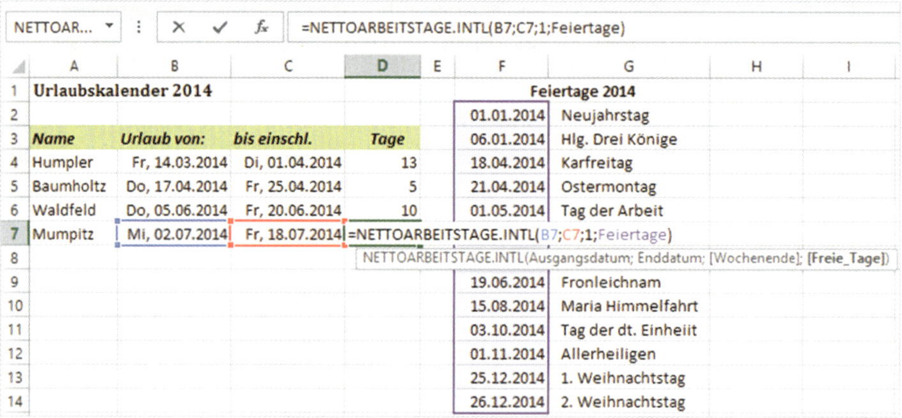

Bild 2.40 Beispiel Urlaubstage berechnen

Berechnungen mit Zeitwerten

Genauso können auch Zeitangaben für Berechnungen verwendet werden. Beachten Sie dabei, dass das Standard-Uhrzeitformat von Excel nicht mehr als 24 Stunden anzeigt. Liefert ein Formelergebnis mehr Stunden, so müssen Sie das Uhrzeitformat [h] verwenden. Sie finden dieses Format im Dialogfenster *Zellen formatieren*, das Sie entweder über den Befehl aus dem Kontextmenü der rechten Maustaste öffnen oder über einen Klick auf den kleinen Pfeil in der rechten unteren Ecke der Gruppe *Zahl* (Register *START*). Klicken Sie hier auf das Register *Zahlen* und wählen Sie die Kategorie *Benutzerdefiniert*. Weisen Sie dann den Zellen das Format [h]:mm zu.

Uhrzeit in Dezimalzahl umwandeln

Standardmäßig wird auch das Ergebnis der Berechnung im Uhrzeitformat ausgegeben. Meist benötigen Sie aber als Ergebnis eine Dezimalzahl, z. B. bei der Berechnung der Arbeitszeiten (Bild 2.41). Dann multiplizieren Sie, wie in der Abbildung, das Ergebnis mit 24 und formatieren die Zellen als Zahl mit zwei Nachkommastellen.

	A	B	C	D	E	F	G	H
1	Arbeitszeiten							
2					Pause			
3	Datum	Wochentag	Arbeitsbeginn	Arbeitsende	von:	bis:	Stunden	
4	03.02.2014	Montag	08:00	17:30	12:15	13:00	8,75	
5	04.02.2014	Dienstag	08:00	18:00	12:00	12:30	9,50	
6	05.02.2014	Mittwoch	09:00	18:00	12:30	13:00	8,50	
7	06.02.2014	Donnerstag	08:30	17:00	12:00	13:00	7,50	

Bild 2.41 Arbeitszeitberechnung

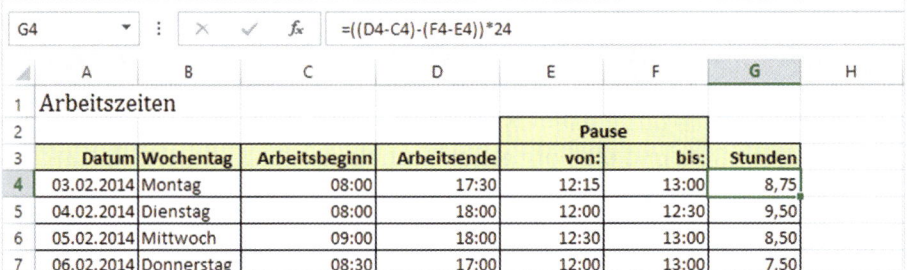

2.7 Textfunktionen

Text in Zahl umwandeln

Beim Import aus anderen Anwendungen kann es vorkommen, dass Zahlen, die Sie eigentlich für Berechnungen benötigen, als Text gespeichert sind. Dann müssen Sie die Inhalte in Zahlen umwandeln. Dazu gibt es folgende Möglichkeiten:

Automatische Fehlererkennung von Excel

Im einfachsten Fall sind Zellen, die als Text gespeicherte Zahlen enthalten, mit einem grünen Dreieck gekennzeichnet und beim Markieren erscheint automatisch eine Schaltfläche. Mit einem Klick auf diese Schaltfläche öffnet sich ein Menü, das unter anderem anbietet, den Inhalt in eine Zahl umzuwandeln. Dann genügt es, wenn Sie zuvor die gesamte Spalte markieren und den Befehl *In eine Zahl umwandeln* auswählen (Bild 2.42).

	A	B	C	D	E
1	Mod-Nr	Datum	Menge		
2	A-100-10	01.04.2	216		
3	A-100-20	02.04.2			
4	A-100-23	03.04.2			
5	B-105-13	04.04.2			
6	B-105-16	05.04.2			
7	B-200-10	06.04.2			
8					
9					
10					

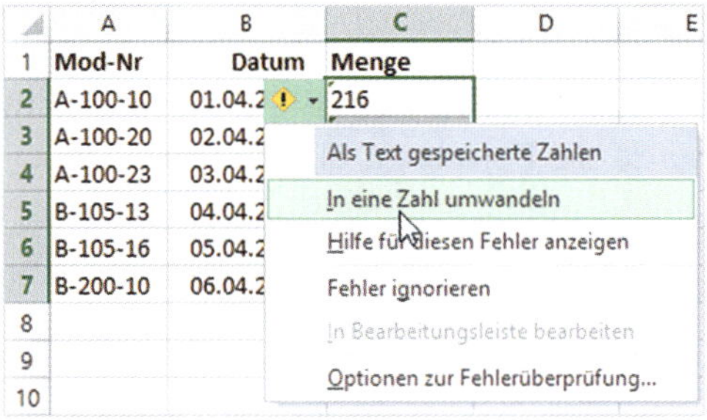

Bild 2.42 In Zahl umwandeln

	A	B	C	D
1	Mod-Nr	Datum	Menge	Menge als Zahl
2	A-100-10	01.04.2014	216	=WERT(C2)
3	A-100-20	02.04.2014	305	305
4	A-100-23	03.04.2014	89	89
5	B-105-13	04.04.2014	407	407
6	B-105-16	05.04.2014	112	112
7	B-200-10	06.04.2014	94	94
8				
9				
10				

Bild 2.43 Funktion WERT( )

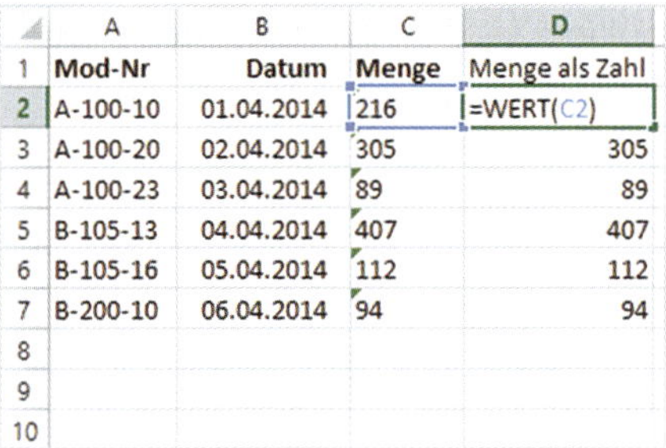

Die Funktion WERT( )

Sollte diese Möglichkeit nicht verfügbar sein, dann multiplizieren Sie entweder die als Text gespeicherte Zahl mit 1 oder verwenden die Funktion WERT( ). Diese wandelt ein als Text angegebenes Argument oder den Inhalt einer Zelle in eine Zahl um. Am einfachsten geschieht dies in einer zusätzlichen Hilfsspalte (Bild 2.43).

Tipp: Benötigen Sie im Tabellenblatt anstelle der Formel eine Zahl, so kopieren Sie den Zellbereich mit der Formel in die Zwischenablage und wählen beim Einfügen über den Dropdown-Pfeil der *Einfügen*-Schaltfläche die Einfügeoption *Werte* bzw. *Werte und Zahlenformat*. Anschließend können die ursprüngliche Spalte mit dem Text und die Formel gelöscht werden.

Zeichenfolgen aneinanderfügen (Verketten)

Mit der Funktion VERKETTEN( ) lassen sich mehrere Zeichenfolgen zu einer einzigen aneinanderfügen. Die Syntax ist einfach:

=VERKETTEN(Text1;Text2;Text3;...)

Beispiel: Name und Vorname in einer einzigen Spalte

Beachten Sie bei diesem Beispiel, dass Sie zwischen Vor- und Nachname auch noch ein Leerzeichen benötigen. Dieses muss ebenfalls als Text in die Funktion einbezogen werden (Bild 2.44).

Bild 2.44 Text verketten

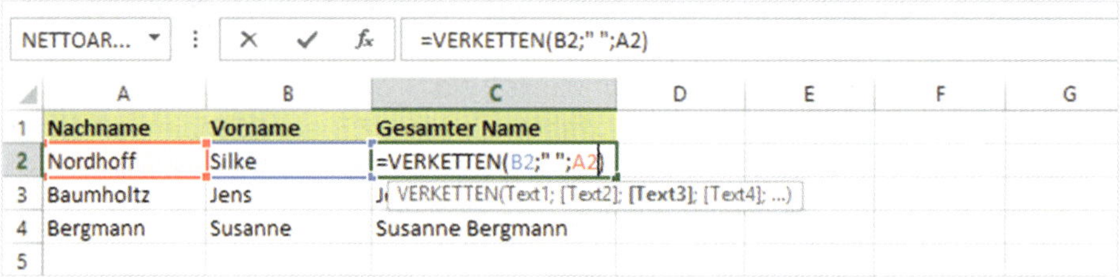

Auch Zahlen können mit dieser Funktion verkettet werden, allerdings behandelt Excel das Ergebnis als Text. Um anschließend wieder eine Zahl zu erhalten, benötigen Sie die Funktion WERT( ), vorausgesetzt das Ergebnis ist eine gültige Zahl.

Tipp: Als Alternative können Zeichenfolgen auch in einer Formel mit dem &-Operator verkettet werden. Dann würde die Formel zu obigem Beispiel lauten: =B2&" "&A2.

Zeichenfolgen aus Text

Zeichen anhand ihrer Position ermitteln

Manchmal enthalten Zellinhalte gleich mehrere Informationen. So können beispielsweise Artikelnummern aus Modell, Warengruppe und Farbe zusammengesetzt sein. Damit nach einem dieser Merkmale sortiert oder gefiltert werden kann, müssen Sie die benötigten Informationen zunächst herausziehen. Dazu lassen sich die Textfunktionen LINKS( ), RECHTS( ) und TEIL( ) einsetzen.

Funktion	Beschreibung und Syntax
LINKS( )	=LINKS(Text;Anzahl_Zeichen) Liefert die angegebene Anzahl Zeichen, beginnend mit dem ersten **linken** Zeichen
RECHTS( )	=RECHTS(Text;Anzahl_Zeichen) Liefert die angegebene Anzahl Zeichen, beginnend mit dem ersten **rechten** Zeichen
TEIL( )	=TEIL(Text;Erstes_Zeichen;Anzahl_Zeichen) Liefert die angegebene Anzahl Zeichen, beginnend ab der unter Erstes_Zeichen festgelegten Position. Damit erhalten Sie Zeichenfolgen, die sich innerhalb des Textes befinden.

Da für alle drei Funktionen die Anzahl der benötigten Zeichen angegeben werden muss, können diese nur eingesetzt werden wenn, wie im unten abgebildeten Beispiel, alle Zeichenfolgen dieselbe Länge haben.

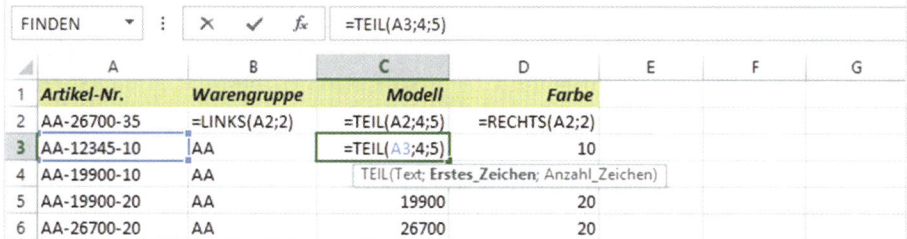

Bild 2.45 Beispiel Zeichenfolgen ermitteln

Tipp: Als Alternative kann bei einem vorgegebenen Trennzeichen in den meisten Fällen der Inhalt einer Spalte auch über die Schaltfläche *Text in Spalten* aufgeteilt werden. Näheres dazu in Lektion 3.

Siehe Lektion 3.1

Position einer Zeichenfolge ermitteln

Ist die Position der gesuchten Zeichenfolge nicht bekannt, dann müssen Sie diese zunächst mit der Funktion FINDEN( ) ermitteln, die Syntax:

=FINDEN(Suchtext;Text;Erstes_Zeichen)

■ Als *Suchtext* geben Sie das gesuchte Zeichen in Anführungszeichen " " ein.

■ Unter *Erstes_Zeichen* geben Sie die Position an, ab der die Funktion mit der Suche im Text beginnen soll.

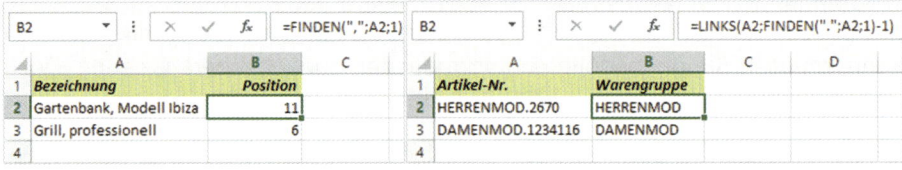

Bild 2.46 Beispiel 1: FINDEN( )   *Bild 2.47 Beispiel 2: FINDEN( )*

Hierzu zwei Beispiele:

In Bild 2.46 erhalten Sie mit der Funktion FINDEN( ) nur die Position des gesuchten Zeichens. Um, wie in Bild 2.47, den ersten Teil der Artikelnummer zu ermitteln, müssen Sie innerhalb der Funktion LINKS( ) mit FINDEN( ) die Anzahl der benötigten Zeichen ermitteln, die Formel lautet in B2:

```
=LINKS(A2;FINDEN(".";A2;1)-1)
```

Hinweis: Der Trennpunkt zwischen Warengruppe und Nummer soll nicht erscheinen, daher muss von der ermittelten Position 1 abgezogen werden.

Genauso gehen Sie auch vor, wenn Sie den zweiten Teil der Artikelnummer aus Bild 2.47 benötigen, dann verwenden Sie dazu die Funktion RECHTS( ).

Nützliche Dienste leisten in diesem Zusammenhang auch noch die beiden folgenden Funktionen:

Funktion	Beschreibung und Syntax
LÄNGE( )	=LÄNGE(Text) Liefert, wieviele Zeichen die angegebene Zeichenfolge enthält (einschließlich Leerzeichen).
GLÄTTEN( )	=GLÄTTEN(Text) Entfernt alle Leerzeichen vor und hinter einem Text. Wortzwischenräume werden nicht gelöscht. Beim Import aus anderen Programmen enthält Text manchmal unerwünschte Leerzeichen, die sich mit Hilfe dieser Funktion entfernen lassen.

2.8 Hilfe zu Funktionen

Eine gute Übersicht über alle verfügbaren Excel-Funktionen erhalten Sie in der Excel-Hilfe. Klicken Sie dazu in der oberen rechten Ecke des Anwendungsfensters auf die Schaltfläche *Excel-Hilfe.* Geben Sie hier den Suchbegriff „Funktionen" in das Suchfeld ein und klicken Sie auf *Suchen*.

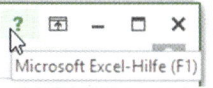

Bild 2.48 Hilfe zu Funktionen

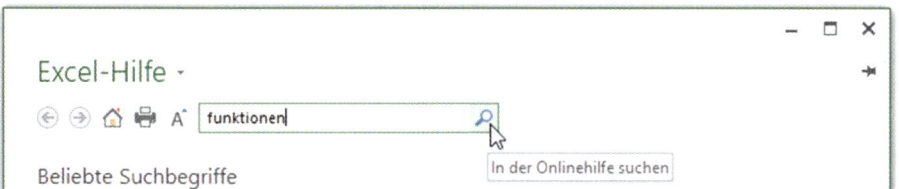

Klicken Sie dann in der Liste der Suchergebnisse auf den Eintrag *Excel-Funktionen (nach Kategorie)*, dieser dürfte sich am Beginn der Trefferliste befinden. Mit einem Klick auf eine Kategorie erhalten Sie anschließend eine Liste der dazugehörigen Funktionen zusammen mit einer Kurzbeschreibung.

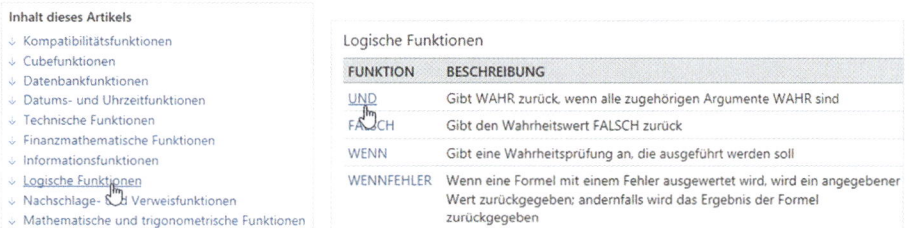

Bild 2.49 Funktionen nach Kategorie

Zum Anzeigen weiterer Informationen klicken Sie auf den Namen der Funktion. Hier finden Sie auch kleine Beispiele, die Ihnen die Auswahl der richtigen Funktion bzw. die Verwendung der Argumente erleichtern.

Hilfe zu einer bestimmten Funktion erhalten Sie auch, wenn Sie bei der Eingabe der Funktion über die Tastatur mit der Maus auf den Namen der Funktion klicken oder im Funktionsassistent eine Funktion markieren und anschließend auf den Link *Hilfe für diese Funktion* klicken.

Bild 2.50 Hilfe zu einer bestimmten Funktion

2.9 Weitere Funktionen als Add-Ins laden

Programmergänzungen laden

Weitere Befehle und Funktionen, wie beispielsweise Solver oder eine Regressionsanalyse sind als so genannte Add-Ins verfügbar. Add-Ins sind Programmergänzungen, die standardmäßig nicht installiert sind, sie müssen vor der Verwendung erst geladen werden.

Dazu klicken Sie auf das Register *DATEI* und auf *Optionen* und markieren Sie links die Kategorie *Add-Ins*. Klicken Sie hier ganz unten auf den Dropdown-Pfeil *Verwalten*, wählen Sie *Excel-Add-Ins* und klicken Sie auf *Gehe Zu…*.

Bild 2.51 Excel-Optionen: Add-Ins

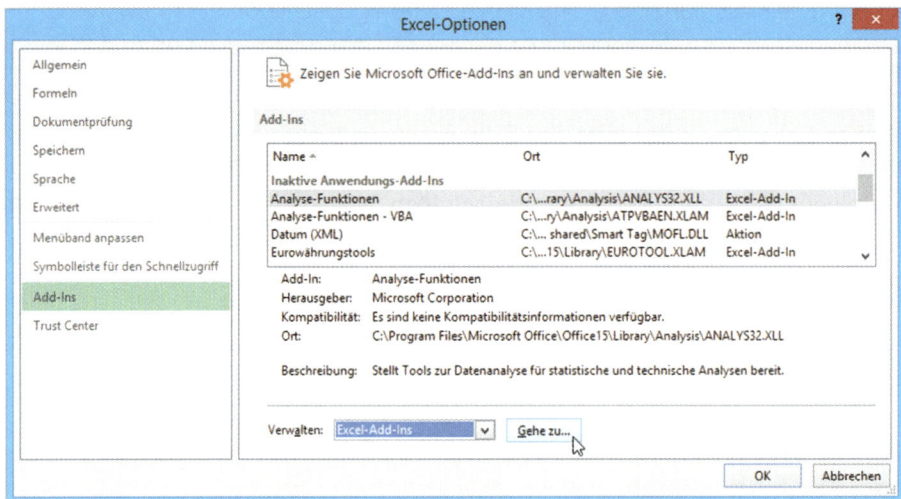

Excel öffnet ein Fenster mit den verfügbaren Add-Ins. Aktivieren Sie das Kontrollkästchen des gewünschten Add-In, beispielsweise *Analyse-Funktionen* oder *Solver* und bestätigen Sie mit OK. Achtung: Sie finden die Add-Ins anschließend im Register *DATEN* in der Gruppe *Analyse* und nicht im Register *FORMELN*!

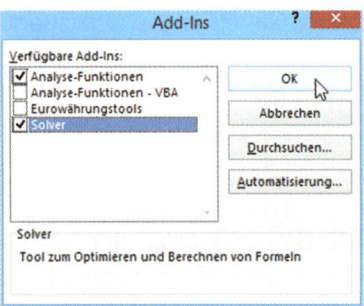

Bild 2.52 Add-Ins auswählen

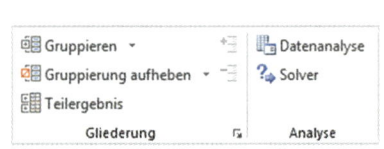

Bild 2.53 Add-Ins verwenden

Auf dem selben Weg werden nicht benötigte Add-Ins auch wieder entladen bzw. deaktiviert.

2.10   Zusammenfassung

■ Zu den Logikfunktionen gehören neben der bekannten Funktion WENN( ) auch die Funktionen UND( ), ODER( ). Diese sind keine eigenständigen Funktionen, sondern werden benötigt, wenn mehrere Bedingungen gleichzeitig zu prüfen sind. Sollen dagegen mehrere Bedingungen nacheinander geprüft werden, so erledigen Sie dies meist mit ineinander verschachtelten WENN-Funktionen. Mit Logikfunktionen lassen sich auch nicht benötigte Formelergebnisse oder die Anzeige von Fehlerwerten in leeren Vorlagen vermeiden.

■ Eine Rundungsfunktion, zumeist RUNDEN( ) benötigen Sie, wenn weitere Berechnungen mit einer genau festgelegten Anzahl Dezimalstellen erfolgen sollen. Auf diese Weise vermeiden Sie Rundungsfehler.

■ Verweis- und Matrixfunktionen werden eingesetzt, wenn unter Angabe eines Suchkriteriums ein bestimmter Wert aus einer Matrix (Tabelle) benötigt wird. Zu den wichtigsten Matrixfunktionen gehören SVERWEIS( ), WVERWEIS( ), INDEX( ), VERGLEICH( ), sowie die Möglichkeit, mit BEREICH.VERSCHIEBEN( ) unterschiedliche Zellbezüge für häufig benötigte Auswertungen dynamisch anzupassen.

■ Unter den Datumsfunktionen werden vor allem die Funktionen JAHR( ), MONAT( ) und TAG( ) häufig benötigt, z. B. wenn Sie Tabellen nach Monaten oder Jahren zusammenfassen und auswerten wollen. Weitere Funktionen unterstützen Sie bei der Berechnung der Differenz zwischen zwei Datumswerten. Beachten Sie, dass nicht alle Datumsfunktionen standardmäßig europäische Normen bei der Ermittlung des Wochentags oder der Kalenderwoche berücksichtigen, achten Sie daher auf die Auswahl der richtigen Funktion bzw. der entsprechenden Parameter.

■ Die Anzahl ermitteln Sie entweder mit der Funktion ANZAHL( ), diese berücksichtigt ausschließlich Zahlen, oder mit ANZAHL2( ), dann werden alle nicht leeren Zellen des angegebenen Bereichs gezählt, also auch Text. Neben den häufig verwendeten Funktionen SUMME( ) und MITTELWERT( ), ermöglichen deren Erweiterungen SUMMEWENN( ), ZÄHLENWENN( ) und MITTELWERTWENN( ) die Berechnung abhängig von einer Bedingung bzw. mehreren Bedingungen mit SUMMEWENNS( ).

■ Textfunktionen werden benötigt, wenn Text zur weiteren Berechnung in eine Zahl umgewandelt werden muss oder wenn Sie nur einen Teil aus einer Zeichenfolge benötigen.

Notizen:

3 Excel Datenbanken

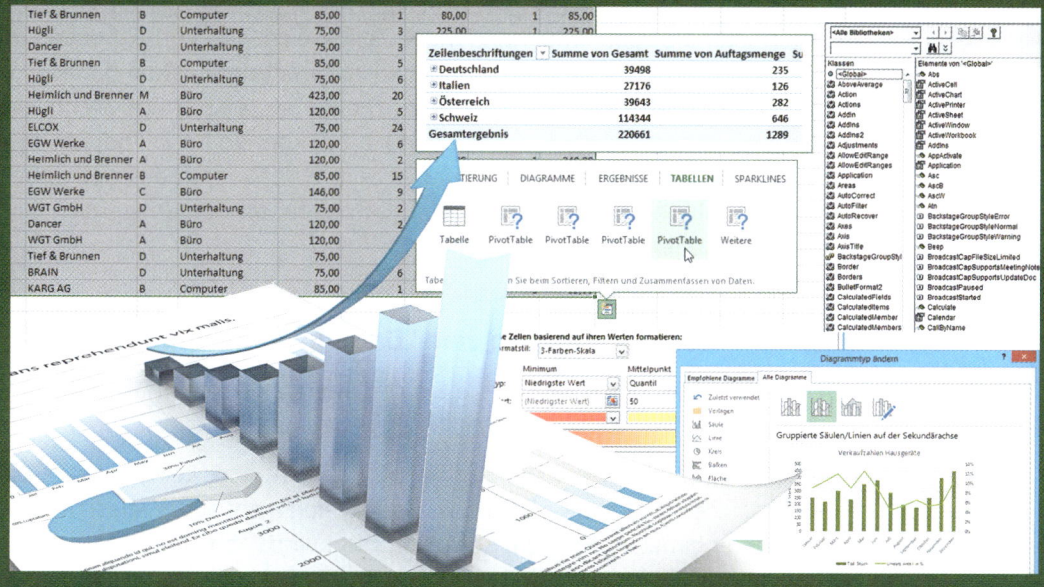

In dieser Lektion lernen Sie...

- Eine Datenbank anlegen und die Dateneingabe prüfen
- AutoFilter und Spezialfilter einsetzen
- Excel-Listen mit Teilergebnissen auswerten
- Mit dynamischen Listen arbeiten

Diese Kenntnisse sollten Sie bereits mitbringen...

- Formeln und Funktionen verwenden
- Zellbezüge
- Zellinhalte kopieren und einfügen (Zwischenablage)

Häufig werden mit Excel auch größere Datenmengen verwaltet. Excel verfügt über grundlegende Datenbankfunktionen wie Filtern und Sortieren, sowie verschiedene Auswertungsmöglichkeiten. Allerdings wird im Gegensatz zu reinen Datenbankprogrammen, wie beispielsweise Microsoft Access, keinerlei Schutz gegen unbeabsichtigtes Ändern oder Löschen von Daten unterstützt. Eine Excel-Datenbank kann auch nicht von mehreren Benutzern gleichzeitig bearbeitet werden.

3.1   Eine Datenbank anlegen

Zusammenhängende Zellbereiche werden meist automatisch erkannt

Eine Datenbank als zusammenhängender Zellbereich wird von Excel im Normalfall automatisch erkannt. Für die meisten Auswertungen ist es daher nicht erforderlich, den gesamten Zellbereich zu markieren, es genügt, wenn eine beliebige Zelle innerhalb der Liste markiert ist. Sie können für Zellbereiche natürlich auch Namen vergeben, sollten aber berücksichtigen, dass beim nachträglichen Hinzufügen neuer Zeilen und/oder Spalten der Namensbereich nicht automatisch erweitert wird.

Was sollten Sie beim Anlegen einer Datenbank beachten?

- Die erste Zeile muss eindeutige Spaltenüberschriften enthalten (Feldnamen).

- Eine Datenbank darf zwar einzelne leere Zellen, aber keine leeren Spalten oder Zeilen enthalten, da sonst der Bereich nicht automatisch erkannt und unter Umständen nicht korrekt sortiert wird. Achten Sie daher beim Löschen darauf, dass keine leeren Zeilen zurückbleiben. Vermeiden Sie auch Leerzeilen zwischen Überschriften und den übrigen Zeilen.

Zeile = Datensatz

- Die Zeilen einer Liste werden auch als Datensätze bezeichnet. Ein Datensatz darf sich nicht über mehrere Zeilen erstrecken.

- Der Inhalt einer Spalte sollte nicht weiter zerlegbar sein. Auf diese Weise können Sie die Tabelle einfacher sortieren und filtern. Sind beispielsweise Vorname und Nachname zusammen in einer einzigen Spalte gespeichert, dann ist eine Sortierung nach Nachnamen nicht möglich.

Siehe Lektion 1.4 Namen

- Wenn Sie die Datenbank für den Seriendruck mit Microsoft Word benötigen, dann sollten Sie außerdem darauf achten, dass die Datenbank in der ersten Zeile des Arbeitsblattes beginnt oder Sie vergeben einen Bereichsnamen.

Text nachträglich in mehrere Spalten aufteilen

Gerade bei Daten, die aus anderen Programmen importiert werden, kann es vorkommen, dass sich eine Spalte aus zwei oder mehr Werten zusammensetzt und somit eine gezielte Sortierung unmöglich macht. Abhilfe schafft im Register *DATEN*, *Datentools*, die Schaltfläche *Text in Spalten*, mit der sich der Inhalt einer Spalte in mehrere Spalten aufteilen lässt. Erforderlich ist dazu ein eindeutiges und einheitliches Trennzeichen, z. B. Leerzeichen oder Bindestrich.

Text in Spalten

Excel bildet aus dem Inhalt der angegebenen Spalte weitere Spalten, im unten abgebildeten Beispiel zwei. Überlegen Sie daher zuvor, wo die Spalten eingefügt werden sollen, ggfs. müssen Sie zuerst die entsprechende Anzahl leerer Spalten einfügen (Register *START*, Gruppe *Zellen,* Schaltfläche *Einfügen,* Befehl *Blattspalten einfügen)*.

1   Markieren Sie dann die aufzuteilende Spalte und klicken Sie im Register *DATEN*, *Datentools*, auf die Schaltfläche *Text in Spalten*, um den Textkonvertierungs-Assistenten zu starten. Im ersten Schritt wählen Sie die Option *Getrennt* und klicken auf *Weiter*. Im nächsten Schritt geben Sie das verwendete Trennzeichen, in diesem Beispiel *Leerzeichen*, an und klicken ebenfalls auf *Weiter*.

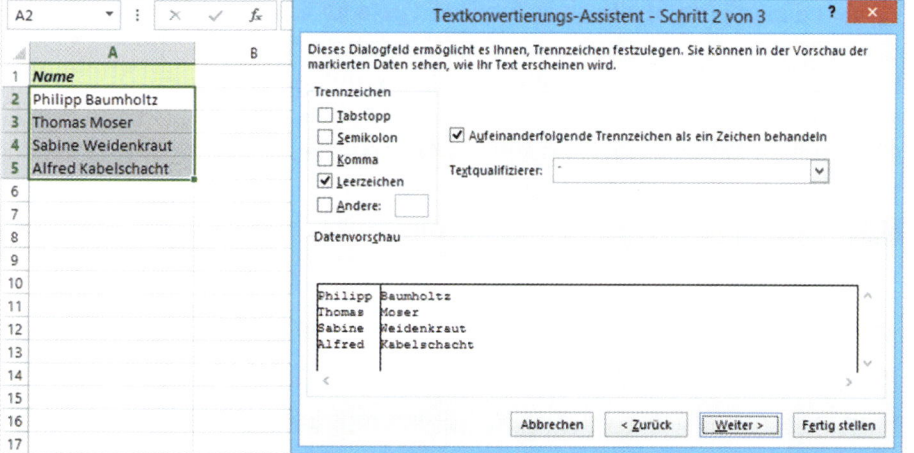

Bild 3.1 Trennzeichen angeben

2   Geben Sie im letzten Schritt als Zielbereich diejenige Zelle an, ab der die beiden neuen Spalten eingefügt werden sollen (in diesem Beispiel C2).

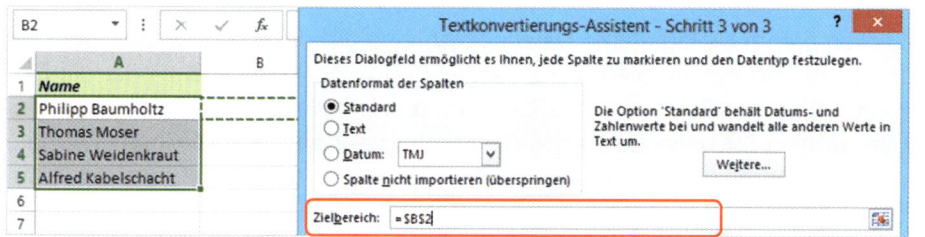

Bild 3.2 Zielbereich wählen

Achtung: Wird hier nichts angegeben, so fügt Excel die neuen Spalten an der bisherigen Stelle ein und vorhandene Inhalte werden überschrieben. Optional können Sie auch noch jeder neuen Spalte ein Format zuweisen. Klicken Sie dann auf *Fertigstellen*.

Auf dieselbe Weise trennen Sie auch Postleitzahl und Ort in Spalten, beim Beispiel in Bild 3.3 müssen Sie den Bindestrich als Trennzeichen angeben.

Bild 3.3 Beispiel Anschrift

	A	B	C	D	E	F	G
1	*Name*	*Vorname*	*Nachname*	*Anschrift*			
2	Philipp Baumholtz	Philipp	Baumholtz	78464-Konstanz			
3	Thomas Moser	Thomas	Moser	94342-Straßkirchen			
4	Sabine Weidenkraut	Sabine	Weidenkraut	82024-Taufkirchen			
5	Alfred Kabelschacht	Alfred	Kabelschacht	18320-Todenhagen			
6							

Dateneingabe überprüfen

Bei der Speicherung großer Datenmengen ist es wichtig, dass die Daten bei der Eingabe korrekt erfasst werden, da sich fehlerhafte Datensätze nachträglich nur schwer finden bzw. korrigieren lassen. Excel stellt zur Kontrolle und Steuerung der Eingabe die Datenüberprüfung zur Verfügung. Mit ihrer Hilfe können Sie für jede Spalte einer Tabelle Regeln für Eingaben festlegen.

Beispiel: Die Bestellnummer muss eine vierstellige Zahl sein
Markieren Sie die Spalte und klicken Sie im Register *DATEN*, Gruppe *Datentools*, auf die Schaltfläche *Datenüberprüfung* oder auf den Dropdown-Pfeil der Schaltfläche und auf *Datenüberprüfung....*

*Bild 3.4 Schaltfläche
Datenüberprüfung*

Datentyp festlegen

Klicken Sie im Dialogfenster *Datenüberprüfung* auf das Register *Einstellungen* (Bild 3.5) und wählen Sie unter *Zulassen* den zulässigen Datentyp für die Eingabe, in diesem Beispiel ganze Zahl. Um den Zahlenbereich genauer festzulegen, wählen Sie unter *Daten* den Operator *Zwischen* aus und legen unterhalb mit der Eingabe von Maximum und Minimum den Wertebereich fest. Das Kontrollkästchen *Leere Zellen ignorieren* steuert, ob eine Zelle auch leer bleiben darf. Ist im ausgewählten Bereich eine Eingabe zwingend erforderlich, wie z. B. die Bestellnummer, dann sollten Sie es deaktivieren.

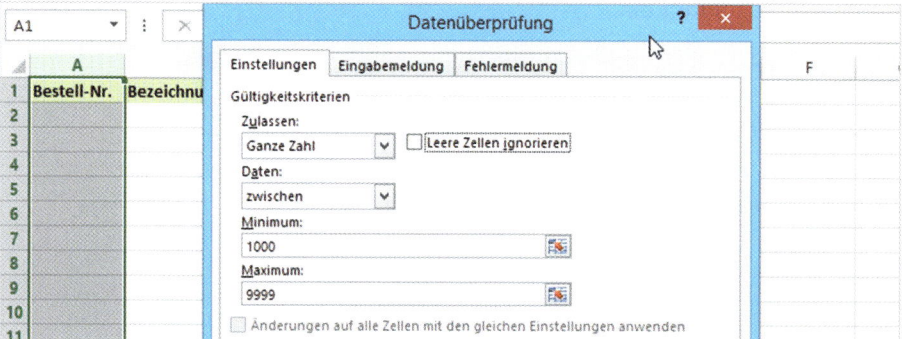

Bild 3.5 Einstellungen

Im Register *Eingabemeldung* können Sie optional einen kurzen Info-Text formulieren. Diese Meldung erscheint später im Tabellenblatt, sobald in eine Zelle dieses Bereichs geklickt wird. Im Register *Fehlermeldung* geben Sie eine Meldung ein, die bei einer falschen Eingabe angezeigt wird.

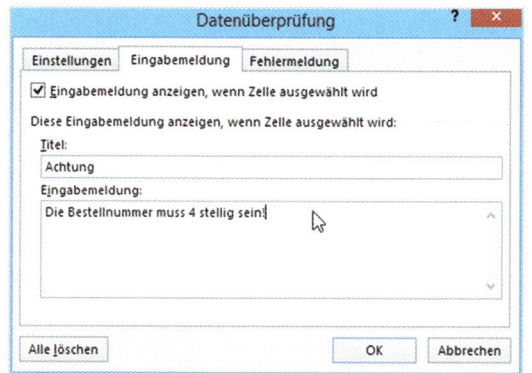

Bild 3.6 Eingabemeldung erstellen

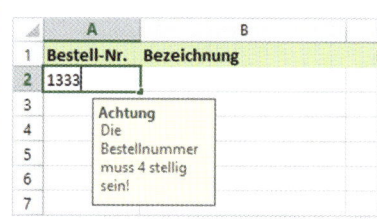

Bild 3.7 Eingabemeldung im Blatt

Die Eingabe auf die Auswahl aus einer Liste beschränken

Sie können die Eingabe auch auf bestimmte Werte einschränken, indem Sie eine Dropdown-Liste vorgeben. Die Werte einer solchen Liste können theoretisch zusammen mit der Regel eingegeben werden, besser und übersichtlicher ist es, wenn Sie Zellbezüge auf eine Liste im selben oder einem gesonderten Arbeitsblatt verwenden.

Dropdown – Auswahl aus einer Liste von Werten

Markieren Sie dazu wieder zuerst die betreffende Spalte und klicken Sie auf *Datenüberprüfung*. Wählen Sie dann im Dialogfenster *Gültigkeitsprüfung*, Register *Einstellungen*, den Eintrag *Liste* und legen Sie im Feld *Quelle* den Zellbereich fest (Bild 3.8). Achtung: Ein Zellbezug muss mit einem Gleichheitszeichen (=) beginnen, Sie können natürlich auch einen Bereichsnamen verwenden. Falls

Sie die zulässigen Einträge zusammen mit der Gültigkeitsregel per Eingabe festlegen möchten, so geben Sie diese im Feld *Quelle* mit Semikolon (;) getrennt, nacheinander ein.

Bild 3.8 Auswahlliste festlegen

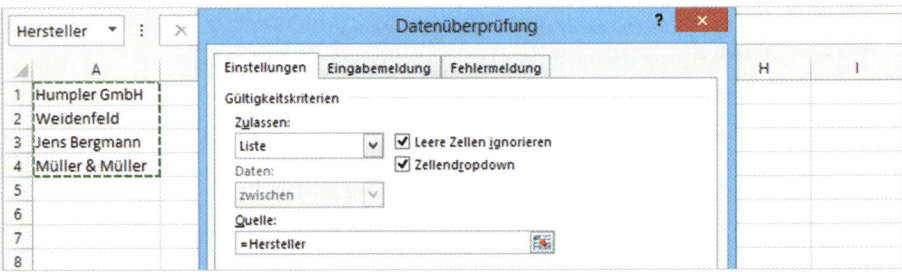

Zulässige Eingaben mit einer Formel berechnen

Ergebnis muss ein Wahrheitswert sein

Wenn die zulässigen Eingaben mit Hilfe einer Formel ermittelt werden sollen, dann wählen Sie im Dialogfenster *Datenüberprüfung* unter *Zulassen* den Eintrag *Benutzerdefiniert*. Geben Sie dann die Formel zusammen mit einem Gleichheitszeichen ein. Achtung: Die Datenüberprüfung akzeptiert ausschließlich Formeln, die als Ergebnis die Wahrheitswerte WAHR oder FALSCH liefern.

Beispiel: Bei der manuellen Eingabe von Bestellungen soll die jeweilige Mindestbestellmenge berücksichtigt werden: Die Bestellmenge darf nicht kleiner sein als die Mindestbestellmenge.

Bild 3.9 Zulässige Eingaben berechnen

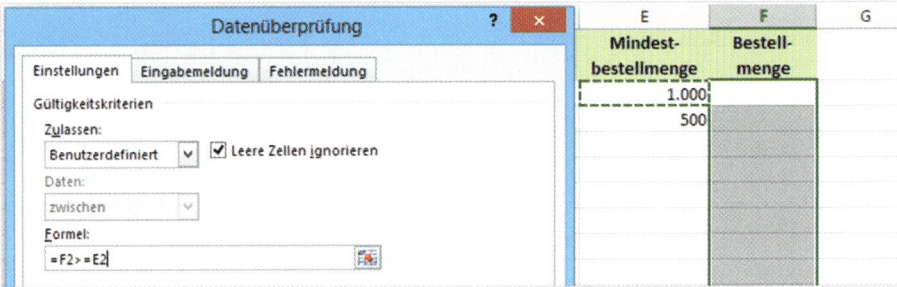

Regelbereich erweitern

Der Zellbereich, in dem eine Datenüberprüfung erfolgt, lässt sich problemlos erweitern:

- Entweder wie beim Kopieren einer Formel über das Kästchen *AutoAusfüllen* durch Ziehen mit der Maus,

- oder markieren Sie mindestens eine Zelle mit Einstellungen für die Datenüberprüfung zusammen mit dem neuen Zellbereich und klicken Sie auf *Datenüberprüfung*. Es erscheint eine Meldung, ob Sie die Datenüberprüfung auf die neuen Zellen erweitern möchten, bestätigen Sie mit *Ja*.

3.2 Listen sortieren

Excel unterstützt die Sortierung nach Text, Zahlen und Datumswerten. Neben der einfachen Sortierung nach einer einzigen Spalte ist über den Befehl *Benutzerdefiniertes Sortieren* sowohl die Verwendung mehrerer Sortierkriterien als auch eine Sortierung nach Farben möglich. Die Schaltflächen dazu finden Sie gleich an zwei Stellen: Im Register *START*, Gruppe *Bearbeiten* und im Register *DATEN*, Gruppe *Sortieren und Filtern*.

Beim Sortieren sollten Sie die folgenden Punkte berücksichtigen:

■ Sie können das Sortieren einer Tabelle anschließend wieder rückgängig machen. Ein späteres Wiederherstellen der ursprünglichen Reihenfolge ist dagegen nur möglich, wenn eine Spalte mit entsprechenden Merkmalen vorhanden ist, beispielsweise Eingabedatum oder Kundennummer. Ist dies nicht der Fall, sollten Sie zuvor eine zusätzliche Spalte mit einer fortlaufenden Nummerierung einfügen.

■ Excel erkennt nur eine einzige Überschriftzeile. Enthält die Tabelle mehrere Überschriftzeilen oder bestehen die Spaltenüberschriften aus Zahlen, dann müssen Sie vor dem Sortieren den Tabellenbereich markieren. Dies gilt auch für Ergebniszeilen, die sich unmittelbar unterhalb der letzten Zeile befinden.

■ Achten Sie beim Markieren darauf, nicht nur eine einzige Spalte zu markieren, da sonst die Datensätze nicht vollständig sortiert werden. In diesem Fall erscheint eine entsprechende Warnung, ignorieren Sie diese, erfolgt die Sortierung ausschließlich innerhalb der markierten Spalte!

■ Spalten, die Sie als Sortierschlüssel verwenden, müssen Werte des gleichen Typs enthalten. So muss beispielsweise die Postleitzahl als Sortierschlüssel ausschließlich entweder als Text oder als Zahl gespeichert sein. Gleiches gilt auch für Datumswerte.

■ Vorsicht bei Formeln! Wenn die Liste Formeln mit Bezügen auf andere Zeilen enthält, ist unter Umständen keine Sortierung möglich.

Nach einem einzigen Kriterium sortieren

Einfache Listen mit nur einer einzigen Überschriftzeile lassen sich über die Schaltfläche *Sortieren und Filtern* schnell sortieren. Markieren Sie dazu eine beliebige Zelle innerhalb der Spalte, nach der Sie sortieren möchten und klicken Sie auf die gewünschte Sortierfolge.

Wenn Sie sichergehen möchten, dass die Tabelle korrekt sortiert wird und die Überschriften nicht in die Sortierung einbezogen werden, dann klicken Sie auf eine beliebige Zelle innerhalb der zu sortierenden Tabelle und klicken dann auf *Filtern*. Die Tabelle wird nicht gefiltert, sondern in der Überschriftzeile wird jede

Spalte mit einem Dropdown-Pfeil versehen. Klicken Sie in der Spalte, nach der Sie sortieren möchten, auf diesen Pfeil und wählen Sie eine Sortierfolge. Falls die Dropdown-Pfeile stören: Ein weiterer Klick auf *Filtern* blendet diese wieder aus.

Bild 3.10 Nach einer Spalte sortieren

Benutzerdefiniertes Sortieren

Enthält Ihre Tabelle zwei oder mehr Überschriftzeilen oder unmittelbar unterhalb Summen oder andere Ergebnisse, dann markieren Sie den zu sortierenden Tabellenbereich, entweder zusammen mit nur einer einzigen Überschriftzeile oder ohne Überschriften und klicken auf die Schaltfläche *Sortieren*. Im Dialogfenster *Sortieren* wählen Sie anschließend, nach welcher Spalte die Sortierung erfolgen soll. Achten Sie auf das Kontrollkästchen *Daten haben Überschriften* und aktivieren bzw. deaktivieren Sie es entsprechend!

Bild 3.11 Dialogfenster Sortieren

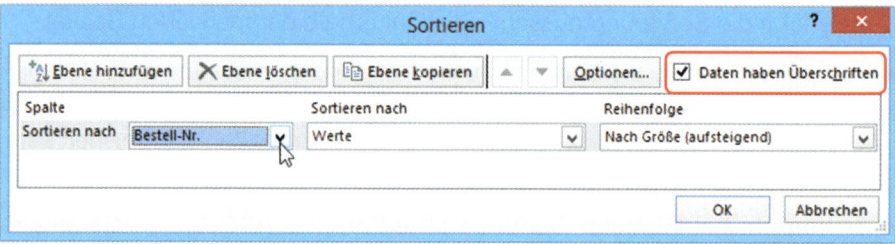

Mehrere Sortierkriterien verwenden

Benutzerdefiniertes Sortieren verwenden Sie auch, wenn Sie mehrere Sortierkriterien benötigen. Achten Sie darauf, dass Sie entweder nur eine einzige Zelle innerhalb der Tabelle oder den gesamten, zu sortierenden, Tabellenbereich markiert haben und klicken Sie im Register *DATEN* auf die Schaltfläche *Sortieren* oder im Register *START* auf die Schaltfläche *Sortieren und Filtern* und auf *Benutzerdefiniertes Sortieren...*.

Beispiel: Die Tabelle in Bild 3.12 soll zuerst nach Ländern und anschließend nach Anbaugebieten sortiert werden. Wählen Sie zuerst die Spalte Land aus und legen Sie in der Spalte *Reihenfolge* die Sortierreihenfolge fest. In der Spalte *Sortieren nach* ist die Auswahl *Werte* bereits korrekt vorgegeben. Um dann nach einer zweiten Spalte zu sortieren, klicken Sie auf die Schaltfläche *Ebene hinzufügen* und wählen hier die Spalte Anbaugebiet aus. Auf diese Weise lässt sich eine Tabelle nach bis zu 64 Ebenen sortieren.

■ Zum Entfernen einer Sortierung markieren Sie die betreffende Ebene und klicken auf die Schaltfläche *Ebene löschen.*

■ Mit den Schaltflächen *Nach oben/Nach unten* können Sie die markierte Sortierung jeweils eine Ebene höher oder tiefer verschieben.

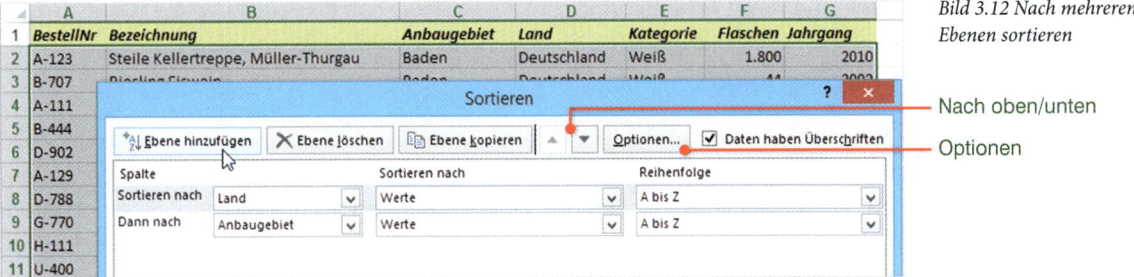

Bild 3.12 Nach mehreren Ebenen sortieren

Nach oben/unten

Optionen

Spalten sortieren

Um die Spalten zu sortieren, klicken Sie im Dialogfenster *Sortieren* zuerst auf die Schaltfläche *Optionen…* und aktivieren die Option *Spalten sortieren*. Anschließend wählen Sie, nach welcher Zeile die Sortierung erfolgen soll. Auf die oben abgebildete Tabelle angewandt, könnten Sie so die Spalten alphabetisch nach den Überschriften der ersten Zeile sortieren. Falls erforderlich, ist hier auch die Unterscheidung zwischen Groß- und Kleinschreibung möglich.

Nach Farbe sortieren

Haben Sie in einer Tabelle Zellen in unterschiedlichen Farben formatiert, dann können Sie mit Excel 2013 auch nach Zellenfarbe oder Schriftfarbe sortieren. Öffnen Sie dazu das Dialogfenster *Sortieren* und wählen Sie zuerst die entsprechende Spalte aus. Klicken Sie dann unter *Sortieren nach* auf den Dropdown-Pfeil und wählen Sie *Zellenfarbe* oder *Schriftfarbe* unter *Reihenfolge* können Sie nun die entsprechende Farbe auswählen.

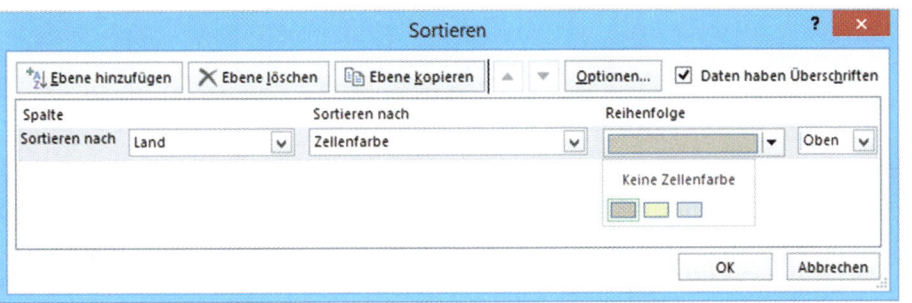

Bild 3.13 Nach Farbe sortieren

Siehe Lektion 4.1

Tipp: Diese Sortiermöglichkeit kann auch zusammen mit der bedingten Formatierung eingesetzt werden, siehe nächste Lektion.

3.3   Tabellen filtern

Excel kennt verschiedene Möglichkeiten, um bestimmte Werte aus einer Tabelle herauszufiltern. Dabei ist es nützlich zu wissen, dass sich die gefilterten Werte anschließend beliebig kopieren lassen, z. B. in ein neues Tabellenblatt oder eine neue Arbeitsmappe.

Einfache Filter

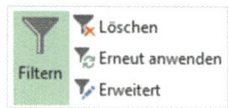

Eine weitere Filtermöglichkeit ist unter der Bezeichnung *Datenschnitte* verfügbar, allerdings nur, wenn der Zellbereich als Tabelle formatiert wurde. Siehe Kap. 3.6

Den einfachen oder AutoFilter aktivieren Sie, indem Sie eine beliebige Zelle innerhalb der Tabelle markieren und im Register *START*, Gruppe *Bearbeiten*, auf die Schaltfläche *Filtern und Sortieren* klicken und den Befehl *Filtern* wählen. Als Alternative klicken Sie im Register *DATEN* auf die Schaltfläche *Filter*. Mit derselben Schaltfläche deaktivieren Sie den AutoFilter auch wieder. AutoFilter erkennen Sie an den Schaltflächen in den Spaltenüberschriften. Klicken Sie auf den Dropdown-Pfeil der Überschrift derjenigen Spalte, nach der Sie filtern möchten und wählen Sie Ihre Filterkriterien durch Aktivieren bzw. Deaktivieren der Kontrollkästchen. Auch Mehrfachauswahl und Filtern nach mehreren Spalten sind möglich. Spalten mit einem aktiven Filter sind mit dem Filtersymbol gekennzeichnet, die verwendeten Filterkriterien werden eingeblendet, wenn Sie mit der Maus darauf zeigen.

Bild 3.14 AutoFilter

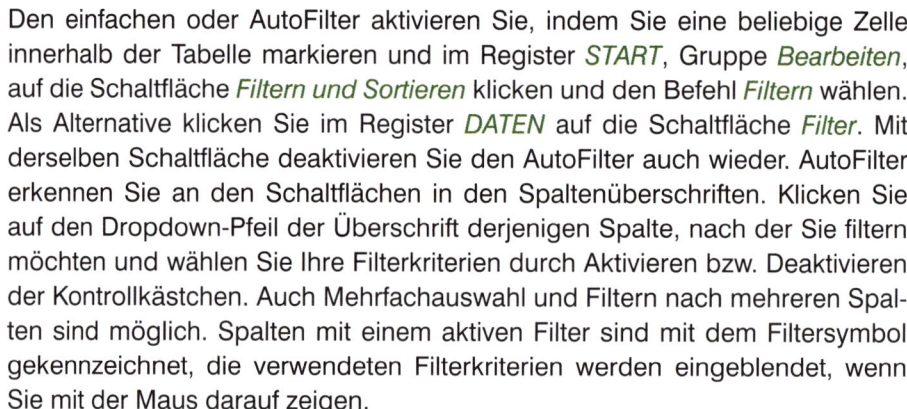

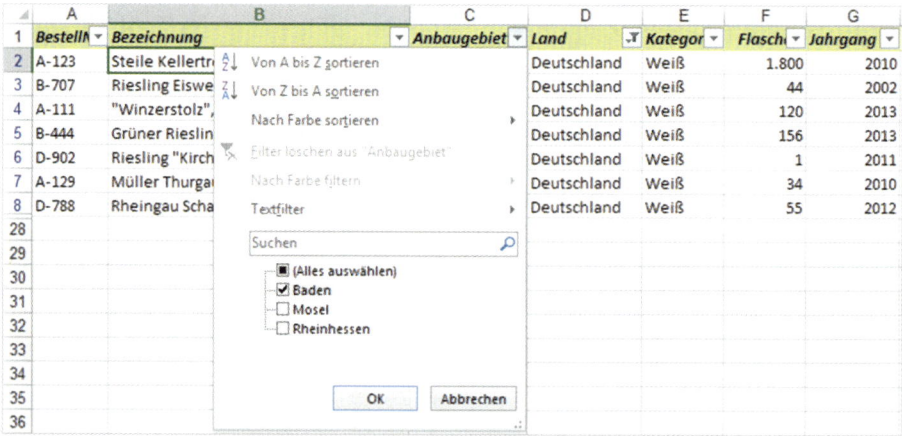

Filter entfernen

Zum Entfernen eines Filters klicken Sie auf den Dropdown-Pfeil der betreffenden Spaltenüberschrift und aktivieren entweder das Kontrollkästchen *Alles auswählen* oder klicken hier auf den Befehl *Filter löschen aus...*. Sollen alle Filter aus der Tabelle entfernt werden, so klicken Sie im Register *DATEN*, Gruppe *Sortieren und Filtern*, auf *Löschen*.

Weitere Filtermöglichkeiten

Über den Dropdown-Pfeil sind, abhängig vom Datentyp der Spalte, mit Textfilter, Zahlenfilter und Datumsfilter noch weitere Möglichkeiten verfügbar. Tipp: Der Datumsfilter *Alle Datumswerte im Zeitraum* erlaubt die Auswahl eines bestimmten Quartals oder Monats unabhängig vom Jahr und lässt sich daher beispielsweise einsetzen, um schnell zu filtern, wer im jeweiligen Monat Geburtstag hat.

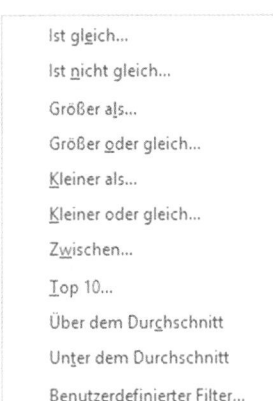

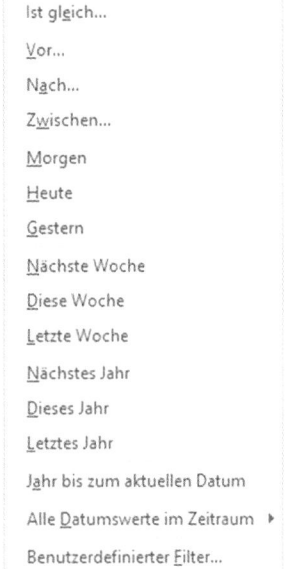

Bild 3.15 Textfilter   Bild 3.16 Zahlenfilter   Bild 3.17 Einige Datumsfilter

Spezialfilter

Für komplexe Filterkriterien können Sie auch den erweiterten bzw. Spezialfilter verwenden. Im Gegensatz zum AutoFilter werden die Filterkriterien in einem gesonderten Kriterienbereich eingegeben und zusammen mit der Mappe gespeichert, sie können somit jederzeit wieder aufgerufen werden. Die folgenden Punkte sollten Sie beim Anlegen des Kriterienbereichs berücksichtigen:

■ Er sollte sich oberhalb oder unterhalb, aber nicht neben der Liste befinden, da er sonst beim Filtern unter Umständen ausgeblendet wird. Bei umfangreichen Tabellen legen Sie den Kriterienbereich am besten in einem zweiten Tabellenblatt an.

Die Filterkriterien werden in einem gesonderten Bereich gespeichert

■ Der Kriterienbereich besteht aus mindestens zwei Zeilen, wobei die erste Zeile die Spaltenüberschriften enthält. Da die Spaltenüberschriften exakt mit den Überschriften der Tabelle übereinstimmen müssen, kopieren Sie diese am einfachsten. Ab der zweiten Zeile geben Sie für jede Spalte die Filterkriterien ein, wobei Sie auch mehrere Kriterien verwenden können.

Folgende Operatoren und Platzhalter können verwendet werden:

>	größer als	<	kleiner als
>=	größer oder gleich	<=	kleiner oder gleich
=	gleich	<>	ungleich, nicht
*	Platzhalter für beliebige Zeichen	?	Platzhalter für genau 1 Zeichen

Als Beispiel sollen aus der Tabelle alle Weißweine aus Österreich gefiltert werden, deren Bestellnummer mit dem Buchstaben B beginnt und von denen noch 100 Flaschen oder weniger vorhanden sind.

1   Legen Sie den Kriterienbereich an wie in Bild 3.18, wobei Spalten, für die keine Kriterien benötigt werden, auch weggelassen werden können.

2   Zum Anwenden des Filters klicken Sie auf eine beliebige Zelle innerhalb der Tabelle und klicken im Register *DATEN*, Gruppe *Sortieren und Filtern*, auf die Schaltfläche *Erweitert*. Das Dialogfenster *Spezialfilter* erscheint: Kontrollieren Sie, ob unter *Listenbereich* der zu filternde Tabellenbereich von Excel korrekt erkannt wurde, andernfalls müssen Sie den Bereich (einschließlich der Spaltenüberschriften) nochmals festlegen.

3   Klicken Sie in das Feld *Kriterienbereich* und markieren Sie mit der Maus Ihren gesamten Kriterienbereich.

4   Wählen Sie noch die Option *Liste an gleicher Stelle filtern* und klicken Sie auf *OK*.

Bild 3.18 Spezialfilter

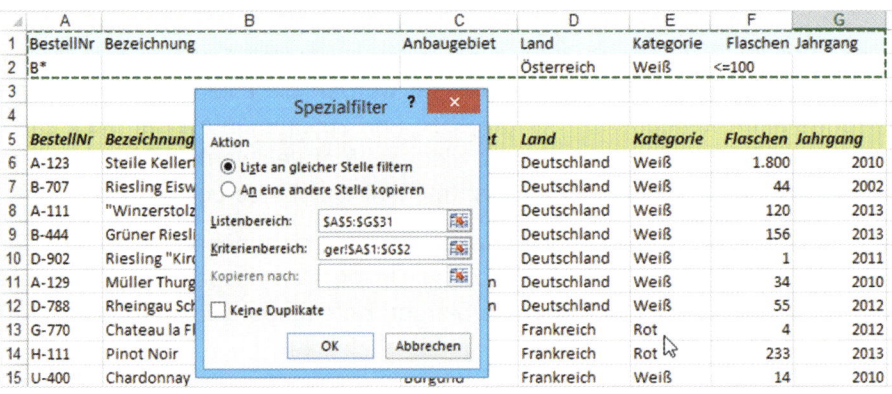

Mit einem Mausklick auf die Schaltfläche *Löschen,* Register *DATEN*, Gruppe *Sortieren und Filtern* heben Sie den Filter wieder auf.

Filterkriterien verknüpfen

Bei der Verwendung mehrerer Kriterien ist zwischen folgenden Möglichkeiten zu unterscheiden:

■ Befinden sich mehrere Kriterien in einer einzigen Zeile, dann muss ein Datensatz alle Bedingungen erfüllen. Sollen für eine Spalte zwei oder mehr Bedingungen gelten, müssen Sie die betreffende Spaltenüberschrift entsprechend oft einfügen. Beispiel: Der Kriterienbereich in Bild 3.19 filtert alle Weine der Jahrgänge 2010 bis 2013 aus Deutschland.

■ Befinden sich die Kriterien in Zeilen untereinander, erhalten Sie damit alle Datensätze, die mindestens eines der Kriterien erfüllen. Beispiel: Der Kriterienbereich in Bild 3.20 filtert alle Weiß- oder Rotweine aus Österreich, deren Bestand 100 oder weniger Flaschen beträgt.

	A	B	C
1	Land	Jahrgang	Jahrgang
2	Deutschland	>=2010	<=2013
3			
4			

Bild 3.19 Beispiel Und-Verknüpfung

	A	B	C
1	Land	Kategorie	Flaschen
2	Österreich	Weiß	<=100
3	Österreich	Rot	<=100
4			

Bild 3.20 Beispiel Oder-Verknüpfung

Liste kopieren

Normalerweise wird eine Liste an gleicher Stelle gefiltert, im Dialogfenster *Spezialfilter* findet sich aber auch die Möglichkeit, die gefilterten Daten an eine andere Stelle zu kopieren. Allerdings ist das Einfügen der Kopie nur im selben Arbeitsblatt möglich, daher ist es in den meisten Fällen einfacher, wenn Sie die Liste zunächst an gleicher Stelle filtern und die gefilterte Liste anschließend kopieren und dann an beliebiger Stelle einfügen.

Einfügen nur im selben Arbeitsblatt möglich!

3.4 Teilergebnisse berechnen

Häufig werden in umfangreichen Tabellen Zwischenergebnisse, beispielsweise Summen, für Gruppen von Datensätzen benötigt. Eine einfache Möglichkeit zur Auswertung von Gruppen stellt die Berechnung von Teilergebnissen dar. Zur Berechnung können Sie neben der Summe auch noch die wichtigsten statistischen Funktionen wie Anzahl, Mittelwert, Min, Max und die Standardabweichung heranziehen.

Beachten Sie eine wichtige Voraussetzung

Bevor Sie Teilergebnisse berechnen können, muss die Tabelle sortiert werden und zwar nach den Spalten, aus denen die Gruppen gebildet werden sollen.

Die Tabelle muss sortiert sein

Einfache Teilergebnisse

Nehmen wir als Beispiel das Lager einer Weinhandlung mit Weinen aus verschiedenen Ländern und Anbaugebieten. Sie möchten die Summe der Flaschen je Herkunftsland ermitteln.

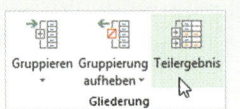

1 Sortieren Sie die Liste nach Ländern.

2 Markieren Sie eine beliebige Zelle innerhalb des Tabellenbereichs und klicken Sie im Register *DATEN*, Gruppe *Gliederung*, auf die Schaltfläche *Teilergebnis*.

3 Geben Sie an, nach welcher Spalte gruppiert werden soll, in diesem Beispiel nach *Land*.

4 Im Feld *Unter Verwendung von* wählen Sie die gewünschte Funktion aus. Standardmäßig verwendet Excel die Summe.

5 Nun müssen Sie noch in der Liste *Teilergebnis addieren zu* das Kontrollkästchen der Spalte *Flaschen* aktivieren und alle anderen deaktivieren.

Bild 3.21 Teilergebnisse berechnen

Alle Teilergebnisse entfernen

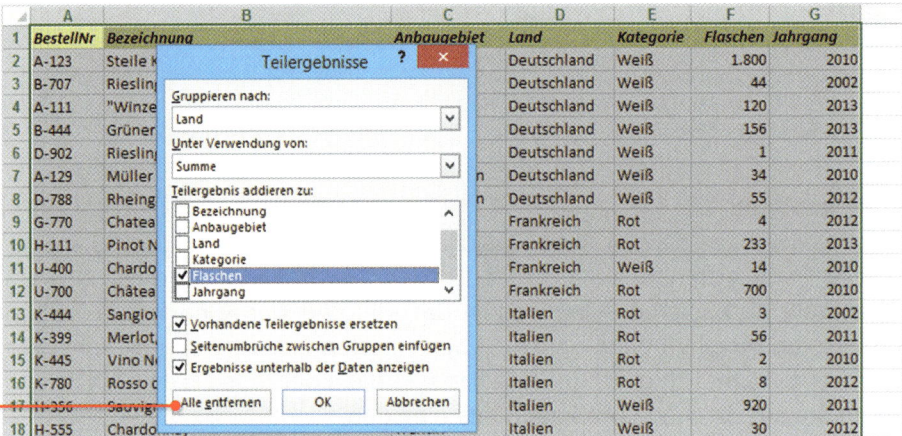

Standardmäßig werden die Teilergebnisse unterhalb jeder Gruppe eingefügt und am Ende der Liste die Gesamtsumme berechnet. Gleichzeitig erscheint am linken Rand des Arbeitsblattes der Gliederungsbereich.

Bild 3.22 Teilergebnisse mit Gliederungsbereich

		A	B	C	D	E	F	G
	1	BestellNr	Bezeichnung	Anbaugebiet	Land	Kategorie	Flaschen	Jahrgang
	2	A-123	Steile Kellertreppe, Müller-Thurgau	Baden	Deutschland	Weiß	1.800	2010
	3	B-707	Riesling Eiswein	Baden	Deutschland	Weiß	44	2002
	4	A-111	"Winzerstolz", Weißburgunder trocken	Mosel	Deutschland	Weiß	120	2013
	5	B-444	Grüner Riesling	Mosel	Deutschland	Weiß	156	2013
	6	D-902	Riesling "Kirchenspiel"	Mosel	Deutschland	Weiß	1	2011
	7	A-129	Müller Thurgau	Rheinhessen	Deutschland	Weiß	34	2010
	8	D-788	Rheingau Schattenhang	Rheinhessen	Deutschland	Weiß	55	2012
	9				**Deutschland Ergebnis**		2.210	
	10	G-770	Chateau la Fleur	Bordeaux	Frankreich	Rot	4	2012
	11	H-111	Pinot Noir	Bordeaux	Frankreich	Rot	233	2013
	12	U-400	Chardonnay	Burgund	Frankreich	Weiß	14	2010
	13	U-700	Château Moulin Rouge	Burgund	Frankreich	Rot	700	2010
	14				**Frankreich Ergebnis**		951	

Werte ein- und ausblenden

Im Gliederungsbereich blenden Sie die Werte einer Ebene per Mausklick auf die Schaltflächen + oder - ein und aus. Sie können aber auch alle Elemente einer Gliederungsebene, beispielsweise Ebene zwei, aus- oder einblenden, indem Sie auf die entsprechende Schaltfläche im Kopfbereich der Gliederungsspalte klicken. Als Alternative können Sie auch in eine Ergebniszeile klicken und die Schaltflächen der Gruppe *Gliederung* im Register *DATEN* verwenden.

Bild 3.23 Ebenen ein- und ausblenden

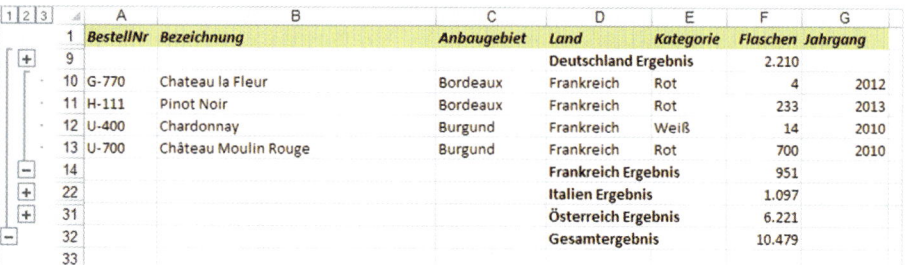

	BestellNr	Bezeichnung	Anbaugebiet	Land	Kategorie	Flaschen	Jahrgang
9				Deutschland Ergebnis		2.210	
10	G-770	Chateau la Fleur	Bordeaux	Frankreich	Rot	4	2012
11	H-111	Pinot Noir	Bordeaux	Frankreich	Rot	233	2013
12	U-400	Chardonnay	Burgund	Frankreich	Weiß	14	2010
13	U-700	Château Moulin Rouge	Burgund	Frankreich	Rot	700	2010
14				Frankreich Ergebnis		951	
22				Italien Ergebnis		1.097	
31				Österreich Ergebnis		6.221	
32				Gesamtergebnis		10.479	
33							

Teilergebnisse und Gliederung entfernen

Um alle Teilergebnisse zusammen mit der Gliederung wieder aus der Tabelle zu entfernen, rufen Sie den Befehl *Teilergebnisse* erneut auf. Klicken Sie hier auf die Schaltfläche *Alle entfernen*.

Mehrere Teilergebnisse berechnen

Möchten Sie mehrere Teilergebnisse mit unterschiedlichen Funktionen berechnen, beispielsweise zur Summe der Flaschen auch noch die Anzahl der verschiedenen Weine aus jedem Land, dann müssen Sie für jede Funktion den Befehl *Teilergebnisse* gesondert aufrufen.

1 Wählen Sie zuerst die Funktion *Summe* und unter *Addieren zu* die Spalte *Flaschen* (Bild 3.24). Klicken Sie auf *OK*.

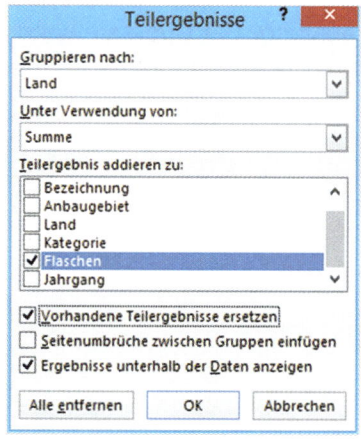

Bild 3.24 Erstes Teilergebnis

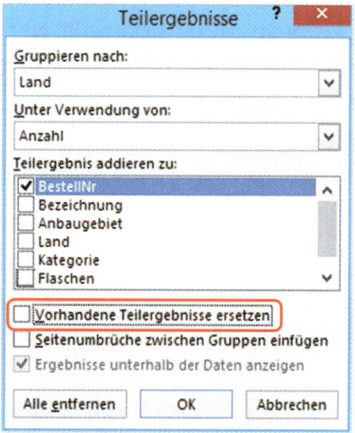

Bild 3.25 Zweites Teilergebnis

Vorhandene Teilergeb-
nisse ersetzen darf
nicht aktiviert sein!

2 Rufen Sie erneut das Dialogfenster *Teilergebnisse* auf und wählen Sie nun die Funktion *Anzahl*. Aktivieren Sie hier das Kontrollkästchen der Spalte *BestellNr*. Achtung: Die Spalte *Flaschen* muss deaktiviert werden! Deaktivieren Sie das Kontrollkästchen *Vorhandene Teilergebnisse ersetzen* (Bild 3.25) und klicken Sie auf *OK*.

Teilergebnisse für Untergruppen berechnen

Benötigen Sie zu den Summen der Flaschen je Land auch noch die Summe der Flaschen je Anbaugebiet, dann muss die Tabelle ebenfalls nach diesen Spalten sortiert sein.

1 Klicken Sie auf *Sortieren* (Benutzerdefiniert) und sortieren Sie die Tabelle nach *Land* und anschließend nach *Anbaugebieten*.

2 Klicken Sie auf die Schaltfläche *Teilergebnis* und wählen Sie, wie im vorherigen Beispiel unter *Gruppieren nach* zuerst die Spalte *Land*. Legen Sie wieder die Berechnung der Summe für die Spalte *Flaschen* fest und klicken Sie auf *OK*.

3 Klicken Sie nun erneut auf *Teilergebnisse* und legen Sie die Spalte *Anbaugebiet* als Gruppierung fest. Dann wählen Sie wieder die Funktion *Summe* für die Spalte *Flaschen* und deaktivieren das Kontrollkästchen *Vorhandene Teilergebnisse ersetzen*, da sonst die bestehenden Teilergebnisse je Herkunftsland gelöscht würden.

3.5   Duplikate in Tabellen

Ein häufiges Problem in Datenbanken sind Duplikate, also Datensätze, die irrtümlich doppelt eingegeben wurden.

Eine Möglichkeit stellt die Schaltfläche *Duplikate entfernen* (Register *DATEN*, Gruppe *Datentools*) dar. Im Dialogfenster wählen Sie aus, welche Spalten auf doppelte Werte überprüft werden sollen. Achtung: Die Duplikate werden anschließend einfach gelöscht, dieser Befehl sollte also nur mit Vorsicht angewendet werden!

Bild 3.26 Register DATEN

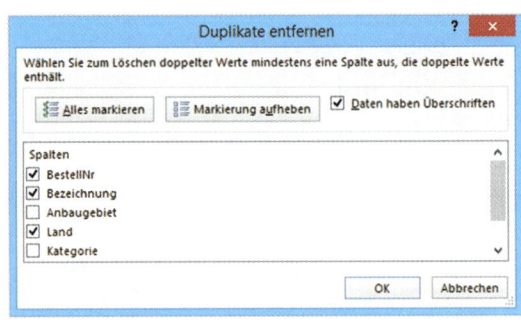

Bild 3.27 Spalten mit doppelten Werten wählen

Duplikate mit dem Spezialfilter ausblenden

Eine andere Möglichkeit bietet der Spezialfilter. Dazu sollten Sie zuerst den gesamten Datenbereich der Tabelle markieren und farbig, z. B. mit roter Schriftfarbe, formatieren.

1 Rufen Sie dann den Spezialfilter auf und geben dabei keinen Kriterienbereich an, sondern aktivieren das Kontrollkästchen *Keine Duplikate*. Die Tabelle wird an gleicher Stelle gefiltert, wobei die Duplikate lediglich ausgeblendet sind.

2 Formatieren Sie jetzt die gefilterte Tabelle wieder mit der ursprünglichen Schriftfarbe und entfernen Sie dann den Filter wieder.

3 Alle, mit roter Schrift formatierten Zellen, sind nun als Duplikate leicht zu erkennen (Bild 3.29). Wenn Sie nun im nächsten Schritt die Tabelle nach den wichtigsten Merkmalen sortieren, z. B. nach Kundennummer, Nachname und Vorname, können Sie leicht feststellen, ob es sich um echte Duplikate handelt und diese anschließend manuell löschen.

Diese Methode berücksichtigt alle Spalten!

Bild 3.28 Spezialfilter: Keine Duplikate    *Bild 3.29 Das sortierte Ergebnis*

Duplikate mit der bedingten Formatierung hervorheben

Eine weitere Möglichkeit stellt die bedingte Formatierung dar, allerdings nur für jeweils eine Spalte. Dazu markieren Sie die betreffende Spalte, klicken im Register *START* auf *Bedingte Formatierung* und zeigen auf *Regeln zum Hervorheben von Zellen*. Klicken Sie hier auf *Doppelte Werte...* und wählen Sie anschließend eine Formatierung.

Siehe nächste Lektion

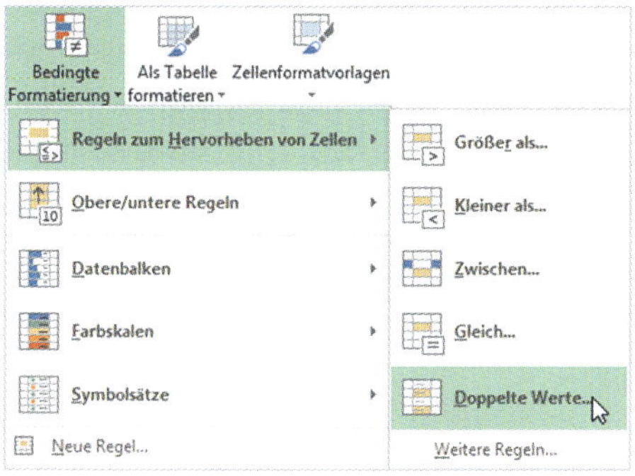

Bild 3.30 Bedingte Formatierung 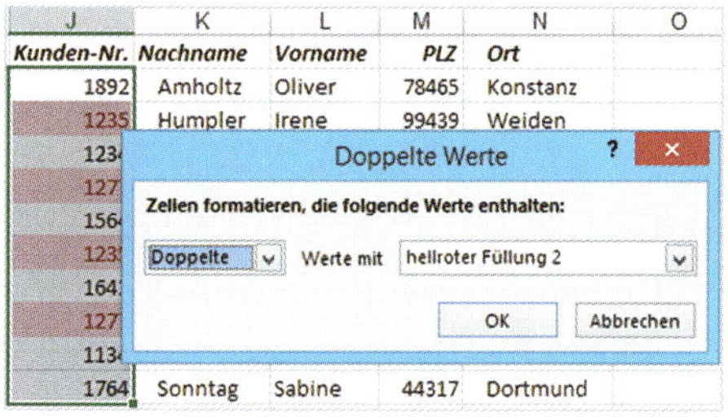   *Bild 3.31 Wählen Sie eine Formatierung*

3.6   Dynamische Tabellenbereiche

Der Tabellenbereich wird automatisch erweitert

Ein häufiges Problem bei der Auswertung von Tabellen ist die Anpassung des Tabellenbereichs beim Hinzufügen neuer Daten. Dies lässt sich am einfachsten erledigen, indem Sie einen Zellbereich als Tabelle formatieren. Darunter versteht man in Excel 2013 nicht nur die Formatierung eines Zellbereichs, sondern Sie erzeugen eine dynamische Tabelle, deren Zellbereich beim Anfügen neuer Zeilen und/oder Spalten automatisch erweitert wird. Auch Formate und Formeln werden beim Anfügen neuer Daten übernommen. Dies ist sehr nützlich, insbesondere wenn die Tabelle als Datengrundlage für Diagramme, Auswertungen oder Pivot-Tabellen verwendet werden soll.

Tabelle erstellen

Wenn Sie mit einer neuen Tabelle beginnen möchten, dann geben Sie am besten zunächst im Tabellenblatt die benötigten Spaltenüberschriften ein. Sie können auch gleich die erste Zeile des Datenbereichs eingeben und hier die erforderlichen Formatierungen vornehmen. Falls Spalten mit Formeln berechnet werden sollen, geben Sie diese ebenfalls gleich ein.

Selbstverständlich können Sie auch einen leeren Zellbereich als Tabelle formatieren oder einen größeren, bereits vorhandenen, Tabellenbereich nachträglich als Tabelle formatieren. Die Vorgehensweise ist immer gleich:

1   Klicken Sie im Register *EINFÜGEN*, Gruppe *Tabellen* auf die Schaltfläche *Tabelle* oder im Register *START*, Gruppe *Formatvorlagen*, auf *Als Tabelle formatieren.* Bei letzterer können Sie zusätzlich eine Formatvorlage wählen.

 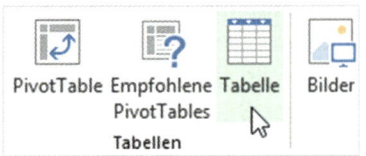

2   Im nächsten Schritt geben Sie den Datenbereich an, aus dem die Tabelle erstellt werden soll. Haben Sie eine Zelle innerhalb des Tabellenbereichs markiert, wird der Datenbereich in der Regel automatisch erkannt. Achtung: Enthält die Tabelle eine Überschriftzeile, dann muss das Kontrollkästchen *Tabelle hat Überschriften* aktiviert sein.

Bild 3.32 Tabelle erstellen

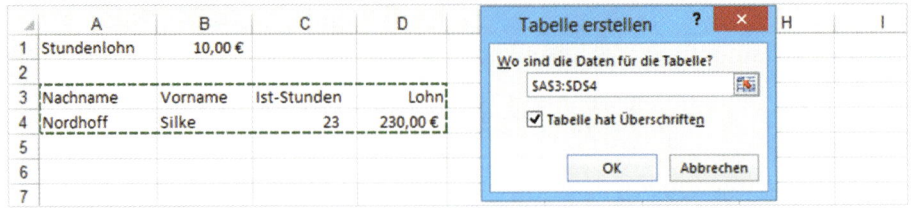

Der Tabelle wird eine Tabellen-Formatvorlage zugewiesen und die Spalten-überschriften erhalten Dropdown-Schaltflächen zum Filtern und Sortieren. Sie erkennen den Tabellenbereich außerdem an seiner rechten unteren Ecke (Bild 3.33). Beim Hinzufügen neuer Daten am Ende der Tabelle wird der Bereich automatisch erweitert und alle Formate und Formeln werden in die neue Zeile übernommen. Dies gilt auch, wenn Sie nachträglich neue Spalten anfügen. Sollte der Tabellenbereich trotzdem einmal nicht automatisch erweitert werden, so zeigen Sie mit der Maus in die rechte untere Ecke und erweitern den Bereich durch Ziehen mit gedrückter Maustaste in die gewünschte Richtung.

Siehe „Einfache Filter" auf Seite 92.

Bild 3.33 Tabellenbereich erweitern

Tabelle bearbeiten

Die Tabelle wird aktiviert, sobald Sie in den Tabellenbereich klicken und Ihnen steht zur weiteren Bearbeitung im Menüband das Register *TABELLENTOOLS – ENTWURF* zur Verfügung.

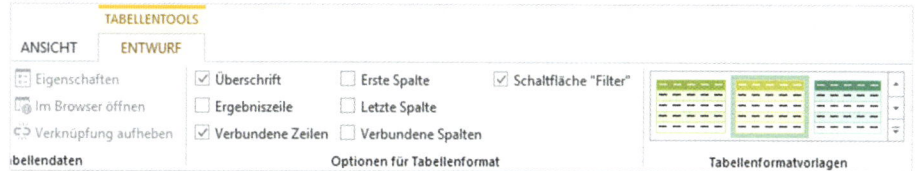

TABELLENTOOLS

Tabellenformat ändern

Klicken Sie im Register *TABELLENTOOLS – ENTWURF*, Gruppe *Tabellenformatvorlagen*, auf die gewünschte Vorlage bzw. klicken Sie auf *Weitere* ▾, um den gesamten Vorlagenkatalog zu öffnen. Wünschen Sie keinerlei Formate, so wählen Sie die erste Vorlage links oben (*Keine*).

Über die Kontrollkästchen der Gruppe *Optionen für Tabellenformat* können Sie steuern, ob Sie besondere Formate beispielsweise für die erste oder letzte Spalte übernehmen möchten. Empfinden Sie die Filterschaltflächen als störend, deaktivieren Sie diese über das Kontrollkästchen *Filter* (oder über die Schaltfläche *Filter* im Register *DATEN*).

Ergebnisse anzeigen

Mit dem Kontrollkästchen *Ergebniszeile* blenden Sie unterhalb der Tabelle eine zusätzliche Zeile für zusammenfassende Ergebnisse ein und auch wieder aus. Standardmäßig verwendet Excel die Funktion Summe, Sie können jedoch über

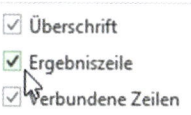

den Dropdown-Pfeil eine andere Funktion auswählen. Leider erhalten Sie keine Information über die verwendete Funktion, da Excel als Beschriftung anstelle der verwendeten Funktion immer nur *Ergebnis* anzeigt.

Achtung: Wenn Sie am Ende der Tabelle neue Zeilen anfügen möchten, dann müssen Sie zuerst die Ergebniszeile über das Kontrollkästchen wieder ausblenden, da sonst der Tabellenbereich nicht automatisch erweitert wird.

Bild 3.34 Ergebniszeile: Funktion auswählen

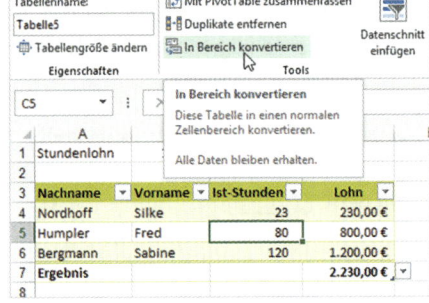

Bild 3.35 In normalen Bereich umwandeln

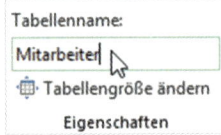

Tipp: Tabelle mit einem Namen versehen

Falls Sie die Tabelle mit einer Pivot-Tabelle auswerten möchten, können Sie die Tabelle mit einem Namen versehen. Diesen geben Sie im Register *TABELLENTOOLS – ENTWURF,* Gruppe *Eigenschaften*, in das Feld *Tabellenname* ein. Beachten Sie dabei die Regeln für Namen (siehe Kapitel 1.3, Namen anstelle von Zellbezügen verwenden)!

Tabelle wieder in einen normalen Bereich umwandeln

Wenn Sie eine Tabelle oder Liste wieder in einen normalen Zellbereich umwandeln möchten, dann klicken Sie auf eine beliebige Stelle innerhalb des Tabellenbereichs und im Register *TABELLENTOOLS – ENTWURF*, Gruppe *Tools*, auf die Schaltfläche *In Bereich konvertieren* (Bild 3.35), oder verwenden aus dem Kontextmenü der rechten Maustaste den Befehl *Tabelle – In Bereich konvertieren*. Achtung: Alle Daten, Formate und Formeln bleiben dabei erhalten; wenn Sie auch die Formatierung entfernen möchten, dann wählen Sie zuvor die Formatvorlage *Keine* (s. oben) und konvertieren erst dann die Tabelle wieder in einen normalen Zellbereich.

Tabelle mit Datenschnitten filtern

Wurde ein Zellbereich als Tabelle formatiert, dann steht Ihnen mit den Datenschnitten eine weitere Filtermöglichkeit zur Verfügung. Der Vorteil: Datenschnitte lassen sich im Gegensatz zu den Filterschaltflächen der Spaltenüberschriften auf einem Touchscreen leicht mit dem Finger bedienen und auch ungeübte Nutzer sehen schnell, welche Filter gerade verwendet werden.

1 Zum Erstellen eines Datenschnitts klicken Sie in die Tabelle und im Register *TABELLENTOOLS – ENTWURF*, Gruppe *Tools*, auf *Datenschnitt einfügen*.

2 Wählen Sie die Datenschnitte, bzw. welche Spalten Sie als Filter benötigen (Bild 3.36).

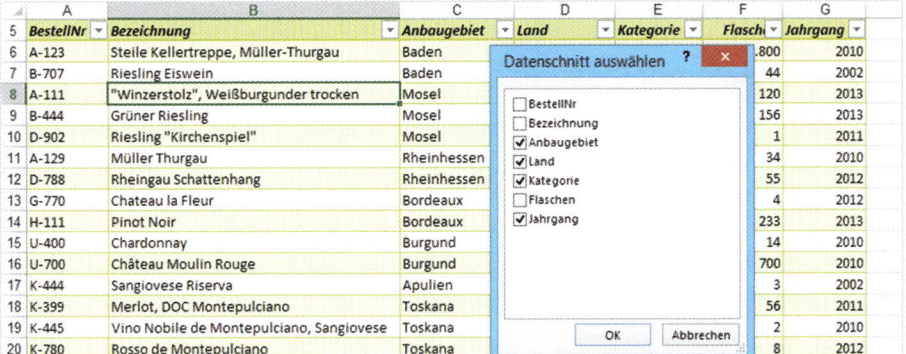

Bild 3.36 Datenschnitt auswählen

Für jede ausgewählte Spalte wird ein Datenschnitt eingefügt und Sie können diese nun durch Ziehen mit der Maus beliebig anordnen sowie vergrößern und verkleinern.

Zum Filtern klicken Sie einfach im Datenschnitt auf den gewünschten Inhalt. Wenn Sie aus einem Datenschnitt mehrere Filterkriterien gleichzeitig anwenden möchten, dann klicken Sie diese nacheinander mit gedrückter Strg-Taste an (Mehrfachmarkierung).

Mit einem Klick auf die Schaltfläche *Filter löschen* in der rechten oberen Ecke des Datenschnitts heben Sie den Filter wieder auf.

Tipp: Falls Sie einen Datenschnitt mit Formatierungen versehen möchten, finden Sie dazu mehrere Möglichkeiten im Register *DATENSCHNITTTOOLS-OPTIONEN*. Dieses Register erscheint, sobald Sie in einen Datenschnitt klicken.

Datenschnitt entfernen

Löschen Sie zunächst eventuell noch aktive Filter dieses Datenschnitts, da diese nicht automatisch mit entfernt werden. Klicken Sie dann in den Titelbereich des Datenschnitts und entfernen Sie ihn mit der Entf-Taste der Tastatur aus dem Tabellenblatt. Als Alternative klicken Sie mit der rechten Maustaste in den Datenschnitt und auf den Befehl ... *entfernen*.

3.7   Zusammenfassung

- Zusammenhängende Listen oder Datenbanken werden von Excel meist automatisch erkannt. Eine Excel-Datenbank sollte keine leeren Zeilen oder Spalten enthalten, achten Sie daher beim Löschen von Datensätzen darauf, dass die Zeilen vollständig entfernt werden. Um fehlerhafte Eingaben zu vermeiden, können Gültigkeitskriterien oder Auswahlfelder (Dropdown) definiert werden.

- Die wichtigsten Datenbankfunktionen sind Sortieren und Filtern. Die benutzerdefinierte Sortierung erlaubt eine erweiterte Sortierung nach mehreren Spalten sowie nach Farben. Zum schnellen Filtern steht Ihnen der einfache oder AutoFilter zu Verfügung, komplexe Filterkriterien definieren Sie besser als Spezialfilter in einem eigenen Kriterienbereich. Im Gegensatz zum einfachen Filter werden die Filterkriterien zusammen mit der Arbeitsmappe gespeichert.

- Teilergebnisse erlauben eine schnelle Auswertung über Gruppen von Datensätzen, beachten Sie aber, dass die Tabelle unbedingt nach der entsprechenden Spalte sortiert sein muss.

- Wenn Sie einen Zellbereich als Tabelle formatieren, dann erhalten Sie gleichzeitig einen Tabellenbereich, der beim nachträglichen Hinzufügen neuer Datensätze automatisch erweitert wird. Formate und Formeln werden ebenfalls automatisch übernommen. Zusätzlich zu den normalen Filter- und Sortierfunktionen können in Tabellen auch Datenschnitte zum Filtern eingesetzt werden.

4 Datenanalyse

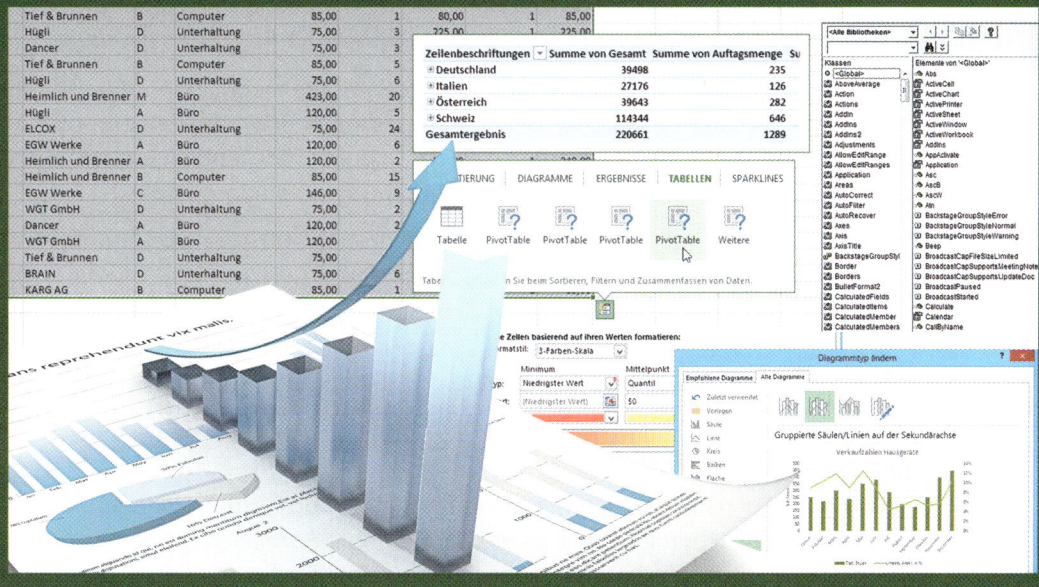

In dieser Lektion lernen Sie...

- Optische Analyse mit bedingter Formatierung
- Tabellen mit Mehrfachoperation berechnen
- Szenarien erstellen und verwalten
- Zielwertsuche und Solver

Diese Kenntnisse sollten Sie bereits mitbringen...

- Formeln und Funktionen
- Arbeiten mit Namen

Excel ermöglicht nicht nur umfangreiche Berechnungen und Auswertungen, sondern stellt auch Werkzeuge zur Datenanalyse zur Verfügung. Damit können Sie eine Vorschau auf verschiedene Situationen durchführen, diese Varianten speichern, vergleichen und bei Bedarf wieder aufrufen (Was-wäre-wenn).

4.1   Bedingte Formatierung

Mit der bedingten Formatierung lassen sich Zellen oder Zellbereiche, abhängig vom Inhalt, optisch hervorheben. Gegenüber früheren Versionen verfügt Excel 2013 über einen erheblich erweiterten Funktionsumfang. Sie finden die Schaltfläche *Bedingte Formatierung* im Register *START*, Gruppe *Formatvorlagen*.

Auch die Schaltfläche *Schnellanalyse* enthält im Register *FORMATIERUNG* eine Auswahl der am häufigsten verwendeten bedingten Formatierungsmöglichkeiten. Die Schaltfläche *Schnellanalyse* erscheint im Tabellenblatt, sobald Sie einen Zellbereich markieren. Für alle bedingten Formatierungen gilt:

■   Ändert sich der Wert einer Zelle, so ändert sich auch die Formatierung entsprechend der zugrundeliegenden Regel.

■   Auf einen Zellbereich können auch mehrere bedingte Formatierungen gleichzeitig angewendet werden.

Grafische Vorlagen nutzen

Sehr einfach gestaltet sich die Verwendung von grafischen Vorlagen. Markieren Sie den Zellbereich, klicken Sie auf *Bedingte Formatierung* und zeigen Sie auf *Datenbalken*, *Farbskalen* oder *Symbolsätze*. Es erscheinen verschiedene Vorlagen und bereits beim Zeigen erhalten Sie an den markierten Zellen im Tabellenblatt eine Vorschau. Mit einem Klick übernehmen Sie die Vorlage.

■   Mit der Auswahl *Datenbalken* werden die Zellen, entsprechend Ihres Wertes, mit farbigen Balken hinterlegt, vergleichbar einem Balkendiagramm.

■   Die Auswahl *Farbskalen* hebt die höchsten und niedrigsten Werte hervor.

■   Über *Symbolsätze* versehen Sie die Zellen mit Symbolen, z. B. Ampelsymbolen oder Pfeilen.

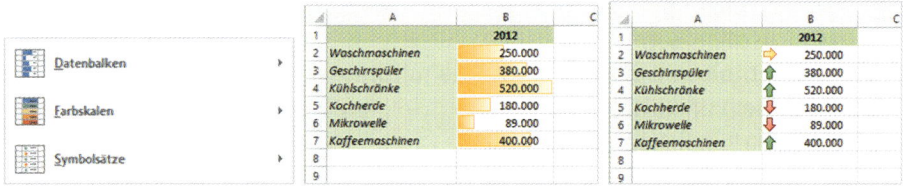

Bild 4.1 Grafische Vorlagen   *Bild 4.2 Beispiel Datenbalken*   *Bild 4.3 Beispiel Symbolsätze*

Einfache Vergleichsregeln

Eine andere Möglichkeit besteht darin, die Zellen anhand von Vergleichswerten hervorzuheben. Damit können beispielsweise alle Zellen farbig gekennzeichnet werden, deren Werte über oder unter einem bestimmten Wert (*Regeln zum Hervorheben von Zellen*) oder dem Durchschnitt (*Obere/untere Regeln*) liegen.

Dazu markieren Sie wieder zuerst den Zellbereich, dem Sie die bedingte Formatierung zuweisen möchten. Klicken Sie dann auf *Bedingte Formatierung*, zeigen Sie auf eine Regelkategorie und klicken Sie auf die gewünschte Regel, z. B. *Größer als*.

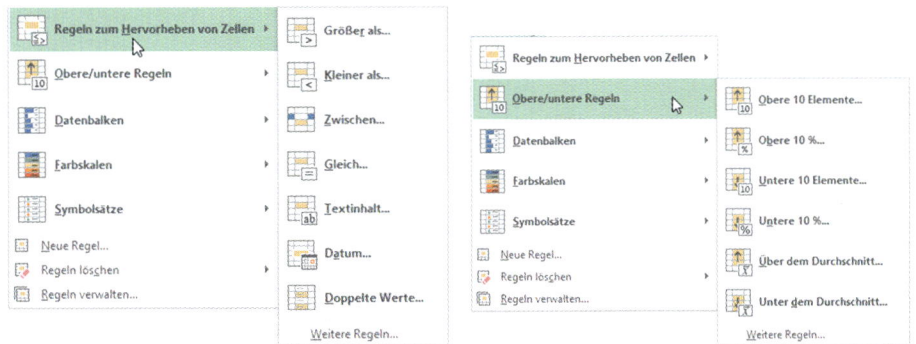

Bild 4.4 Regelkategorie auswählen

Geben Sie den Vergleichswert ein, falls erforderlich (dies kann auch ein Zellbezug sein) und wählen Sie eine Formatierung. Die Auswahl *benutzerdefiniertem Format...* öffnet das Dialogfenster *Zellen formatieren* und Sie können Ihr eigenes Format zusammenstellen.

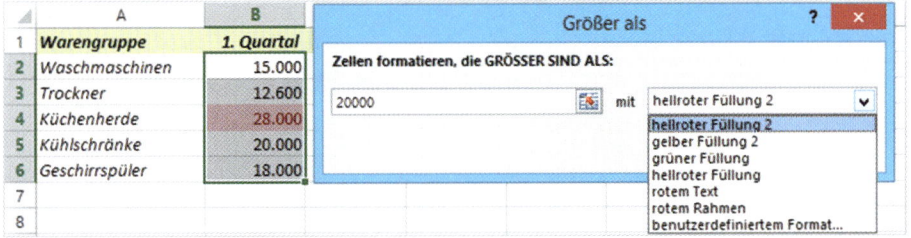

Bild 4.5 Größer als

Tipp: Einfache bedingte Formatierungen können, wie alle Zellenformate, mit der Schaltfläche *Format übertragen* (Pinsel) schnell auf andere Zellbereiche kopiert werden.

Bedingte Formate löschen

Klicken Sie auf *Bedingte Formatierung* und auf *Regeln löschen*. Wählen Sie dann, ob Sie alle Regeln im markierten Zellbereich oder im gesamten Tabellenblatt löschen möchten. Den Befehl (bedingte) *Formatierungen löschen* erhalten Sie auch, wenn Sie auf die Schaltfläche *Schnellanalyse* klicken.

Beispiel Datumswerte hervorheben

In einer Tabelle mit Datumswerten sollen alle Tage der aktuellen Woche hervorgehoben werden. Markieren Sie die Spalte mit den Datumswerten, klicken Sie auf *Bedingte Formatierung* und zeigen Sie auf *Regeln zum Hervorheben von Zellen*. Klicken Sie auf *Datum…* und wählen Sie aus der Dropdown-Liste den Eintrag *Diese Woche*. Daneben legen Sie die gewünschte Formatierung fest.

Bild 4.6 Datumswerte mit Vergleichsregeln hervorheben

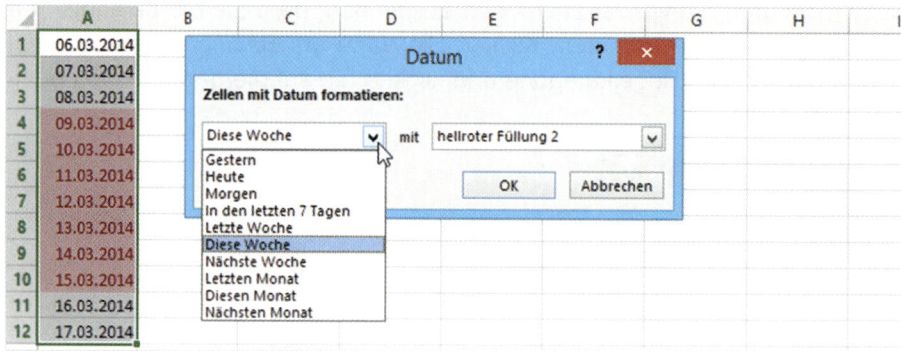

Eigene Regeln definieren

Zur Definition eigener Regeln klicken Sie auf *Bedingte Formatierung* und auf *Neue Regel…* und erstellen die Regeln im Dialogfenster *Neue Formatierungsregel*. Hier können Sie zur Regelbeschreibung auch Formeln verwenden, eigene Farbskalen definieren und nicht nur einzelne Zellen, sondern auch ganze Tabellenzeilen hervorheben.

Bild 4.7 Neue Formatierungsregel

Regeltypen

Regelbeschreibung, z. B. Vergleichswerte festlegen

Format festlegen

Vorschau

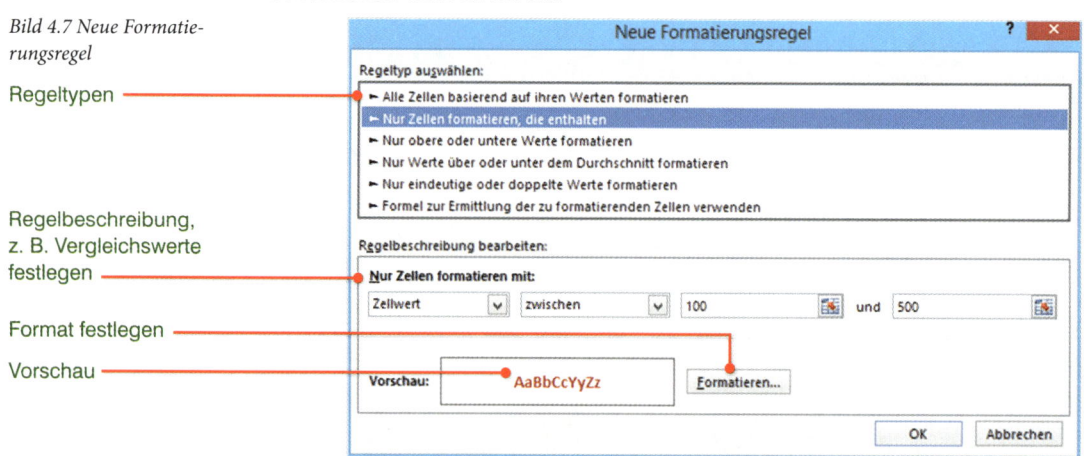

1　Im ersten Schritt wählen Sie einen Regeltyp aus. Der Typ *Nur Zellen formatieren, die enthalten* entspricht der Kategorie *Regeln zum Hervorheben von Zellen*. Wenn Sie eine Formel verwenden möchten, dann benötigen Sie den Typ *Formel zur Ermittlung der formatierenden Zellen verwenden*.

2 Abhängig vom markierten Regeltyp bearbeiten Sie darunter die Regelbeschreibung. Geben Sie einen Vergleichswert, eine Formel oder eine Funktion ein.

3 Zuletzt wählen Sie über die Schaltfläche *Formatieren...* eine Formatierung.

Beispiel Farbskalen definieren

Öffnen Sie das Fenster *Neue Formatierungsregel* und klicken Sie auf den Regeltyp *Alle Zellen basierend auf ihren Werten formatieren*. Klicken Sie dann auf den Dropdown-Pfeil *Formatstil* und wählen Sie zwischen *Farbskala*, *Datenbalken* und *Symbolsätzen*. Anschließend legen Sie unter *Minimum*, *Mittelpunkt* und *Maximum* fest, wie diese Werte gewählt werden sollen und weisen ihnen eine Farbe, bzw. ein Symbol zu. Haben Sie den Wertetyp *Zahl*, *Prozent* oder *Formel* ausgewählt, so müssen Sie unterhalb auch noch die entsprechenden Werte eintragen.

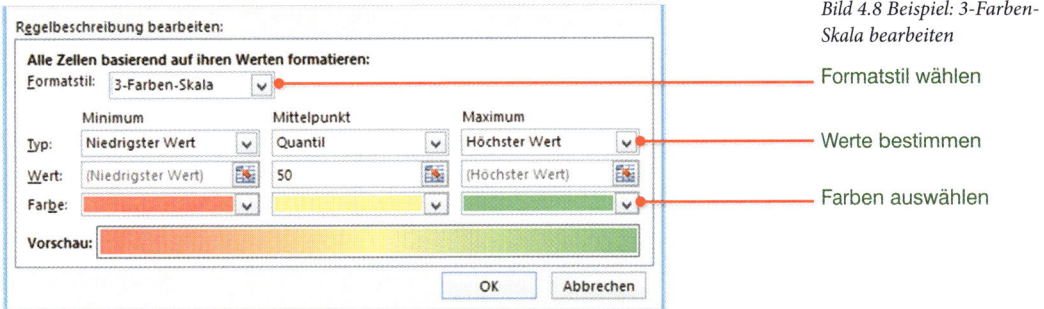

Bild 4.8 Beispiel: 3-Farben-Skala bearbeiten

Formatstil wählen

Werte bestimmen

Farben auswählen

Beispiel ganze Zeile hervorheben

Sie möchten die, in Bild 4.9 abgebildete, Tabelle mit den Quartalsumsätzen so formatieren, dass nicht nur die Zelle mit dem höchsten Jahresumsatz (Spalte *Summe*), sondern die gesamte Zeile bzw. Warengruppe hervorgehoben wird. Für diese Regel benötigen Sie eine Formel. Beachten Sie, dass zur Erstellung von Regeln zur bedingten Formatierung nur Formeln und Funktionen verwendet werden können, die als Ergebnis die Werte WAHR oder FALSCH liefern.

Formelergebnis muss ein Wahrheitswert sein

1 Markieren Sie den zu formatierenden Zellbereich, klicken Sie auf *Bedingte Formatierung* und auf *Neue Regel...*.

2 Klicken Sie auf den Regeltyp *Formel zur Ermittlung der zu formatierenden Zellen verwenden*.

3 Geben Sie unter *Regelbeschreibung bearbeiten* die Formel oder Funktion zusammen mit einem Gleichheitszeichen (=) ein, siehe Bild 4.9 auf der nächsten Seite: Um den höchsten Jahresumsatz zu ermitteln, müssen Sie für jede Zeile die Werte in Spalte F mit dem höchsten Wert (Funktion MAX) dieser Spalte vergleichen. Der Bezug auf Spalte F muss also konstant bleiben und Sie benötigen gemischte Zellbezüge.

Die Formel für das Beispiel in Bild 4.9 muss lauten:

=$F2:$F6=MAX($F$3:$F$6)   / = "Inhalt"

4   Zuletzt legen Sie über die Schaltfläche *Formatieren...* das gewünschte Format, beispielsweise eine Füllfarbe fest und bestätigen mit *OK*.

Bild 4.9 Formatierungsregel mit einer Formel erstellen

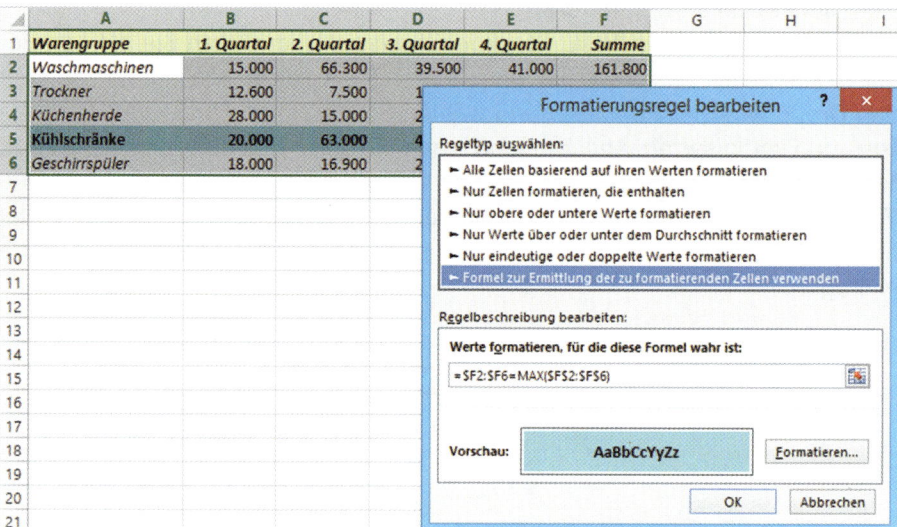

Beispiel Wochentage hervorheben

In einer monatlichen Einsatzübersicht sollen die Wochenenden (Samstage und Sonntage) automatisch farbig hervorgehoben und zusätzlich das aktuelle Datum mit einer weiteren Farbe gekennzeichnet werden. Auf diese Weise kann das Blatt beliebig kopiert werden und Sie brauchen später nur noch die Datumswerte des entsprechenden Monats eintragen.

Bild 4.10 Wochentage hervorheben

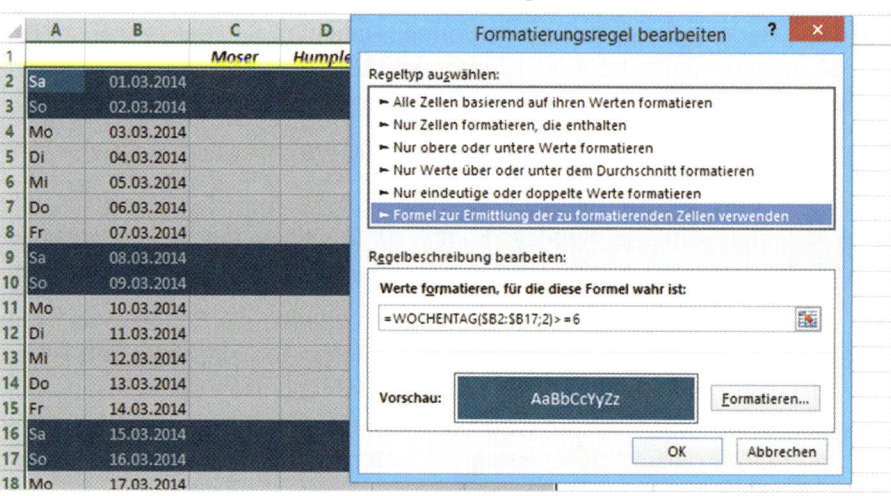

Dazu markieren Sie wieder die gesamte Tabelle, klicken auf *Neue Regel...* und wählen den Regeltyp *Formel zur Ermittlung der zu formatierenden Zellen verwenden.* Geben Sie folgende Formel ein:

Siehe Lektion 2.6
Datumsfunktionen

```
=WOCHENTAG($B2:$B31;2)>=6
```

Legen Sie dann noch eine beliebige Formatierung fest und klicken Sie auf *OK*. Zum Erstellen der zweiten Regel, die das aktuelle Datum hervorhebt, markieren Sie wieder die gesamte Tabelle, öffnen das Fenster *Neue Formatierungsregel* und geben die folgende Formel ein:

```
=$B2:$B31 = HEUTE()
```

Zuletzt weisen Sie auch dieser Regel eine Formatierung zu und klicken auf *OK*.

Regeln verwalten

Wenn Sie nachträglich die Regeln für die bedingte Formatierung kontrollieren, bearbeiten oder ggfs. löschen möchten, dann erledigen Sie dies im *Manager für Regeln für die bedingte Formatierung*. Dazu klicken Sie auf *Bedingte Formatierung* und auf *Regeln verwalten...*. Damit alle Regeln eines Arbeitsblattes angezeigt werden, sollten Sie zunächst unter *Formatierungsregeln anzeigen für* das gewünschte Arbeitsblatt auswählen.

Regeln bearbeiten und löschen

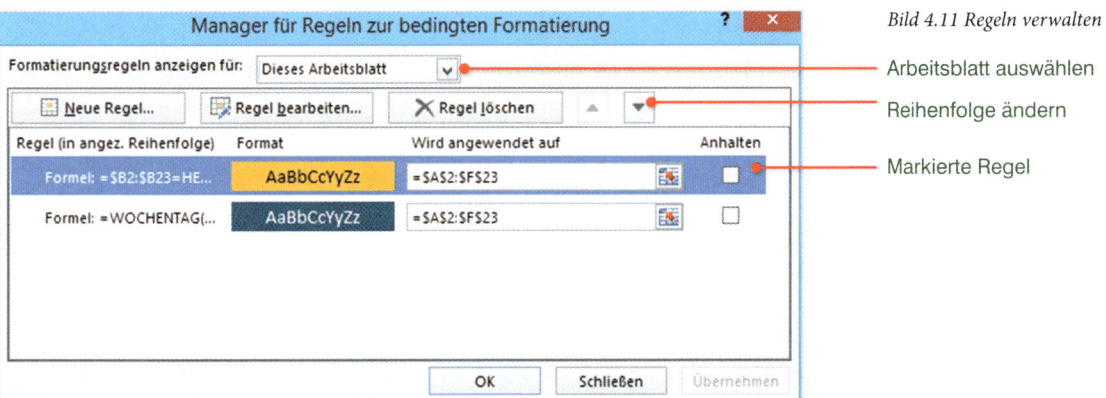

Bild 4.11 Regeln verwalten

Zum Bearbeiten bzw. Ändern markieren Sie die Regel und klicken auf *Regel bearbeiten...*. Über weitere Schaltflächen löschen Sie die markierte Regel oder erstellen eine neue Regel. Falls Sie hier eine neue Regel erstellen möchten, können Sie unter *Wird angewendet auf* auch gleich den dazugehörigen Zellbereich festlegen.

Über Pfeile können Sie bei Bedarf die Rangfolge der Regeln ändern. Dies ist wichtig beim Vorhandensein mehrerer Regeln. So kann es beispielsweise vorkommen, dass eine Zelle nach der einen Regel eine grüne Füllfarbe erhält, nach der anderen Regel aber eine rote. In diesem Fall kommt die Regel mit der höheren Rangfolge zur Anwendung.

Die Kontrollkästchen *Anhalten* sind dagegen nur dann von Bedeutung, wenn Sie die Mappe mit einer früheren Version von Excel öffnen und bearbeiten möchten. Da hier nur maximal drei Regeln unterstützt werden, können Sie auf diese Weise Regeln deaktivieren.

4.2   Mehrere Tabellen konsolidieren

Mehrere Einzeltabellen in einer Ergebnistabelle zusammenfassen

Unter Konsolidieren versteht Excel das Zusammenführen mehrerer Einzelta-bellen aus verschiedenen Arbeitsblättern oder verschiedenen Arbeitsmappen in einer einzigen Ergebnistabelle. Excel unterstützt beim Konsolidieren zwei Varianten, die beim Anlegen der jeweiligen Tabellen zu berücksichtigen sind.

Konsolidieren nach Position

Falls die Tabellen über unterschiedliche Beschriftungen verfügen, können Sie nach ihrer Position konsolidiert werden. Dann müssen sich in jedem der Ar-beitsblätter alle Spalten- und Zeilenbeschriftungen, die zur Zusammenfassung benötigt werden, exakt an derselben Position bzw. Zelladresse befinden.

Konsolidieren nach Spalten- und Zeilenbeschriftungen (Kategorie)

In diesem Fall müssen alle Tabellen identische Spalten und Zeilenbeschriftun-gen besitzen. Dafür spielen die Positionen der jeweiligen Tabellen, genauer gesagt die Zelladressen, keine Rolle.

Beispiel: Konsolidieren nach Kategorie
Da die zweite Variante, Konsolidieren nach Kategorie, wesentlich häufiger benutzt wird, soll nur diese hier genauer beschrieben werden. Beispiel: Jede Filiale speichert die monatlichen Umsatzberichte in einem gesonderten Tabel-lenblatt bzw. einer anderen Arbeitsmappe. Der Betrieb benötigt nun am Ende des Monats eine Zusammenfassung der Umsätze der Filialen und Warengrup-pen in einer einzigen Tabelle. Damit eine Konsolidierung nach Beschriftung/Kategorie möglich ist, sind die Spaltenüberschriften und Bezeichnungen der Warengruppen in allen Blättern identisch. Dass das Warensortiment nicht in allen Filialen gleich ist, spielt dagegen bei der Konsolidierung keine Rolle, so fehlen beispielsweise in der Filiale Nürnberg die Warengruppen Rollcontainer und Schreibtische (Bild 4.12). Die Tabellen müssen sich auch nicht zwingend an der selben Position im Tabellenblatt befinden.

So gehen Sie vor:

1 Markieren Sie in einem weiteren Arbeitsblatt die Zelle, ab der Sie die Zusammenfassung einfügen möchten. Klicken Sie im Register *DATEN*, Gruppe *Datentools*, auf die Schaltfläche *Konsolidieren*. Das Dialogfenster *Konsolidieren* wird geöffnet.

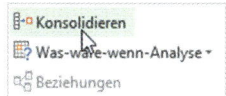

2 Wählen Sie im nächsten Schritt die Funktion, mit der die Werte aus den Einzeltabellen zusammengefasst werden sollen, standardmäßig ist dies die Summe.

3 Klicken Sie anschließend in das darunterliegende Feld *Verweis* und markieren Sie den ersten Tabellenbereich einschließlich der Spalten- und Zeilenbeschriftungen. Klicken Sie dann auf die Schaltfläche *Hinzufügen*. Der Zellbereich erscheint nun in der Liste *Vorhandene Verweise*. Befindet sich die Tabelle in einer anderen Arbeitsmappe, so verwenden Sie die Schaltfläche *Durchsuchen...*, um die Mappe zu öffnen und den Verweis festzulegen.

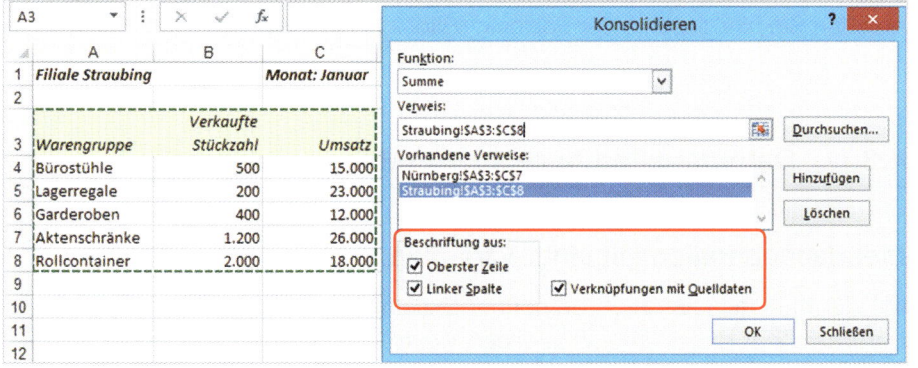

Bild 4.13 Tabellen konsolidieren

4 Wiederholen Sie diesen Schritt für jede der Tabellen und fügen Sie für jede benötigte Tabelle einen Verweis hinzu.

5 Zuletzt aktivieren Sie die beiden Kontrollkästchen *Beschriftung aus Oberster Zeile* und *Linker Spalte*, um die Zeilen- und Spaltenbeschriftungen aus den Tabellen zu übernehmen.

Beschriftung übernehmen

Verknüpfung mit Quell-
daten nur in einem
neuen Blatt möglich

6 Wünschen Sie eine automatische Aktualisierung bei Änderung der Quelldaten, dann müssen Sie auch noch das Kontrollkästchen *Verknüpfungen
mit Quelldaten* aktivieren. Achtung: Eine Konsolidierung ist in diesem Fall
nur möglich, wenn die Ergebnistabelle in einem gesonderten neuen Tabellenblatt eingefügt wird.

Klicken Sie abschließend auf *OK*. Excel berechnet die Ergebnistabelle und fügt
sie ab der angegebenen Position ein. Haben Sie *Verknüpfungen mit Quelldaten*
ausgewählt, erscheint links die Gliederungsspalte, in der Sie per Mausklick auf
die Kästchen + und - die Einzeldaten ein- und ausblenden können. Diese sind
in einer weiteren Spalte mit den jeweiligen Dateinamen versehen. Stammen
dagegen alle Werte aus unterschiedlichen Tabellenblättern einer einzigen Arbeitsmappe, so sehen Sie hier leider ebenfalls nur den Dateinamen. Beachten
Sie, dass neu angefügte Datenzeilen oder -spalten der Ausgangstabellen trotzdem nicht berücksichtigt werden. In diesem Fall müssen Sie die betreffenden
Tabellen erneut konsolidieren.

Bild 4.14 Ergebnistabelle

C5	▼	:	✕	✓	fx	=SUMME(C2:C4)				

1 2	◢ A	B	C	D	E	F	G	H
	1		*Verkaufte Stückzahl*	*Umsatz*				
+	5	*Bürostühle*	1.400	60.000				
+	9	*Lagerregale*	1.150	92.000				
+	13	*Garderoben*	2.900	46.000				
+	17	*Aktenschränke*	8.200	124.000				
+	20	*Rollcontainer*	7.000	52.000				
+	22	*Schreibtische*	1.500	62.000				
	23							

Haben Sie die Ergebnistabelle ohne Verknüpfung zu den Quelldaten eingefügt,
erhalten Sie hier anstelle der Formeln (Bild 4.14) nur Werte.

4.3   Datentabellen berechnen (Mehrfachoperation)

Mehrfachoperation mit einer Variablen

Formel mit verschiede-
nen Werten berechnen

Mit der Mehrfachoperation berechnet Excel für eine Formel eine Tabelle und
berücksichtigt dabei unterschiedliche Werte. Nehmen wir das Beispiel eines
Sparers: Ein Sparer legt jeden Monat einen festen Betrag an und möchte nun
wissen, mit welchem Betrag er in 5 Jahren rechnen kann und wie unterschiedliche Zinsen das Ergebnis beeinflussen. Der Endbetrag (Zinswert) wird mit der
Funktion ZW( ) berechnet, die folgenden Argumente sind dafür erforderlich:
Zinssatz (Zins), Zahlungszeitraum (Zzr) und die regelmäßige Zahlung (Rmz).

Siehe finanzmathe-
matische Funktionen,
Lektion 2

1 Im Beispiel in Bild 4.15 wird das Ergebnis in C6 berechnet. Die unterschiedlichen Zinsen tragen Sie in einer Spalte untereinander links von den zu berechnenden Werten ein, also in B7 bis B14.

Beachten Sie die Position der Formel! Die Datentabelle wird immer unterhalb der ursprünglichen Formel und rechts neben den variablen Werten berechnet.

2 Im nächsten Schritt markieren Sie den gesamten Bereich der zu berechnenden Datentabelle einschließlich der Formel, also den Zellbereich B6 bis C14. Klicken Sie dann im Register *DATEN*, Gruppe *Datentools*, auf die Schaltfläche *Was-wäre-wenn-Analyse* und wählen Sie *Datentabelle*....

3 Geben Sie im Dialogfeld *Datentabelle* an, welches Argument, bzw. welcher Wert der Formel durch die variablen Werte ersetzt werden soll. In diesem Beispiel ist dies der Zins in B4. Die Zinssätze befinden sich in der Spalte untereinander, klicken Sie daher in das Feld *Spalte* und anschließend auf die Zelle B4 mit dem Zins (Bild 4.16) und klicken Sie auf *OK*.

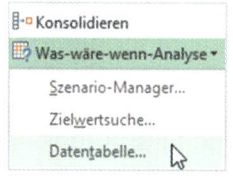

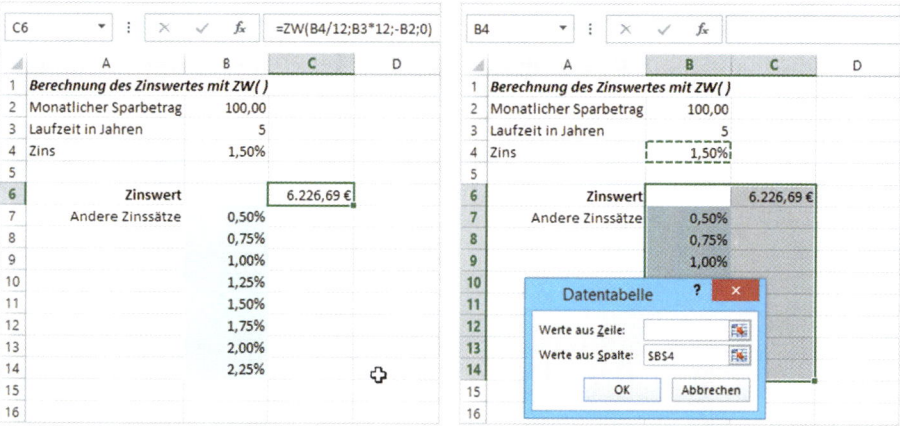

Bild 4.15 Formel berechnen

Bild 4.16 Datentabelle berechnen

Die Ergebnistabelle wurde mit einer Matrixformel mit der Funktion MEHRFACH-OPERATION( ) berechnet. Sie können nun die Tabelle beliebig formatieren, beachten Sie aber, dass einzelne Formeln einer Matrixformel nicht geändert oder gelöscht werden können.

Siehe Lektion 1.7, Matrixformeln.

Bild 4.17 Ergebnistabelle

	A	B	C	D	E	F	G	H	I
6	Zinswert		6.226,69 €						
7	Andere Zinssätze	0,50%	6.074,35 €						
8		0,75%	6.111,97 €						
9		1,00%	6.149,90 €						
10		1,25%	6.188,14 €						
11		1,50%	6.226,69 €						
12		1,75%	6.265,56 €						
13		2,00%	6.304,74 €						
14		2,25%	6.344,23 €						

C7 · : × ✓ fx {=MEHRFACHOPERATION(;B4)}

Mehrfachoperation mit zwei Variablen

Datentabellen können auch mit zwei veränderbaren Werten berechnet werden. So lässt sich das vorherige Beispiel erweitern, indem Sie neben den Zinsen auch noch verschiedene Laufzeiten einbeziehen. Ergänzen Sie dazu die zuvor verwendete Tabelle um eine Zeile mit den verschiedenen Laufzeiten, diese müssen sich in der selben Zeile wie die Formel befinden. Die Zinsen werden unterhalb in die gleiche Spalte wie die Formel eingetragen.

Beachten Sie auch hier die Position der Formel! Sie muss sich in der linken oberen Ecke der zu berechnenden Datentabelle befinden.

1   Markieren Sie wieder den Zellbereich, in dem die Datentabelle berechnet werden soll, einschließlich der Werte in den Spalten- und Zeilenüberschriften. Klicken Sie auf die Schaltfläche *Was-wäre-wenn-Analyse* und wählen Sie *Datentabelle....*

2   Da in der Datentabelle die ursprüngliche Laufzeit in B3 nacheinander durch die Werte der Zeile neben der Formel ersetzt werden soll, tragen Sie in das Feld *Werte aus Zeile* die Adresse $B3 ein, im Feld *Werte aus Spalte* geben Sie wieder den Zins, also $B$4, an und bestätigen mit *OK*.

Bild 4.18 Datentabelle mit zwei variablen Werten berechnen

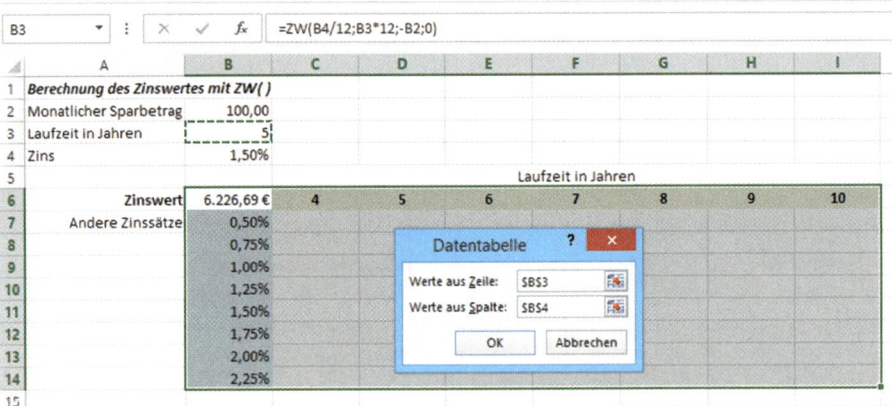

Bild 4.19 Das Ergebnis

			4	5	6	7	8	9	10
1	Berechnung des Zinswertes mit ZW( )								
2	Monatlicher Sparbetrag	100,00							
3	Laufzeit in Jahren	5							
4	Zins	1,50%							
5						Laufzeit in Jahren			
6	Zinswert	6.226,69 €	4	5	6	7	8	9	10
7	Andere Zinssätze	0,50%	4.847,30 €	6.074,35 €	7.307,54 €	8.546,92 €	9.792,50 €	11.044,33 €	12.302,44 €
8		0,75%	4.871,18 €	6.111,97 €	7.362,11 €	8.621,64 €	9.890,66 €	11.169,23 €	12.457,42 €
9		1,00%	4.895,21 €	6.149,90 €	7.417,20 €	8.697,23 €	9.990,12 €	11.295,99 €	12.614,99 €
10		1,25%	4.919,40 €	6.188,14 €	7.472,84 €	8.773,69 €	10.090,89 €	11.424,65 €	12.775,17 €
11		1,50%	4.943,74 €	6.226,69 €	7.529,02 €	8.851,02 €	10.192,99 €	11.555,22 €	12.938,03 €
12		1,75%	4.968,24 €	6.265,56 €	7.585,76 €	8.929,25 €	10.296,45 €	11.687,76 €	13.103,61 €
13		2,00%	4.992,90 €	6.304,74 €	7.643,05 €	9.008,39 €	10.401,28 €	11.822,28 €	13.271,97 €
14		2,25%	5.017,71 €	6.344,23 €	7.700,91 €	9.088,43 €	10.507,50 €	11.958,82 €	13.443,14 €

Zuletzt brauchen Sie die fertige Datentabelle nur noch formatieren. Falls Sie die Formel in der linken oberen Ecke der Tabelle als störend empfinden, formatieren Sie diese Zelle am einfachsten mit weißer Schriftfarbe.

4.4   Szenarien

Im Gegensatz zu Mehrfachoperationen mit maximal zwei Variablen, berücksichtigen Szenarien auch mehr als zwei veränderbare Werte. Die Ergebnisse können gespeichert, miteinander verglichen und in einer Ergebnistabelle zusammengefasst werden. Ein Szenario stellt in Excel ein Berechnungsmodell dar, das eine Fragestellung mit mehreren veränderlichen Werten durchspielt. Mehrere Szenarien bilden somit eine komplette „Was-Wäre-Wenn-Analyse".

Mehrere Szenarien speichern und vergleichen

Tabelle erstellen

Betrachten wir das Beispiel eines Autokaufs. Sie haben die Wahl zwischen verschiedenen Modellen, hinzu kommen unterschiedliche Rabatte sowie unterschiedliche Angebote für die Inzahlungnahme Ihres alten Fahrzeugs. Zusätzlich sind noch die laufenden Kosten zu berücksichtigen, also Benzinverbrauch, Steuern und Versicherungen. Wie hoch wären die Kosten beim Kauf vom Modell A mit einem relativ niedrigen Anschaffungspreis und einem hohen Kraftstoffverbrauch, verglichen mit Modell B. Wie wirken sich eine höhere Fahrleistung pro Jahr oder ein geringerer Verbrauch aus? Zusätzlich ließe sich daraus auch noch ermitteln, mit welchen durchschnittlichen jährlichen Kosten bei einer geplanten Nutzungsdauer von 10 Jahren zu rechnen wäre. Mit dem Szenario-Manager können Sie alle diese Planspiele in einer einzigen Tabelle durchführen.

Im ersten Schritt legen Sie eine Tabelle mit allen Werten an und berechnen die erforderlichen Formeln (Bild 4.20).

Bild 4.20 Tabelle anlegen

	A	B	C	D	E	F	G	H
		Modell A						
1								
2	Listenpreis	20.000						
3	Rabatt	10%	2.000					
4	Inzahlungnahme altes Fahrzeug	5.000						
5	Anschaffungspreis	13.000						
6								
7	Verbrauch/100 km	7,5						
8	Jährliche Fahrleistung km	20.000						
9	Benzin- Dieselpreis/Liter	1,45	2.175					
10	Steuern/Jahr	300						
11	Versicherung/Jahr	1.200						
12	Laufende Kosten pro Jahr	3.675						
13								

B5 — $=B2-C3-B4$

Beachten Sie, dass Szenarien zwischen veränderbaren Zellen und Ergebniszellen unterscheiden:

Veränderbare Zellen und Ergebniszellen

- Veränderbare Zellen enthalten diejenigen Werte, die Sie in den verschiedenen Szenarien verändern wollen, also z. B. Rabatt, Listenpreis, Steuern, Versicherung usw..

- Ergebniszellen enthalten Formeln, deren Ergebnisse Sie vergleichen möchten. Im Beispiel aus Bild 4.20 sind dies Anschaffungspreis in B5 und Laufende jährliche Kosten in B12.

Namen vergeben

Siehe Lektion 1.3, Namen anstelle von Zellbezügen verwenden.

Im nächsten Schritt sollten Sie unbedingt Namen für alle Zellen vergeben, die Sie in das Szenario einbeziehen möchten, also sowohl für veränderbare Zellen als auch für Ergebniszellen. Aus den Namen für die veränderbaren Zellen erstellt Excel eine Dateneingabemaske für die Werte und auch im zusammenfassenden Bericht zum Vergleich der verschiedenen Szenarien erscheinen dann die Namen anstelle der Zelladressen.

Am schnellsten geht dies, wenn Sie einfach den dazugehörigen Text als Name übernehmen. Markieren Sie dazu die Werte zusammen mit der Beschriftung in der linken Spalte und klicken Sie im Register *FORMELN*, Gruppe *Definierte Namen*, auf *Aus Auswahl erstellen*. Wählen Sie aus *Linker Spalte* und klicken Sie auf *OK*.

Bild 4.21 Namen erstellen

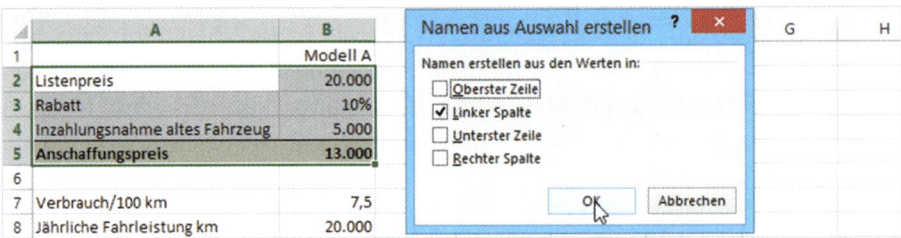

Szenario hinzufügen

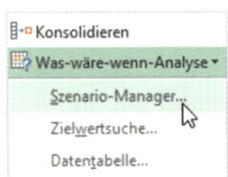

Bild 4.22 Szenario erstellen

Klicken Sie im Register *DATEN*, Gruppe *Datentools*, auf die Schaltfläche *Was-Wäre-Wenn-Analyse* und wählen Sie den *Szenario-Manager*. Um das erste Szenario zu erstellen, klicken Sie auf die Schaltfläche *Hinzufügen...*.

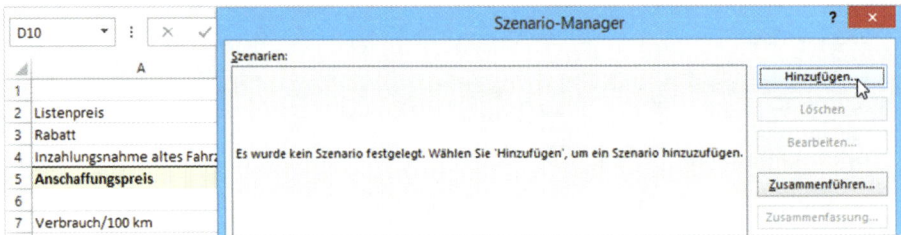

1 Excel verwaltet die einzelnen Szenarien über Namen, deshalb müssen Sie im nächsten Schritt jedem Szenario einen eindeutigen Namen geben, in diesem Beispiel die Bezeichnung des jeweiligen Modells (Bild 4.23).

2 Als *Veränderbare Zellen* benötigt Excel die Adressen derjenigen Zellen, deren Werte Sie später in den verschiedenen Szenarien verändern möchten. Markieren Sie mit der Maus die entsprechenden Zellen, nicht zusammenhängende Zellbereiche müssen Sie mit gedrückter Strg-Taste markieren. Im Beispiel sind das die Bereiche B2:B4 und B7:B11.

3 Unter *Kommentar* erscheint automatisch Ihr Name zusammen mit dem aktuellen Datum. Sie können den Kommentar jederzeit ergänzen oder ändern. Die Einstellungen der beiden Kontrollkästchen *Schutz* wirken sich nur dann aus, wenn Sie das Tabellenblatt geschützt haben. *Änderungen verhindern* erlaubt dann keine Änderungen am aktuellen Szenario. *Ausblenden* bewirkt, dass das Szenario nicht in der Liste der vorhandenen Szenarien erscheint. Bestätigen Sie dann mit *OK*.

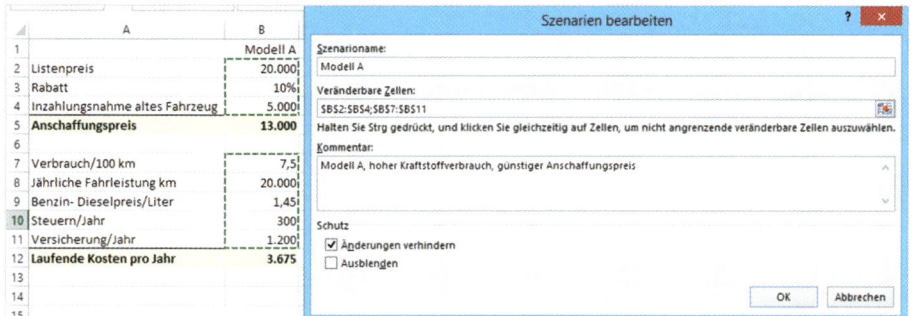

Bild 4.23 Erstes Szenario erstellen

4 Im nächsten Schritt wird eine Eingabemaske zur Eingabe der veränderbaren Werte geöffnet. Enthält die Tabelle bereits Werte, so werden diese hier angezeigt und können als erstes Szenario einfach übernommen werden (Bild 4.24). Klicken Sie dann auf *Hinzufügen*, wenn Sie schließend ein weiteres Szenario erstellen möchten. Die Schaltfläche *OK* dagegen beendet die Eingabe der Werte und bringt Sie zurück zum Szenario-Manager.

Sie können hier anstelle von Werten auch Formeln eingeben, z. B. = 5000 / 2. Diese werden anschließend in Zahlen umgewandelt.

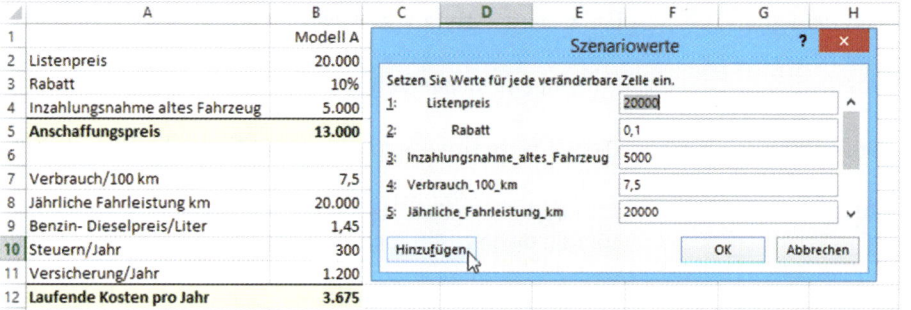

Bild 4.24 Veränderbare Werte des ersten Szenarios

5   Nun können Sie das nächste Szenario erstellen: Geben Sie wieder einen Namen und evtl. einen Kommentar ein und anschließend die veränderbaren Werte. Diesen Schritt wiederholen Sie nun beliebig oft, bis alle benötigten Szenarien erstellt sind. Mit der Schaltfläche *OK* gelangen Sie anschließend wieder zurück zum *Szenario-Manager*. Weitere können auch nachträglich im *Szenario-Manager* jederzeit hinzugefügt werden.

Werte eines Szenarios in der Tabelle anzeigen

Im Szenario-Manager können Sie nun nacheinander die veränderbaren Werte in der Tabelle anzeigen und so die Formelergebnisse vergleichen. Dazu markieren Sie ein Szenario und klicken auf die Schaltfläche *Anzeigen*.

Bild 4.25 Szenario anzeigen

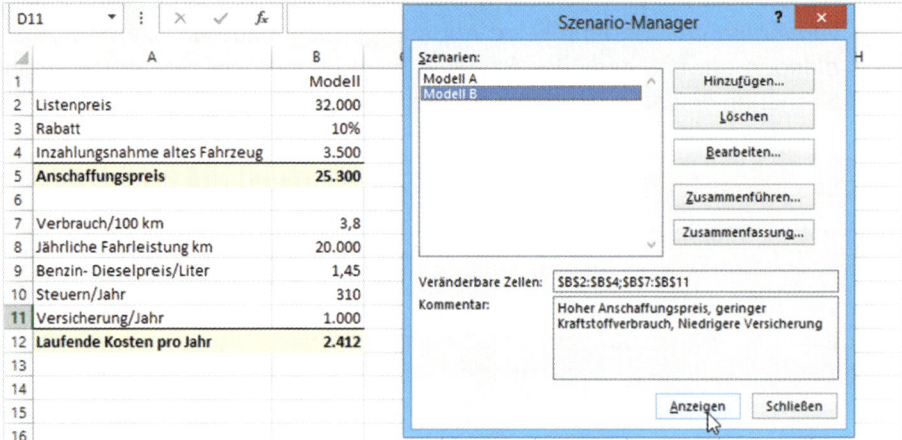

Über die Schaltflächen des Szenario-Managers können Sie die erstellten Szenarien verwalten, eine Übersicht:

Schaltfläche	Beschreibung
Schließen	Szenario-Manager beenden.
Hinzufügen...	Ein weiteres Szenario erstellen.
Löschen	Entfernt das markierte Szenario.
Bearbeiten...	Die Werte des markierten Szenarios nachträglich ändern.
Zusammenführen...	Falls in der aktuellen Mappe bereits Szenarien existieren, können diese zusammengeführt werden.
Zusammenfassung...	Erstellt in einem gesonderten Tabellenblatt einen zusammenfassenden Bericht.

Szenarien in einem Bericht zusammenfassen und vergleichen

Um die verschiedenen Szenarien besser zu vergleichen, können Sie einen zusammenfassenden Bericht erstellen. Klicken Sie dazu im *Szenario-Manager* auf die Schaltfläche *Zusammenfassung....* Da der Bericht auch die Formelergebnisse enthalten soll, müssen Sie hier zusätzlich die Ergebniszellen angeben. Markieren Sie in der Tabelle per Mausklick alle benötigten Zellen, mehrere Zellen klicken Sie wieder mit gleichzeitig gedrückter Strg-Taste an. Im Beispiel in Bild 4.26 sind dies der Anschaffungspreis und die jährlichen Kosten.

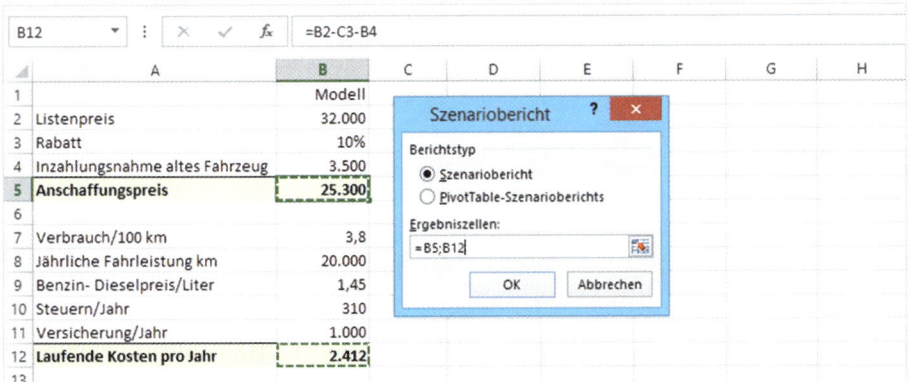

Bild 4.26 Szenariobericht: Ergebniszellen

Anschließend erstellt Excel in einem neuen Arbeitsblatt mit dem Namen *Szenariobericht* eine zusammenfassende Tabelle mit allen Szenario-Werten. Haben Sie für alle verwendeten Zellen Namen vergeben, so erscheinen im Szenariobericht die Namen, andernfalls sehen Sie im Bericht die Zelladressen anstelle der Beschriftung.

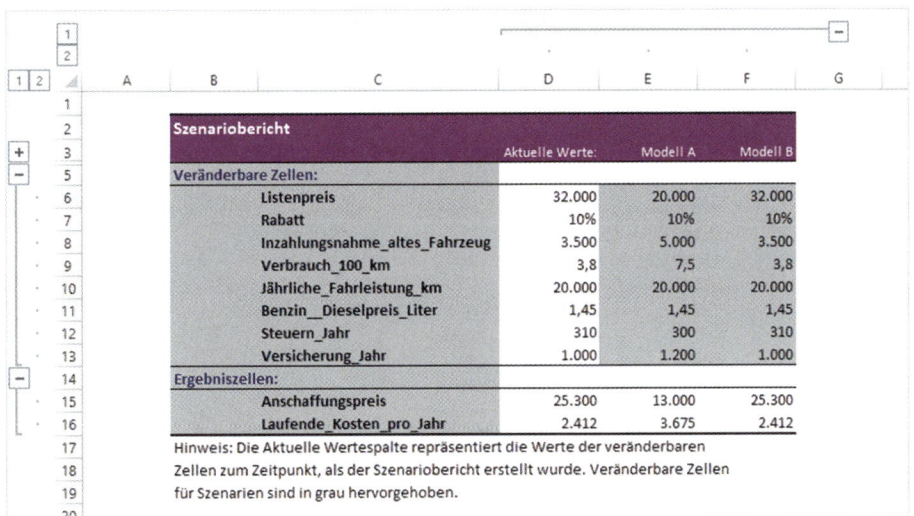

Bild 4.27 Szenariobericht

Hinweis: Der Szenariobericht wird bei nachträglichen Änderungen einzelner Szenarien nicht automatisch aktualisiert, sondern Sie müssen in diesem Fall einen neuen Szenariobericht erstellen.

4.5   Zielwertsuche

Eingangswert ermitteln

Ein weiteres Instrument der Was-wäre-wenn-Analyse ist die Zielwertsuche. Diese verändert einen Ausgangswert, damit ein bestimmtes Formelergebnis erzielt wird. Die Verwendung der Zielwertsuche ist relativ einfach: Sie geben an, welches Ergebnis eine Formel liefern soll und lassen Excel zurückrechnen, um den erforderlichen Ausgangswert zu ermitteln. Leider erlaubt die Zielwertsuche nur die Änderung eines einzigen Wertes.

Beispiel Break-Even-Point

Dieses Beispiel ließe sich auch auf den Verkaufspreis anwenden: Bei welchem Verkaufspreis ist der Gewinn bei 500 St. gleich 0?

Sie möchten den Break-Even-Point ermitteln: Bei welcher Stückzahl beträgt der Gewinn genau 0? Dazu legen Sie eine Tabelle an, z. B. mit verschiedenen Stückzahlen, und berechnen alle nötigen Formeln, siehe Bild 4.28 unten.

Nun könnten Sie diejenige Stückzahl, die dem gewünschten Ergebnis am nächsten kommt (500 Stück), solange ändern, bis der Gewinn als Formelergebnis 0 anzeigt. Schneller geht es mit der Zielwertsuche: Klicken Sie im Register *DATEN*, Gruppe *Datentools*, auf die Schaltfläche *Was-wäre-wenn-Analyse* und wählen Sie *Zielwertsuche...*.

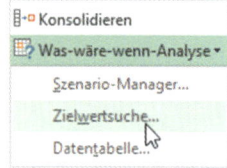

Die Zielzelle muss eine Formel enthalten, geben Sie also im Beispiel unten die Zelle an, in der der Gewinn bei 500 Stück berechnet wird. Als Zielwert tragen Sie das gewünschte Formelergebnis, also 0 ein und als veränderbare Zelle geben Sie die Zelle mit der Stückzahl an (Bild 4.28). Klicken Sie dann auf *OK*.

Bild 4.28 Zielwertsuche: Zielzelle und Veränderbare Zelle

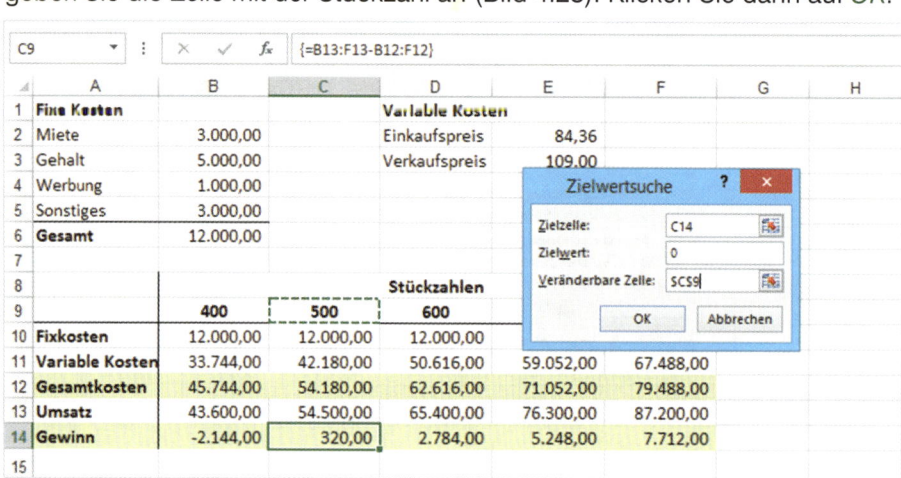

Beachten Sie, dass die veränderbare Zelle keine Formel enthalten darf!

Excel testet nun nacheinander verschiedene Werte für die veränderbare Zelle und gibt eine Meldung aus, wenn das gewünschte Formelergebnis erreicht wurde. Klicken Sie auf *OK*, um den Wert in die Tabelle zu übernehmen. Dadurch wird der ursprüngliche Wert ersetzt. Sie können nun das Ergebnis speichern oder die Zielwertsuche wieder rückgängig machen.

8				Stückzahlen		
9		400	487,012987	600	700	800
10	Fixkosten	12.000,00	12.000,00	12.000,00	12.000,00	12.000,00
11	Variable Kosten	33.744,00	41.084,42	50.616,00	59.052,00	67.488,00
12	Gesamtkosten	45.744,00	53.084,42	62.616,00	71.052,00	79.488,00
13	Umsatz	43.600,00	53.084,42	65.400,00	76.300,00	87.200,00
14	Gewinn	-2.144,00	0,00	2.784,00	5.248,00	7.712,00
15						

Bild 4.29 Ergebnis der Zielwertsuche

Die Nachteile der Zielwertsuche:

■ Es kann immer nur einer der Eingangswerte verändert werden.

■ Beim Testen mit mehreren Werten können die verschiedenen Möglichkeiten nicht gespeichert werden.

Diese Nachteile lassen sich umgehen, wenn Sie Solver zum Ermitteln einer Lösung verwenden.

Zielzelle: muss eine Formel enthalten

Veränderbare Zelle: muss einen Wert enthalten

4.6 Solver

Solver (engl. to solve = etwas auflösen) funktioniert ähnlich wie die Zielwertsuche, aber mit wesentlich mehr Optionen. Statt einer einzigen veränderbaren Zelle können Sie mehrere Zellen einbeziehen und anstelle eines festen Zielwerts lassen sich auch ein Maximalwert oder Minimalwert vorgeben. Zusätzlich können Sie auch noch Nebenbedingungen in die Berechnung einbeziehen. Mathematisch betrachtet, handelt es sich beim Solver also um ein Gleichungssystem mit mehreren Unbekannten.

Ermittelt Werte für mehrere veränderbare Zellen

Solver stellt im Gegensatz zur Zielwertsuche ein äußerst komplexes Werkzeug dar. Es handelt sich dabei um ein Add-In, das erst verwendet werden kann, wenn es über die Excel-Optionen geladen wurde. Sie finden dann die Schaltfläche *Solver* im Register *DATEN* in der Gruppe *Analyse*. Der Umgang mit dem Solver selbst gestaltet sich relativ einfach, ein Mausklick auf die Schaltfläche öffnet das Dialogfenster *Solver-Parameter*, über das Sie die erforderlichen Parameter festlegen.

Siehe Lektion 2.9, Weitere Funktionen als Add-Ins laden

Als einfaches Beispiel eine Verkaufsplanung

Ausgangssituation: Sie möchten mit einem Produkt einen Umsatz von mindestens 300.000 Euro erzielen und möchten wissen, welche Stückzahl und zu welchem Preis dazu mindestens verkauft werden müssen. Der Verkaufspreis darf außerdem nicht über 30 Euro liegen.

Geben Sie die Werte in eine Excel-Tabelle ein und berechnen Sie den Umsatz. Klicken Sie dann im Register *DATEN* auf die Schaltfläche *Solver* und geben Sie die folgenden Parameter an:

Parameter	Beschreibung
Ziel festlegen	Geben Sie hier die Adresse der Zelle mit dem Formelergebnis an.
Bis	Hier legen Sie fest, ob das Formelergebnis der Maximalwert, der Minimalwert oder ein fester Wert sein soll.
Ändern von Variablenzellen	Geben Sie an, für welche Zellen neue Werte ermittelt werden sollen.
Nebenbedingungen	Bedingungen, die von der gesuchten Lösung ebenfalls berücksichtigt werden müssen. Klicken Sie zum Erstellen einer Bedingung auf *Hinzufügen*.

Bild 4.30 Solver-Parameter eingeben

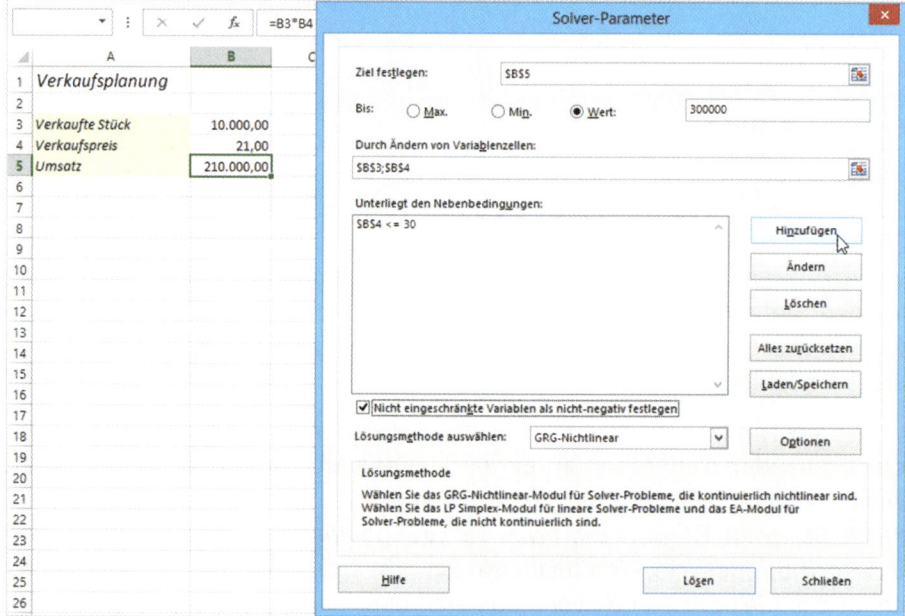

Bezogen auf das Beispiel in Bild 4.30 benötigen Sie folgende Parameter:

1   Unter *Ziel festlegen* geben Sie die Adresse derjenigen Zelle an, die den berechneten Umsatz enthält (B5). Darunter wählen Sie die Option *Wert* und tragen daneben den gewünschten Umsatz (300.000) ein, die Zellen B3 und B4 bilden die Variablenzellen. Achtung: Da es sich nicht um einen

Zellbereich handelt, müssen Sie die beiden Zellen nacheinander mit gedrückter Strg-Taste einzeln markieren.

2 Als Nebenbedingung ist anzugeben, dass der Preis nicht über 30 Euro liegen darf: Klicken Sie dazu unter *Nebenbedingungen* auf die Schaltfläche *Hinzufügen* und geben Sie die Bedingung ein. Falls Sie noch eine weitere Nebenbedingung angeben möchten, klicken Sie auf *Hinzufügen*, ansonsten übernehmen Sie die Bedingung mit *OK*.

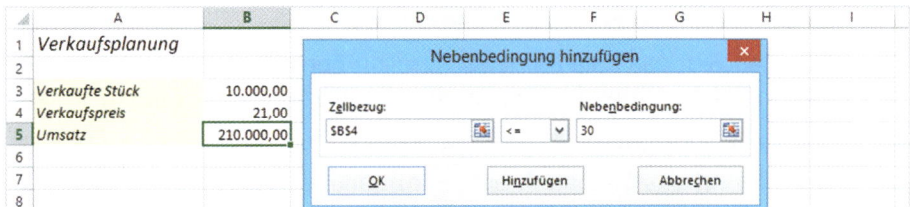

Bild 4.31 Nebenbedingung hinzufügen

3 Klicken Sie nun auf die Schaltfläche *Lösen*. Excel blendet eine Meldung ein, wenn eine Lösung gefunden wurde. Sie können nun wählen, ob Sie die Solver-Lösung übernehmen (*akzeptieren*) oder die ursprünglichen Werte wiederherstellen möchten. Klicken Sie dann auf *OK*.

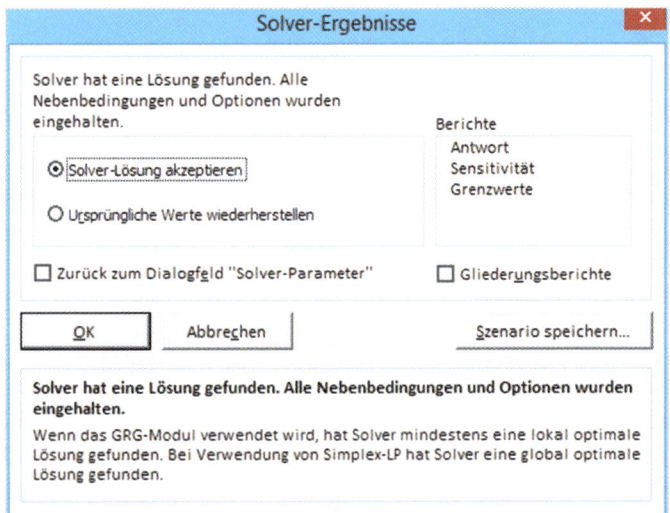

Bild 4.32 Solver-Ergebnisse

Achtung: Ob Solver in der Praxis ein brauchbares Ergebnis liefert, hängt von der Aufgabenstellung und der korrekten Formulierung des Problems ab. In manchen Fällen existieren auch gleich mehrere Lösungen. Achten Sie daher unbedingt auf eine exakte Aufgabenstellung.

Als Szenario speichern

Falls Solver mehrere Ergebnisse anbietet, kann es nützlich sein, die Ergebnisse als Szenario zu speichern. Klicken Sie dazu im Fenster *Solver-Ergebnisse* auf die Schaltfläche *Szenario speichern...* und geben Sie einen Namen ein. Die

Siehe 4.4, Szenarien.

einzelnen Szenarien können Sie wieder über den *Szenario-Manager...* anzeigen lassen und bei Bedarf in einem Bericht zusammenfassen.

4.7   Zusammenfassung

■   Die bedingte Formatierung erlaubt es, Zellen aufgrund ihrer Inhalte mit Formatierungen optisch hervorzuheben. Zur Definition von Regeln können nicht nur die Zellwerte, sondern auch Formeln verwendet werden. Beachten Sie, dass hierbei ausschließlich Formeln ausgewertet werden können, die als Ergebnis die Wahrheitswerte WAHR oder FALSCH liefern.

■   Konsolidieren bedeutet, Daten aus mehreren verschiedenen Arbeitsblättern oder Arbeitsmappen in einer einzigen Tabelle zusammenzufassen. Excel unterscheidet zwischen Konsolidieren nach Beschriftung und nach Position. Für die Zusammenfassung nach Beschriftung müssen die Spalten- und Zeilenbeschriftungen identisch sein, die genaue Position im Tabellenblatt spielt keine Rolle. Werden dagegen Tabellen nach Position konsolidiert, so müssen sich die Zeilen und Spalten in jedem Blatt an der selben Stelle befinden.

■   Mit Hilfe einer Mehrfachoperation kann aus einer einzigen Formel eine Datentabelle mit unterschiedlichen Zahlen berechnet werden. Allerdings berücksichtigt die Mehrfachoperation maximal zwei veränderbare Ausgangswerte.

■   Szenarien ermöglichen es, auch mehr als zwei Ausgangswerte einer Formel zu verändern und die Ergebnisse zu speichern. In einem Szenariobericht lassen sich die Ergebnisse zusammenfassen und vergleichen. Damit im Bericht anstelle der Zelladressen aussagefähige Beschriftungen erscheinen, sollten Sie für die einbezogenen Zellen Namen vergeben.

■   Zielwertsuche und Solver werden auch als „Was-Wäre-Wenn-Analysen" bezeichnet. Mit ihnen können Ausgangswerte verändert werden, um ein bestimmtes Formelergebnis zu erzielen. Während die Zielwertsuche nur eine einzige veränderbare Zelle berücksichtigt, können beim Solver auch mehrere veränderbare Zellen sowie Nebenbedingungen angegeben werden. Ob der Solver ein brauchbares Ergebnis liefert, hängt ab von der Formulierung der Aufgabenstellung, achten Sie daher auf korrekte und vollständige Angaben.

5 Pivot-Tabellen und Pivot-Diagramme

In dieser Lektion lernen Sie...

- Pivot-Tabellen (PivotTable) erstellen und bearbeiten
- Mit Pivot-Tabellen arbeiten
- Pivot-Diagramme (PivotChart)

Diese Kenntnisse sollten Sie bereits mitbringen...

- Formeln und Funktionen
- Einfache Diagramme bearbeiten
- Umgang mit Tabellen

Zusammenfassen großer Datenmengen

Häufig müssen in Betrieben große Datenmengen für verschiedenste Zwecke ausgewertet werden. Typische Beispiele sind die Bereiche Personal, Controlling, Vertrieb, Auswertungen von Fehlerprotokollen oder statistische Erhebungen. Excel stellt mit den Pivot-Tabellen und Pivot-Diagrammen ein komfortables Werkzeug zur Verfügung, das Sie bei diesen Aufgaben unterstützt.

5.1   Grundlagen

Was sind Pivot-Tabellen?

engl. Pivot = Dreh- oder Angelpunkt

Die Bezeichnung Pivot-Tabelle (PivotTable) beruht auf dem englischen Begriff „pivot" für Dreh- oder Angelpunkt und bedeutet, dass Sie mit Pivot-Tabellen Daten nach verschiedenen Gesichtspunkten anordnen, zusammenfassen und auswerten können. Eine Pivot-Tabelle ist interaktiv, d.h. sie kann vom Benutzer jederzeit verändert werden, beispielsweise um nach bestimmten Kriterien zu filtern oder um Daten auszublenden.

Beachten Sie beim Arbeiten mit Pivot-Tabellen folgende Besonderheiten:

- Dateneingabe und Änderung der Daten sind in Pivot-Tabellen nicht möglich, da diese entweder schreibgeschützt sind oder die Änderungen nicht in die Originaldaten übernommen werden. Die Originaldaten werden beim Arbeiten mit einer Pivot-Tabelle nicht verändert.

- Im Gegensatz zu Funktionen erfolgt nach Änderung der Daten in der zugrundeliegenden Tabelle keine automatische Aktualisierung. Pivot-Tabellen müssen daher vom Benutzer bei Bedarf manuell aktualisiert werden!

- Vor der Erstellung einer Pivot-Tabelle müssen aus dem auszuwertenden Datenbereich alle eventuell vorhandenen Teilergebnisse oder Filter entfernt werden.

Welche Daten eignen sich für Pivot-Tabellen?

Daten importieren, siehe Lektion 7.

Datenquelle für eine Pivot-Tabelle kann sowohl eine Excel-Tabelle als auch eine externe Datenbank sein. Ein typisches Beispiel für Pivot-Tabellen sind Listen, die aus einer externen Datenbank, beispielsweise einem Warenwirtschaftsprogramm, in eine Excel-Arbeitsmappe importiert wurden. Damit die Daten problemlos für eine Pivot-Tabelle verwendet werden können, müssen sie eventuell zuvor aufbereitet werden. Die auszuwertenden Daten bzw. die Datentabelle sollten folgenden Vorgaben entsprechen:

- Die erste Tabellenzeile muss unbedingt eindeutige Spaltenüberschriften enthalten.

- Die Daten müssen als zusammenhängender Tabellenbereich vorliegen, die Tabelle sollte keine Leerzeilen und keine leeren Spalten enthalten. Einzelne Zellen dagegen dürfen leer sein. Sie sollten also möglichst auf eine Leerzeile zwischen den Spaltenüberschriften und der übrigen Tabelle verzichten.
- Die Tabelle muss in einer oder mehreren Spalten mehrfach vorkommende Werte enthalten. Nur diese lassen sich mit Pivot-Tabellen zusammenfassen und auswerten.
- Die Tabelle kann neben Text und Zahlen auch Formeln enthalten. Diese werden von Pivot-Tabellen wie Werte behandelt.
- Spalten, die für die Auswertung benötigt werden, müssen jeweils Werte vom selben Typ enthalten, z. B. Zahlen, Text oder Datumswerte.

Spaltenüberschriften erforderlich

Tabelle 1: Die Tabelle in Bild 5.1 eignet sich nicht zur Auswertung mit Pivot-Tabellen, die Gründe: Keine mehrfach vorkommenden Werte, fehlende Spaltenüberschrift in Spalte B und unterschiedliche Datentypen in Spalte D (Text und Zahlen).

	A	B	C	D	E	F	G	H
1	***Artikel-Nr.***		***Verkaufte Menge***	***Warengruppe***				
2	4711	Badewannenente	12.390	Haus&Bad				
3	4713	Massageschwamm	1.200	Haus&Bad				
4	4712	Schwimmflossen	23.415	200				
5	4714	Luftmatratze	5.689	300				
6	4715	Schnorchel	14.523	500				
7	4716	Schwimmflügel	72.890	Kinder				

Bild 5.1 Tabelle 1

Tabelle 2: Die Tabelle in Bild 5.2 erfüllt alle Voraussetzungen, sie wird für die nachfolgenden Beispiele als Datentabelle verwendet.

J2 =F2*G2

	A	B	C	D	E	F	G	H	I	J	K	L
1	**Auftragsdatum**	**Land**	**Kunde**	**Modell**	**Produktgruppe**	**Einzelpreis**	**Auftagsmen**	**Gesamt**	**Rabattgruppe**	**Umsatz**		
2	02.01.2012	Italien	ADRIA AG	D	Unterhaltung	75,00	3	225,00	1	225,00		
3	02.01.2012	Österreich	KARG AG	F	Unterhaltung	450,00	1	450,00	2	450,00		
4	03.01.2012	Italien	ADRIA AG	A	Büro	120,00	2	240,00	1	240,00		
5	03.01.2012	Deutschland	ELCOX	G	Büro	377,00	2	754,00	1	754,00		
6	03.01.2012	Schweiz	Hügli	H	Haushalt	191,00	3	573,00	1	573,00		
7	06.01.2012	Österreich	Tief & Brunnen	A	Büro	120,00	5	600,00	3	600,00		
8	06.01.2012	Österreich	KARG AG	B	Computer	85,00	12	1.020,00	3	1.020,00		
9	12.01.2012	Schweiz	Brettschneider	A	Büro	120,00	3	360,00	2	360,00		
10	14.01.2012	Schweiz	Hügli	A	Büro	120,00	3	360,00	2	360,00		
11	15.01.2012	Italien	ADRIA AG	A	Büro	120,00	7	840,00	3	840,00		
12	17.01.2012	Deutschland	ELCOX	F	Unterhaltung	450,00	18	8.100,00	1	8.100,00		
13	19.01.2012	Österreich	KARG AG	F	Unterhaltung	450,00	1	450,00	1	450,00		
14	21.01.2012	Schweiz	Brettschneider	F	Unterhaltung	450,00	5	2.250,00	3	2.250,00		
15	25.01.2012	Österreich	Tief & Brunnen	B	Computer	85,00	5	425,00	3	425,00		
16	30.01.2012	Österreich	Tief & Brunnen	G	Büro	377,00	1	377,00	3	377,00		
17	30.01.2012	Deutschland	WGT GmbH	G	Büro	377,00	6	2.262,00	1	2.262,00		
18	01.02.2012	Italien	ADRIA AG	G	Büro	377,00	24	9.048,00	1	9.048,00		
19	01.02.2012	Deutschland	BRAIN	R	Haushalt	72,00	1	191,00	3	72,00		
20	02.02.2012	Deutschland	WGT GmbH	A	Büro	120,00	4	480,00	3	480,00		
21	02.02.2012	Italien	ADRIA AG	D	Unterhaltung	75,00	1	75,00	1	75,00		
22	03.02.2012	Schweiz	Hügli	G	Büro	377,00	2	754,00	1	754,00		
23	14.02.2012	Schweiz	Brettschneider	C	Büro	146,00	2	292,00	1	292,00		
24	21.02.2012	Österreich	KARG AG	C	Büro	146,00	14	2.044,00	3	2.044,00		
25	21.02.2012	Italien	ADRIA AG	C	Büro	146,00	1	146,00	1	146,00		
26	22.02.2012	Schweiz	Hügli	A	Büro	120,00	8	960,00	3	960,00		

Bild 5.2 Tabelle 2

Aufbau von Pivot-Tabellen

Pivot-Tabelle = Kreuz-tabelle

Die Tabelle in Bild 5.2 enthält Verkaufszahlen und Umsätze der letzten Jahre. Sie möchten nun wissen, wie hoch die Umsatzsumme je Warengruppe und Land ist. Dies lässt sich am besten in Form einer so genannten Kreuztabelle darstellen. Dazu werden aus den Werten der einen Spalte die Zeilenbeschriftungen und aus den Werten der anderen Spalte die Spaltenüberschriften gebildet und das Ergebnis sieht etwa so aus:

Bild 5.3 Eine fertige Pivot-Tabelle

	A	B	C	D	E	F	G	H	I
1									
2									
3	Summe von Umsatz	Land							
4	Produktgruppe	Deutschland	Italien	Österreich	Schweiz	Gesamtergebnis			
5	Büro	20.200	21.465	24.250	54.008	119.923			
6	Computer	3.605	1.369	5.525	19.655	30.154			
7	Haushalt	1.392	3.056	3.056	2.674	10.178			
8	Unterhaltung	18.375	1.950	6.900	47.550	74.775			
9	Gesamtergebnis	43.572	27.840	39.731	123.887	235.030			
10									
11									

Beim Erstellen einer Pivot-Tabelle werden aus den Spaltenüberschriften der ursprünglichen Tabelle Felder gebildet, aus denen Sie durch Anordnen in Zeilen und Spalten die Pivot-Tabelle zusammenstellen.

5.2   Eine Pivot-Tabelle erstellen

Tabelle auswählen

Excel 2013 kennt zwei Möglichkeiten, eine Pivot-Tabelle einzufügen. In der einfachsten Variante erstellen Sie die Pivot-Tabelle per Auswahl aus einer Liste geeigneter Tabellen, dabei gehen Sie wie folgt vor:

1   Markieren Sie den gesamten auszuwertenden Tabellenbereich einschließlich der Spaltenüberschriften. Bei einem zusammenhängenden Zellbereich genügt es meist, wenn eine Zelle der Tabelle markiert ist, der Bereich wird von Excel normalerweise automatisch erkannt.

2   Klicken Sie dann im Register *EINFÜGEN*, Gruppe *Tabellen*, auf die Schaltfläche *Empfohlene PivotTables*.

Sollte keiner der Vorschläge Ihren Vorstellungen entsprechen, so fügen Sie eine leere PivotTable ein. Zur weiteren Vorgehensweise siehe 5.3.

3   Das gleichnamige Dialogfenster wird geöffnet, gleichzeitig können Sie im Tabellenblatt anhand des Laufrahmens kontrollieren, ob der Zellbereich korrekt erkannt wurde.

4   Excel schlägt hier auf der Basis der aktuellen Tabelle mehrere geeignete Auswertungstabellen vor. Markieren Sie mit einem Mausklick eine Tabelle der Liste, um eine Vorschau mit Ihren Daten zu sehen, mit einem Klick auf *OK* wird die ausgewählte Tabelle in einem neuen Arbeitsblatt erstellt.

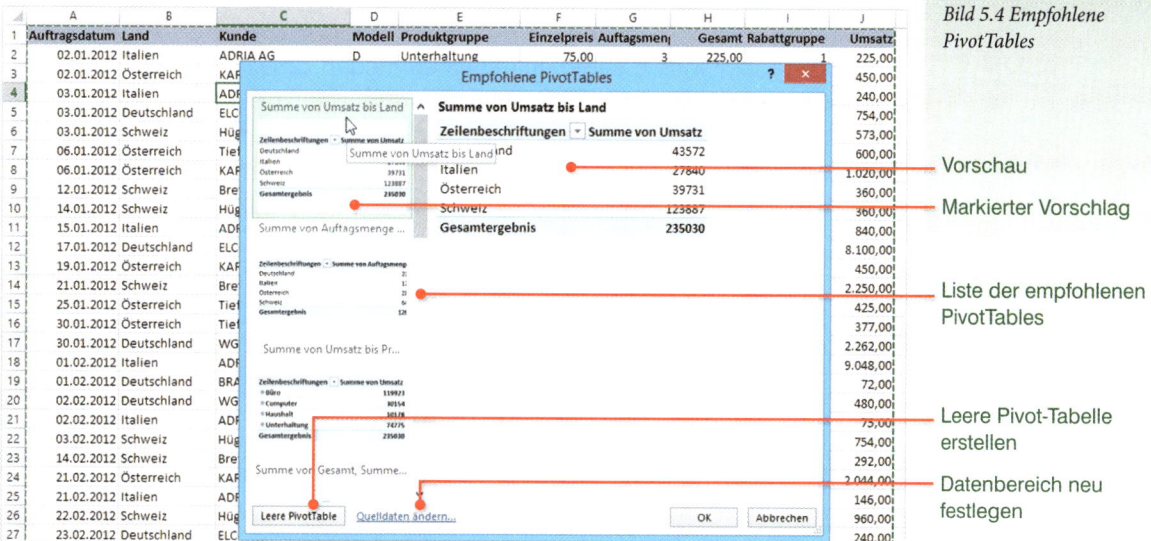

Bild 5.4 Empfohlene
PivotTables

Vorschau

Markierter Vorschlag

Liste der empfohlenen
PivotTables

Leere Pivot-Tabelle
erstellen

Datenbereich neu
festlegen

Hinweis: Vorschläge zu Pivot-Tabellen erhalten Sie auch, wenn Sie einen Zellbereich markieren und im Tabellenblatt auf die Schaltfläche *Schnellanalyse* und
das Register *TABELLEN* klicken. Zeigen Sie auf eines der *PivotTable* Symbole,
um eine Vorschau zu erhalten und klicken Sie zum Übernehmen.

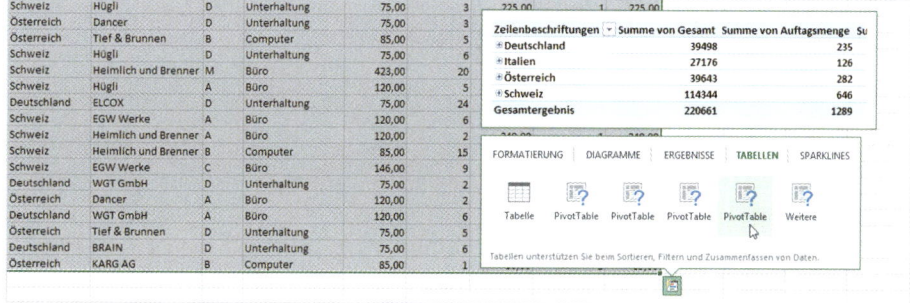

Bild 5.5 Schnellanalyse -
TABELLEN

Zellbereich ändern

Falls die Tabelle nicht korrekt erkannt wurde, klicken Sie auf *Quelldaten ändern*.
Wählen Sie die Option *Tabelle oder Bereich auswählen* und geben Sie im Feld
unterhalb den Tabellenbereich einschließlich der Spaltenüberschriften an.

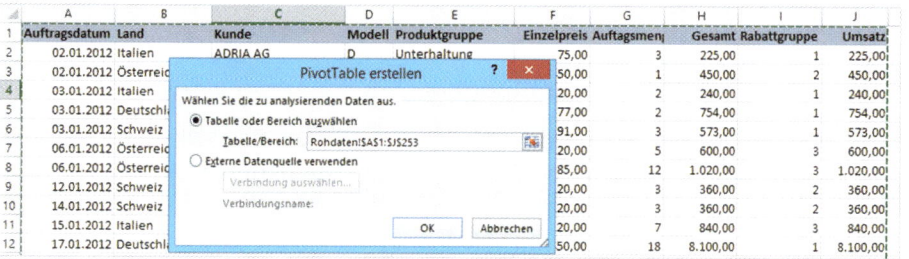

Bild 5.6 Zellbereich
festlegen

Der Aufgabenbereich PivotTable-Felder

Die Pivot-Tabelle wird zusammen mit einem neuen Tabellenblatt in die Arbeitsmappe eingefügt. Gleichzeitig erscheint am rechten Rand des Excel-Fensters
der Aufgabenbereich *PivotTable-Felder* mit der Feldliste bzw. allen Spaltenüberschriften der Datenquelle. Von der Pivot-Tabelle verwendete Felder sind
in der Feldliste fett hervorgehoben und mit einem Häkchen gekennzeichnet.

Unterhalb der Feldliste finden Sie die Bereiche der PivotTable mit den Feldern.

Bild 5.7 Pivot-Tabelle mit
Aufgabenbereich

Aufgabenbereich

Feldliste

Pivot-Tabelle

Bereiche, verwendete
Felder

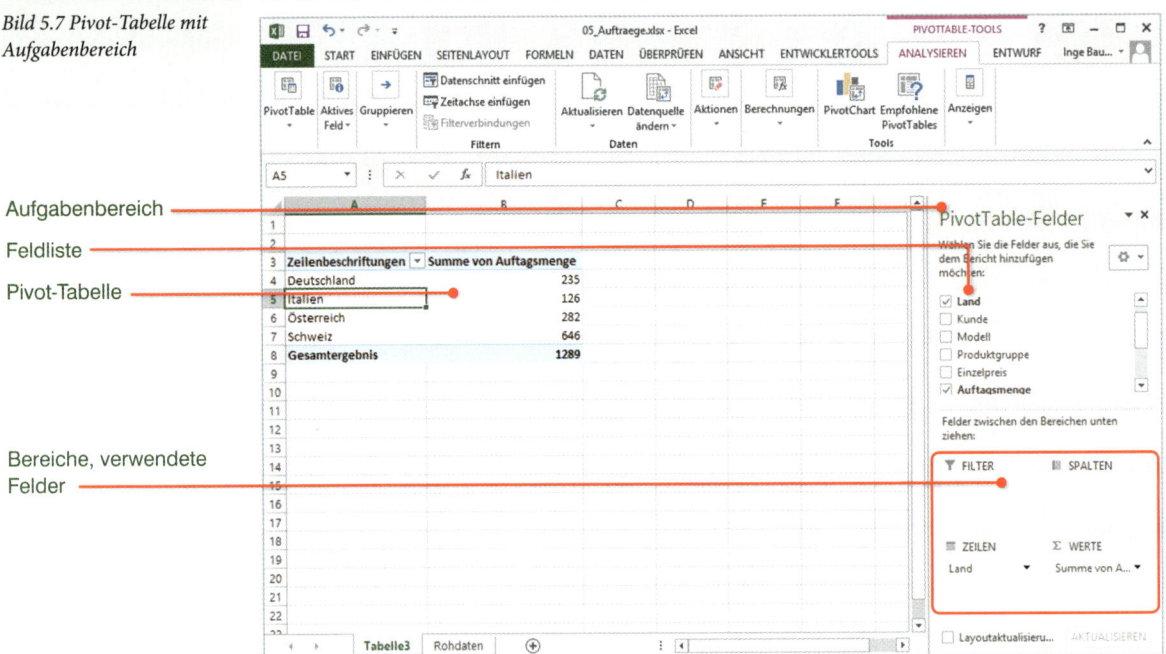

Zusammen mit der Pivot-Tabelle erscheinen im Menüband die beiden *PIVOT-
TABLE-TOOLS* Register *ANALYSIEREN* und *ENTWURF*.

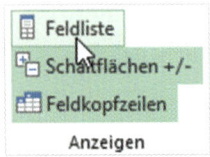

Achtung: Der Aufgabenbereich ist nur sichtbar, wenn eine Zelle innerhalb der
PivotTable markiert ist und verschwindet automatisch, sobald Sie auf eine
beliebige Zelle außerhalb des Tabellenbereichs klicken. Sollte er trotzdem nicht
sichtbar sein, so klicken Sie mit der rechten Maustaste in die Pivot-Tabelle und
auf *Feldliste anzeigen*. Im Menüband finden Sie die Schaltfläche *Feldliste* im
Register *PIVOTTABLE-TOOLS - ANALYSIEREN* in der Gruppe *Anzeigen*.

Tabelle löschen oder verschieben

Beachten Sie beim Löschen oder Verschieben einer Pivot-Tabelle, dass diese einen zusammenhängenden Bereich bildet, aus dem einzelne Zellen nicht
gelöscht oder verschoben werden können. Sie müssen daher zum Entfernen
der Pivot-Tabelle diese unbedingt vollständig markieren, bevor Sie im Register

START auf die Schaltfläche *Löschen* klicken. Enthält das Arbeitsblatt keine weiteren Daten, so löschen Sie am einfachsten das gesamte Blatt.

Um die Pivot-Tabelle nachträglich an eine andere Stelle oder in ein anderes Tabellenblatt zu verschieben, klicken Sie in die Tabelle und im *PIVOTTABLE-TOOLS* Register *ANALYSIEREN* auf die Gruppe *Aktionen*. Klicken Sie auf *Pivot-Table verschieben* und geben Sie anschließend an, wo Sie die Tabelle einfügen möchten.

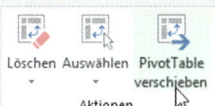

5.3　Felder anordnen, umstellen und gruppieren

Die Bereiche einer Pivot-Tabelle

Eine Pivot-Tabelle setzt sich aus den Bereichen *FILTER*, *SPALTEN*, *ZEILEN* und *WERTE* zusammen, wobei mit Ausnahme des Wertebereichs nicht alle Bereiche zwingend verwendet werden müssen. Zur besseren Unterscheidung wurden in Bild 5.8 die Bereiche mit unterschiedlichen Farben hervorgehoben.

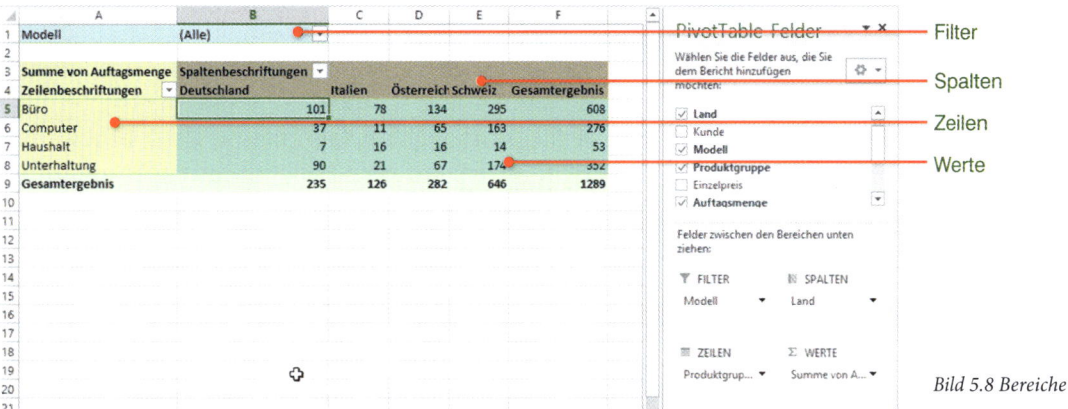

Bild 5.8 Bereiche

Bereich	Beschreibung
FILTER	Berichtsfilter werden zum Filtern der gesamten Tabelle verwendet.
SPALTEN	Hier werden aus den Inhalten eines Feldes die Spaltenbeschriftungen gebildet.
ZEILEN	Hier werden aus den Inhalten eines Feldes die Zeilenbeschriftungen gebildet.
Σ WERTE	Dieser Bereich enthält Felder, die Sie auswerten/ zusammenfassen möchten. Standardmäßig wird hier die Summe berechnet, für Textinhalte ermittelt Excel die Anzahl.

Felder anordnen

Sie können die Felder einer Pivot-Tabelle jederzeit neu anordnen, entfernen und neue Felder hinzufügen. Die Anordnung erfolgt ausschließlich im Aufgabenbereich *PivotTable-Felder* und über die Bereiche unterhalb der Feldliste.

Am einfachsten benutzen Sie dazu die Maus: Um z. B. Zeilen und Spaltenbeschriftungen zu vertauschen, ziehen Sie das Feld aus dem Zeilen- in den Spaltenbereich und umgekehrt (Bild 5.9). Oder klicken Sie im Bereich auf das Feld und auf *Wechseln zu...*. Das Aussehen der Tabelle passt sich sofort an.

Bild 5.9 Felder anordnen

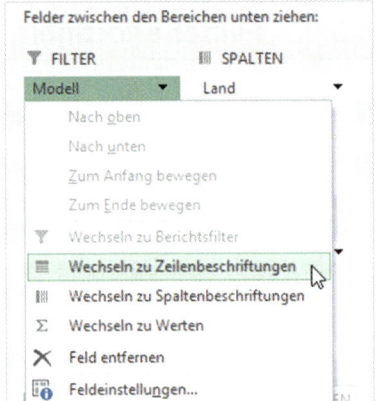

Feld aus der Pivot-Tabelle entfernen
Zum Entfernen eines Feldes genügt es, wenn Sie in der Feldliste beim betreffenden Feld das Kontrollkästchen deaktivieren. Oder ziehen Sie mit der Maus das Feld aus dem Bereich heraus in das Arbeitsblatt (Bild 5.10).

Neue Felder hinzufügen
Zum Hinzufügen ziehen Sie das Feld aus der Feldliste einfach nach unten in den entsprechenden Bereich (Bild 5.11).

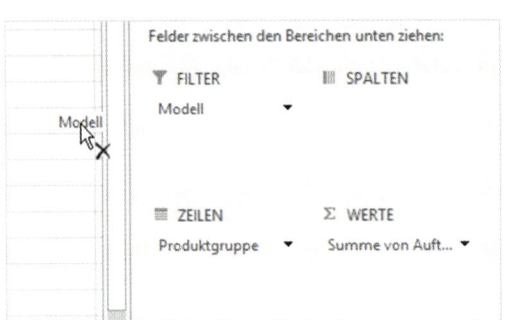

Bild 5.10 Feld entfernen

Bild 5.11 Feld neu hinzufügen

Mit einer leeren Pivot-Tabelle beginnen

Wenn Sie statt der bisher beschrieben Vorgehensweise mit einer leeren Pivot-Tabelle beginnen möchten, dann markieren Sie ebenfalls eine beliebige Zelle des auszuwertenden Tabellenbereichs und klicken im Register *EINFÜGEN*, Gruppe *Tabellen* auf *PivotTable*. Anschließend kontrollieren Sie den Zellbereich oder legen diesen neu fest und wählen die Option *Neues Arbeitsblatt* als Ort, wo der PivotTable-Bereicht platziert werden soll.

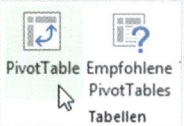

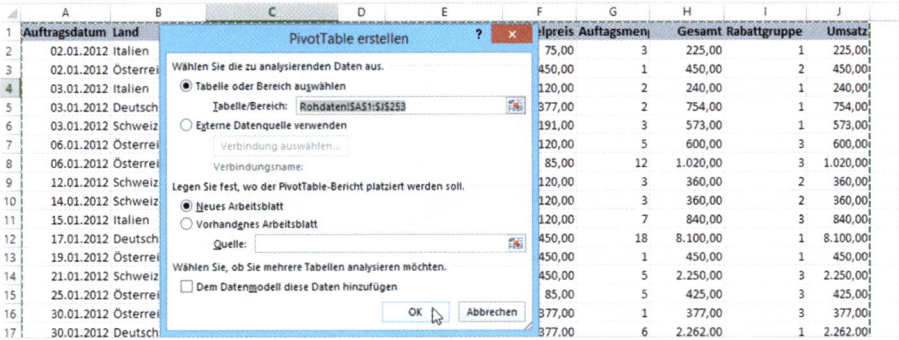

Bild 5.12 PivotTable erstellen

Excel fügt im Tabellenblatt eine leere Pivot-Tabelle ein, der Sie nun, wie zuvor beschrieben, die Felder hinzufügen.

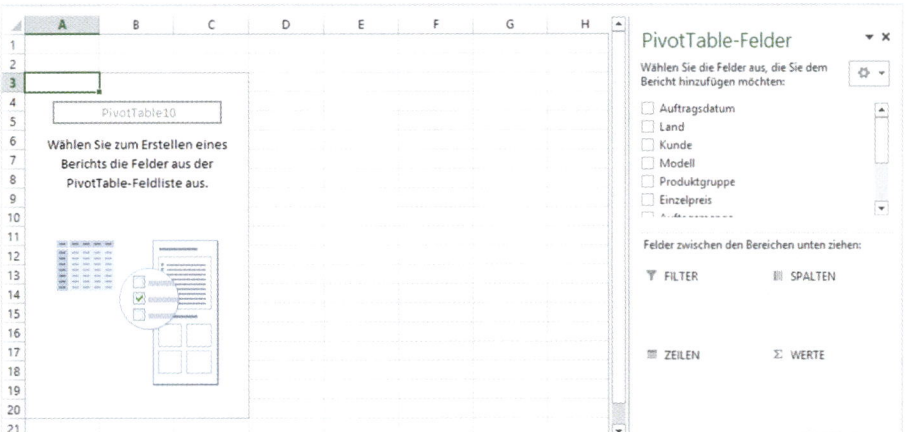

Bild 5.13 Leere Pivot-Tabelle

Mehrere Zeilen- und Spaltenfelder verwenden

Die Bereiche *SPALTEN* und *ZEILEN* können auch mehrere Felder enthalten. Dann werden die Felder der Pivot-Tabelle verschachtelt bzw. in Gruppen angeordnet. Die Reihenfolge in der Tabelle (von links nach rechts) richtet sich nach der Anordnung im Bereich (von oben nach unten). So können Sie z. B. die beiden Felder Land und Kunde als Zeilenfelder verwenden, indem Sie einfach beide Felder in den Bereich *ZEILEN* ziehen (Bild 5.14).

Bild 5.14 Mehrere Zeilen-felder

Details anzeigen und ausblenden

In gruppierten Pivot-Tabellen können Sie die Anzeige der Details einer Gruppe steuern: Klicken Sie zum Ausblenden auf die Schaltfläche ⊟ der betreffenden Gruppe bzw. zum Anzeigen auf ⊞. Zum Ein- und Ausblenden der Details in der gesamten Spalte klicken Sie in der Tabelle an eine beliebige Stelle dieser Spalte und im Register *ANALYSIEREN* auf *Feld erweitern* bzw. *Feld reduzieren*.

Bild 5.15 Feld erweitern/ reduzieren

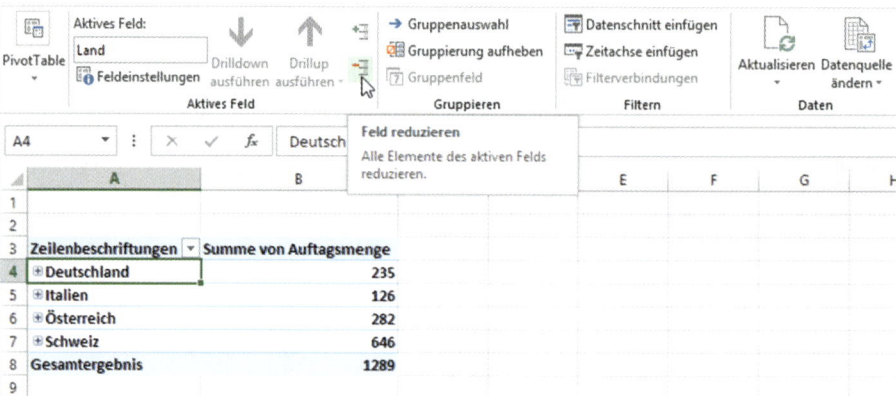

Ergebnisse für mehrere Felder berechnen

Wenn Sie in einer Pivot-Tabelle Ergebnisse für zwei oder mehr Felder berechnen möchten, z. B. Umsatz und Auftragsmenge, dann ziehen Sie diese Felder einfach in den Bereich *WERTE*. Die Ergebnisse werden automatisch in Spalten nebeneinander angeordnet und mit Spaltenüberschriften versehen.

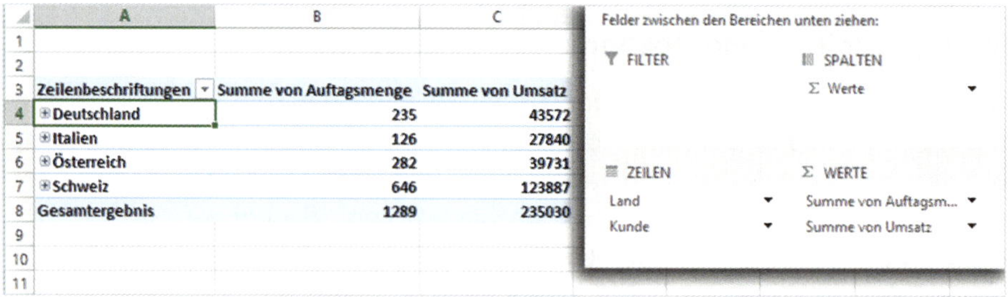

Bild 5.16 Mehrere Ergebnisse berechnen

Hinweis: Werden in der Pivot-Tabelle bereits Spalten aus einem Feld gebildet, so kann die Tabelle beim Hinzufügen mehrerer Werte schnell unübersichtlich werden. Je nach Aufgabenstellung erhalten Sie möglicherweise einen besseren Überblick, wenn Sie für jeden zu berechnenden Wert eine gesonderte Tabelle erstellen.

5.4 Pivot-Tabelle aktualisieren

Tabelle aktualisieren

Bei Änderung der Daten in der Quelltabelle müssen Sie eine Pivot-Tabelle aktualisieren, dies passiert nicht automatisch! Klicken Sie dazu in die Pivot-Tabelle und im Register *ANALYSIEREN* (Gruppe *Daten*) auf *Aktualisieren.* Als Alternative klicken Sie mit der rechten Maustaste an eine beliebige Stelle innerhalb der Pivot-Tabelle und auf den *Aktualisieren*-Befehl aus dem Kontextmenü oder verwenden die Tastenkombination Alt+F5.

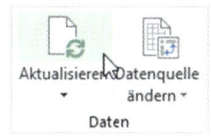

Aktualisieren: Alt+F5

Tipp: Enthält die Arbeitsmappe mehrere Pivot-Tabellen, die auf derselben Datenquelle basieren, dann klicken Sie auf den Dropdown-Pfeil dieser Schaltfläche und auf *Alle aktualisieren*.

Nachträglich hinzugefügte Zeilen und Spalten einbeziehen

Achtung: Bei der Aktualisierung werden ausschließlich Änderungen innerhalb des ursprünglich festgelegten Datenbereichs berücksichtigt. Neu hinzugefügte Zeilen am Ende der Tabelle oder nachträglich rechts angefügte Spalten werden ignoriert. Wurden allerdings die Zeilen innerhalb des festgelegten Zellbereichs eingefügt, so werden diese beim Aktualisieren mit einbezogen. Dies gilt auch für neue Spalten: Innerhalb des ursprünglichen Zellbereichs eingefügt, sind neu hinzugekommene Spalten nach dem Aktualisieren in der Feldliste verfügbar.

Eine andere Alternative besteht darin, dass Sie vor Erstellung der Pivot-Tabelle den Zellbereich als dynamische Tabelle (Liste) definieren oder für die Quelldaten einen Bereichsnamen festlegen und anstelle fester Zellbezüge die Funktion BEREICH.VERSCHIEBEN( ) verwenden.

Siehe Lektion 2.4 und Lektion 3.6.

Datenquelle neu definieren

Sie können die Datenquelle auch manuell neu festlegen: Aktivieren Sie mit einem Mausklick die Pivot-Tabelle und klicken Sie im Register *ANALYSIEREN*, Gruppe *Daten*, auf die Schaltfläche *Datenquelle ändern*. Anschließend können Sie den Zellbereich für die Datenquelle neu festlegen.

5.5   Layout und Formatierung

Tabellenformate

Am einfachsten formatieren Sie eine Pivot-Tabelle mit einer der Vorlagen im Register *PIVOTTABLE-TOOLS - ENTWURF*. Um den gesamten Katalog anzuzeigen, klicken Sie auf die Schaltfläche *Weitere*.

Bild 5.17 Vorlagen verwenden

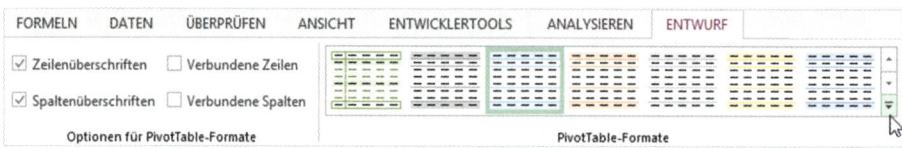

Mit den Kontrollkästchen der Gruppe *Optionen für PivotTable-Formate* steuern Sie die Übernahme von Sonderformaten, z. B. für Zeilen- und Spaltenüberschriften. Daneben können Sie zur Formatierung alle bekannten Zahlen- und Zellformate des Registers *START* einsetzen.

Tabellenlayout bearbeiten

Beschriftungen ändern

Für Zeilen- und Spaltenfelder zeigt Excel in der Pivot-Tabelle die so genannten Feldschaltflächen an, erkennbar am Dropdown-Pfeil zum Filtern (s. nächster Abschnitt). Leider sind diese standardmäßig nur mit dem allgemeinen Text *Zeilenbeschriftungen* bzw. *Spaltenbeschriftungen* versehen.

Bild 5.18 Feldschaltflächen

Feldschaltflächen

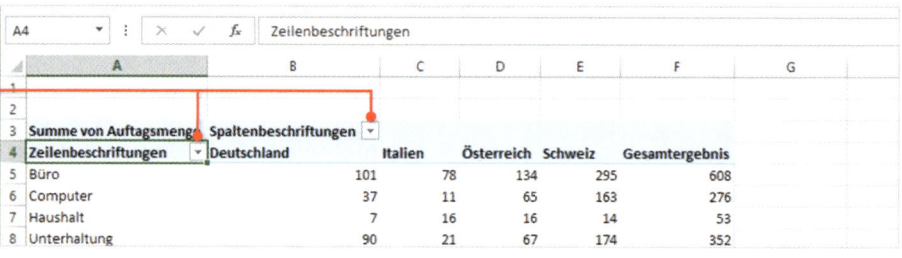

Zum Ändern markieren Sie einfach in der Tabelle die betreffende Zelle und geben den gewünschten Text über die Tastatur ein. Genauso verfahren Sie auch mit den Spaltenüberschriften des Wertebereichs, auch diese sind nicht immer aussagefähig. Eine Änderung der Beschriftung hat keinerlei Auswirkungen auf die Inhalte der Quelltabelle.

Bild 5.19 Beschriftungen ändern

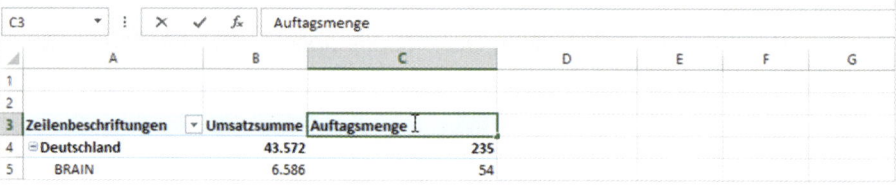

Berichtslayout ändern

Das Berichtslayout steuert ebenfalls die Beschriiftung der Feldschaltflächen sowie bei verschachtelten Zeilenfeldern die Anordnung in Spalten. Standardmäßig verwendet Excel das Kurzformat, für weitere Berichtslayouts klicken Sie im Register *ENTWURF*, Gruppe *Layout*, auf *Berichtslayout*:

- Das Kurzformat verwendet nur allgemeine Bezeichnungen für die Feldschaltflächen, verschachtelte Zeilenfelder werden in einer einzigen Beschriftungsspalte zusammengefasst (Bild 5.20).

- Gliederungs- und Tabellenformat verwenden dagegen die Feldnamen zur Beschriftung der Feldschaltflächen und teilen verschachtelte Zeilenfelder in Spalten auf (Bild 5.21). Im Tabellenformat sind zusätzlich noch die Gitternetzlinien des Tabellenblattes sichtbar.

Bild 5.20 Kurzformat *Bild 5.21 Gliederungsformat*

Über die Schaltfläche *Berichtslayout* erhalten Sie auch noch die Möglichkeit, bei verschachtelten Zeilen- oder Spaltenfeldern jeder Zeile die Bezeichnung des übergeordneten Elements voranzustellen (Einstellung *Alle Elementnamen*), die Auswahl *Elementnamen nicht wiederholen* blendet diese wieder aus.

Gesamt- und Zwischenergebnisse anzeigen

Standardmäßig zeigt Excel in einer Pivot-Tabelle in der letzten Zeile und Spalte jeweils die Gesamtergebnisse an. Um diese aus- oder einzublenden klicken Sie im Register *ENTWURF*, Gruppe *Layout*, auf *Gesamtergebnisse* und wählen die gewünschte Anzeige (Bild 5.22).

Bild 5.22 Anzeige Gesamtergebnisse *Bild 5.23 Anzeige Teilergebnisse*

In der selben Gruppe finden Sie auch die Schaltfläche *Zwischenergebnisse*, mit der Sie in Tabellen mit verschachtelten Zeilenfeldern die Anzeige der Zwischenergebnisse steuern (Bild 5.23).

Falls Sie für optisch ansprechende Ausdrucke nach jeder Gruppe Leerzeilen einfügen möchten, klicken Sie dazu in der Gruppe *Layout* (*ENTWURF*) auf *Leere Zeilen*. Mit dieser Schaltfläche entfernen Sie auch die Leerzeilen ggfs. wieder.

Spaltenbreite

Pivot-Tabellen passen die Spaltenbreite bei der Erstellung automatisch an den Inhalt an. Die Breite lässt sich jederzeit durch Ziehen mit der Maus ändern, wird jedoch beim Aktualisieren der Tabelle nicht beibehalten.

Den Befehl Optionen finden Sie auch im Register ANALYSIEREN, Gruppe PivotTable.

Es gibt jedoch eine Möglichkeit, das automatische Anpassen der Spaltenbreite zu verhindern: Dazu klicken Sie mit der rechten Maustaste in die Tabelle und auf *PivotTable-Optionen...*. Klicken Sie im Dialogfenster *Optionen* auf das Register *Layout & Format* und deaktivieren Sie das Kontrollkästchen *Spaltenbreite bei Aktualisierung automatisch anpassen*.

Bild 5.24 Anpassung der Spaltenbreite verhindern

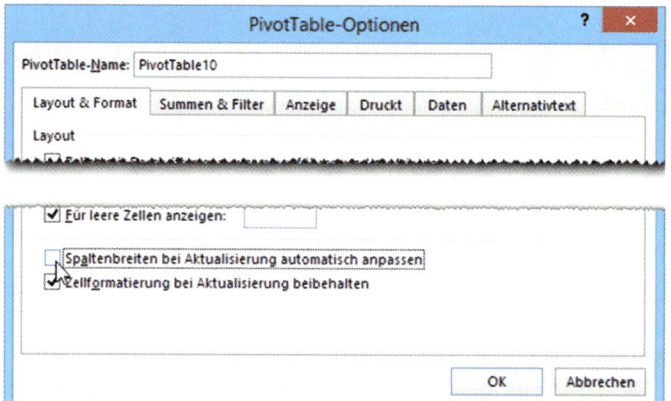

5.6   Werteberechnung und -anzeige steuern

Funktion auswählen

Standardmäßig verwendet Excel in Pivot-Tabellen die Summe zur Zusammenfassung von Zahlen, bei Feldern vom Typ Text die Funktion Anzahl. Allerdings ist dies nicht in jedem Fall erwünscht oder sinnvoll. Manchmal werden auch der höchste oder niedrigste Wert oder der Mittelwert benötigt. Zum Ändern klicken Sie am einfachsten mit der rechten Maustaste in den Wertebereich der Tabelle bzw. auf die zu ändernde Spalte, zeigen im Kontextmenü auf *Werte zusammen-fassen nach* und klicken auf die gewünschte Funktion (Bild 5.25).

Änderungen der Funktion können immer erst vorgenommen werden, nachdem das Feld dem Wertebereich der Pivot-Tabelle hinzugefügt wurde.

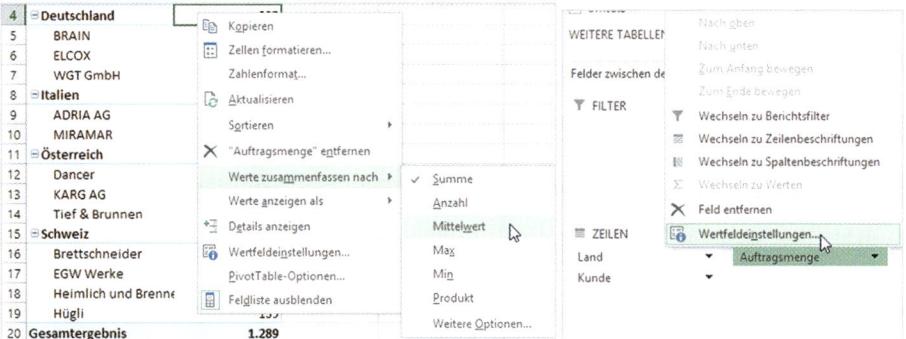

Bild 5.25 Rechte Maustaste   Bild 5.26 Bereich WERTE

Das Dialogfenster Wertfeldeinstellungen

Weitergehende Möglichkeiten finden Sie im Dialogfenster *Wertfeldeinstellungen*. Dieses Fenster öffnen Sie entweder, indem Sie im Aufgabenbereich *PivotTable-Felder* im Bereich *WERTE* auf das zu ändernde Feld und auf *Wertfeldeinstellungen* klicken (Bild 5.26). Oder klicken Sie im Register *ANALYSIEREN*, Gruppe *Aktives Feld*, auf *Feldeinstellungen*.

Wählen Sie im Register *Werte zusammenfassen nach* eine Funktion und geben Sie darüber im Feld *Benutzerdefinierter Name* die gewünschte Spaltenüberschrift ein.

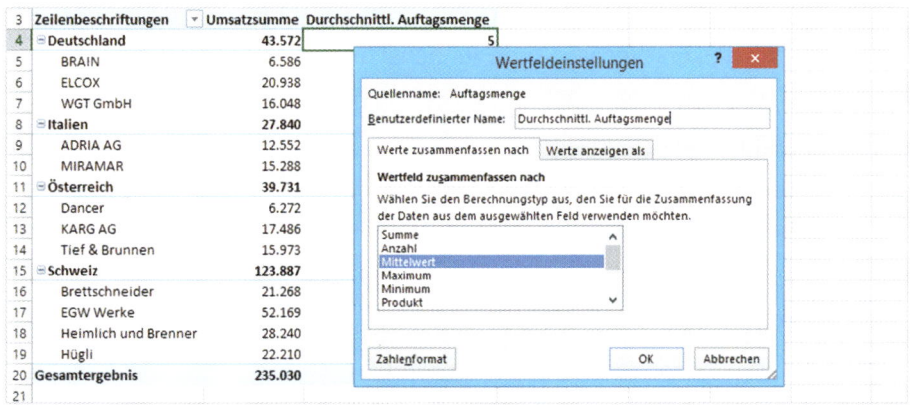

Bild 5.27 Wertfeldeinstellungen

Zahlenformate

Im Dialogfenster *Wertfeldeinstellungen* finden Sie auch noch die Schaltfläche *Zahlenformat*. Hier können Sie den Ergebnissen auch gleich ein Zahlenformat zuweisen. Der Vorteil: Dieses Zahlenformat bezieht sich nicht auf Zellen, sondern auf die Werte, sodass auch nach Aktualisierung und eventuellen Umstellungen der Pivot-Tabelle das Zahlenformat erhalten bleibt.

Bild 5.28 Zahlenformat

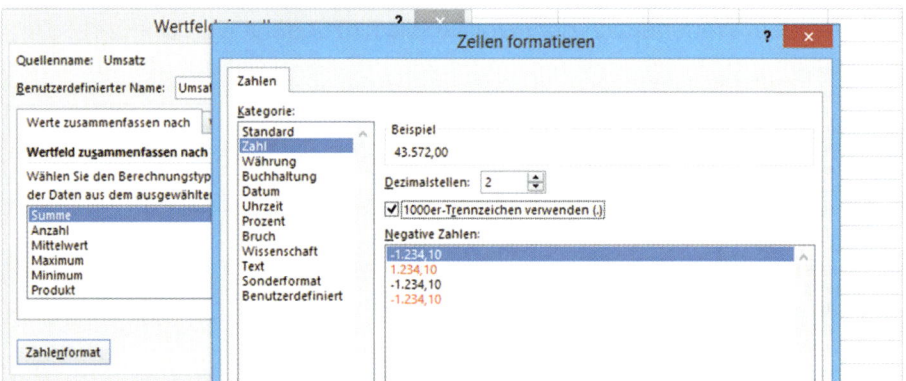

Beispiel Fehlerstatistik

Sie möchten aus der Tabelle in Bild 5.29 eine Fehlerstatistik erstellen und benötigen hierzu die Fehlernummern nach ihrer Häufigkeit. So gehen Sie vor:

Bild 5.29 Fehlerstatistik: Datenquelle

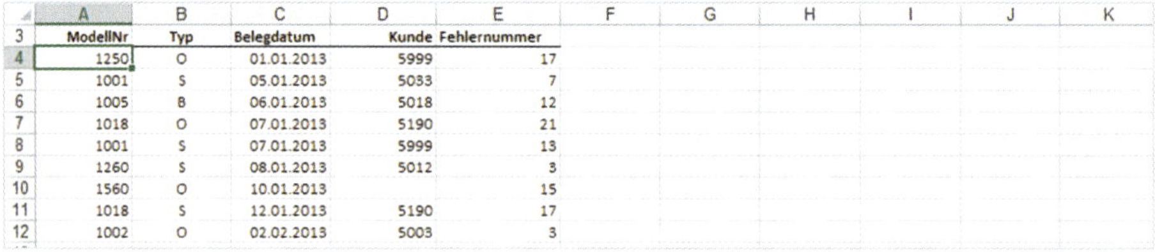

	A	B	C	D	E	F	G	H	I	J	K
3	ModellNr	Typ	Belegdatum	Kunde	Fehlernummer						
4	1250	O	01.01.2013	5999	17						
5	1001	S	05.01.2013	5033	7						
6	1005	B	06.01.2013	5018	12						
7	1018	O	07.01.2013	5190	21						
8	1001	S	07.01.2013	5999	13						
9	1260	S	08.01.2013	5012	3						
10	1560	O	10.01.2013		15						
11	1018	S	12.01.2013	5190	17						
12	1002	O	02.02.2013	5003	3						

1   Das Feld *Fehlernummer* wird zweimal benötigt: Als Zeilenbeschriftung und im Wertebereich zur Ermittlung der Fehlerhäufigkeit. Standardmäßig berechnet Excel hier allerdings zunächst die Summe der Fehlernummern.

2   Zum Ändern klicken Sie im Bereich *WERTE* auf das Feld *Fehlernummer* und auf *Wertfeldeinstellungen*.

3   Klicken Sie auf die Funktion *Anzahl* und geben Sie unter *Benutzerdefinierter Name* eine Spaltenüberschrift ein. Dann bestätigen Sie mit *OK*.

Bild 5.30 Berechnung ändern

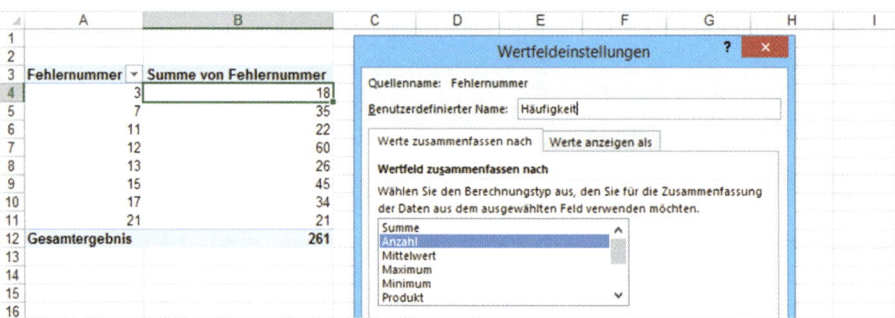

Prozentanteile anzeigen

Excel ermöglicht in Pivot-Tabellen auch die Anzeige der Prozentanteile anstelle der Zahlen, die Eingabe einer Formel ist dazu nicht erforderlich. Auch hier gilt: Das Feld muss sich im Bereich *WERTE* befinden, damit Sie es bearbeiten können. Wenn Sie beides, Zahlen und Prozentanteile, benötigen, dann nehmen Sie das Feld zweimal in den Wertebereich auf und ändern anschließend einen der Werte.

Ergebnisse in % anzeigen

Beispiel: In der Fehlerstatistik aus Bild 5.29 sollen auch die Prozentanteile erscheinen:

1 Ziehen Sie das Feld *Fehlernummer* ein zweites Mal in den Bereich *WERTE*. Klicken Sie hier auf das zweite Feld und auf *Wertfeldeinstellungen*.

2 Wählen Sie im Fenster *Wertfeldeinstellungen* wieder die Funktion Anzahl und geben Sie eine Spaltenüberschrift ein. Klicken Sie dann im selben Fenster auf das Register *Werte anzeigen als*.

3 Wählen Sie hier mit einem Klick auf den Dropdown-Pfeil eine Berechnung (Bild 5.32), im angebildeten Beispiel *% des Gesamtergebnisses*, aus. Anschließend können Sie über die Schaltfläche *Zahlenformat* die Ergebnisse mit der gewünschten Anzahl Dezimalstellen formatieren.

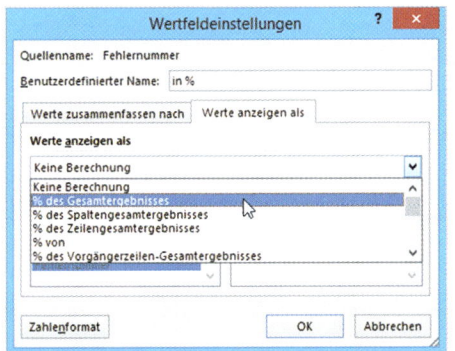

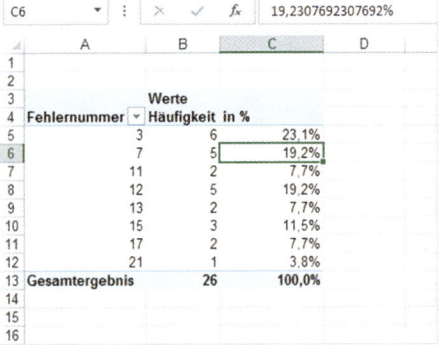

Bild 5.31 Werte anzeigen als   *Bild 5.32 Ergebnis: Zahlen und Prozentanteile*

Die selben Möglichkeiten erhalten Sie auch, wenn Sie in der Pivot-Tabelle mit der rechten Maustaste in die betreffende Spalte klicken und auf *Werte anzeigen als* zeigen.

5.7   Mit Pivot-Tabellen arbeiten

Tabelle filtern

Berichtsfilter

Felder im Bereich *FILTER* befinden sich oberhalb der eigentlichen Pivot-Tabelle und dienen zum Filtern der gesamten Tabelle. Auch hierzu können Sie gleich mehrere Felder verwenden. Verwenden Sie beispielsweise, wie in Bild 5.33, die Felder *Land* und *Produktgruppe* als Berichtsfilter, so können Sie die Filter beliebig miteinander kombinieren und in der Tabelle die Auftragsmengen genauer betrachten.

Ein Mausklick auf den Dropdown-Pfeil des Berichtsfilters öffnet eine Liste aller Länder oder Produktgruppen. Klicken Sie einfach auf den gewünschten Inhalt. Eine Mehrfachauswahl ist möglich, wenn Sie das Kontrollkästchen *Mehrere Elemente auswählen* aktivieren. Aktive Filter erkennen Sie am Filtersymbol der Schaltfläche. Mit der Auswahl (*Alle*) heben Sie den Filter wieder auf.

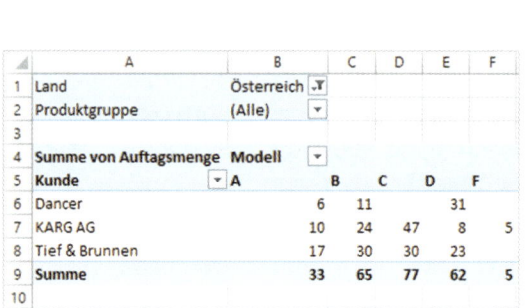

Bild 5.33 Berichstfilter

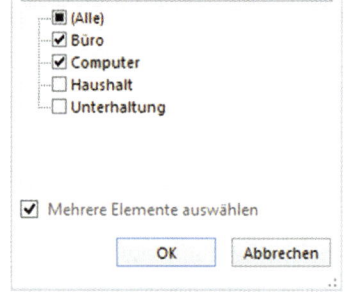

Bild 5.34 Mehrfachauswahl

Spalten und Zeilen filtern

Das Löschen einzelner Zeilen und/oder Spalten ist in einer Pivot-Tabelle nicht möglich, stattdessen blenden Sie nicht benötigte Elemente aus. Ein Klick auf den Dropdown-Pfeil der jeweiligen Feldschaltfläche öffnet eine Liste aller Elemente, zum Ausblenden deaktivieren Sie einfach das Kontrollkästchen. Die Gesamtergebnisse in der Tabelle werden entsprechend angepasst. Auch hier erkennen Sie aktive Filter am Symbol der Feldschaltfläche.

Bild 5.35 Feldschaltflächen

Spalten filtern

Zeilen filtern

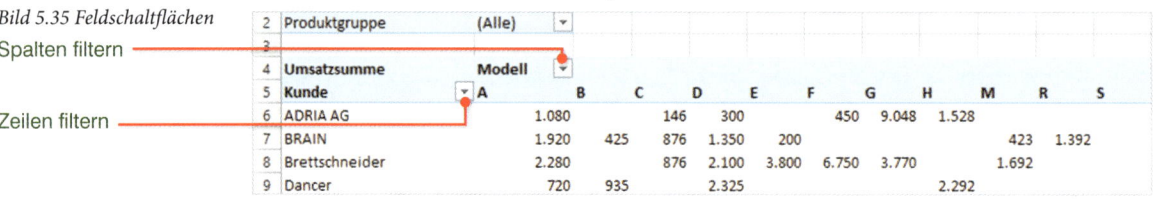

Zum Entfernen eines Filters klicken Sie erneut auf die Feldschaltfläche und auf *Filter löschen aus...*.

Filterkriterien verwenden

Falls Sie zum Filtern im Bereich der Zeilen/Spalten Filterkriterien verwenden möchten, so klicken Sie auf die Feldschaltfläche, zeigen auf *Beschriftungsfilter* und wählen den gewünschten Filter (Bild 5.36). Anschließend geben Sie Ihre Vergleichswerte ein.

Eine weitere Möglichkeit im Bereich der Zeilen ist das Filtern nach Werten, wobei sich der Filter nach den Gesamtergebnissen richtet. Dazu klicken Sie ebenfalls auf die Feldschaltfläche und zeigen auf *Wertefilter* (Bild 5.37). Mit der Auswahl *Top 10...* kann z. B. die Anzeige auf eine beliebige Anzahl der obersten oder untersten Elemente eingeschränkt werden.

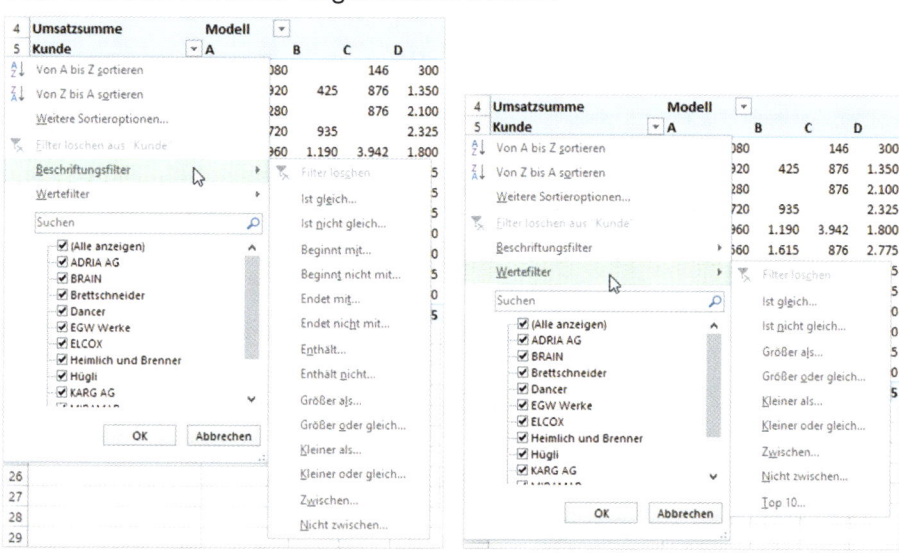

Bild 5.36 Beschriftungsfilter   *Bild 5.37 Wertefilter*

Feldschaltflächen ausblenden

Falls Sie die Feldschaltflächen als störend empfinden oder verhindern möchten, dass von anderen Benutzern Filter angewendet oder aufgehoben werden, so können Sie die Feldschaltflächen ausblenden. Klicken Sie dazu auf das Register *ANALYSIEREN* und deaktivieren Sie in der Gruppe *Anzeigen* die Schaltfläche *Feldkopfzeilen*. Mit dieser Schaltfläche blenden Sie die Feldschaltflächen auch wieder ein.

Mit Datenschnitten filtern

Siehe Lektion 3.6, Seite 102.

Datenschnitte haben Sie bereits in Zusammenhang mit Excel-Tabellen in Kapitel 3 kennengelernt. Sie können auch als schnelle Filter für Pivot-Tabellen eingesetzt werden, ihre Handhabung unterscheidet sich nicht.

Zum Erstellen klicken Sie im Register *ANALYSIEREN* auf *Datenschnitt einfügen* und wählen die Felder, für die Sie Datenschnitte erstellen möchten. Die Datenschnitte werden überlagert am Rand der Pivot-Tabelle in das Arbeitsblatt eingefügt und können nun mit der Maus beliebig verschoben sowie vergrößert oder verkleinert werden.

Zum Filtern klicken Sie mit der Maus auf eine der Schaltflächen eines Datenschnitts, im unten abgebildeten Beispiel auf eine Produktgruppe. Für mehrere Filterkriterien klicken Sie die Felder nacheinander mit gedrückter Strg-Taste an. Das Symbol *Filter löschen* in der rechten oberen Ecke des jeweiligen Datenschnitts deaktiviert die Filter wieder.

Bild 5.38 Datenschnitte verwenden

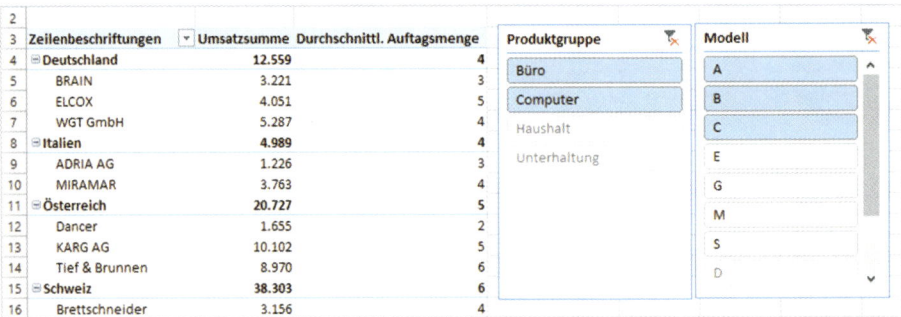

Zeitachse zum Filtern verwenden

Zeitachsen fassen Datumswerte im Format TT.MM.JJJJ zu Zeiteinheiten zusammen und werden wie Datenschnitte zum Filtern verwendet. Enthält also Ihre Datenquelle ein Feld mit Datumswerten, so klicken Sie im Register *ANALYSIEREN*, Gruppe *Filtern*, auf *Zeitachse einfügen* und wählen ein Feld aus (Bild 5.39). Achtung: Excel zeigt hier nur geeignete Felder an!

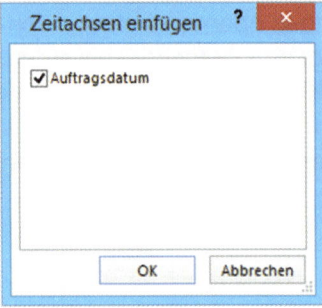

Bild 5.39 Feld auswählen

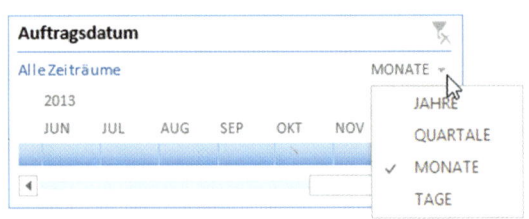

Bild 5.40 Zeiteinheit wählen

Die Zeitachse wird wie ein Datenschnitt im Tabellenblatt eingefügt und kann mit der Maus beliebig positioniert werden. Sollte der benötigte Zeitraum nicht vollständig angezeigt werden, so verwenden Sie die waagrechte Leiste am unteren Rand oder vergrößern die Zeitachse durch Ziehen mit der Maus. Standardmäßig zeigt die Zeitachse Monate an, weitere Zeiteinheiten erhalten Sie zur Auswahl, wenn Sie in der Zeitachse rechts oben auf den Dropdown-Pfeil (Bild 5.40) klicken.

Zum Filtern klicken Sie in der Zeitachse auf einen Zeitraum, mehrere zusammenhängende Einheiten markieren Sie durch Ziehen mit gedrückter Maustaste (Bild 5.41).

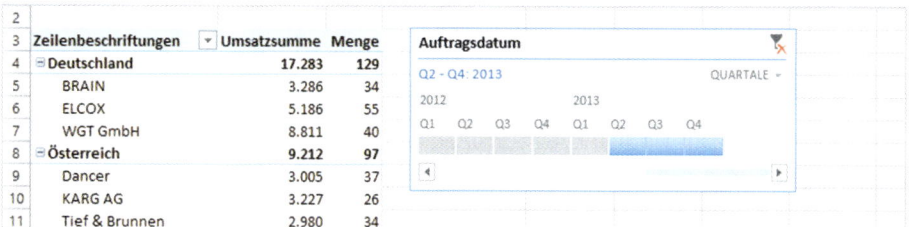

Bild 5.41 Zeitachse verwenden

Tabelle sortieren

Die üblichen Methoden der Sortierung können auch für Pivot-Tabellen verwendet werden. Standardmäßig sind Pivot-Tabellen nach den Elementen der Zeilenbeschriftung sortiert. Um nach Werten zu sortieren, beispielsweise absteigend oder aufsteigend nach Umsatzsumme, klicken Sie mit der rechten Mautaste in die entsprechende Spalte der Pivot-Tabelle, zeigen auf *Sortieren* und wählen die gewünschte Sortierreihenfolge. Diese Sortierung wird auch nach dem Aktualisieren beibehalten. Als Alternative benutzen Sie im Register *START* die Schaltfläche *Sortieren und Filtern*.

Einzeldatensätze anzeigen

Mit einem Doppelklick auf einen Wert der Pivot-Tabelle kopiert Excel alle dazugehörigen Einzeldatensätze der Datenquelle in ein gesondertes neues Tabellenblatt und zeigt die Daten auf dem Bildschirm an (Drilldown). Möchten Sie beispielsweise wissen, aus welchen Einzelumsätzen sich der Gesamtumsatz eines bestimmten Kunden im Jahr 2013 zusammensetzt, so doppelklicken Sie einfach auf den Umsatz dieses Kunden. Die Daten sind lediglich eine Kopie der Quelldaten, sie werden bei Änderungen der Daten auch nicht aktualisiert, sodass Sie dieses Blatt anschließend problemlos wieder löschen können.

Einzelwerte in ein neues Arbeitsblatt kopieren

5.8   Erweiterte Pivot-Tabellenfunktionen

Elemente gruppieren

Umfasst ein Feld sehr viele Elemente, so können Sie jederzeit Elemente des Feldes zu Gruppen zusammenfassen. Dazu müssen Sie im ersten Schritt in der Pivot-Tabelle die Elemente markieren.

1   Zeigen Sie in der betreffenden Zeilenbeschriftung an den linken Rand, im Beispiel unten auf den Kunden. Achtung: Nicht in den Zeilenkopf! Der Mauszeiger wird als schwarzer waagrechter Pfeil sichtbar und mit einem Klick wird der erste Kunde markiert. Klicken Sie auf diese Weise mit gedrückter Strg-Taste nacheinander auf alle Kunden der ersten Gruppe (Bild 5.42).

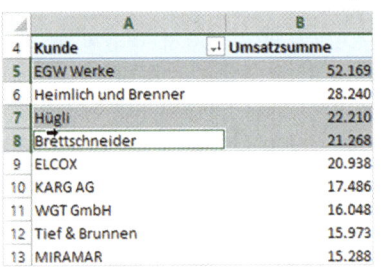

Den Befehl *Gruppieren* erhalten Sie auch über die rechte Maustaste.

2   Klicken Sie im Register *ANALYSIEREN*, *Gruppieren*, auf *Gruppenauswahl*. Excel fügt in die Feldliste und die Tabelle ein neues Feld unter einem vorläufigen Namen ein. Die neue Gruppe als Element dieses Feldes erhält den Namen *Gruppe1* (Bild 5.43). Beide Namen können später geändert werden.

3   Markieren Sie nun alle Kunden, die Sie zur zweiten Gruppe zusammenfassen möchten und klicken Sie wieder auf *Gruppenauswahl*. Wiederholen Sie diesen Schritt für jede Gruppe (Ergebnis in Bild 5.43).

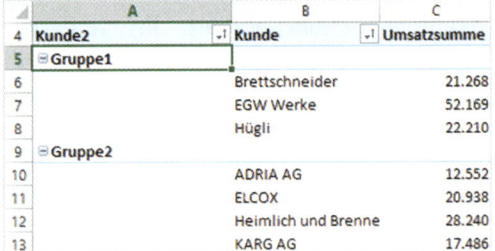

Bild 5.42 Elemente markieren   *Bild 5.43 Das Ergebnis*

Zum Umbenennen des neuen Feldes bzw. der neuen Gruppe markieren Sie diese in der Tabelle und geben in der Bearbeitungsleiste einen Namen ein. Der Name des neuen Feldes erscheint auch in der Feldliste im Aufgabenbereich und dieses Feld ist ab sofort in allen Pivot-Tabellen verfügbar, die auf derselben Datenquelle beruhen.

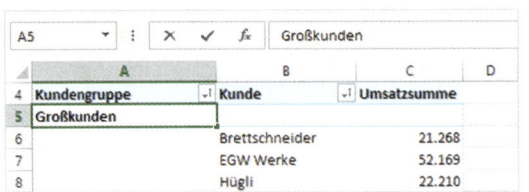

Bild 5.44 Feld und Gruppe umbenennen   *Bild 5.45 Feldliste*

Nach Datum gruppieren

Werte gruppieren

Häufig enthält eine Datenquelle auch einzelne Datumswerte, die in der Auswertung eigentlich als Zusammenfassung, z. B. nach Monaten, benötigt werden. Pivot-Tabellen unterstützen aus diesem Grund eine Gruppierung nach Datumsintervallen. Die Datentabelle aus unserem bisherigen Beispiel enthält für jeden Auftrag auch das Datum, nun sollen die Umsätze der beiden Jahre 2012 und 2013 nach Quartalen gegenübergestellt werden. So gehen Sie vor:

1 Ziehen Sie das Feld *Auftragsdatum* in den Bereich *ZEILEN*, in der Pivot-Tabelle wird nun aus jedem Einzeldatum eine Zeile gebildet.

2 Klicken Sie in der Tabelle auf ein beliebiges Datum und im Register *ANALYSIEREN*, Gruppe *Gruppieren*, auf *Gruppenauswahl* oder klicken Sie mit der rechten Maustaste und auf *Gruppieren...*.

3 Das Dialogfenster *Gruppieren* wird geöffnet: Klicken Sie der Reihe nach auf alle benötigten Datumsintervalle. Damit der Inhalt des Originalfeldes *Auftragsdatum* erhalten bleibt, sollten Sie auch die Tage einbeziehen.

4 Die gruppierten Datumswerte werden in die Tabelle eingefügt und als neue Felder der Feldliste hinzugefügt. Sie sind damit auch in allen anderen Pivot-Tabellen verfügbar, die auf derselben Datenquelle basieren.

5 Anschließend können Sie die neuen Felder beliebig anordnen und nicht benötigte wieder aus der Pivot-Tabelle entfernen, wie z. B. in Bild 5.47 unten.

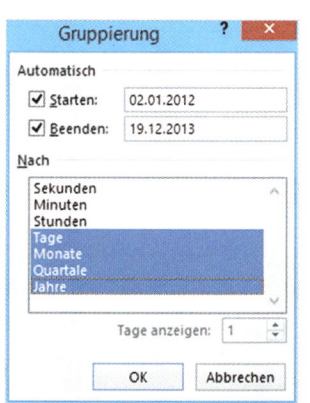

	A	B	C	D	E	F
3	Umsatzsumme		Jahre			
4	Quartale	Monate	2012	2013	Summe	
5	⊟ Qrtl1					
6		Jan	19.286	11.968	31.254	
7		Feb	15.257	6.578	21.835	
8		Mrz	3.149	6.993	10.142	
9	Qrtl1 Ergebnis		37.692	25.539	63.231	
10	⊟ Qrtl2					
11		Apr	21.794	10.273	32.067	
12		Mai	14.366	12.285	26.651	
13		Jun	12.729	10.661	23.390	
14	Qrtl2 Ergebnis		48.889	33.219	82.108	
15	⊟ Qrtl3					
16		Jul	15.061	7.077	22.138	
17		Aug	6.506	7.336	13.842	

Bild 5.46 Gruppierungsintervalle   *Bild 5.47 Ergebnis Gruppierung nach Datumswerten*

Eine Gruppierung nach Zahlen bzw. bestimmten Intervallen ist auf diese Weise ebenfalls möglich, wird hier aber nicht weiter beschrieben.

Felder und Elemente berechnen

Feld berechnen

Spalten berechnen

Einer der Vorteile von Pivot-Tabellen besteht darin, dass die Werte der ursprünglichen Daten unverändert bleiben. Wenn Sie in der Auswertung Formelergebnisse benötigen, dann können Sie viele Felder auch in der Pivot-Tabelle
berechnen. Sie werden zur Feldliste hinzugefügt und stehen anschließend in
allen Pivot-Tabellen zur Verfügung, die auf derselben Datenquelle basieren.

Als Beispiel soll für jeden Kunden auf der Basis des bisherigen Umsatzes ein
Bonus berechnet werden, dieser beträgt 3% des Umsatzes. So gehen Sie vor:

1   Klicken Sie im Register *ANALYSIEREN,* Gruppe *Berechnungen*, auf die
Schaltfläche *Felder, Elemente und Gruppen* und wählen Sie *Berechnetes
Feld...*.

2   Geben Sie einen Namen für das berechnete Feld ein und darunter die
Formel zur Berechnung der Provision. Das Feld *Umsatz* können Sie aus
der Liste der Felder übernehmen, indem Sie es markieren und über die
Schaltfläche *Feld einfügen* in die Formel einfügen (Bild 5.49), Sie können
aber auch den Feldnamen einfach über die Tastatur eingeben.

3   Klicken Sie dann auf *Hinzufügen* und schließen Sie das Fenster mit *OK*.
Das Feld *Provision* wird der Feldliste hinzugefügt und erscheint gleichzeitig im Wertebereich der Tabelle.

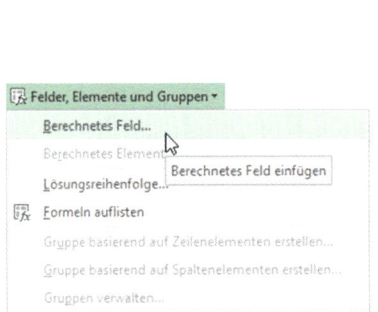

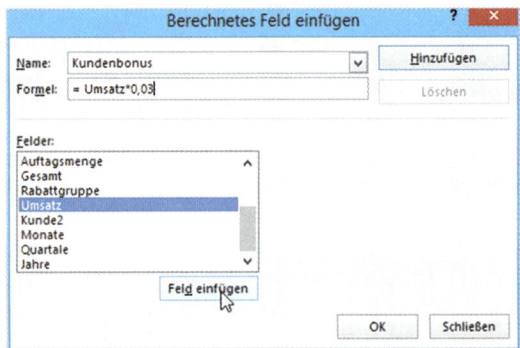

Bild 5.48 Berechnetes Feld   *Bild 5.49 Formel eingeben*

Element eines Feldes berechnen

Eine andere Möglichkeit ist die Berechnung weiterer Elemente eines vorhandenen Feldes. Nehmen wir als Beispiel, Sie möchten beim Vergleich der Umsätze
aus zwei Jahren in einer weiteren Spalte die Differenz berechnen. Die einzelnen
Jahre stellen Elemente des Feldes *Jahre* dar und die Differenz wird einfach als
weiteres Element hinzugefügt.

Achtung: Für gruppierte Felder, z. B. gruppierte Datumswerte, können keine Elemente berechnet werden! In diesem Fall müssen Sie zuvor das Jahr in den Quelldaten mit Hilfe der Funktion JAHR( ) ermitteln.

So gehen Sie bei der Berechnung vor:

1 Klicken Sie entweder auf die Feldschaltfläche oder ein Element des Feldes, für das Sie ein weiteres Element berechnen möchten. Klicken Sie im Register *ANALYSIEREN*, Gruppe *Berechnungen*, auf die Schaltfläche *Felder, Elemente und Gruppen* und wählen Sie *Berechnetes Element...*.

2 Das Fenster *Berechnetes Element in ... einfügen* wird geöffnet. Geben Sie einen Namen für das berechnete Element ein, z. B. *Differenz*, und darunter die Formel. Zur Formeleingabe markieren Sie links in der Liste der Felder das betreffende Feld, in diesem Beispiel Jahr. Rechts in der Liste *Elemente* sehen Sie die Elemente des Feldes, zum Einfügen in die Formel markieren Sie ein Element und klicken auf *Element einfügen* (Bild 5.51).

3 Klicken Sie zuletzt auf *Hinzufügen* und schließen Sie das Fenster mit *OK*.

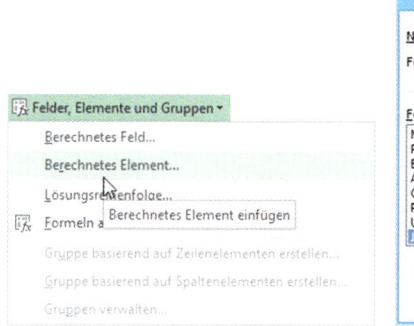

Bild 5.50 Berechnetes Element einfügen

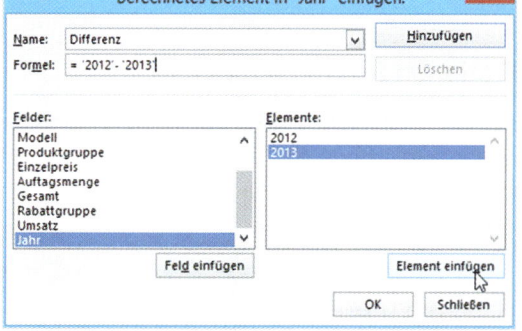

Bild 5.51 Formel eingeben

Als Ergebnis wurden in der Tabelle die Jahre um das Element *Differenz* ergänzt. Um ein korrektes Ergebnis zu erhalten, sollten Sie allerdings die Spalte *Gesamtergebnis* entfernen, da diese alle Elemente des Feldes berücksichtigt.

3	Summe von Umsatz	Jahr		
4	**Kunde**	**2012**	**2013**	**Differenz**
5	ADRIA AG	12.552		12.552
6	BRAIN	2.895	3.691	-796
7	Brettschneider	10.868	10.400	468
8	Dancer	3.097	3.175	-78
9	EGW Werke	21.671	30.498	-8.827
10	ELCOX	12.752	8.186	4.566
11	Heimlich und Brenner	11.660	16.580	-4.920

Bild 5.52 Ergebnis berechnetes Element

Die Funktion Pivotdatenzuordnen

Korrekter Verweis auf
Zelle einer Pivot-Tabelle

Benötigen Sie für weitere Auswertungen nur bestimmte Inhalte einer Pivot-Tabelle, die sich entweder in einem anderen Arbeitsblatt oder in einer anderen Arbeitsmappe befindet? Oder möchten Sie ein Diagramm erstellen, das nur einige Werte einer Pivot-Tabelle einbezieht? Dazu benötigen Sie Verweise auf die entsprechenden Zellen der Pivot-Tabelle. Excel verwendet in diesem Fall anstelle eines Zellbezugs automatisch die Funktion PIVOTDATENZUORD-NEN( ), allerdings nur, wenn Sie auf eine einzelne Zelle verweisen. Dadurch ist sichergestellt, dass sich der Verweis nicht auf eine bestimmte Zelladresse, sondern einen bestimmten Wert der Pivot-Tabelle bezieht und somit auch nach Aktualisierung bzw. Änderung der Pivot-Tabelle noch korrekt ist. Die Nachteile der Funktion:

- Die Funktion kann nicht in angrenzende Zellen kopiert werden.

- Befindet sich die Pivot-Tabelle in einer anderen Arbeitsmappe, so muss diese Mappe beim späteren Öffnen ebenfalls geöffnet sein, andernfalls erhalten Sie den Fehlerwert #BEZUG.

Optionen für Pivot-Tabellen

Sobald eine Zelle einer Pivot-Tabelle markiert ist, stehen Ihnen entweder über das Kontextmenü der rechten Maustaste und den Befehl *Optionen* oder im Register *ANALYSIEREN*, Gruppe *PivotTable, Optionen* einige nützliche Einstellungen zur Verfügung.

*Bild 5.53 PivotTable
-Optionen*

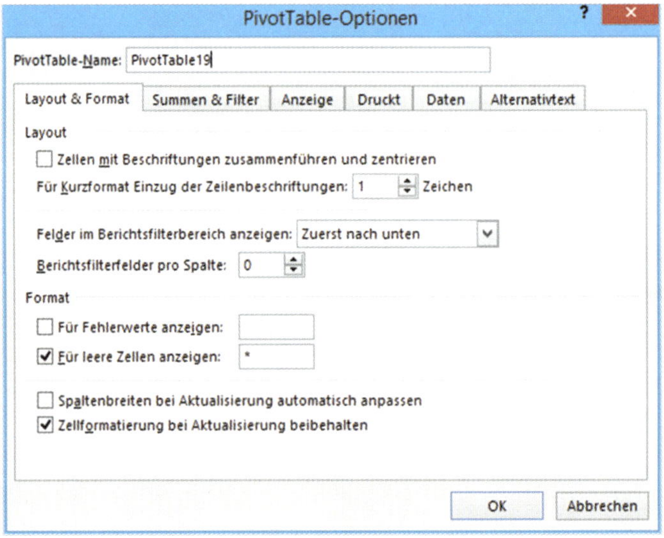

- Im Register *Layout & Format* geben Sie an, welcher Text oder Wert anstelle eines Fehlerwertes oder für leere Zellen angezeigt werden soll.

Deaktivieren Sie das Kontrollkästchen *Spaltenbreiten bei Aktualisierung automatisch anpassen*, wenn Sie die geänderten Spaltenbreiten auch nach Aktualisierungen beibehalten möchten. *Zellformatierung bei Aktualisierung beibehalten* bewirkt, dass Formate, wie beispielsweise Hintergrundfarbe, für bestimmte Datengruppen auch dann beibehalten werden, wenn die Elemente umgestellt werden.

■ Im Feld *Name* können Sie den Namen der Tabelle ändern.

■ Im Register *Anzeige* können Sie bei Bedarf auch das klassische Pivot-Table-Layout aktivieren, das das Ziehen von Feldern direkt in die Tabelle erlaubt.

■ Das Register *Druckt* bietet Einstellungen zum Drucken der Tabelle an.

■ Das Register *Daten* erlaubt das automatische Aktualisieren beim Öffnen der Datei. *Quelldaten mit Datei speichern* bedeutet, externe Daten werden zusammen mit der Pivot-Tabelle gespeichert.

Spaltenbreite nach Aktualisierung beibehalten

Excel 97-2003 Dateityp

Beim Öffnen automatisch aktualisieren

5.9 Pivot-Diagramme (PivotChart)

Pivot-Diagramm aus Pivot-Tabelle erstellen

Pivot-Diagramme (PivotCharts) dienen zur grafischen Darstellung von Pivot-Tabellen und besitzen auch die selben Eigenschaften. Folgende Punkte sollten Sie berücksichtigen:

■ Jedes Pivot-Diagramm basiert auf einer entsprechenden Pivot-Tabelle, und jede Umstellung der Felder in der Tabelle ändert auch die Darstellung im Diagramm und umgekehrt. Auch Filter wirken sich immer auf Tabelle und Diagramm aus.

■ Ein Pivot-Diagramm bezieht immer alle Felder der Pivot-Tabelle mit ein. Es ist daher nicht möglich, nur aus bestimmten Feldern der Tabelle ein Diagramm zu erstellen.

In Bezug auf Layout und Formatierungen dagegen unterscheiden sich Pivot-Charts nicht von normalen Excel-Diagrammen, diese Punkte werden hier nicht näher beschrieben.

Aus einer Pivot-Tabelle lässt sich schnell ein Pivot-Diagramm erstellen:

1 Klicken Sie an eine beliebige Stelle der Pivot-Tabelle und dann im Register *ANALYSIEREN*, Gruppe *Tools*, auf *PivotChart*.

2 Das Dialogfenster *Diagramm einfügen* öffnet sich: Wählen Sie aus der Liste links den gewünschten Diagrammtyp (Bild 5.54). Rechts sehen Sie eine Vorschau mit Ihren Daten, eine Vergrößerung erhalten Sie, wenn Sie in die Vorschau zeigen. Mit einem Klick auf *OK* wird das ausgewählte Diagramm im selben Tabellenblatt wie die Pivot-Tabelle eingefügt.

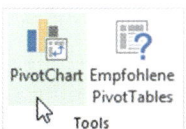

Bild 5.54 Pivot-Diagramm einfügen

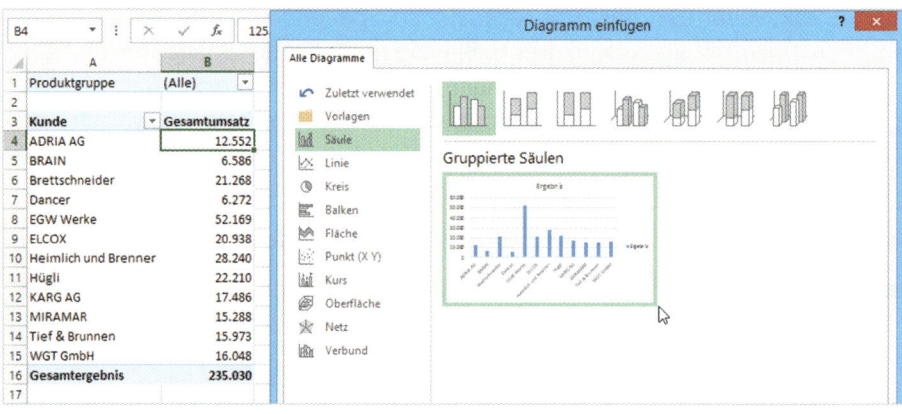

Pivot-Diagramm bearbeiten

Sie können nun das Diagramm, wie jedes andere Diagramm mit der Maus beliebig platzieren, vergrößern und verkleinern. Gleichzeitig sind im Menüband mit den *PIVOTCHART-TOOLS* gleich drei zusätzliche Register verfügbar. Das Register *ANALYSIEREN* ist identisch mit dem *PIVOTTABLE-TOOLS* Register, die beiden anderen, *ENTWURF* und *FORMAT*, dürften aus der Diagrammbearbeitung bekannt sein. Im Register *ANALYSIEREN* finden Sie auch die Schaltfläche *Diagramm verschieben*, um das Diagramm in ein anderes Blatt zu verschieben.

Diagrammfilter

Das Diagramm enthält die selben Filter- und Feldschaltflächen wie die Pivot-Tabelle und jeder Filter wirkt sich sofort auf beide aus. Auch Datenschnitte und Zeitachsen können zum Filtern verwendet werden, siehe 5.7, Mit Pivot-Tabellen arbeiten.

Bild 5.55 Pivot-Tabelle und -Diagramm

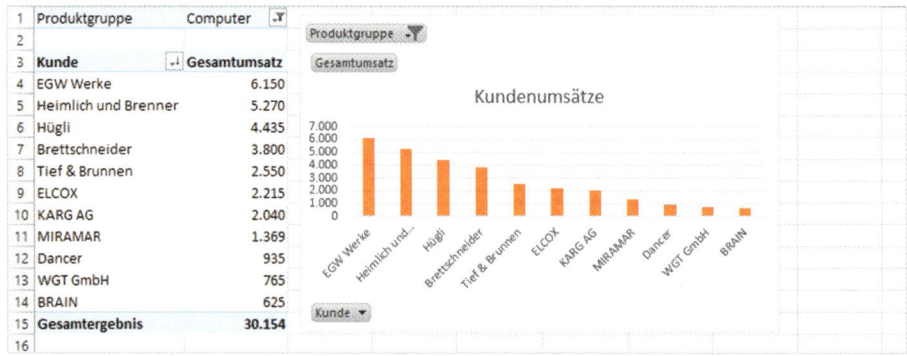

Der Aufgabenbereich PivotChart-Felder

Mit einem Klick in das Diagramm erscheint rechts der Aufgabenbereich *Pivot-Chart-Felder*. Die Feldliste ist identisch, nur die Bereiche haben etwas andere

Bezeichnungen: Der Bereich *ZEILEN* wird als *ACHSE (KATEGORIEN)* bezeichnet und der Bereich *SPALTEN* als *LEGENDE (REIHE)*. Dieser Bereich enthält beispielsweise die Jahre, wenn Sie für Ihre Kunden die Umsätze aus mehreren Jahren als Säulengruppe darstellen möchten (Bild 5.56).

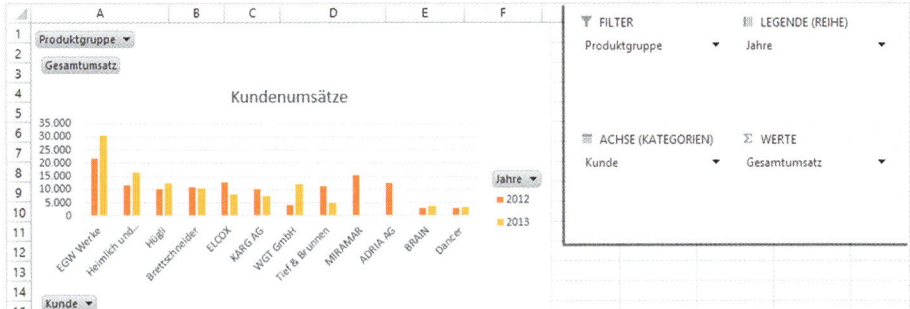

Bild 5.56 Beispiel Legende

Beachten Sie: Jede Umstellung der Felder im Aufgabenbereich *PivotChart-Felder* zieht auch eine Umstellung in der dazugehörigen Pivot-Tabelle und umgekehrt nach sich!

Neues Pivot-Diagramm erstellen

Falls gewünscht, können Sie auch ohne Pivot-Tabelle beginnen. Diese wird dann automatisch zusammen mit dem Diagramm erstellt. So gehen Sie vor:

1 Klicken Sie in den Tabellenbereich mit den Quelldaten und klicken Sie im Register *EINFÜGEN*, Gruppe *Diagramme*, auf *Empfohlene Diagramme*.

2 Entsprechen die Quelldaten den Kriterien zur Erstellung von Pivot-Tabellen und -Diagrammen, so erhalten Sie hier verschiedene Vorschläge. Die Pivot-Diagramme sind in der Auswahlliste mit einem kleinen Symbol in der oberen rechten Ecke gekennzeichnet.

Siehe 5.1, Grundlagen

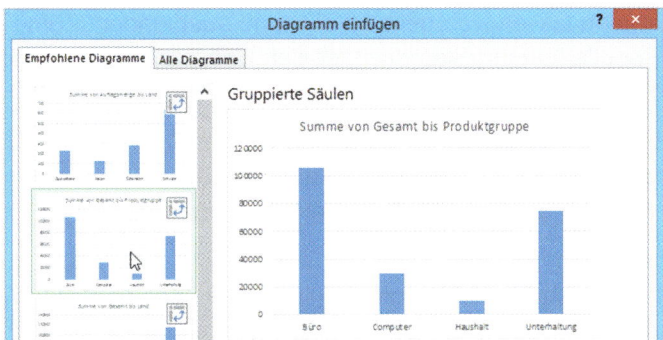

Bild 5.57 Neues Pivot-Diagramm einfügen

Möchten Sie stattdessen mit einem leeren Diagramm beginnen, klicken Sie im Register *EINFÜGEN*, Gruppe *Diagramme*, auf *PivotChart*. Kontrollieren Sie, ob der Datenbereich richtig erkannt wurde und wählen Sie zum Einfügen die Op-

tion *Neues Arbeitsblatt*. Excel erstellt im Arbeitsblatt den Diagrammbereich zusammen mit einem leeren verknüpften Tabellenbereich. Gleichzeitig erscheint rechts der Aufgabenbereich *PivotChart-Felder* und Sie ziehen nun wieder Felder in die Bereiche. Der Tabellenbereich passt sich automatisch an.

Bild 5.58 Der leere Diagrammbereich mit der verknüpften Tabelle

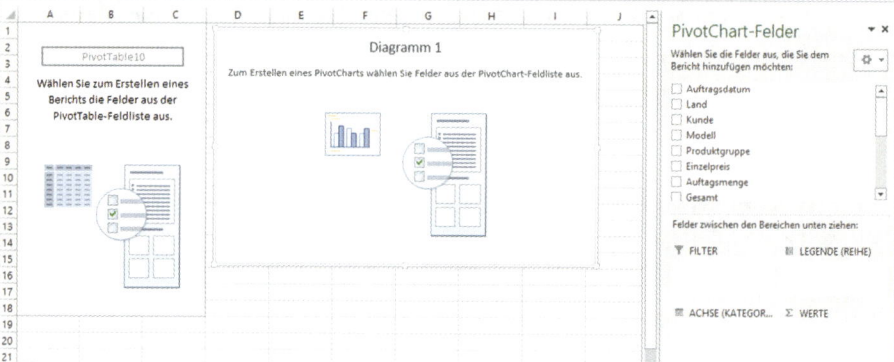

5.10   Zusammenfassung

■ Mit Pivot-Tabellen lassen sich große Datenmengen zusammenfassen und auswerten. Allerdings wird eine Pivot-Tabelle, im Gegensatz zu normalen Excel-Funktionen, bei Änderung der Quelldaten nicht automatisch neu berechnet, Sie müssen daher die Tabelle manuell aktualisieren. Nicht alle Tabellen eignen sich für Pivot-Tabellen: Spalten der Tabelle müssen mehrfach vorkommende Werte enthalten, die Tabelle benötigt Spaltenüberschriften und sollte keine Leerzeilen und leeren Spalten aufweisen.

■ Das Layout einer Pivot-Tabelle ist äußerst flexibel, d. h. Sie können die Felder mit der Maus beliebig anordnen und auch nachträglich wieder ändern. Gleichzeitig sind Pivot-Tabellen auch interaktiv: Detailwerte oder Teilsummen lassen sich beliebig ein- und ausblenden. Zum Filtern einer Pivot-Tabelle können Sie entweder den Berichtsfilter oder Datenschnitte verwenden.

■ Zur Berechnung der Werte stehen neben der *Summe* auch die wichtigsten statistischen Funktionen zur Verfügung. Die Werte können sowohl als Zahl, als auch als Prozentanteile angezeigt werden.

■ Bei der Erstellung eines Pivot-Diagramms wird gleichzeitig auch die dazugehörige Tabelle mit eingefügt. Alle Änderungen am Layout der Tabelle wirken sich auf das Diagramm aus und umgekehrt.

6 Diagramme für Fortgeschrittene

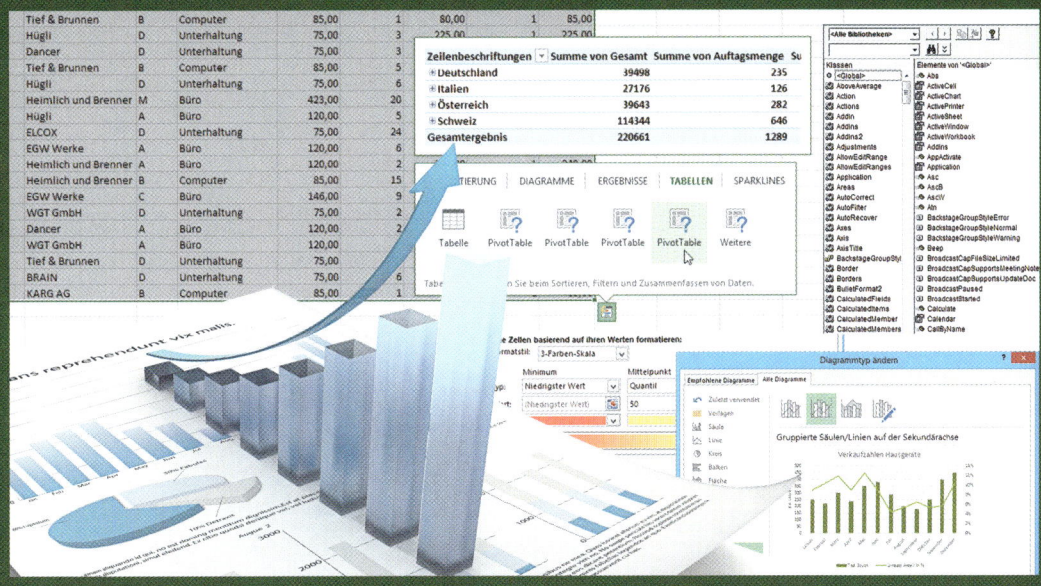

In dieser Lektion lernen Sie...

- Weitere Diagrammtypen
- Unterschiedliche Diagrammtypen kombinieren
- Trendlinien und Fehlerindikatoren hinzufügen
- Probleme in Diagrammen beheben

Diese Kenntnisse sollten Sie bereits mitbringen...

- Einfache Diagramme erstellen und formatieren
- Die Standarddiagrammtypen (Säulen, Balken, Linien, Kreis)

6.1 Weniger gebräuchliche Diagrammtypen

Punktdiagramm (XY)

X/Y-Diagramm: erfordert zwei numerische Achsen

Mit Hilfe eines Punktdiagramms lassen sich Datenreihen als Einzelpunkte innerhalb eines X/Y-Koordinatensystems darstellen. Daher wird dieser Diagrammtyp auch als X/Y-Diagramm bezeichnet. Auf diese Weise können beispielsweise die Werte aus zwei Messreihen miteinander verglichen werden. Jeder Punkt wird durch ein Wertepaar aus den beiden Reihen gebildet. Im Gegensatz zu Liniendiagrammen besteht ein Punktdiagramm aus zwei numerischen Achsen.

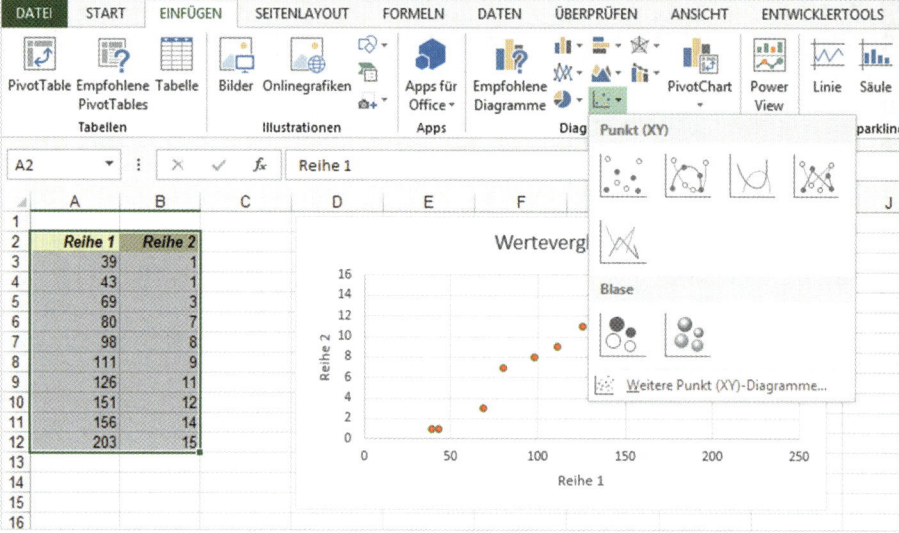

Bild 6.1 Beispiel Punktdiagramm

Zu Erstellung eines Punktdiagramms markieren Sie beide Wertereihen (beide müssen Zahlen enthalten). Den Diagrammtyp *Punkt* finden Sie sowohl in der *Schnellanalyse*, Register *DIAGRAMME*, als auch im Menüband im Register *EINFÜGEN*, Gruppe *Diagramme*. Hier sind über die Schaltfläche *Punkt* mehrere Untertypen verfügbar, darunter auch solche, die die Datenpunkte mit Linien verbinden. Beachten Sie bei der Auswahl eines Untertyps mit Linien:

■ Interpolierte Linien werden in erster Linie für Wertepaare verwendet, die auf einer Formel basieren.

■ Gerade Linien können für unterschiedliche Maßeinheiten verwendet werden, die Werte sollten allerdings sortiert sein.

Blasendiagramm

Blasendiagramme (ein Beispiel in Bild 6.5) stellen eine Sonderform des Punktdiagramms dar, mit dem Unterschied, dass hier nicht nur zwei, sondern gleich drei Wertereihen dargestellt werden. Die dritte Reihe bestimmt die Größe der Blase.

Beispiel: Sie möchten in einem Diagramm die verkauften Stückzahlen, Ausgaben für Werbung und zusätzlich noch den Marktanteil darstellen. Die X-Achse soll die Werbungsausgaben und die Y-Achse die verkauften Stückzahlen anzeigen, die Marktanteile sollen durch die Größe der Blasen dargestellt werden.

Tipp: Die Zuordnung der Reihen zu den Achsen erfolgt automatisch von links nach rechts, wenn beim Einfügen des Diagramms der Zellbereich bereits markiert ist, in Bild 6.2 der Bereich B3 bis D8. Möchten Sie die Zuweisung der Wertereihen zu den Achsen lieber selbst vornehmen, dann markieren Sie eine beliebige Zelle außerhalb des Tabellenbereichs und beginnen mit einem leeren Diagramm:

1 Klicken Sie im Register *EINFÜGEN*, Gruppe *Diagramme* auf die Schaltfläche *Punkt oder Blasendiagramm einfügen* und wählen Sie beim Typ *Blase* zwischen 2D- und 3D-Darstellung.

Der Typ Blase ist über die Schnellanalyse nicht verfügbar!

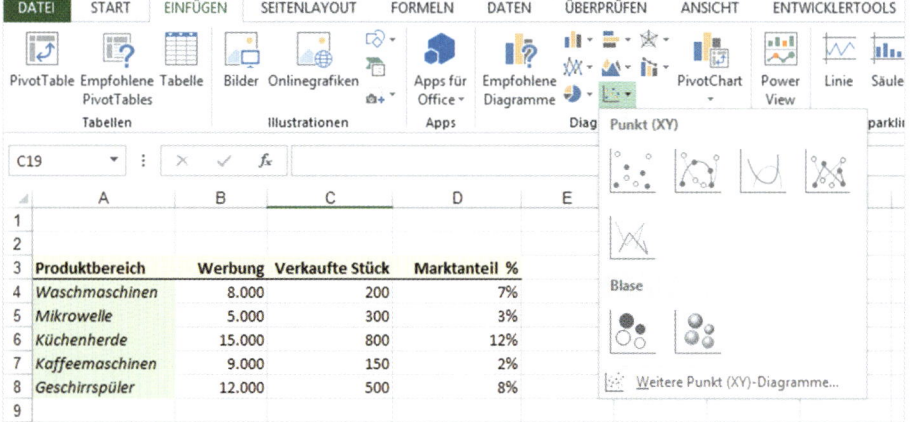

Bild 6.2 Blasendiagramm einfügen

2 Im nächsten Schritt fügen Sie die Datenreihen hinzu. Klicken Sie in die leere Diagrammfläche und anschließend im Register *ENTWURF* auf die Schaltfläche *Daten auswählen.* Das Fenster *Datenquelle auswählen* wird geöffnet.

3 Ignorieren Sie das Feld *Diagrammdatenbereich* und klicken Sie unter *Legendeneinträge (Reihen)* auf die Schaltfläche *Hinzufügen* (Bild 6.3 auf der nächsten Seite).

Bild 6.3 Datenquelle auswählen

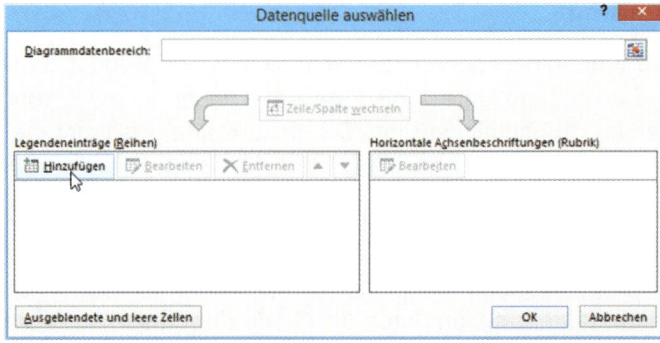

4   Ordnen Sie nun im Fenster *Datenreihe bearbeiten* (Bild 6.4) die Werte den Achsen zu. Die Werte aus der Spalte *Werbung* sollen auf der waagrechten X-Achse angezeigt werden: Klicken Sie in das Feld *Werte der Reihe X* und markieren Sie in der Tabelle den Zellbereich B4 bis B8. Klicken Sie dann in das Feld *Werte der Reihe Y* und markieren Sie in der Tabelle die verkauften Stückzahlen. Genauso verfahren Sie mit der *Reihenblasengröße*.

Der Inhalt des Feldes *Reihenname* wird als Diagrammtitel verwendet. Hier können Sie entweder eine Beschriftung oder einen Zellbezug eingeben.

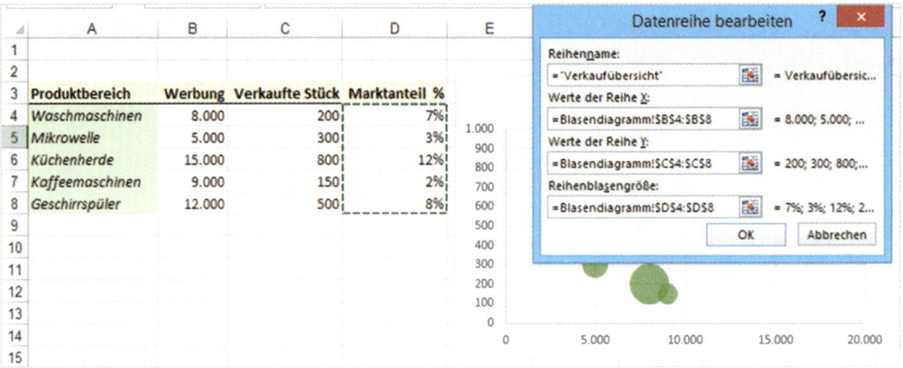

Bild 6.4 Datenreihe bearbeiten

◢	A	B	C	D	E
1					
2					
3	**Produktbereich**	**Werbung**	**Verkaufte Stück**	**Marktanteil %**	
4	*Waschmaschinen*	8.000	200	7%	
5	*Mikrowelle*	5.000	300	3%	
6	*Küchenherde*	15.000	800	12%	
7	*Kaffeemaschinen*	9.000	150	2%	
8	*Geschirrspüler*	12.000	500	8%	

Das Ergebnis könnte so aussehen, wie Bild 6.5 unten.

Bild 6.5 Ergebnis Blasendiagramm

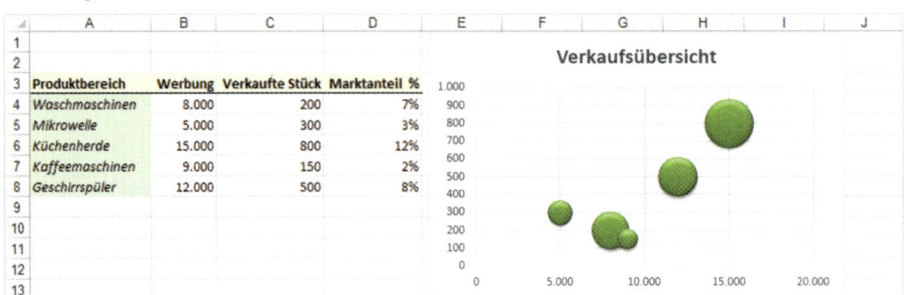

6.2 Diagrammelemente bearbeiten

Elemente hinzufügen/entfernen

Zum Hinzufügen oder Entfernen von Diagrammelementen, z. B. Diagrammtitel, Legende oder Achsentitel benutzen Sie im *DIAGRAMMTOOLS*-Register *ENTWURF* die Schaltfläche *Diagrammelement hinzufügen* (Bild 6.6). Beim Zeigen auf eine Auswahl erhalten Sie verschiedene Optionen zur Platzierung. Als Alternative klicken Sie im Arbeitsblatt in der rechten oberen Ecke des markierten Diagramms auf das Symbol *Diagrammelemente* (Bild 6.7). Hier erscheinen die Optionen erst, wenn Sie auf den, nach rechts weisenden Pfeil des Elements klicken. Die meisten dieser Diagrammelemente dürften bekannt sein und werden daher nicht mehr näher erläutert.

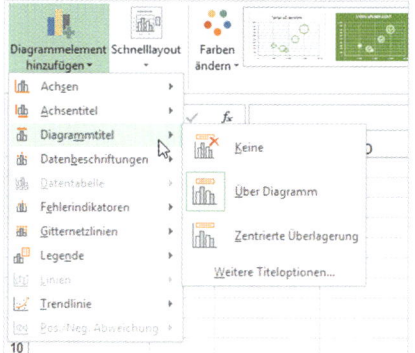

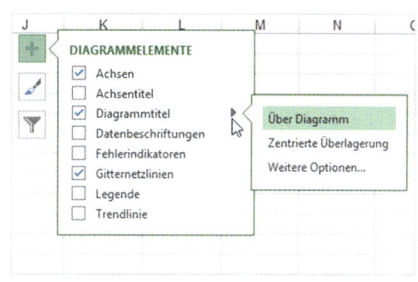

Bild 6.6 Register ENTWURF

Bild 6.7 Diagrammelemente

Elemente im Aufgabenbereich bearbeiten

Die genauere Bearbeitung von Diagrammelementen erfolgt in einem gesonderten Aufgabenbereich. Dieser erscheint am rechten Rand des Excel-Fensters, und zeigt umfangreiche Bearbeitungsoptionen zum markierten Element an (Bild 6.8 und Bild 6.9). Praktischerweise bleibt der Aufgabenbereich dauerhaft geöffnet, so dass Sie im Diagramm nur ein anderes Element markieren brauchen, um dieses anschließend zu bearbeiten.

Zum Anzeigen des Aufgabenbereichs klicken Sie im Diagramm mit der rechten Maustaste auf ein Element, z. B. Diagrammtitel oder eine Datenreihe und auf den Befehl *Datenreihe (Element) formatieren...* oder doppelklicken Sie auf ein Diagrammelement.

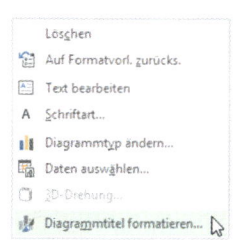

Der Aufgabenbereich

Unterhalb des Aufgabenbereichstitels finden Sie ein Register mit den jeweiligen *OPTIONEN*; abhängig vom markierten Element kann daneben auch noch

Diagrammelement
auswählen

das Register *TEXTOPTIONEN* sichtbar sein. Ein Mausklick auf das kleine Dreieck öffnet die Liste der Diagrammelemente und Sie können auf diese Weise schnell ein anderes Element auswählen.

Unterhalb der Register befindet sich eine Symbolleiste, über deren Symbole wählen Sie eine Eigenschaft oder ein Format. Meist finden Sie hier die Symbole *Füllung*, *Effekte*, *Größe und Eigenschaften* sowie weitere, elementspezifische Optionen. Die beiden Abbildungen unten zeigen zwei Beispiele.

Im eigentlichen Aufgabenbereich darunter blenden Sie die Inhalte der einzelnen Abschnitte mit einem Mausklick auf das kleine Dreieck ein, bzw. schließen diese wieder.

Diegrammelement auswählen ⎯⎯

Register *OPTIONEN* ⎯⎯

Symbolleiste ⎯⎯

Abschnitte ein- und ausblenden ⎯⎯

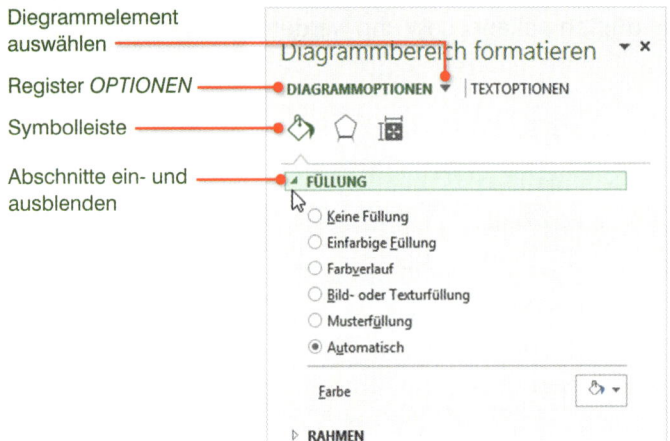

Bild 6.8 Diagrammbereich, Füllung bearbeiten

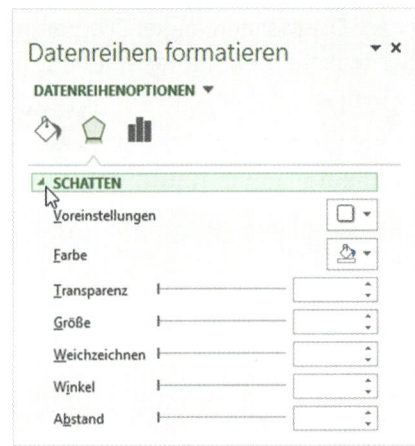

Bild 6.9 Datenreihen, Effekte bearbeiten

Elemente zur Diagrammanalyse

Trendlinien hinzufügen

Siehe auch Lektion 2.3,
Trendberechnung

Säulen-, Balken-, Punkt und Liniendiagramme können mit Trendlinien versehen werden. Markieren Sie dazu die Datenreihe, für die die Trendlinie berechnet werden soll. Zeigen Sie unter *ENTWURF - Diagrammelement hinzufügen* auf *Trendlinie* und wählen Sie den gewünschten Regressionstyp.

Bild 6.10 Trendlinie

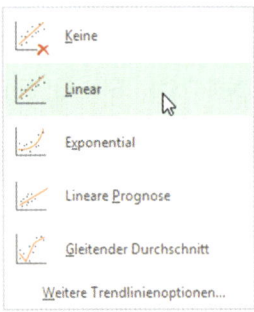

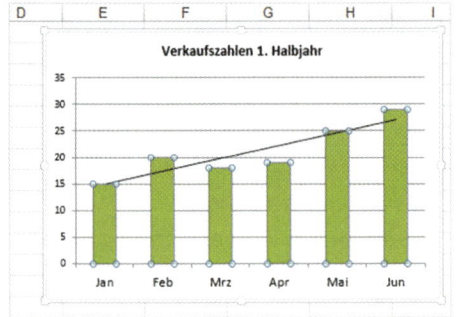

Wenn Sie die Regression genauer definieren möchten, dann klicken Sie auf *Weitere Trendlinienoptionen...*. Im Aufgabenbereich *Trendlinie formatieren* können Sie nun die Trendlinie weiter bearbeiten: Klicken Sie auf das Symbol *Trendlinienoptionen* und legen Sie die Parameter fest (Bild 6.11).

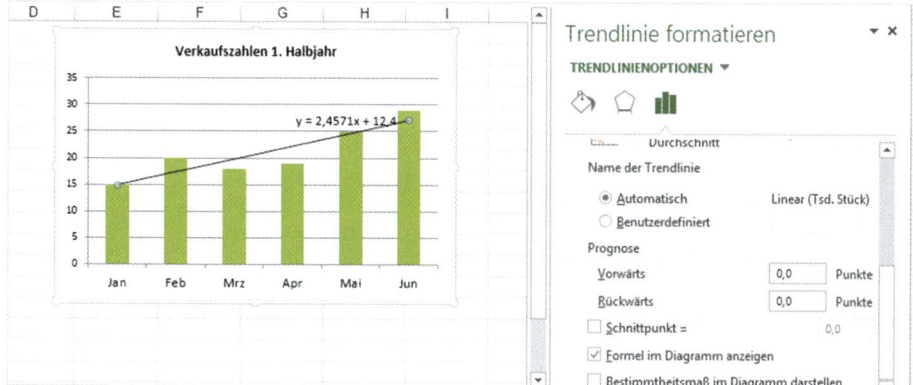

Bild 6.11 Trendlinienoptionen

Fehlerindikatoren

Um die Datenpunkte eines Diagramms mit Fehlerindikatoren zu versehen, markieren Sie die Datenreihe und zeigen unter *ENTWURF - Diagrammelemente hinzufügen* auf *Fehlerindikatoren*. Wählen Sie die gewünschte Anzeige aus, auch hier sind im Aufgabenbereich weitere Optionen über den Befehl *Weitere Fehlerindikatorenoptionen...* verfügbar.

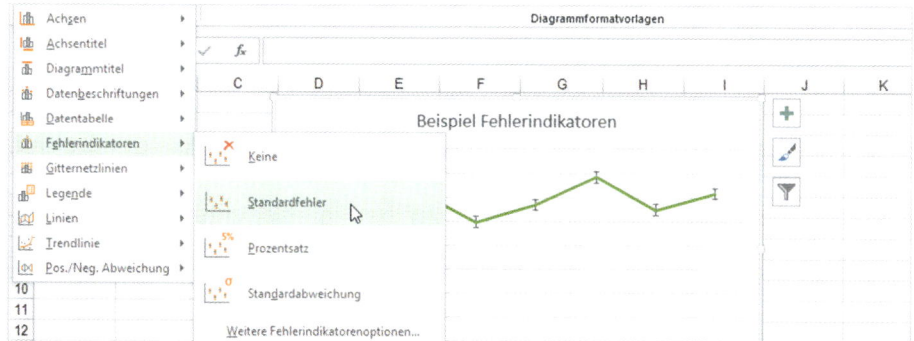

Bild 6.12 Fehlerindikatoren

Tipps und Tricks

Diagrammelement markieren

Zum Markieren eines Diagrammelements klicken Sie am einfachsten im Diagramm auf das Element. Als Alternative verwenden Sie im Menüband, Register *FORMAT*, das Auswahlfeld der Gruppe *Aktuelle Auswahl* oder klicken im Aufgabenbereich auf das kleine, nach unten weisende Dreieck der jeweiligen Elementoptionen (Bild 6.8).

Abstände von Säulen und Balken bearbeiten

Um in Säulen- und Balkendiagrammen die Abstände zwischen den Säulen bzw. Balken zu ändern, markieren Sie die Datenreihe und klicken im Aufgabenbereich *Datenreihen formatieren* auf das Symbol *Reihenoptionen*. Ändern Sie dann den Wert im Feld *Abstandsbreite*.

Bild 6.13 Säulenabstände

Prozentanteile in Kreisdiagrammen anzeigen

Nur in Kreisdiagrammen möglich!

Um in einem Kreisdiagramm die Prozentanteile als Datenbeschriftung anzuzeigen, ist es nicht erforderlich, die Anteile zuvor in der Tabelle zu berechnen. Klicken Sie auf *Diagrammelement hinzufügen* und auf die Auswahl *Datenlegende*.Diese beinhaltet neben der Beschriftung auch die Prozentanteile, allerdings ist die Gestaltung als Sprechblase nicht in jedem Fall erwünscht. Bessere Möglichkeiten finden Sie wieder im Aufgabenbereich: Markieren Sie dazu, falls bereits vorhanden die Datenbeschriftungen, oder klicken Sie zum Einfügen auf *Weitere Datenbeschriftungsoptionen...*.

Klicken Sie im Aufgabenbereich auf das Symbol *Beschriftungsoptionen* und aktivieren Sie unter *Beschriftung enthält* mit den Kontrollkästchen die gewünschte Anzeige (Bild 6.14). Falls Sie mehrere Werte ausgewählt haben, können Sie z. B mit *Neue Zeile* als *Trennzeichen* jeden Wert in einer eigenen Zeile anzeigen. Unterhalb legen Sie unter *Beschriftungsposition* auch gleich die Platzierung im Diagramm fest.

Bild 6.14 Datenbeschriftung mit %-Anteilen

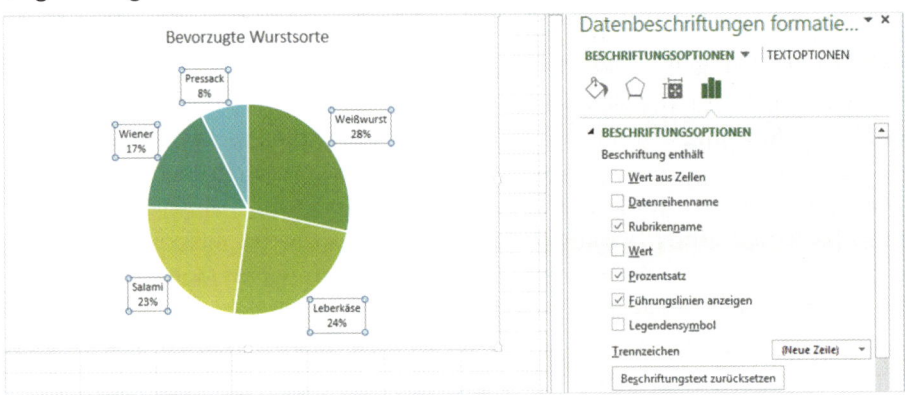

6.3 Rund um die Diagrammachsen

Achseneinteilung

Standardmäßig wählt Excel bei der Diagrammerstellung und auch bei nachträglichen Änderungen Einteilung und Wertebereich der Größenachse (Vertikale Y-Achse) automatisch. Um mehrere Diagramme miteinander zu vergleichen, kann es trotzdem sinnvoll sein, in allen Diagrammen eine einheitliche Achsenskalierung zu verwenden. Dies nehmen Sie ebenfalls im Aufgabenbereich vor:

Markieren Sie die Größenachse und klicken Sie im Aufgabenbereich *Achse formatieren* auf das Symbol *Achsenoptionen*. Blenden Sie den obersten Abschnitt *Achsenoptionen* (Bild 6.15) ein, hier finden Sie unter *Grenzen* Felder, in die Sie Werte für Minimum, Maximum und bei Bedarf auch die Hauptintervalle eingeben können. Hilfsintervalle brauchen in der Regel nicht angegeben werden, da sie nur selten benötigt werden.

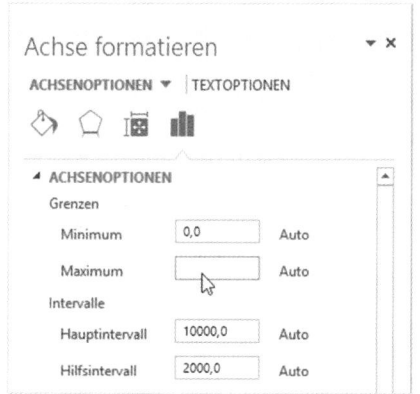

Bild 6.15 Maximum eingeben

Bild 6.16 Maximum zurücksetzen

Die Einstellung *Auto* bedeutet, die Einteilung erfolgt automatisch

Beachten Sie, dass bei Angabe eines festen Minimums und/oder Maximums bei späteren Änderungen der Daten keine automatische Anpassung der Achsen erfolgt. Es können also auch Säulen oder Linien abgeschnitten werden. Mit der Schaltfläche *Zurücksetzen* (Bild 6.16) setzen Sie geänderte Werte wieder auf automatische Einteilung zurück.

Logarithmische Skalierung

Um eine genauere Darstellung bei niedrigeren Werten zu erzielen, können Sie für die Größenachse, in einem XY-Diagramm auch für beide Achsen eine logarithmische Skalierung verwenden. Markieren Sie dazu die Größenachse und klicken Sie im Aufgabenbereich auf das Symbol *Achsenoptionen*. Öffnen Sie hier den Abschnitt *Achsenoptionen* und aktivieren Sie das Kontrollkästchen *Logarithmische Skalierung* (Bild 6.17).

Logarithmische Skalierung der Y-Achse

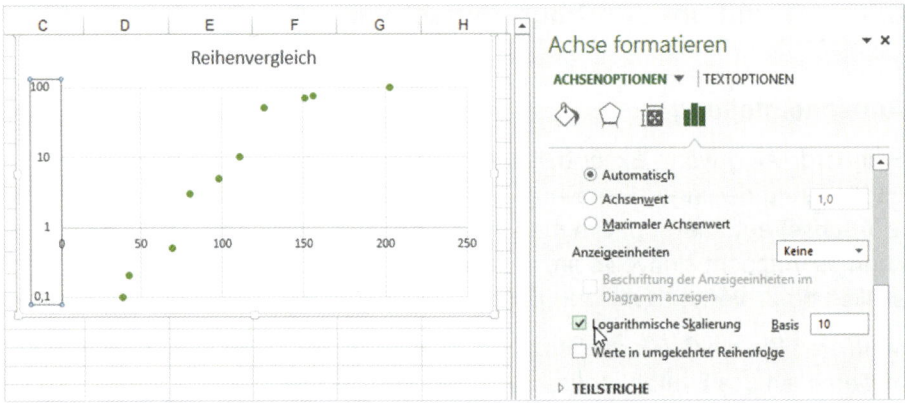

Einheiten und Zahlenformat

Basiert ein Diagramm auf sehr großen Zahlen, dann können Sie zur besseren Lesbarkeit die Beschriftung der Achse in Tausendern oder Millionen anzeigen lassen. Markieren Sie die Größenachse und klicken Sie im Aufgabenbereich *Achse formatieren* auf das Symbol *Achsenoptionen*. Hier finden Sie im obersten Abschnitt *Achsenoptionen* die *Anzeigeeinheiten*: Klicken Sie auf den Dropdown-Pfeil und wählen Sie die gewünschte Einheit (Bild 6.18).

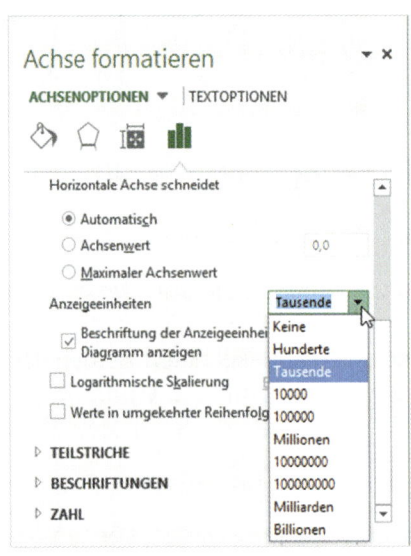

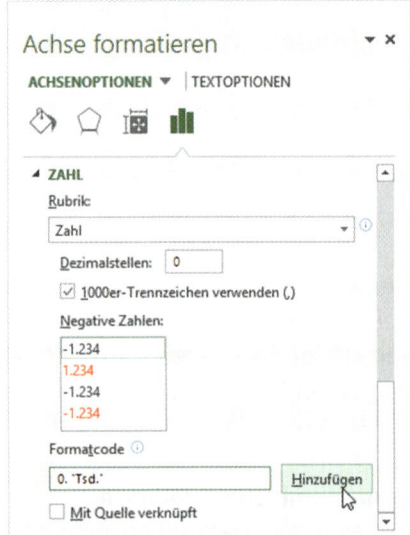

Bild 6.18 Anzeigeeinheiten wählen   *Bild 6.19 Benutzerdefiniertes Zahlenformat*

Zahlenformat

Standardmäßig übernimmt die Größenachse das Zahlenformat der Tabelle. Möchten Sie in der Größenachse des Diagramms ein abweichendes Format verwenden, so klicken Sie unter *Achsenoptionen* auf den Abschnitt *Zahl*. Deaktivieren Sie zuerst das Kontrollkästchen *Mit Quelle verknüpft*. Dann wählen Sie über den Dropdown-Pfeil ein Zahlenformat, bzw. legen die Anzahl der Dezimalstellen fest. Die Verwendung benutzerdefinierter Zahlenformate ist ebenfalls möglich: Klicken Sie dazu in das Feld *Formatcode* und geben Sie hier Ihr Zahlenformat ein, anschließend klicken Sie auf *Hinzufügen* (Bild 6.19).

Position der X-Achse

Enthält ein Diagramm negative Werte, so schneidet die X-Achse trotzdem bei 0 und befindet sich damit innerhalb der Diagrammfläche. Dies können Sie für die markierte Größenachse (Y) ebenfalls im Aufgabenbereich, Abschnitt *Achsenoptionen* ändern: Geben Sie entweder einen festen Achsenwert ein oder wählen Sie *Maximaler Wert*, damit wird X-Achse oberhalb des Diagramms angezeigt.

Schnittpunkt der X-Achse ändern

Sekundärachse und Verbunddiagramm

Problematisch wird es, wenn Sie in einem Diagramm zwei oder mehr Datenreihen mit völlig unterschiedlichen Größenordnungen darstellen möchten. Beispielsweise wenn die eine Datenreihe auf Zahlen basiert und die zweite Datenreihe auf Prozentwerten, wie in Bild 6.20. Die Datenreihe *Umsatzanteil* ist zwar im Diagramm enthalten, enthält allerdings im Vergleich zu den Stückzahlen sehr niedrige Werte und ist somit kaum sichtbar. Abhilfe schafft eine zweite, so genannte Sekundärachse für die Prozentwerte. Allerdings sollten Sie gleichzeitig für die Datenreihen unterschiedliche Diagrammtypen verwenden, z. B. Säulen und Linien, da sich die Säulen sonst überlagern. Beachten Sie außerdem, dass Sekundärachsen und kombinierte Diagrammtypen nur mit 2D-Diagrammen möglich sind!

Unterschiedliche Wertebereiche vergleichen

	A	B	C									
3	*Monat*	*Tsd. Stück*	*Umsatz Anteil in %*									
4	Januar	250	9%									
5	Februar	220	10%									
6	März	300	12%									
7	April	240	9%									
8	Mai	350	13%									
9	Juni	380	9%									
10	Juli	290	4%									
11	August	200	5%									
12	September	180	7%									
13	Oktober	250	5%									
14	November	400	6%									
15	Dezember	450	10%									

Bild 6.20 Beispiel unterschiedliche Wertebereiche

Die Vorgehensweise ist einfach:

1   Klicken Sie in das Diagramm und anschließend im Menüband auf das Register *ENTWURF*. Klicken Sie hier auf *Diagrammtyp ändern*.

2   Das Dialogfenster *Diagrammtyp ändern* öffnet sich. Wählen Sie im Register *Alle Diagramme* links den Typ *Verbund*. Rechts erhalten Sie dazu verschiedene Vorschläge, z. B. eine Kombination von Säulen und Linien. Darunter sehen Sie den markierten Typ in der Vorschau mit Ihren Daten (Bild 6.21).

3   Wenn Sie für eine der Datenreihen eine Sekundärachse benötigen, aktivieren Sie unterhalb der Vorschau für diese Datenreihe das Kontrollkästchen *Sekundärachse*. Hier können Sie auch jeder Datenreihe getrennt einen Diagrammtyp zuweisen, sollte kein Vorschlag Ihren Vorstellungen entsprechen.

Bild 6.21 Verbunddiagramm

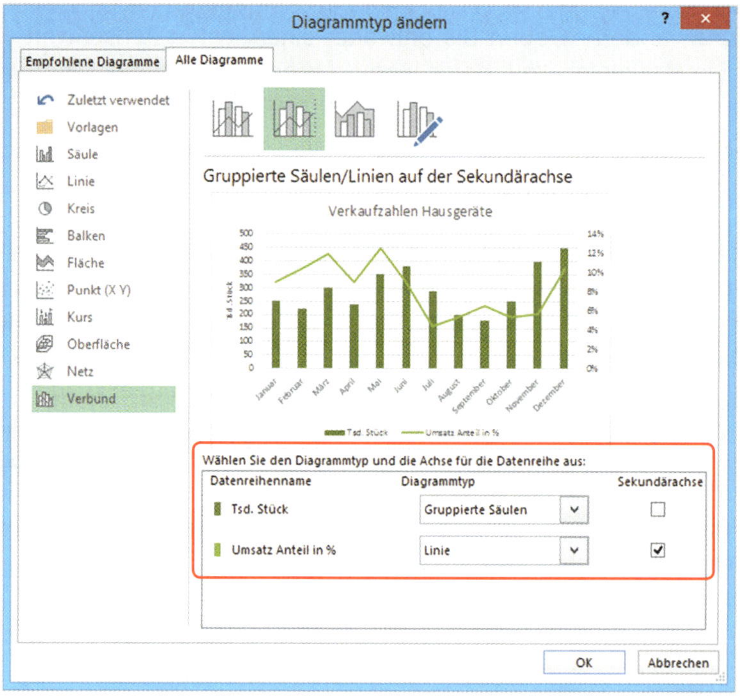

6.4   Problembehandlung in Diagrammen

Fehlende Werte

Ein häufiges Problem bei der Darstellung von Messreihen in Liniendiagrammen sind fehlende Werte. Beispiel: Sie möchten zwei Reihen, z. B. die Temperaturen in zwei Städten, in einem Liniendiagramm miteinander vergleichen, allerdings liegen in einer der Reihen für einige Tage keine Werte vor. Im Diagramm unterbricht Excel an diesen Punkten einfach die Linie (Bild 6.22). Zur Vermeidung der Lücken in die leeren Zellen der Tabelle 0 eintragen, würde das Ergebnis verfälschen, da an diesen Tagen ja nicht 0 Grad gemessen wurden.

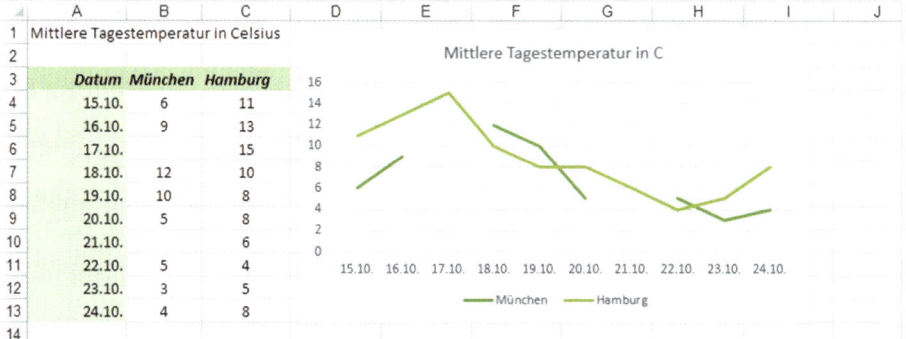

Bild 6.22 Unterbrochene Reihe

Wenn Sie in einem solchen Fall die vorhandenen Datenpunkte einfach mit einer Linie verbinden möchten, dann gehen Sie wie folgt vor:

1 Öffnen Sie im Register *ENTWURF* über die Schaltfläche *Daten auswählen* das Fenster *Datenquelle auswählen*.

2 Klicken Sie hier auf die Schaltfläche *Ausgeblendete und leere Zellen*. Wählen Sie unter *Leere Zellen anzeigen als* die gewünschte Option, in unserem Beispiel *Datenpunkte mit einer Linie verbinden* (Bild 6.23).

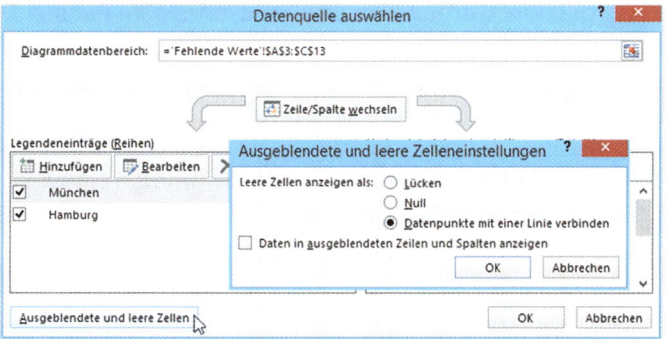

Bild 6.23 Ausgeblendete und leere Zelleneinstellungen

Zahlen als Achsenbeschriftung

Wenn beim Einfügen eines Diagramms ein Zellbereich markiert ist, so bildet Excel automatisch aus allen Zahlen Datenreihen, nicht immer ist dies aber auch erwünscht oder sinnvoll. Die Tabelle in Bild 6.24 enthält Verkaufszahlen nach Kalenderwochen. Wenn Sie aus diesem Zellbereich ein Diagramm erstellen, so wird aus beiden Spalten, also auch aus der Kalenderwoche je eine Datenreihe gebildet. Dieses Problem lässt sich am einfachsten lösen, indem Sie mit einem leeren Diagramm beginnen und anschließend Datenreihe und Achsenbeschriftung getrennt festlegen.

Problem: Excel erstellt aus allen Zahlen Datenreihen

1   Klicken Sie in eine beliebige Zelle außerhalb der Tabellenbereichs und klicken Sie im Register *EINFÜGEN*, *Diagramme* auf einen Diagrammtyp, z. B. Säulen. Ein leeres Diagramm wird im Arbeitsblatt eingefügt.

2   Klicken Sie im Register *ENTWURF* auf *Daten auswählen* und dann im Fenster *Datenquelle auswählen* unter *Legendeneinträge (Reihen)* auf *Bearbeiten*. Geben Sie einen Namen für die Reihe ein und klicken Sie in das Feld *Reihenwerte*: Markieren Sie dann im Tabellenblatt den Zellbereich, aus dem die Reihe gebildet werden soll, gleichzeitig erhält die waagrechte Achse eine fortlaufende Nummerierung als Beschriftung (Bild 6.24).

Bild 6.24 Datenreihe festlegen

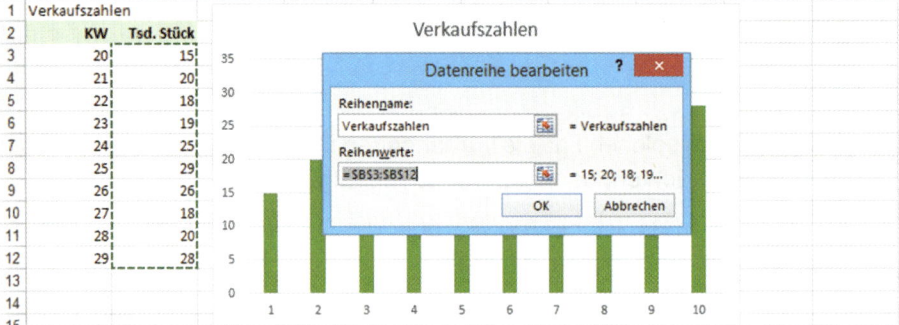

3   Im nächsten Schritt geben Sie an, aus welchen Zellen die Achsenbeschriftung gebildet werden soll: Dazu klicken Sie im Fenster *Datenquelle auswählen* unter *Horizontale Achsenbeschriftungen (Rubrik)* auf *Bearbeiten* und markieren im Tabellenblatt den Zellbereich, der als Achsenbeschriftung verwendet werden soll, die Kalenderwochen.

Bild 6.25 Achsenbeschriftung bearbeiten

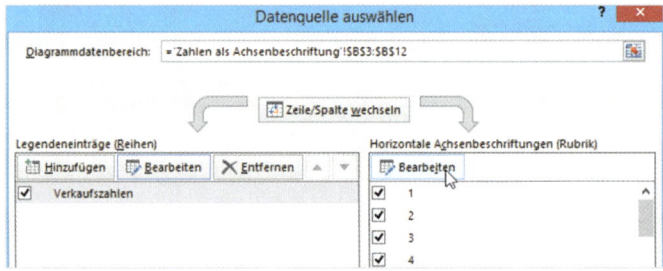

Diagrammbereich anpassen

Diagrammbereich mit der Maus anpassen

Datenreihe mit der Maus erweitern
Ein weiteres häufiges Problem: Sie möchten ein Diagramm für eine Datenreihe erstellen und beim späteren Hinzufügen neuer Werte sollen diese im Diagramm ebenfalls berücksichtigt werden. Dann passen Sie am einfachsten die Datenquelle mit der Maus an:

1 Klicken Sie in den Diagrammbereich; in der Tabelle wird der verwendete Zellbereich mit farbigen Rahmen gekennzeichnet.

2 Zeigen Sie mit der Maus auf die untere linke Ecke des Rahmens. Der Mauszeiger erscheint als Doppelpfeil und Sie können nun den Zellbereich mit gedrückter Maustaste beliebig erweitern.

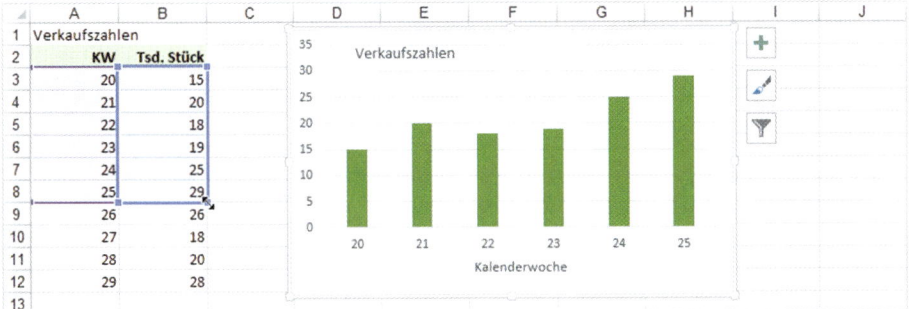

Bild 6.26 Datenreihe erweitern

Diagrammbereich automatisch anpassen

Wenn der Diagrammbereich automatisch angepasst werden soll, dann formatieren Sie den Zellbereich als Tabelle. Beim Hinzufügen neuer Zeilen am Ende der Tabelle wird in diesem Fall der Tabellenbereich automatisch erweitert und gleichzeitig auch das Diagramm entsprechend angepasst.

Siehe Lektion 3.6, Dynamische Tabellenbereiche

Wo dies nicht möglich ist, können Sie auch die Funktion BEREICH.VERSCHIEBEN( ) in Verbindung mit Bereichsnamen einsetzen. Beispiel: Ein Säulendiagramm soll immer nur die Verkaufszahlen der letzten 5 Kalenderwochen anzeigen. Die Liste wird wöchentlich aktualisiert.

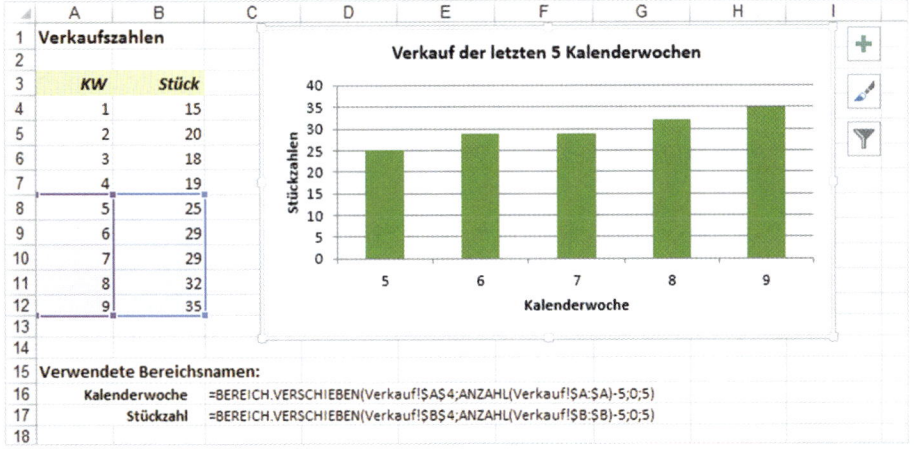

Bild 6.27 Diagrammbereich mit BEREICH.VERSCHIEBEN anpassen

1 Dazu müssen Sie Namen für die benötigten Zellbereiche vergeben: Da nicht nur die Stückzahlen, sondern auch die Beschriftung der X-Achse, die Kalenderwochen, aktualisiert werden sollen, brauchen Sie für jeden

Siehe Lektion 1.4 Namen erstellen

Siehe Lektion 2.4, Nachschlage- und Verweisfunktionen

der beiden Zellbereiche einen Namen. Tragen Sie im Namensmanager unter *Bezieht sich auf* die jeweilige Funktion ein.

2 Erstellen Sie dann ein leeres Säulendiagramm und öffnen Sie das Dialogfenster *Datenquelle auswählen*. Geben Sie im Fenster *Datenreihe bearbeiten* einen Namen für die Datenreihe ein und unter *Reihenwerte* tragen Sie den Namen des Arbeitsblattes zusammen mit dem Bereichsnamen in der folgenden Schreibweise ein:

=Tabellenblatt!Bereichsname

3 Diese Vorgehensweise gilt auch für die Beschriftung der horizontalen Achse. Hier geben Sie den Bereichsnamen für die Kalenderwochen in derselben Schreibweise ein wie oben.

6.5   Zusammenfassung

■ Neben den Standard-Diagrammtypen, wie Säulen-, Balken-, Kreis- und Liniendiagramm kennt Excel noch weitere Diagrammtypen. Punktdiagramme werden auch als X/Y-Diagramme bezeichnet und eignen sich dazu, die Werte zweier Messreihen miteinander zu vergleichen. Blasendiagramme beziehen eine dritte Wertereihe mit ein, durch die die Größe der Blase festgelegt wird. Für einzelne Datenreihen können Sie bei den meisten Diagrammtypen auch noch eine Trendlinie oder Fehlerindikatoren hinzufügen.

■ Die genauere Bearbeitung von Diagrammelementen erfolgt im Aufgabenbereich. Hier finden Sie nicht nur umfangreiche Möglichkeiten der Formatierung, sondern steuern auch das Aussehen der Größenachse. Standardmäßig wählt Excel die Skalierung der Größenachse nach dem Wertebereich der Datenreihe. Sie können jedoch die Werte auch manuell vorgeben oder eine logarithmische Skalierung wählen.

■ Um Datenreihen in völlig unterschiedlichen Größenordnungen in einem Diagramm miteinander zu vergleichen, verwenden Sie ein Verbunddiagramm, das verschiedene Diagrammtypen miteinander kombiniert. Sie können auf diese Weise jeder Datenreihe einen Diagrammtyp zuweisen und bei Bedarf auch eine zweite Achse (Sekundärachse). Dies ist allerdings nur mit 2D-Diagrammen möglich.

7 Datenimport aus anderen Anwendungen

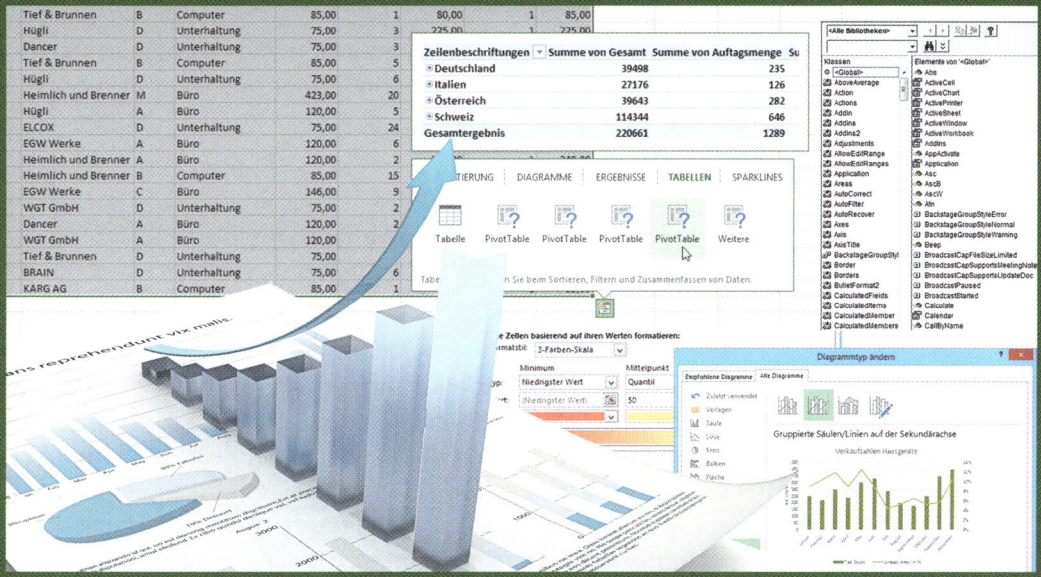

In dieser Lektion lernen Sie...

- Daten aus Textdateien importieren
- Verknüpfungen mit externen Datenquellen nutzen

Diese Kenntnisse sollten Sie bereits mitbringen...

- Mit Excel-Tabellen (Datenbanken) arbeiten

In vielen Fällen werden Daten aus anderen Anwendungen in eine Excel-Arbeitsmappe importiert und mit Excel ausgewertet, beispielsweise in Form von Pivot-Tabellen. Für den Datenzugriff oder Import aus anderen Dateiformaten stehen Ihnen folgende Möglichkeiten offen:

■ Einige Dateiformate werden von Excel beim Öffnen automatisch erkannt und mit Hilfe eines Konverters in den meisten Fällen auch korrekt geöffnet. Dazu zählen beispielsweise Arbeitsmappen, die mit älteren Excel-Versionen erstellt wurden, aber auch Textdateien.

■ Der Zugriff auf externe Datenquellen über Verknüpfungen bietet den Vorteil, dass die Daten schnell aktualisiert werden können.

Daneben steht natürlich auch die Zwischenablage zum Datenaustausch zur Verfügung, diese Möglichkeit dürfte allgemein bekannt sein und wird hier nicht weiter beschrieben.

7.1   Textdateien öffnen und konvertieren

Dateiformate

Trennzeichen statt Spalten

Können Daten zwischen verschiedenen Anwendungen nicht direkt ausgetauscht werden, so helfen Zwischenformate. Meist ist dies ein Textformat, bei dem die Werte der einzelnen Spalten durch bestimmte Zeichen getrennt werden. Hier gehen zwar Formatierungen verloren, aber die Daten selbst werden beibehalten. Die häufigsten Formate sind Textdateien mit den Dateinamenserweiterungen .txt oder .csv (Comma separeted values). In beiden wird meist als Trennzeichen zwischen den Feldern ein Semikolon (;) verwendet und Text befindet sich zwischen Anführungszeichen " ". Beide Dateitypen können mit Excel geöffnet werden und die Werte werden dabei in Spalten übernommen.

Bild 7.1 Beispiel Textdatei

Verkaufszahlen.txt - Editor

Datei Bearbeiten Format Ansicht ?

```
"ID";"Datum";"Filiale";"Verkäufer";"Modell";"Einzelpreis";"Menge";"Gesamtpreis";"Rabattgruppe"
2;2.1.2010 00:00:00;"Passau";"Hintermoser";"A";120,00 €;1;120,00 €;3
3;2.1.2010 00:00:00;"München";"Iffig";"C";150,00 €;3;450,00 €;1
4;3.1.2010 00:00:00;"Passau";"Brösel";"D";75,00 €;2;150,00 €;2
```

■ Dateien mit der Dateinamenserweiterung .csv werden meist auch aus dem Windows-Explorer heraus über Doppelklick auf das Dateisymbol mit Excel korrekt geöffnet und die Daten normalerweise automatisch in Spalten angeordnet.

■ Eine Textdatei mit der Dateinamenserweiterung .txt müssen Sie dagegen immer aus Excel heraus über den *Öffnen*-Dialog öffnen. In diesem Fall startet ein *Textkonvertierungs-Assistent*, der Sie durch die einzelnen Schritte führt.

Hinweis: In Ausnahmefällen kann es vorkommen, dass eine Datei mit der Datei-namenserweiterung .csv mit Doppelklick im Windows-Explorer zwar mit Excel geöffnet wird, die Daten aber nicht korrekt in Spalten importiert werden, sondern nach wie vor mit Semikolon getrennt sind. Dann müssen Sie zuerst Excel starten und anschließend die Textdatei öffnen.

Textdatei (.txt) öffnen

So gehen Sie beim Öffnen bzw. Konvertieren einer Textdatei (.txt oder .csv) vor:

1 Klicken Sie in Excel im Register *DATEI* auf *Öffnen* und wählen Sie den Speicherort aus. Klicken Sie außerdem auf die Schaltfläche *Dateityp* und wählen Sie *Textdateien (*.prn; *.txt; *.csv)*, da diese beim Öffnen nicht standardmäßig angezeigt werden. Markieren Sie die gewünschte Datei und klicken Sie auf *Öffnen*.

Dateityp auswählen!

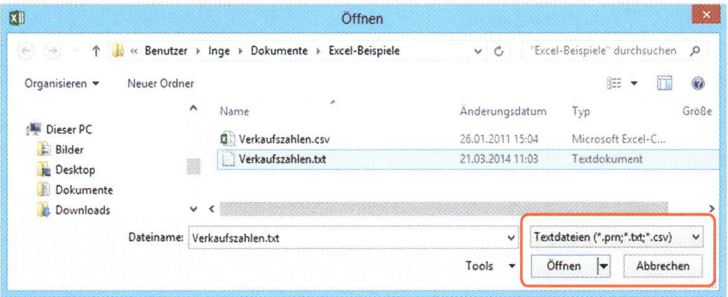

Bild 7.2 Textdateien auswählen

2 Jetzt wird der *Textkonvertierungs-Assistent* gestartet, der Sie in Schritten durch den Import führt. Im ersten Schritt müssen Sie den Datentyp angeben: *Getrennt* ist der häufigste Typ, dieser wird vom Assistenten meist korrekt erkannt (Bild 7.3).

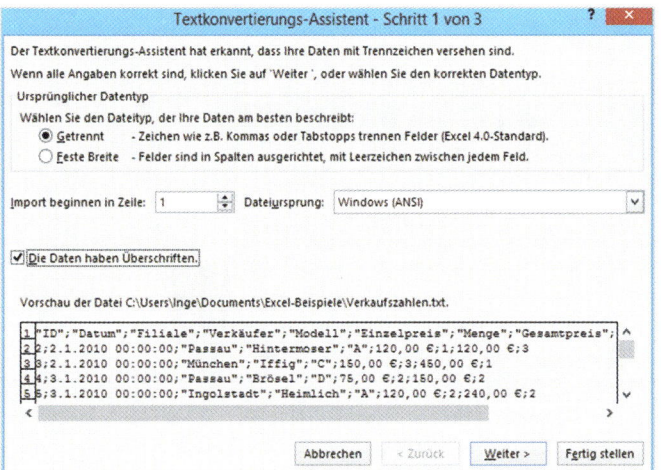

Bild 7.3 Textkonvertierung: Schritt 1

Geben Sie außerdem unterhalb an, ab welcher Zeile der Import beginnen soll (standardmäßig ab Zeile 1) und kontrollieren Sie anhand der Vorschau, ob die Daten Überschriften enthalten (*Daten haben Überschriften*). Dann klicken Sie auf *Weiter*

3   Im zweiten Schritt geben Sie das verwendete Trennzeichen an, meist Semikolon oder Tabstopp. Falls ein anderes Zeichen verwendet wird, tragen Sie dieses unter *Andere* ein. Texte sind meist zur besseren Unterscheidung in Anführungszeichen gesetzt, kontrollieren Sie dies unter *Textqualifizierer* oder geben Sie hier das verwendete Zeichen ein. Klicken Sie dann auf *Weiter*.

Bild 7.4 Trennzeichen festlegen

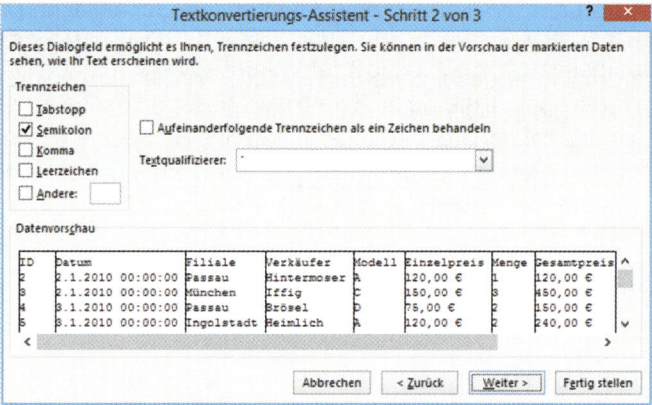

4   Im letzten Schritt können Sie für jede einzelne Spalte den Datentyp festlegen. Markieren Sie dazu einfach in der Vorschau die betreffende Spalte mit einem Mausklick und wählen das Datenformat.

Bild 7.5 Datentyp festlegen

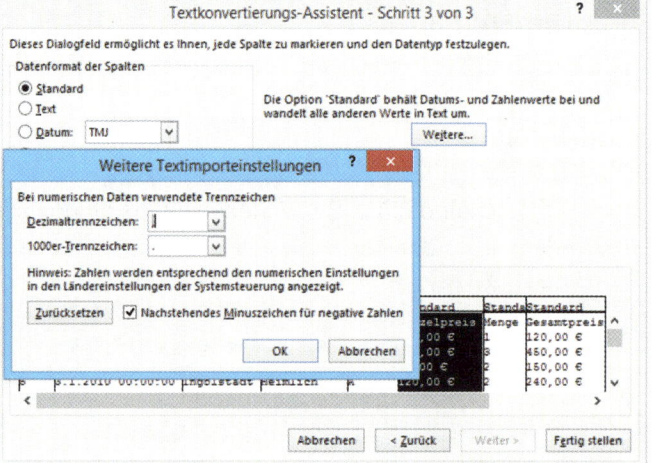

Die Option *Standard* behält Zahlen und Datumswerte bei und wandelt alle anderen Werte in Text um. Wenn Sie alle Spalten im Standardformat übernehmen möchten, dann übergehen Sie diesen Schritt und klicken einfach auf *Fertig stellen*.

Hinweis: Manche Anwendungen verwenden für Zahlen den Punkt als Dezimalzeichen und ein Komma als Tausendertrennzeichen. Dies führt bei anschließenden Auswertungen zu Problemen. Klicken Sie in solchen Fällen auf die Schaltfläche *Weitere...*, um bereits beim Import das verwendete Dezimalzeichen anzugeben (Bild 7.5).

7.2 Über eine Verbindung importieren

Werden stets aktuelle Daten aus einer externen Datenquelle benötigt, dann erstellen Sie anstatt eines Imports besser eine Verbindung zur externen Datenquelle. Die Daten können dann jederzeit aktualisiert werden.

Beispiel Microsoft Access-Datenbank

Verbindung erstellen

Als Beispiel wird in der Folge beschrieben, wie Sie eine Verbindung zu einer Microsoft Access-Datenbank herstellen und nutzen.

1 Klicken Sie im Register *DATEN*, Gruppe *Externe Daten abrufen*, auf die Schaltfläche *Aus Access*. Das Dialogfenster *Datenquelle auswählen* wird geöffnet, markieren Sie die gewünschte Datenbankdatei und klicken Sie auf *Öffnen*.

2 Im nächsten Schritt wählen Sie die benötigte Tabelle oder Abfrage aus.

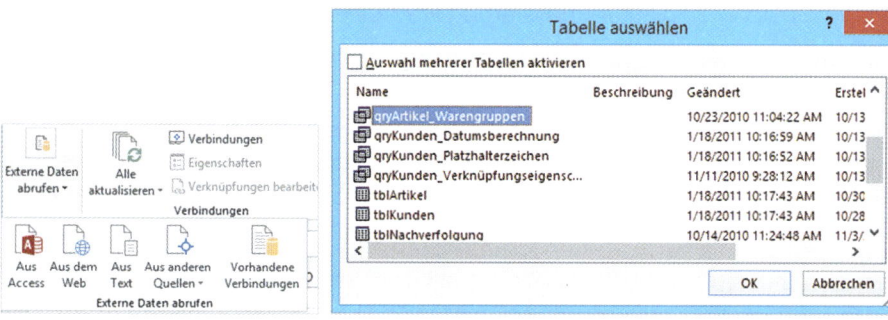

Bild 7.6 Externe Daten abrufen   *Bild 7.7 Tabelle oder Abfrage wählen*

3 Wählen Sie das Format, in dem die importierten Daten angezeigt werden sollen. Excel bietet hier auch die Möglichkeit des Imports in Form einer Pivot-Tabelle an, ansonsten wählen Sie *Tabelle*. Gleichzeitig geben Sie an, ob die Daten im aktuellen oder in einem neuen Tabellenblatt eingefügt werden sollen (Bild 7.8).

Bild 7.8 Importformat auswählen

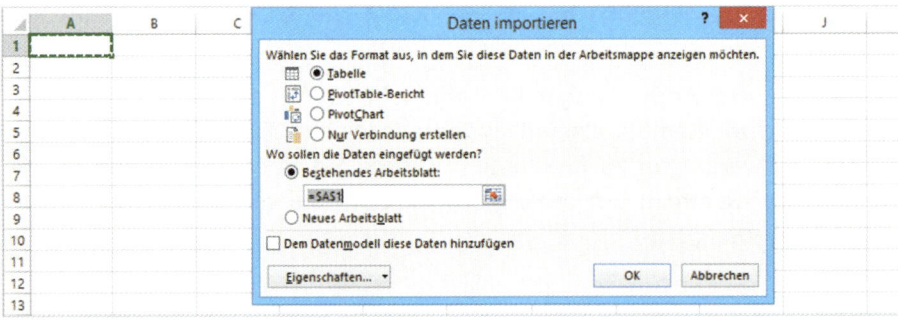

Siehe Lektion 3, Excel Datenbanken

Die Daten werden ab der angegebenen Position eingefügt und als Tabelle formatiert. Sie können nun diese Tabelle beliebig fitern, sortieren und auswerten.

Bild 7.9 Die importierte Tabelle

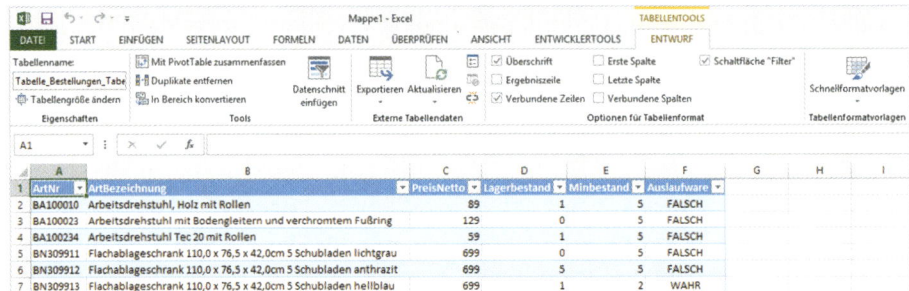

Verbindung aktualisieren

Zum Aktualisieren der Daten verwenden Sie entweder die Tasten Alt+F5 oder im Register *DATEN*, Gruppe *Verbindungen*, die Schaltfläche *Alle Aktualisieren*. Über die Schaltfläche *Verbindungseigenschaften* der selben Gruppe können Sie die Einstellungen zur Aktualisierung kontrollieren und ändern (Bild 7.10).

Bild 7.10 Verbindungseigenschaften

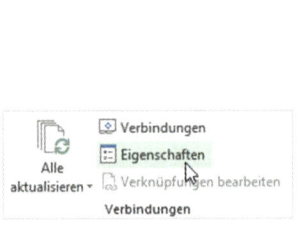

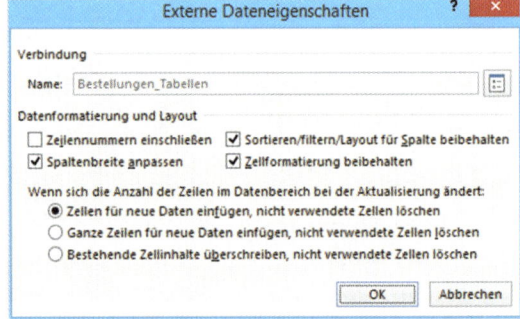

Verbindung trennen

Falls Sie später die Verbindung trennen möchten, klicken Sie in die Tabelle und im Register *TABELLENTOOLS - ENTWURF*, Gruppe *Externe Tabellendaten*, auf *Verknüpfung aufheben*. Die Tabelle wird ab sofort nicht mehr aktualisiert!

Verbindungen verwenden

Mit dem Import erzeugt Excel gleichzeitig eine Verbindung zur Access-Datenbank. Die Verbindungsdaten werden standardmäßig in einer Datei mit der Dateinamenserweiterung .odc (office data connection) im Benutzerordner *Meine
Datenquellen* gespeichert. Diese Verbindungen sind anschließend auch in anderen Arbeitsmappen über *DATEN*, *Externe Daten abrufen* und die Schaltfläche
Vorhandene Verbindungen verfügbar.

Auch in anderen Ar-
beitsmappen verfüg-
bar!

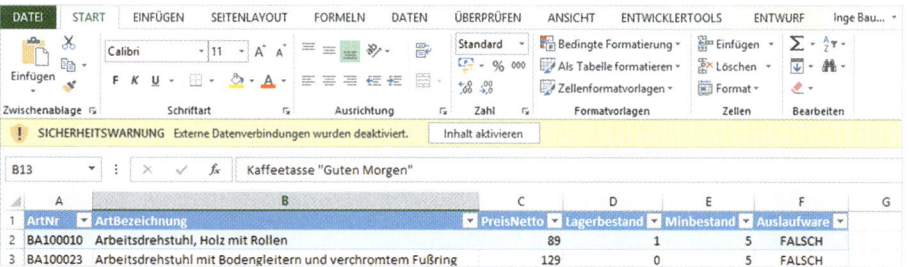

*Bild 7.11 Vorhandene
Verbindungen anzeigen*

Sicherheitseinstellungen

Beachten Sie, dass beim erstmaligen Öffnen von Arbeitsmappen, die Daten
aus externen Quellen verwenden, die Datenverbindungen aus Sicherheitsgrün-
den automatisch deaktiviert sind. Dann erscheint unterhalb des Menübandes
eine entsprechende Sicherheitswarnung (Bild 7.12). Wenn Sie der Datenquelle
vertrauen, müssen Sie auf die Schaltfläche *Inhalt aktivieren* klicken, um die Da-
tenverbindung zu aktivieren. Erst dann können die Daten aktualisiert werden.
Die Datenquelle wird von nun an als vertrauenswürdig eingestuft und Sie brauchen beim nächsten Öffnen die Inhalte nicht mehr aktivieren.

Verbindungen können
beim Öffnen deaktiviert
sein

*Bild 7.12 Sicherheitswar-
nung*

Andere Quellen

Falls Sie Daten aus einer Textdatei über eine Verbindung importieren möchten, klicken Sie im Register *DATEN*, Gruppe *Externe Daten abrufen*, auf *Aus
Text*. Hierbei unterstützt Sie wieder der oben bereits beschriebene Textkonver-

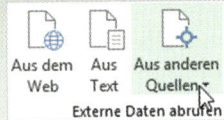

tierungs-Assistent. In der selben Gruppe stehen Ihnen über die Schaltfläche *Daten aus anderen Quellen* noch weitere Möglichkeiten zur Verfügung, unter anderem:

- Verbindung mit einer SQL Server-Tabelle.

- Import einer XML-Datei

- Für nicht aufgeführte Formate wählen Sie den *Datenverbindungs-Assistenten*.

Bild 7.13 Importmöglichkeiten

7.3   Zusammenfassung

- Häufig wird Excel auch zur Auswertung von Datenbeständen verwendet, die mit anderen Anwendungen erstellt wurden. Grundsätzlich stehen zum Datenaustausch zwei Möglichkeiten zur Verfügung: Sie öffnen die Datei über den *Öffnen*-Dialog oder Sie importieren die Daten aus einer externen Datenquelle über eine Verknüpfung.

- Textdateien mit der Dateinamenserweiterung .txt oder .csv sind ein wichtiges Zwischenformat zum Datenaustausch, sie enthalten allerdings keine Formatierungen. Anstelle von Spalten trennen Textdateien die Daten mit einem Trennzeichen, meist Tabstopps oder Semikolon. Textdateien können normalerweise mit Excel problemlos geöffnet werden, die Daten werden konvertiert und in Spalten aufgeteilt.

- Im Gegensatz zum reinen Import oder Datenaustausch über die Zwischenablage können über eine Verbindung eingefügte Tabellen jederzeit manuell oder automatisch aktualisiert werden. Die Verbindungsdaten werden gespeichert und sind auch in anderen Arbeitsmappen verfügbar. Beachten Sie beim ersten Öffnen der Arbeitsmappe die Sicherheitseinstellungen von Excel.

8 Makros

In dieser Lektion lernen Sie...

■ Einfache Makros aufzeichnen und ausführen

■ Zellbezüge bei der Makroaufzeichnung berücksichtigen

■ Sicherheitseinstellungen für Makros

Diese Kenntnisse sollten Sie bereits mitbringen...

■ Umgang mit Tabellen und Arbeitsmappen

■ Zellbezüge und Formeln

Routinetätigkeiten
aufzeichnen

Obwohl Microsoft Excel ein sehr leistungsfähiges Programm mit umfangreichen Funktionen ist, werden häufig für spezielle Probleme Lösungen benötigt, die sich mit den Standardfunktionen von Excel nur sehr aufwändig oder überhaupt nicht realisieren lassen. Zu diesem Zweck entstand bereits in frühen Versionen von Excel eine Möglichkeit, Befehlsabläufe aufzuzeichnen und später mit einem einzigen Befehl abzuspielen. Zu den wichtigsten Einsatzmöglichkeiten von Makros gehört die Ausführung von Routinetätigkeiten, beispielsweise Aufbereitung und Auswertung von Tabellen mit gleichbleibendem Aufbau, aber wechselnden Daten.

8.1   Grundlagen

VBA = Visual Basic for
Applications

Die Bezeichnung Makro stammt eigentlich aus der Programmierung und bezeichnet eine kurze Folge von Befehlen, formuliert in einer Programmiersprache. Diese Befehlsfolge wird unter einem Namen gespeichert und jedes Mal ausgeführt, wenn Sie das Programm aufrufen. In Excel lassen sich Makros mit Hilfe eines Makrorecorders auch ohne Programmierkenntnisse aufzeichnen. Während der Aufzeichnung werden alle Ihre Aktionen und Eingaben als Anweisungen der Programmiersprache VBA geschrieben und gespeichert. Ein Makro kann jederzeit nachträglich bearbeitet und beispielsweise um weitere Anweisungen ergänzt werden. Dazu sind allerdings VBA-Grundkenntnisse erforderlich, auf die in der nächsten Lektion näher eingegangen wird.

Siehe Lektion 9,
Einführung in die VBA-
Programmierung

Register Entwicklertools anzeigen

Schaltflächen zum Aufzeichnen und Ausführen von Makros finden Sie im Register *ANSICHT*, Guppe *Makros*. Diese sind zusammen mit weiteren Schaltflächen auch im Register *ENTWICKLERTOOLS* verfügbar, das allerdings standardmäßig nicht sichtbar ist. Es erlaubt übersichtlicheres Arbeiten mit Makros und wird zur VBA-Programmierung benötigt und sollte daher eingeblendet werden. Dazu klicken Sie mit der rechten Maustaste an eine beliebige Stelle im Menüband und auf *Menüband anpassen*.

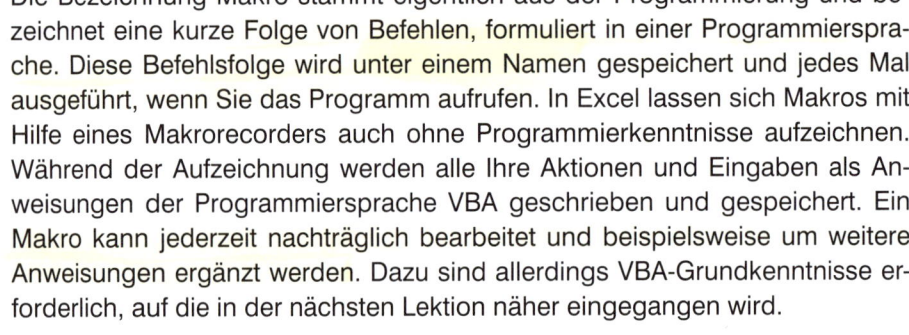

Bild 8.1 Menüband anpassen

Das Dialogfenster *Excel-Optionen* mit der Auswahl *Menüband anpassen* öffnet sich. Der etwas umständlichere Weg führt über das Register *DATEI*, den Befehl *Optionen* und die Auswahl *Menüband anpassen*.

Aktivieren Sie hier im rechten Bereich *Hauptregisterkarten* das Kontrollkästchen der Registerkarte *Entwicklertools* und übernehmen Sie die Einstellung mit *OK*.

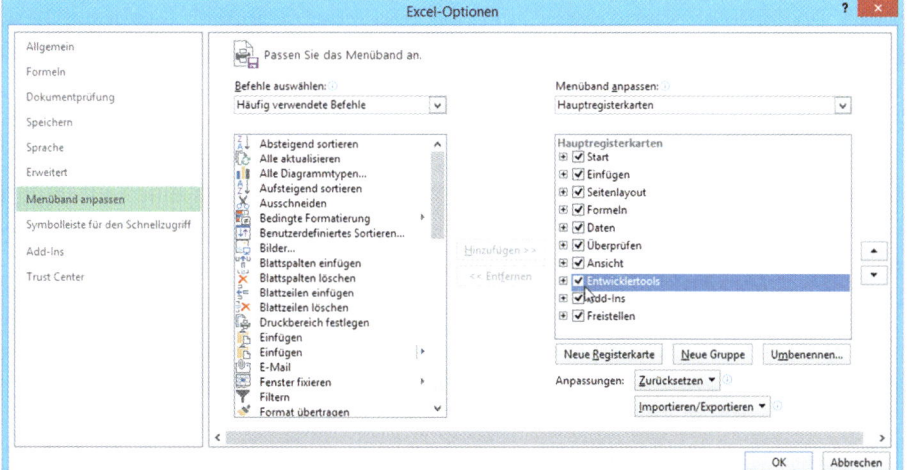

Bild 8.2 Entwicklertools einblenden

Bild 8.3 Register ENT-WICKLERTOLLS

Arbeitsmappen und Makros speichern

Im Gegensatz zu früheren Versionen verwendet Excel ab der Version 2007 einen eigenen Dateityp zum Speichern von Arbeitsmappen, die Makros enthalten. Achten Sie daher beim Speichern darauf, den korrekten Dateityp, *Excel Arbeitsmappe mit Makros* (.xlsm), auszuwählen, andernfalls erhalten Sie beim Speichern eine Warnung. Dies gilt nicht, wenn die Arbeitsmappe im älteren Dateiformat Excel-97-2003-Arbeitsmappe (.xls) gespeichert wird.

Achten Sie auf den korrekten Dateityp

Standardmäßig werden Makros zusammen mit derjenigen Arbeitsmappe gespeichert, in der sie erstellt wurden und stehen somit nur zur Verfügung, wenn die Mappe geöffnet ist. Soll ein Makro in allen Excel-Arbeitsmappen verfügbar sein, so kann es in der *Persönlichen Makroarbeitsmappe* gespeichert werden. Diese Makroarbeitsmappe wird unter dem Namen *Personal.xlsb* im Ordner AppData\Local\Microsoft\Excel\XLStart zusammen mit den übrigen Benutzereinstellungen gespeichert, der genaue Speicherort ist abhängig vom Betriebssystem. Beachten Sie außerdem: Wenn Sie als Speicherort die persönliche Makroarbeitsmappe gewählt haben, dann müssen Sie beim Beenden von Excel auch alle Änderungen an dieser Mappe speichern.

Sicherheitseinstellungen

Die Programmiersprache VBA ist in allen Office-Anwendungen, also auch
Word, PowerPoint oder Access integriert und ist eine äußerst leistungsfähige
Sprache, die auf wichtige Funktionen Ihres Systems, beispielsweise die Datei-
verwaltung zugreifen kann. Makros können daher auch eine Bedrohung für die
Sicherheit Ihres PC darstellen, schädliche Makros sind als Makroviren bekannt.
Im Gegensatz zu anderer Schadsoftware werden Makroviren zusammen mit
Office-Dokumenten gespeichert und verbreitet. Beim Öffnen eines infizierten
Dokuments wird auch das Makrovirus aktiviert. Makroviren werden von gängi-
gen Antivirenprogrammen nicht immer erkannt, daher verfügt Excel über eige-
ne Sicherheitseinstellungen zum Umgang mit Makros.

Zur Kontrolle und ggfs. zum Ändern der Sicherheitseinstellungen klicken Sie
im Register *ENTWICKLERTOOLS*, Gruppe *Code*, auf die Schaltfläche *Makro-
sicherh.* und öffnen das *Trust Center*.

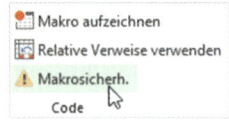

*Bild 8.4 Makroeinstel-
lungen*

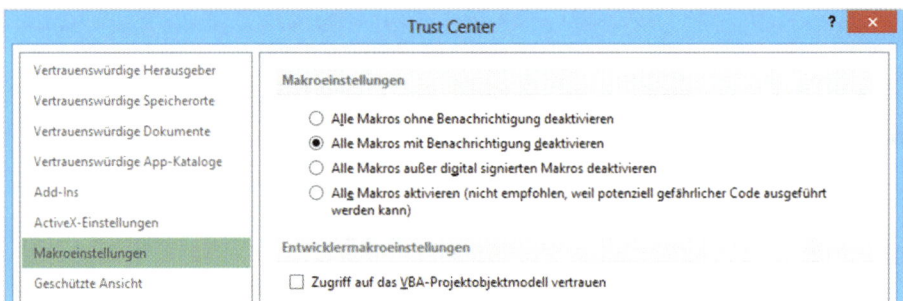

Als Alternative öffnen Sie das *Trust Center* über das Register *DATEI* und die
Excel *Optionen*. Klicken Sie hier auf *Trust Center* und auf die Schaltfläche *Einstellungen für das Trust Center*.

Damit Ihre aufgezeichneten Makros später ausgeführt werden können, dürfen
sie nicht komplett deaktiviert sein, wählen Sie daher unter *Makroeinstellungen*
die Option *Alle Makros mit Benachrichtigung deaktivieren*. Mit dieser Einstellung erhalten Sie beim Öffnen einer Arbeitsmappe, die Makros enthält, eine
Sicherheitswarnung und können entscheiden, ob Sie die Makros aktivieren
möchten. Klicken Sie dazu auf die Schaltfläche *Inhalt aktivieren...*. Wenn Sie
beim Öffnen die Inhalte bzw. Makros einer Arbeitsmappe aktiviert haben, dann
wird diese Mappe künftig von Excel 2013 als vertrauenswürdiges Dokument
eingestuft und die Inhalte werden beim nächsten Öffnen automatisch aktiviert.

*Bild 8.5 Makros beim
Öffnen aktivieren*

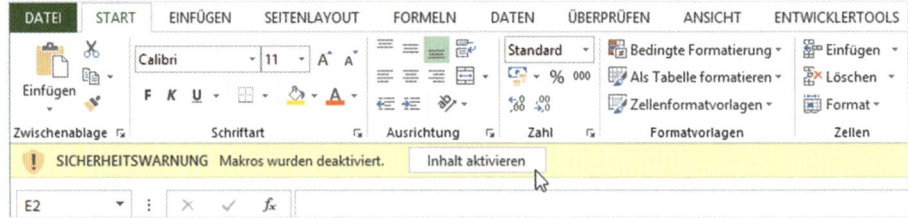

8.2 Einfache Makros

Makro aufzeichnen

Um ohne Programmierkenntnisse ein Makro zu erzeugen, verwenden Sie den Makro-Recorder. Er zeichnet alle Anweisungen und Eingaben in Form von VBA-Befehlen auf, die Sie später bei Bedarf im VBA-Editor ansehen und bei Bedarf auch bearbeiten können. Dazu sind allerdings VBA-Kenntnisse erforderlich, Näheres dazu erfahren Sie in der nächsten Lektion.

Siehe Lektion 9, Einführung in die VBA-Programmierung

Bevor Sie ein Makro erstellen, sollten Sie genau überlegen, welche Arbeitsschritte in welcher Reihenfolge erforderlich sind. Testen Sie die Schritte eventuell vorher.

Beispiel: Ein einfaches Makro aufzeichnen

Als Beispiel wollen wir ein Makro aufzeichnen, das den Text „Hallo" in eine zuvor markierte Zelle schreibt. So gehen Sie vor:

1 Markieren Sie eine Zelle, beispielsweise C2 und klicken Sie im Register *ENTWICKLERTOOLS*, Gruppe *Code*, auf *Makro aufzeichnen*.

2 Das Dialogfenster *Makro aufzeichnen* wird geöffnet: Geben Sie einen Namen an, unter dem das Makro gespeichert und später aufgerufen werden soll.

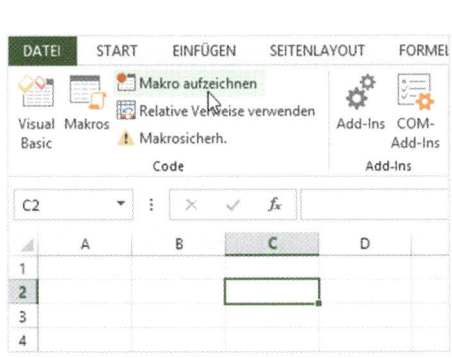

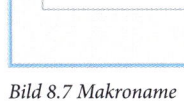

Bild 8.6 Aufzeichnung starten

Bild 8.7 Makroname

Beachten Sie die Regeln für Makronamen: Ein Makroname darf maximal 255 Zeichen lang sein, keine Leerzeichen und mit Ausnahme des Unterstrichs (_) keine Sonderzeichen enthalten, also auch keinen Bindestrich.

3 Tastenkombination und Speicherort festlegen: Falls Sie später das Makro über eine Tastenkombination starten möchten, so geben Sie die gewünschte Taste in Verbindung mit der Strg-Taste an. Sie können dem Makro aber auch nachträglich eine Tastenkombination zuweisen. Unter

Siehe 8.4, Makroausführung starten

Wo soll das Makro
gespeichert werden?

Makro speichern in legen Sie den Speicherort des Makros fest, normalerweise die aktuelle Arbeitsmappe. Mit der Schaltfläche *OK* starten Sie
anschließend die Makroaufzeichnung.

4   Ab jetzt werden alle Ihre Befehle und Eingaben aufgezeichnet. Da Sie die
Zelle C2 bereits vor der Makroaufzeichnung markiert haben, tippen Sie
das Wort „Hallo" in diese Zelle und drücken anschließend die Eingabe-
Taste, damit wird die Zelle C3 unterhalb markiert.

5   Zum Schluß müssen Sie die Makroaufzeichnung beenden: Klicken Sie
dazu im Register *ENTWICKLERTOOLS*, Gruppe *Code*, auf *Aufzeichnung
beenden*. Als Alternative können Sie auch die Schaltfläche in der Status-
zeile verwenden (Bild 8.8).

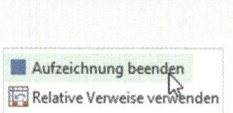

*Bild 8.8 Aufzeichnung
beenden*

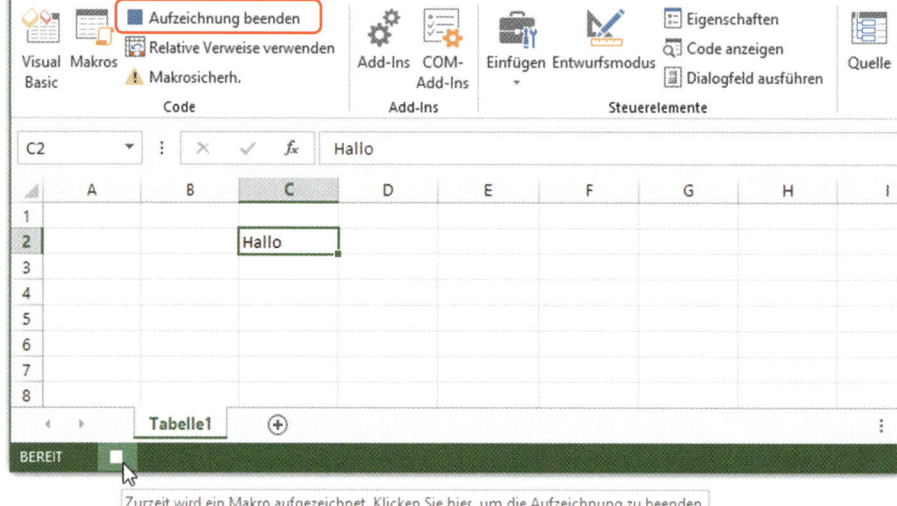

Makro ausführen

Um das soeben aufgezeichnete Makro zu testen, markieren Sie eine beliebige
Zelle Ihres Tabellenblattes.

■   Haben Sie dem Makro eine Tastenkombination zugewiesen, so verwenden Sie zum Starten des Makros diese Tastenkombination.

Ausführung starten

■   Andernfalls klicken Sie im Register *ENTWICKLERTOOLS,* Gruppe *Code*,
auf die Schaltfläche *Makros.* Markieren Sie das Makro, das Sie ausführen
möchten und klicken Sie auf die Schaltfläche *Ausführen* (Bild 8.10).

■   Als Ergebnis schreibt das Makro das Wort „Hallo" in die markierte Zelle
und markiert anschließend die Zelle C3.

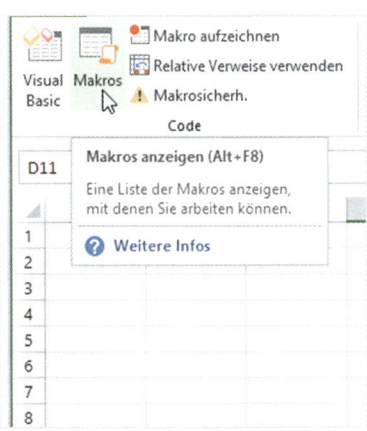

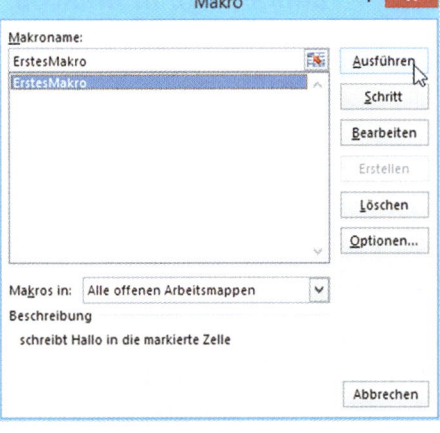

Bild 8.9 Makros anzeigen   *Bild 8.10 Makro ausführen*

Markieren Sie nun eine andere, beliebige Zelle und führen Sie das Makro nochmals aus. Haben Sie bemerkt, dass beim Ausführen des oben beschriebenen
Makros zwar der Text in die aktuell markierte Zelle geschrieben, anschließend
aber immer dieselbe Zelle markiert wird? Die Ursache liegt darin, dass bei der
Makroaufzeichnung standardmäßig absolute Zellbezüge verwendet werden.
Im nächsten Abschnitt wird beschrieben, wie Sie ein Makro mit relativen Zellbezügen aufzeichnen.

Das Makro verwendet absolute Zellbezüge!

Mögliche Probleme bei der Makro-Ausführung

■   Beim Starten des Makros erscheint eine Meldung, die Sie darauf auf-
    merksam macht, dass Makros aufgrund der Sicherheitseinstellungen de-
    aktiviert wurden, gleichzeitig ist der Entwurfsmodus aktiviert. In diesem
    Fall müssen Sie die Mappe schließen und erneut öffnen und dann die
    Inhalte aktivieren (siehe „Sicherheitseinstellungen").

■   Als weitere mögliche Fehlerquelle haben Sie vielleicht vergessen, die Auf-
    zeichnung zu beenden, bevor Sie das Makro ausführen. In diesem Fall
    erscheint meist eine Fehlermeldung. Klicken Sie in der Fehlermeldung
    auf die Schaltfläche *Beenden* und zeichnen Sie das Makro neu auf.

Makro löschen oder ersetzen

Zum Löschen eines fehlerhaften oder nicht mehr benötigten Makros, öffnen Sie
über die Schaltfläche *Makros* das Dialogfenster *Makro* (Bild 8.10). Markieren
Sie das Makro, das Sie löschen möchten und klicken Sie auf die Schaltfläche
Löschen. Sie können aber auch ein fehlerhaftes Makro einfach neu aufzeichnen. Wenn Sie einen bestehenden Makronamen vergeben, erscheint eine Meldung, ob Sie das Makro ersetzen möchten. Bestätigen Sie mit *OK*.

Bestehendes Makro ersetzen

8.3   Zellbezüge in Makros

Wie Sie anhand Ihres ersten Makros gesehen haben, unterscheidet Excel nicht nur in Formeln, sondern auch bei der Makroaufzeichnung zwischen relativen und absoluten Zellbezügen. Im ersten Beispiel haben Sie ein Makro mit absoluten Zellbezügen aufgezeichnet. Absolute Zellbezüge sind immer dann erforderlich, wenn eine Eingabe immer an derselben Position erfolgen soll. Soll dagegen die Eingabe beispielsweise am Ende einer Liste erfolgen, unabhängig davon, wie viele Zeilen die Liste umfasst, dann benötigen Sie bei der Aufzeichnung relative Zellbezüge.

Zellbezüge wechseln

Über die Schaltfläche *Relative Verweise verwenden* im Register *ENTWICKLERTOOLS* können Sie vor oder während der Aufzeichnung zwischen absoluten und relativen Zellbezügen wechseln: Bei deaktivierter Schaltfläche werden alle Aktionen wie Markieren und Eingeben mit absoluten Zellbezügen aufgezeichnet. Ist hingegen die Schaltfläche aktiviert, erfolgt die Aufzeichnung mit relativen Zellbezügen (Bild 8.12).

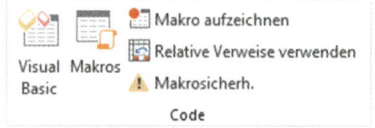

Bild 8.11 Aufzeichnung mit absoluten Verweisen

Bild 8.12 Relative Verweise

Beispiel: Makro mit unterschiedlichen Verweisen aufzeichnen

Als zweites Beispiel soll ein Makro erstellt werden, das für jeden neuen Rechnungsposten in der oberen Tabelle in Bild 8.13 den Gesamtpreis in E3 berechnet, anschließend die Werte der Zellen A3 bis E3 ausschneidet und an die untere Liste anfügt.

Bild 8.13 Beispiel Zellbezüge

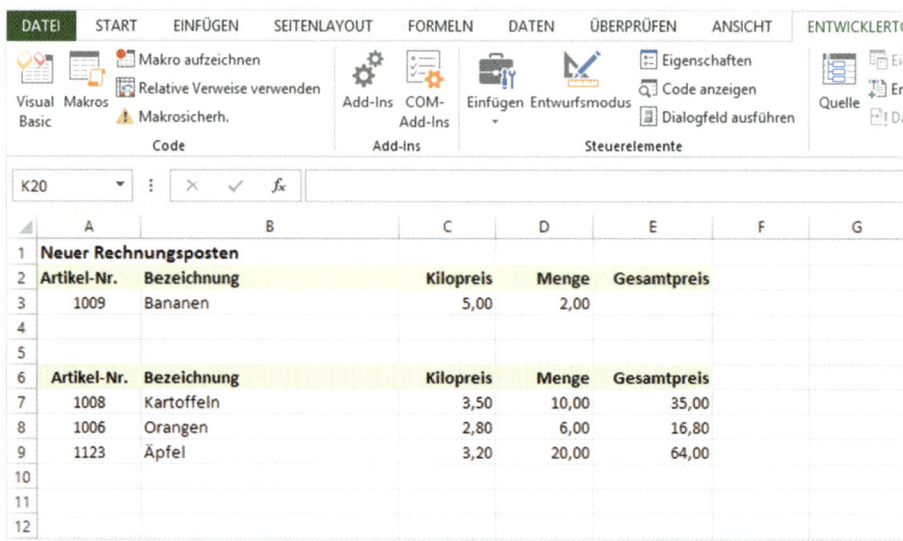

So gehen Sie vor:

1 Markieren Sie im Tabellenblatt eine beliebige Zelle, nicht aber E3, da sonst das Markieren dieser Zelle nicht mit aufgezeichnet wird. Starten Sie dann die Makroaufzeichnung und speichern Sie das Makro unter dem Namen ListeAnfügen.

2 Für den ersten Schritt, die Berechnung der Formel, benötigen Sie absolute Zellbezüge. Markieren Sie die Zelle E3 und geben Sie die Formel =D3*C3 ein.

3 Markieren Sie anschließend den Bereich A3 bis E3 und schneiden Sie mit den Tasten Strg+X den Zellbereich aus.

4 Im nächsten Schritt müssen Sie zunächst das Ende der Liste ermitteln. Markieren Sie dazu die Zelle A6 in der ersten Zeile der Liste. Diese Zelladresse bildet den festen Bezugspunkt der Liste, daher verwenden Sie auch hier einen absoluten Zellbezug.

5 Ab jetzt benötigen Sie relative Bezüge, aktivieren Sie also die Schaltfläche *Relative Verweise verwenden*. Um in Spalte A in die letzte Zeile der Tabelle zu gelangen, verwenden Sie die Tastenkombination Strg+Pfeiltaste nach unten. Dann markieren Sie mit der Pfeiltaste die Zelle in der darunterliegenden Zeile und drücken zum Einfügen aus der Zwischenablage die Tasten Strg+V.

Ab hier benötigen Sie Relative Aufzeichnung

6 Im letzten Schritt der Makroaufzeichnung deaktivieren Sie die relative Aufzeichnung wieder und markieren diejenige Zelle, in der Sie mit der Bearbeitung fortfahren möchten, beispielsweise die Zelle A3. Dann beenden Sie die Aufzeichnung.

8.4 Makroausführung starten

Tastenkombination

Wie Sie ein Makro über das Dialogfenster *Makro* starten, haben Sie bereits kennengelernt. Wesentlich schneller starten Sie die Ausführung über eine Tastenkombination. Sie können einem Makro bereits vor der Aufzeichnung eine Tastenkombination zuweisen, dies ist aber auch noch nachträglich möglich.

Tastenkombination nachträglich zuweisen

Öffnen Sie dazu das Dialogfenster *Makro*, markieren Sie das Makro, dem Sie eine Tastenkombination zuweisen wollen und klicken Sie auf die Schaltfläche *Optionen*. Geben Sie die gewünschte Tastenkombination an (Bild 8.14), ggfs. können Sie hier auch die Beschreibung ändern, und bestätigen Sie mit der Schaltfläche *OK*.

Bild 8.14 Tastenkombination zuweisen

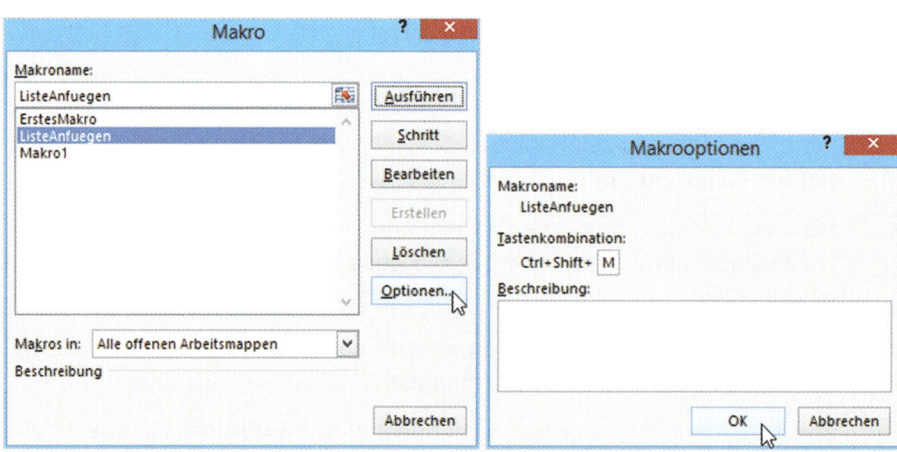

Der Makroaufruf über eine Tastenkombination bringt einige Nachteile mit sich:

■   Benutzer, die das Makro verwenden möchten, müssen sich die entsprechenden Tasten merken, dies dürfte für ungeübte Benutzer problematisch sein.

Vorsicht bei bestehenden Tastenkombinationen

■   Achten Sie bei der Festlegung der Tasten darauf, dass die Tastenkombination nicht bereits anderweitig belegt ist. Wichtige Tastenkombinationen wie beispielsweise Strg+C (Kopieren) werden sonst überschrieben.

Symbolleiste für den Schnellstart

Als zweite Möglichkeit können Sie das Makro der *Symbolleiste für den Schnellstart* hinzufügen und später per Mausklick starten. Klicken Sie dazu am Ende der Schnellstartleiste auf das Symbol *Symbolleiste für den Schnellstart anpassen* und hier auf *Weitere Befehle...*. Das Fenster *Excel Optionen* mit Anpassungsmöglichkeiten für den Schnellzugriff öffnet sich. Klicken Sie unter *Befehle auswählen* auf den Dropdown-Pfeil und auf *Makros*.

Bild 8.15 Schnellstartleiste anpassen

Makros auswählen

Änderung für alle Dokumente oder aktuelles Dokument?

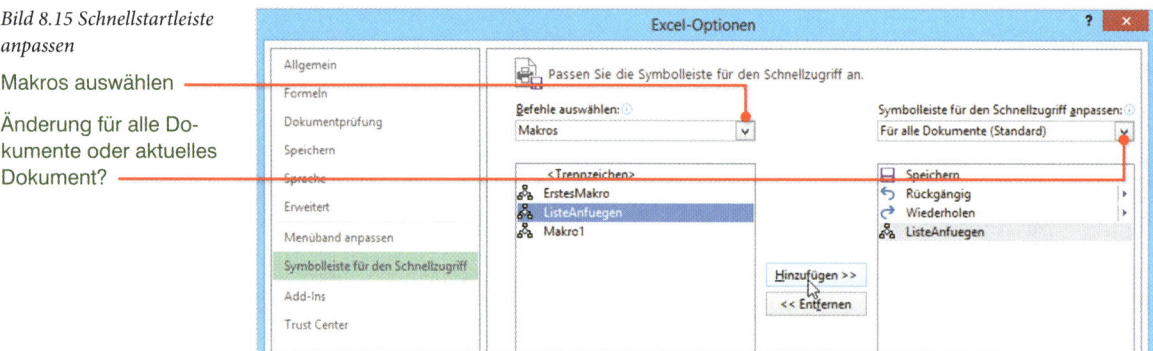

Unterhalb erscheint eine Liste Ihrer aufgezeichneten Makros und in der rechten Liste sehen Sie die vorhandenen Symbole der Schnellstartleiste: Mit einem Doppelklick fügen Sie das Makro der Liste hinzu oder benutzen Sie die Schaltfläche *Hinzufügen*. Mit einer weiteren Schaltfläche entfernen Sie nicht mehr benötigte Makros wieder aus der Schnellstartleiste.

Zuletzt geben Sie an, ob diese Anpassung *Für alle Dokumente* (Standardeinstellung) oder nur für die aktuelle Arbeitsmappe gelten soll. Klicken Sie dazu auf den Dropdown-Pfeil *Symbolleiste für den Schnellzugriff anpassen* (Bild 8.15).

> Tipp: Mit der Schaltfläche Ändern können Sie dem markierten Makro ein anderes Symbol zuweisen

Menüband anpassen

Eine andere Möglichkeit zum Starten eines Makros stellt das Menüband dar. Allerdings sollten Sie dies nur für Makros vornehmen, die in allen Excel-Arbeitsmappen verfügbar sind, da Sie beim Aufruf eine Fehlermeldung erhalten, sollte das Makro nicht verfügbar sein. Klicken Sie dazu mit der rechten Maustaste an eine beliebige Stelle des Menübandes und auf *Menüband anpassen...*, um die *Excel Optionen* mit Einstellungen für das Menüband zu öffnen.

Beachten Sie, dass Sie zuvor entweder ein neues Register erstellen oder einem der Standardregister eine neue Gruppe hinzufügen müssen, da die Standardgruppen nicht geändert werden können.

Registerkarte erstellen

Klicken Sie auf *Neue Registerkarte*. Die neue Registerkarte erscheint in der Liste der Hauptregisterkarten und ist mit dem Zusatz *(Benutzerdefiniert)* versehen. Markieren Sie die neue Registerkarte und klicken Sie auf *Umbenennen*.

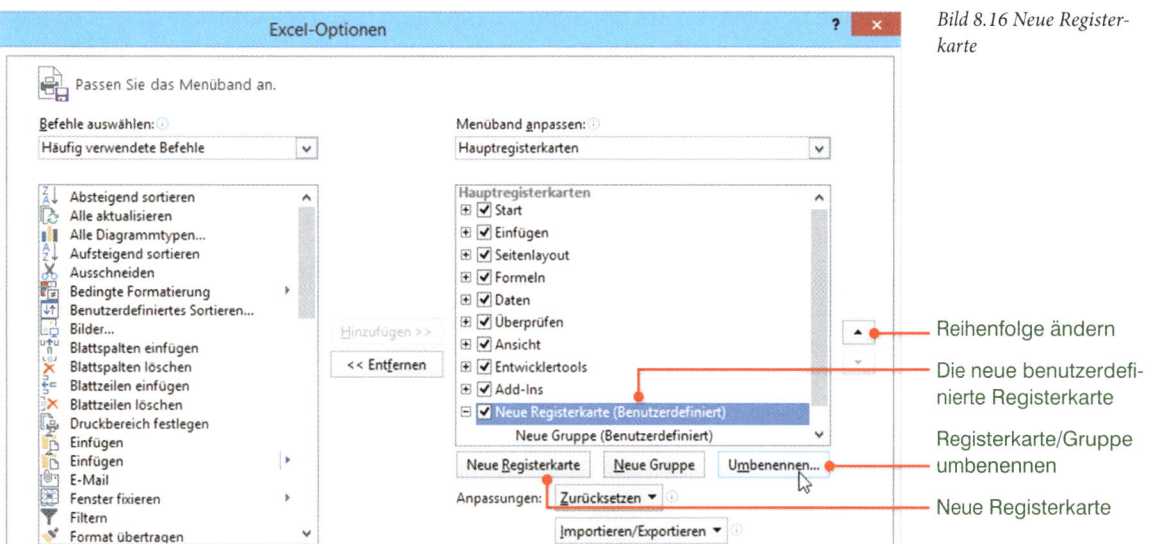

Bild 8.16 Neue Register-karte

Geben Sie an, mit welchem Namen das Register im Menüband angezeigt werden soll (der Zusatz *Benutzerdefiniert* ist nur hier sichtbar) und klicken Sie auf *OK*. Um die Position der neuen Registerkarte im Menüband zu ändern, benutzen Sie die Pfeilschaltflächen nach oben bzw. nach unten.

Da Registerkarten alle Schaltflächen in Gruppen zusammenfassen, wurde zusammen mit der neuen Registerkarte automatisch eine Gruppe erstellt. Markieren Sie diese Gruppe, klicken Sie auf *Umbenennen* und geben Sie einen Namen für die Gruppe ein. Hier können Sie bei Bedarf auch ein Gruppensymbol (Bild 8.18) wählen, das anstelle der einzelnen Symbole angezeigt wird, falls die Fensterbreite zur Anzeige nicht ausreicht.

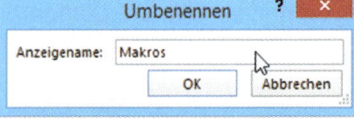

Bild 8.17 Register umbenennen   *Bild 8.18 Gruppe umbenennen*

Benötigen Sie noch weitere Gruppen, so markieren Sie die betreffende Registerkarte und klicken auf die Schaltfläche *Neue Gruppe*. Auf diese Weise können Sie auch einer der Standardregisterkarten eine neue Gruppe hinzufügen.

Nun können Sie Ihre Makros der Gruppe hinzufügen. Dazu klicken Sie links oben auf den Dropdown-Pfeil *Befehle auswählen* und wählen *Makros*. Ziehen Sie dann mit der Maus Ihre Makros nacheinander in die gewünschte Gruppe oder markieren Sie die Gruppe und das Makro und klicken auf die Schaltfläche *Hinzufügen*.

Bild 8.19 Makro hinzufügen

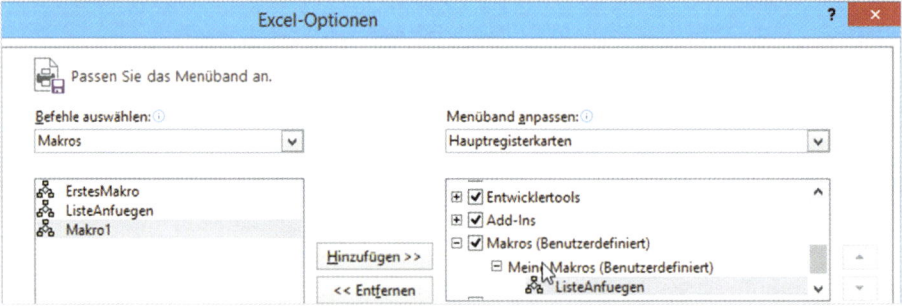

Befehlsschaltfläche

Zeichnungsform oder Grafik als Befehlsschaltfläche verwenden

Sie können die Makroausführung auch per Mausklick auf ein beliebiges Formenobjekt, beispielsweise ein Rechteck, starten, das Sie direkt in das Tabellenblatt einfügen. Dies ist vor allem dann zu empfehlen, wenn die Makros zusammen mit der Arbeitsmappe gespeichert werden und somit ausschließlich in dieser verfügbar sind.

Befehlsschaltflächen in das Tabellenblatt einfügen

1 Klicken Sie dazu im Register *EINFÜGEN*, Gruppe *Illustrationen* auf die Schaltfläche *Formen* und fügen Sie mit einem Mausklick die gewünschte Form an beliebiger Stelle in das Tabellenblatt ein. Zum Formatieren können Sie alle Befehle des Registers *FORMAT* verwenden, zudem sollten Sie es mit einer passenden Beschriftung versehen.

2 Im nächsten Schritt weisen Sie dem Zeichnungsobjekt das Makro zu: Klicken Sie mit der rechten Maustaste in das Objekt und wählen Sie *Makro zuweisen...*. Markieren Sie das gewünschte Makro und klicken Sie auf *OK*.

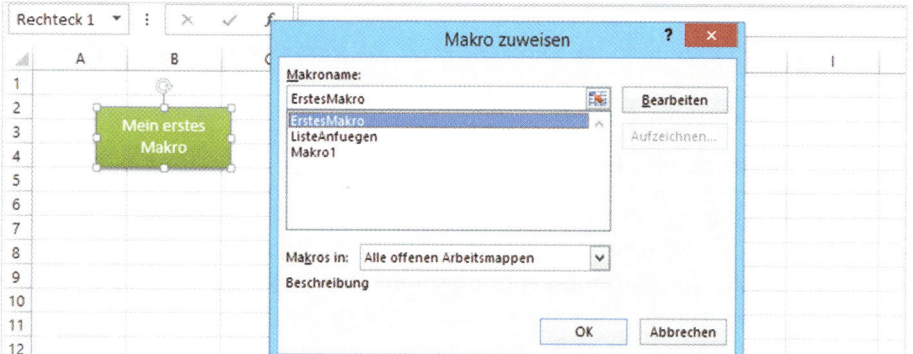

Bild 8.20 Makro zuweisen

Beachten Sie, dass ab jetzt das Makro ausgeführt wird, wenn Sie auf die Form klicken. Dies erkennen Sie auch am Mauszeiger: Er erscheint als Hand, wenn Sie auf die Form zeigen. Wenn Sie die Schaltfläche nachträglich formatieren oder beschriften möchten, dann müssen Sie sie zum Markieren mit der rechten Maustaste anklicken. Dies gilt auch, wenn Sie die Schaltfläche verschieben möchten.

Formularsteuerelement einfügen

Als Alternative fügen Sie im Tabellenblatt das Formularsteuerelement *Schaltfläche* ein. Klicken Sie dazu im Register *ENTWICKLERTOOLS*, Gruppe *Steuerelemente*, auf die Schaltfläche *Einfügen* und unter *Formularsteuerelemente* auf das Symbol *Schaltfläche* (Bild 8.21). Klicken Sie dann an der gewünschten Stelle in das Tabellenblatt oder zeichnen Sie ein Rechteck. Anschließend öffnet

Näheres dazu in Lektion 10, Steuerelemente in Tabellenblättern.

Eine andere Füllfarbe
ist im Gegensatz zu
Formen nicht möglich!

sich automatisch das Dialogfenster *Makro zuweisen* und Sie können nun ein Makro auswählen. Gleichzeitig wechselt Excel in den Entwurfsmodus und Sie können mit der Maus die Schaltfläche beliebig verschieben, vergrößern und verkleinern sowie die Beschriftung ändern. Mit einem Klick auf die Schaltfläche *Entwurfsmodus* deaktivieren Sie diesen Modus wieder.

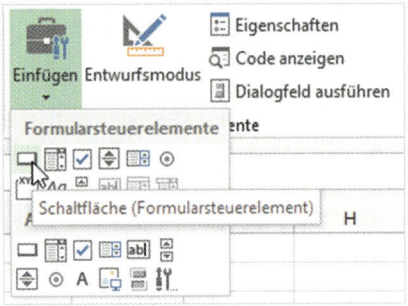

Bild 8.21 Schaltfläche einfügen

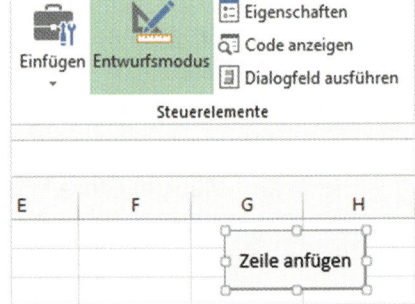

Bild 8.22 Schaltfläche im Entwurfsmodus

Nachträgliche Änderungen nehmen Sie wieder über die rechte Maustaste vor, mit dem Befehl *Makro zuweisen* können Sie nachträglich auch ein anderes Makro auswählen.

8.5   Zusammenfassung

■   Makros lassen sich für häufig benötigte Befehlsabläufe einsetzen und können den Funktionsumfang von Excel erheblich erweitern. Die einzelnen Bearbeitungsschritte werden von einem Makrorecorder aufgezeichnet und in der Programmiersprache VBA gespeichert. Sie werden nacheinander ausgeführt, sobald das Makro gestartet wird.

■   Vor der Aufzeichnung sollten Sie die erforderlichen Arbeitsschritte planen und relative und absolute Zellbezüge berücksichtigen. Jedes Makro wird unter einem eindeutigen Namen entweder zusammen mit der aktuellen Arbeitsmappe oder in der persönlichen Makroarbeitsmappe gespeichert. Im zweiten Fall steht das Makro in jeder Arbeitsmappe zur Verfügung.

■   Die Ausführung eines Makros kann über eine Tastenkombination gestartet werden. Eine andere Möglichkeit ist die Ausführung über ein Symbol in der *Symbolleiste für den Schnellzugriff* oder im Menüband. Als Alternative fügen Sie entweder eine Zeichnungsform oder das Formularsteuerelement *Schaltfläche* in das Tabellenblatt ein und weisen ihm ein Makro zu.

9 Einführung in die VBA-Programmierung

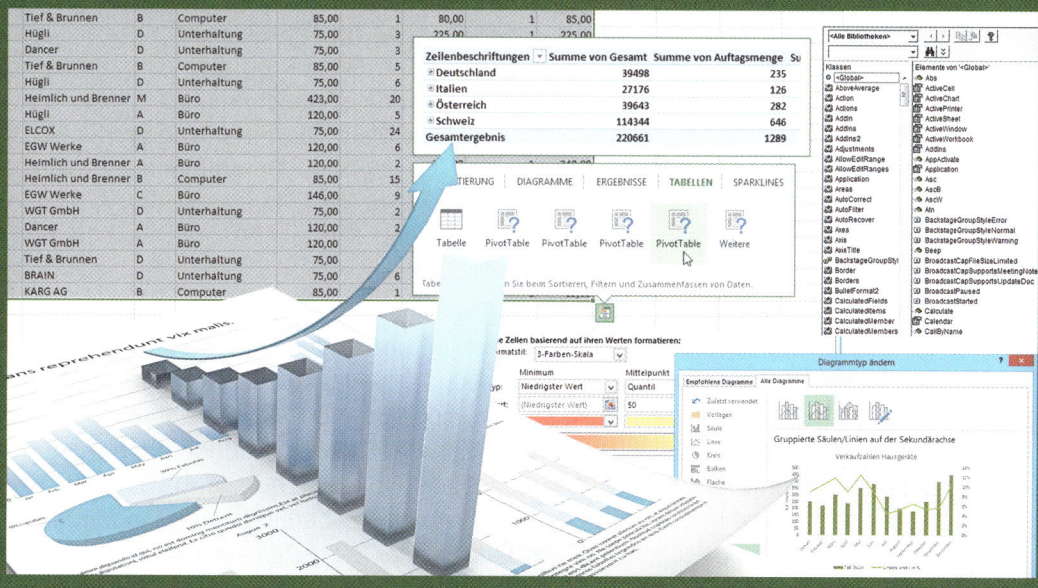

In dieser Lektion lernen Sie...

- Arbeiten mit dem VBA-Editor
- Grundlegende Elemente der Programmiersprache VBA
- Umgang mit Excel-Objekten
- Einfache Prozeduren schreiben

Diese Kenntnisse sollten Sie bereits mitbringen...

- Formeln und Funktionen
- Zellbezüge
- Makros aufzeichnen und ausführen

9.1   Vorbemerkungen

VBA - Visual Basic for Applications

Das Erlernen einer Programmiersprache erfordert einige Übung. Zudem stellt die Programmiersprache VBA eine sehr komplexe Programmiersprache dar, so dass diese Lektion nur einen ersten Einstieg in die VBA-Programmierung vermitteln kann. Mit Kenntnissen der grundlegenden Sprachelemente von VBA und im Umgang mit den wichtigsten Excel-Objekten lassen sich jedoch auch von Programmier-Neulingen kleine Prozeduren schreiben und aufgezeichnete Makros schnell an eigene Bedürfnisse anpassen.

Was ist ein Programm?

Computerprogramme, in diesem Buch auch als Prozeduren bezeichnet, sind eine Folge von Anweisungen, formuliert in einer Programmiersprache. Programme sind unter einem eindeutigen Namen gespeichert und können über ihren Namen beliebig oft ausgeführt werden. Beim Start des Programms werden die Befehle der Reihe nach ausgeführt. Wie bei allen Programmiersprachen, so gelten auch für die Programmierung mit VBA feste Regeln für den Aufbau der Befehle, die so genannte Syntax.

Was versteht man unter objektorientierter Programmierung?

Objektorientierte Programmiersprachen, dazu zählt auch VBA, betrachten alle Dinge der realen Welt als Objekte. Jedes Objekt wird mit einer Reihe von Eigenschaften beschrieben, viele Objekte können auch Aktionen ausführen, diese werden als Methoden bezeichnet. Manche Objekte verfügen auch noch über so genannte Ereignisse. Typische Excel-Objekte sind die Anwendung Excel selbst, eine Arbeitsmappe, ein Tabellenblatt, Zellbereiche oder Diagramme. Ereignisse sind dagegen z. B. das Öffnen oder Schließen einer Arbeitsmappe, zu dem Methoden zählen Aktionen wie Kopieren, Einfügen oder Löschen.

9.2   Der VBA-Editor

Das Editor-Fenster

Alt+F11 öffnet den VBA-Editor

Das Schreiben und Bearbeiten der Programmanweisungen erfolgt in Excel und allen anderen Microsoft Office-Anwendungen im VBA-Editor. Diesen öffnen Sie entweder über die Registerkarte *ENTWICKLERTOOLS*, Gruppe *Steuerelemente*, *Code anzeigen* oder mit der Tastenkombination Alt+F11.

Der VBA-Editor (auch als VBA-Entwicklungsumgebung bezeichnet) ist eine eigenständige Anwendung mit eigenen Befehlen und Fenstern und unterstützt Sie unter anderem mit einer automatischen Syntaxüberprüfung und einer umfangreichen Hilfe. Anstelle des Menübands finden Sie im VBA-Editor Menüs und Symbolleisten vor.

Mit der *Schließen*-Schaltfläche des Fensters oder dem Menübefehl *Datei-Schließen* beenden Sie den VBA-Editor und kehren zur Excel Arbeitsmappe zurück. Um zwischen den beiden Anwendungen zu wechseln, verwenden Sie entweder die Taskleiste oder die Tasten Alt+F11.

VBA-Editor schließen

Normalerweise zeigt der VBA-Editor die unten abgebildeten Fenster (Bild 9.1) an; sollten *Projekt-Explorer, Eigenschaftsfenster* oder das Codefenster rechts nicht sichtbar sein, so klicken Sie auf das Menü *Ansicht* und blenden diese drei Bereiche ein. Alle übrigen Fenster werden vorerst nicht benötigt.

Menü *Ansicht*: Bereiche ein- und ausblenden

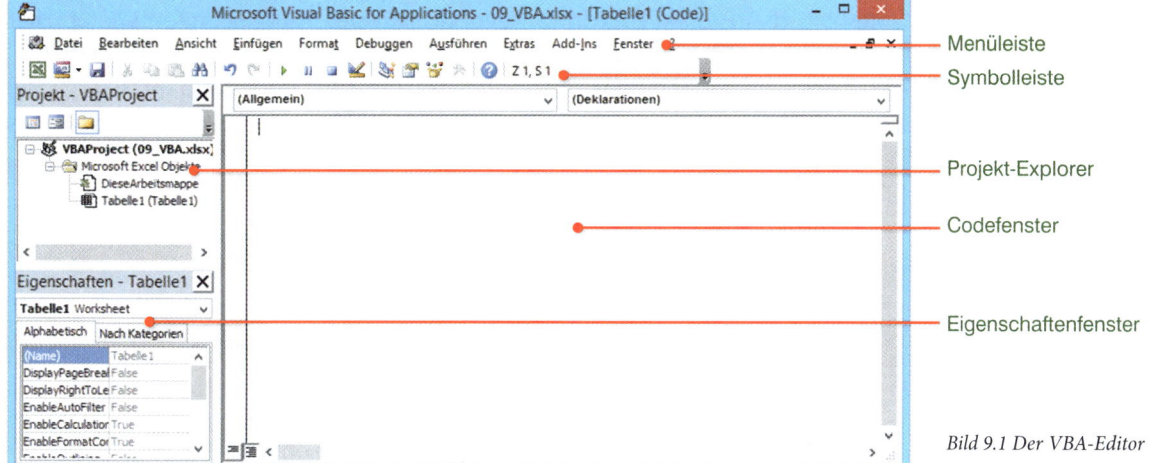

Bild 9.1 Der VBA-Editor

Projekt-Explorer

Der Projekt-Explorer ist vergleichbar mit dem Windows-Explorer und listet alle aktuell geöffneten Office-Dokumente mit dazugehörigen Objekten auf. So finden Sie hier den Ordner *Microsoft Excel Objekte*, dieser enthält die aktuelle Arbeitsmappe (*Diese Arbeitsmappe)* zusammen mit dem Objekt *Tabelle1.* Falls die Mappe mehrere Arbeitsblätter umfasst, so finden Sie diese hier ebenfalls, mit dem Namen in Klammern dahinter. Befindet sich hier auch noch der Ordner *Module*, so enthält die Arbeitsmappe Makros bzw. VBA Prozeduren.

Alle aktuell geöffneten Dokumente

Oberhalb der Objekte befinden sich drei Schaltflächen:

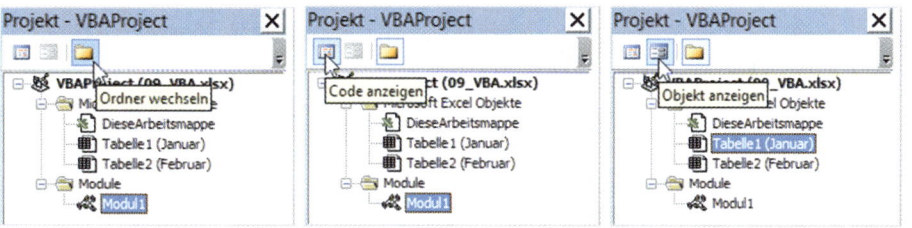

Bild 9.2 Projekt-Explorer

■ *Code anzeigen* öffnet im Codebereich rechts ein Fenster, das Programmanweisungen des markierten Objekts, z. B. Tabelle1, enthält.

■ *Objekt anzeigen* wechselt zum markierten Objekt, z. B. Tabelle1 und zeigt das Tabellenblatt an.

■ *Ordner wechseln* blendet die übergeordneten Ordner aus und wieder ein.

Darüber hinaus können Sie bei eingeblendeten Ordnern mit Klick auf das Käst-chen links vom Ordnernamen (Bild 9.3) die dazugehörigen Objekte aus- und einblenden.

Eigenschaften

Unterhalb des Projekt-Explorers befindet sich das Eigenschaftenfenster. Hier können Sie die Eigenschaften eines Objekts kontrollieren und ändern. Um bei-spielsweise den Namen des Arbeitsblattes „Tabelle1" zu ändern, markieren Sie das Blatt im Projekt-Fenster (Bild 9.4), klicken im Eigenschaftenfenster in die Zeile *Name*, tippen den neuen Namen ein und betätigen die Eingabe-Taste (Bild 9.5). Das Projektfenster zeigt nun den neuen Namen an.

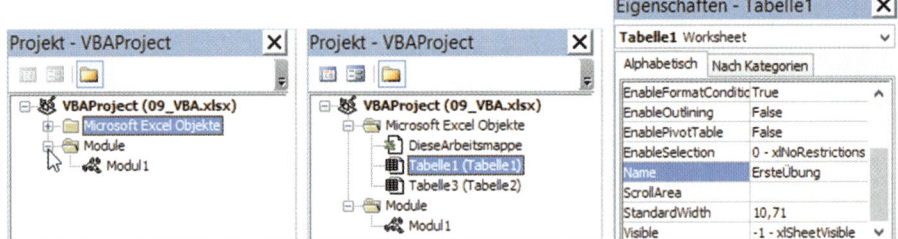

Bild 9.3 Objekte ein-/ausblenden   *Bild 9.4 Markiertes Objekt*   *Bild 9.5 Eigenschaft Name ändern*

Codefenster

Anweisungen eingeben

Das Codefenster ist der zentrale Bereich des VBA-Editors und dient zur Einga-be der eigentlichen Anweisungen. Jedes Modul und Objekt verfügt über ein eigenes Codefenster, das Sie entweder über die Schaltfläche *Code anzeigen* oder mit Doppelklick auf das Modul/Objekt öffnen, bzw. anzeigen.

Module und Prozeduren

Programmanweisungen, in der Folge als Prozeduren bezeichnet, werden in der Regel in Modulen gespeichert, wobei ein Modul auch mehrere Prozeduren enthalten kann. Auch bei der Aufzeichnung von Makros werden automatisch ein oder mehrere Module erzeugt und die Makros in diesen gespeichert.

Regeln für Modul- und Prozedurnamen

Der Name darf maximal 255 Zeichen lang sein und mit Ausnahme des Unter-strichs keine Leerzeichen oder Sonderzeichen enthalten. Das erste Zeichen muss ein Buchstabe sein, im weiteren Namen sind auch Ziffern erlaubt.

Ein neues Modul einfügen

Bevor Sie Programmanweisungen eingeben können, müssen Sie zunächst ein neues Modul erzeugen: Dazu klicken Sie auf das Menü *Einfügen* und auf *Modul*. Das Modul wird mit dem Namen *Modul1* in den Ordner *Module* eingefügt. Zur besseren Übersicht, vor allem in Mappen mit mehreren Modulen, sollten Sie es umbenennen und einen aussagefähigeren Namen vergeben. Dazu klicken Sie im Projektfenster auf das Modul und geben im Eigenschaftenfenster unter *Name* einen Namen ein. Ein Doppelklick auf das Modul öffnet rechts im Codebereich das dazugehörige Code-Fenster, es ist zunächst noch leer.

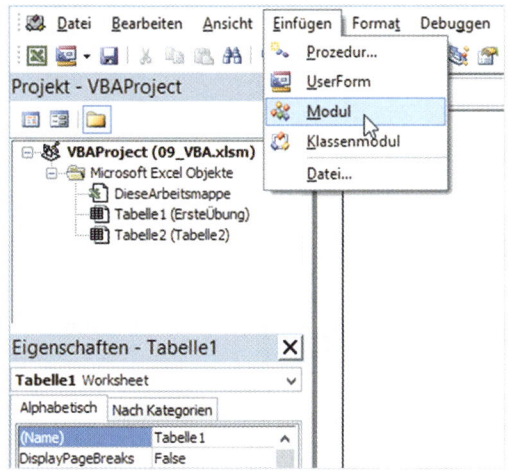

Bild 9.6 Modul einfügen

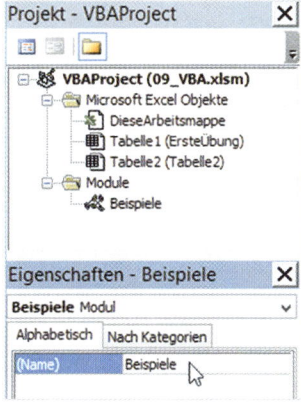

Bild 9.7 Modul umbenennen

Prozeduren

Prozeduren sind kleine, eigenständige Programmeinheiten, sie benötigen einen eindeutigen Namen, unter dem Sie später aufgerufen werden. Eine Prozedur beginnt immer mit der Anweisung `Sub`, gefolgt vom eigentlichen Namen und endet mit `End Sub`. Die Argumentklammern sind in jedem Fall erforderlich, damit sehen Beginn und Ende einer Prozedur mit dem Namen Beispiel so aus:

```
Sub Beispiel()
     Anweisung1
     Anweisung2
     ...
End Sub
```

Links von der Anweisung `Sub` kann mit den Schlüsselwörtern `Public` oder `Private` der Geltungsbereich der Prozedur festgelegt werden:

Geltungsbereich festlegen

■   `Public` bedeutet, auf diese Prozedur können auch Prozeduren in anderen Modulen des Projekts zugreifen.

■   `Private` bedeutet, dass auf diese Prozedur ausschließlich Prozeduren innerhalb desselben Moduls zugreifen können.

Prozedur einfügen

Öffnen Sie zuerst das Codefenster des Moduls, entweder indem Sie im Projekt-Explorer auf das Modul doppelklicken oder es hier mit einem einfachen Klick markieren und auf die Schaltfläche *Code anzeigen* klicken. Der Titel des VBA-Editors zeigt neben dem Dateinamen der Mappe auch den Namen des aktuellen Moduls an.

Klicken Sie dann in das Codefenster und auf das Menü *Einfügen – Prozedur*..., geben Sie einen Namen ein und wählen Sie den Gültigkeitsbereich.

Bild 9.8 Prozedur einfügen

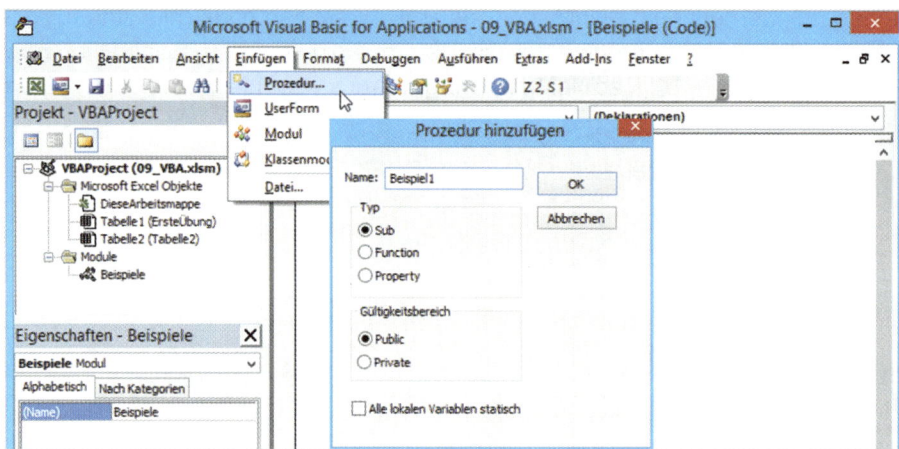

Die Klammern werden automatisch hinzugefügt

Nach einem Klick auf *OK* wird die erste Prozedur im Codefenster erzeugt. Als Alternative können Sie auch in den Codebereich klicken und hier die erste Anweisung `Sub` gefolgt von einem Leerzeichen und anschließendem Prozedurnamen einfach über die Tastatur eintippen. `End Sub` und die Klammern werden nach dem Drücken der Eingabe-Taste automatisch hinzugefügt. Zwischen diese beiden Zeilen fügen Sie nun Ihre Programmanweisungen ein.

Bild 9.9 Die erste, noch leere Prozedur

Befehlssyntax

Verwenden Sie die üblichen Befehle der Textverarbeitung

Allgemeines zur Texteingabe

Bei der Eingabe und Bearbeitung der Programmanweisungen können Sie alle, in Windows üblichen Befehle zur Textbearbeitung und Markierung verwenden. So lassen sich markierte Textteile mit der Maus verschieben, in die Zwischenablage ausschneiden (Strg+X) oder kopieren (Strg+C) und an beliebiger Stelle wieder einfügen (Strg+V). Der VBA-Editor unterstützt keine Formatierungen, sondern verwendet standardmäßig die Schriftart Courier New. Eine andere Schriftart lässt sich zwar über das Menü *Extras - Optionen* einstellen, darauf soll hier jedoch nicht näher eingegangen werden.

Zur Erleichterung der Eingabe sollten Sie als weitere Symbolleiste die Leiste *Bearbeiten* einblenden: Klicken Sie dazu auf das Menü *Ansicht*, zeigen Sie auf *Symbolleisten* und klicken Sie auf *Bearbeiten*. Diese lässt sich nun an ihrem linken Ende bzw. im Titel mit der Maus beliebig verschieben und am besten rechts von der Standardsymbolleiste (*Voreinstellung*) platzieren.

Bild 9.10 Symbolleiste Bearbeiten

Anweisungszeilen

Je Anweisung wird eine Programmzeile geschrieben. Möchten Sie eine Programmzeile zwecks besserer Lesbarkeit mit einem manuellen Zeilenumbruch unterbrechen, so geben Sie am Ende der Zeile ein Leerzeichen, gefolgt von einem Unterstrich (_) ein. Sie dürfen auf diese Weise maximal 10 Zeilen Code trennen, die Trennung darf nicht innerhalb von Textteilen erfolgen. Ein automatischer Zeilenumbruch erfolgt dagegen erst nach 1024 Zeichen.

Manueller Zeilenumbruch mit _

Tipp: Programmanweisungen werden übersichtlicher, wenn Sie Fortsetzungszeilen mit der Tab-Taste oder dem Symbol *Einzug vergrößern* in der *Bearbeiten*-Symbolleiste einrücken!

Allgemeine Schreibweise

Objekte und deren Methoden oder Eigenschaften werden mit einem Punkt (.) voneinander getrennt. Sobald Sie ein Objekt, gefolgt von einem Punkt eingetippt haben, erscheint eine Liste mit allen, für das Objekt verfügbaren, Eigenschaften und Methoden (Bild 9.11). Durch Markieren und anschließenden Doppelklick, Tabulatortaste oder Eingabetaste wird die Auswahl in den Programmcode übernommen. Auch bei der Eingabe weiterer Argumente, die eine Anweisung näher spezifizieren, unterstützt Sie der VBA-Editor. Beachten Sie, dass in VBA alle Argumente mit Komma (,) getrennt werden!

Eigenschaften oder Methoden übernehmen

Bild 9.11 Eingabehilfen

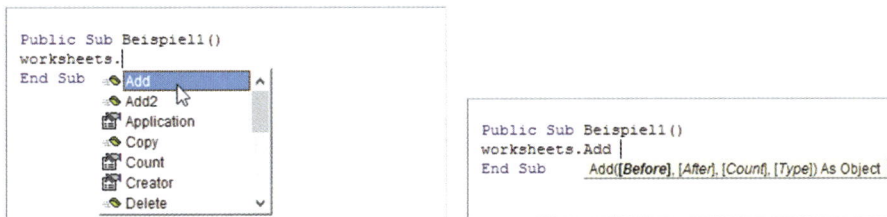

VBA unterscheidet bei der Eingabe der Argumente, ob es sich um eine Methode oder eine Funktion handelt.

■ Funktionen liefern immer einen Wert zurück, befinden sich also rechts vom Gleichheitszeichen. Alle Funktionen erfordern die Argumente in Klammern!

■ Bei Methoden geben Sie die Argumente nach einem Leerzeichen und ohne Klammern ein.

In beiden Fällen listet der VBA-Editor nach Eingabe der Klammer bzw. des Leerzeichens die Namen und Reihenfolge aller Argumente auf, das jeweils aktuelle Argument ist fett hervorgehoben.

Nicht immer sind alle Argumente zwingend erforderlich, dann müssen Sie allerdings trotzdem die Kommata eingeben. Als verkürzte Schreibweise können Sie anstelle überflüssiger Kommata auch den Namen des Arguments, gefolgt von Doppelpunkt und Gleichheitszeichen eingeben, zum Beispiel Name:="Muster".

Beispiel zur Unterscheidung von Funktionen und Methoden

Die Anweisung MsgBox gibt eine beliebige Meldung auf dem Bildschirm aus. Mit unten abgebildeten Anweisungszeile erscheint ein kleines Meldungsfenster und zeigt *Hallo* an. Weitere Argumente legen fest, ob das Fenster einen bestimmten Titel erhalten soll und welche Schaltflächen angezeigt werden sollen, nicht benötigte Argumente wurden einfach weggelassen. Das Ergebnis dazu sehen Sie links.

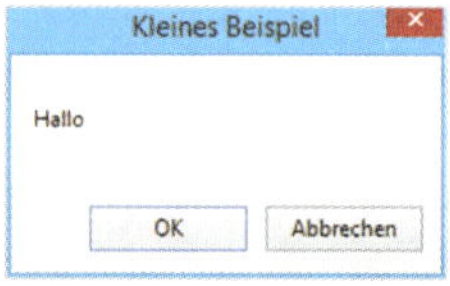

Bild 9.12 Meldung anzeigen

```
Public Sub Beispiel1()
msgbox "Hallo",vbOKCancel,"Kleines Beispiel"
MsgBox(Prompt, [Buttons As VbMsgBoxStyle = vbOKOnly], [Title], [HelpFile], [Context]) As VbMsgBoxResult
```

Möchten Sie dagegen wissen, welche Taste (*OK* oder *Abbrechen*) anschließend vom Benutzer gedrückt wurde und diese Information später auswerten, dann muss MsgBox als Funktion eingegeben werden und liefert ein Ergebnis. Die Anweisung sieht dann so aus:

```
Taste = MsgBox("Hallo", vbOKCancel, "Kleines Beispiel")
```

Beachten Sie: Zeichenfolgen oder Text müssen auch in VBA-Anweisungen in Anführungszeichen " " eingegeben werden.

Syntaxüberprüfung

Kennzeichnung fehlerhafter Anweisungen

Sobald Sie eine Anweisungszeile beendet haben, erfolgt eine automatische Syntaxüberprüfung und fehlerhafte Anweisungen werden mit roter Schrift gekennzeichnet. Dies ist allerdings auch der Fall, wenn eine Anweisung noch unvollständig ist und Sie versehentlich die Eingabe-Taste oder Pfeiltaste nach oben bzw. unten betätigt haben. Die Kennzeichnung verschwindet wieder, sobald die Anweisung korrekt fertig gestellt oder korrigiert wurde.

Kommentare

Sie können innerhalb einer Prozedur jederzeit Kommentare einfügen und zwar sowohl in einer gesonderten Zeile, als auch nach einer Anweisung. Kommentare müssen immer mit einem Hochkomma (') beginnen und werden automatisch mit grüner Schrift versehen.

Achtung: Kommentare mit Erklärungen erleichtern bei späterer Bearbeitung die Übersicht und sollten deshalb grundsätzlich zu Beginn einer Prozedur und bei wichtigen Punkten eingefügt werden.

```
Public Sub Beispiel1()
'Dies ist ein erstes Beispiel zur Programmierung mit VBA
'2014 Inge Baumeister
'***********************************************
MsgBox "Hallo", vbOKCancel, "Kleines Beispiel"
End Sub
```

Bild 9.13 Beispiel für Kommentare

Prozeduren ausführen

Im Arbeitsblatt unterscheidet sich das Starten der Ausführung von Prozeduren nicht von der Makroausführung und wird daher hier nicht mehr näher beschrieben. Möchten Sie dagegen zum Testen eine Prozedur aus dem VBA-Editor heraus ausführen, so klicken Sie an eine beliebige Stelle der Prozedur und verwenden die Schaltflächen in der Symbolleiste des VBA-Editors.

Siehe Lektion Makroausführung starten

Symbol	Beschreibung
▶	Startet die Ausführung der aktuellen Prozedur
❚❚	Ausführung unterbrechen
■	Ausführung abbrechen/beenden

Der VBA-Editor erlaubt zum Testen einer Prozedur auch noch die schrittweise Ausführung, Näheres dazu am Ende dieser Lektion.

Siehe Lektion 9.8

Die VBA-Hilfe

Nützliche Dienste leistet die VBA-Hilfe. Sie rufen die allgemeine Hilfe mit einem Klick auf das Symbol 💬 der Symbolleiste oder über das Menü *?* und M*icrosoft Visual Basic for Applications-Hilfe* auf. Klicken Sie dann am besten auf die *Excel*

2013-Entwicklerreferenz und auf *Vorgehensweisen* bzw. *Wie kann ich...*. Hier finden Sie grundlegende Themen sowie Lösungen zu häufigen Aufgabenstellungen bei der Programmierung mit Excel. Eine vollständige Übersicht über alle Excel-Objekte und deren Elemente erhalten Sie mit der *Objektmodellreferenz*.

Benötigen Sie während der Eingabe Hilfe zu einer Anweisung oder deren Argumente, so verwenden Sie besser die Direkthilfe: Klicken Sie in den Ausdruck und drücken Sie die Taste F1.

9.3   Grundlegende Sprachelemente von VBA

Variablen

Variablen speichern Zwischenergebnisse

Als Variablen werden in der Programmierung Platzhalter oder Behälter für Daten bezeichnet, denen erst während der Ausführung ein Wert zugewiesen wird, sie dienen in der Regel zur Aufnahme von Zwischenergebnissen.

Datentypen

Jede Variable gehört normalerweise zu einem bestimmten Datentyp, der gleichzeitig auch die zulässigen Operationen festlegt. VBA unterscheidet die folgenden Datentypen:

Typ	Bereich	Beispiel
Byte	Ganze Zahlen von 0 bis 255	36
Integer	Ganze Zahlen von -32.769 bis 32.768	12.345
Long	Ganze Zahlen von -2.147.483.648 bis 2.147.483.648	123.458
Single	Dezimalzahlen mit 8 Stellen Genauigkeit	0,2234
Double	Dezimalzahlen mit 16 Stellen Genauigkeit	0,1457003598112
Currency	Festkommazahl mit 15 Stellen vor und 8 Stellen hinter dem Komma	12,90
Date	Datum und Uhrzeit	15.03.2014
String	beliebige Zeichenfolge, alphanumerisch	"Feldweg 7a"
Variant	beliebige Zeichenfolge, Zext oder Zahlen	"Frieda" oder 999
Boolean	Wahr oder Falsch, True / False	True
Object	alle Objektreferenzen	Worksheet

Variablennamen

Jede verwendete Variable sollte vor der Verwendung mit einem eindeutigen Namen und einem Datentyp deklariert werden. Die Deklaration geschieht für jede Variable mit der Anweisung `Dim`, gefolgt vom Variablennamen und dem Datentyp und sollte sich am Beginn der Prozedur befinden. Folgende Regeln sind bei Variablennamen zu beachten:

Um einen besseren Überblick zu erhalten, sollten alle Variablen zu Beginn der Prozedur deklariert werden.

- Ein Variablenname muss mit einem Buchstaben beginnen und darf max. 255 Zeichen lang sein.

- Ein Variablenname muss innerhalb des Gültigkeitsbereichs eindeutig sein.

- Ein Variablenname darf keine Leerzeichen, keine Sonder- und Satzzeichen enthalten.

- Optional kann dem Variablennamen ein Präfix vorangestellt werden, das den Datentyp kennzeichnet, z. B. strName für die String-Variable Name.

Werte zuweisen

Mit dem Datentyp wird jeder Variablen automatisch ein Anfangswert zugewiesen, String-Variablen erhalten einen Leerstring, numerische den Wert 0. Unten ein Beispiel, bei dem zuerst die Variablen deklariert werden, und anschließend den Variablen ein Wert zugewiesen wird. Beachten Sie, dass in VBA-Anweisungen als Dezimaltrennzeichen ein Punkt anstelle des Kommas eingegeben werden muss!

Punkt als Dezimalzeichen!

```
Dim Alter as integer
Dim Betrag as Double
Dim Vorname as String
Alter = 21
Vorname = "Otto"
Betrag = 125.33
```

Wenn einer Objektvariablen ein Objekt zugewiesen werden soll, dann geschieht dies mit dem zusätzlichen Schlüsselwort `Set`. Das folgende Beispiel deklariert die Objektvariable *NeuesBlatt* und weist ihr mit der zweiten Anweisung ein neues Arbeitsblatt zu:

```
dim NeuesBlatt as Object
Set NeuesBlatt = Worksheets.Add
```

Variablendeklaration erzwingen

Die Deklaration von Variablen ist nicht zwingend erforderlich, sollte aber unbedingt vorgenommen werden. Nicht deklarierte Variablen sind automatisch vom Typ *Variant*. Dies kann während der Laufzeit zu Fehlern führen, beispielsweise wenn für Berechnungen als Eingabe eine Zahl erforderlich ist, vom Benutzer

jedoch Text eingegeben wird. Mit der Anweisung `Option Explicit` zu Beginn eines Moduls im so genannten Deklarationsbereich, erzwingen Sie eine Deklaration aller verwendeten Variablen. Dadurch werden auch Tippfehler bei der Eingabe von Variablennamen in einer Prozedur schnell erkannt, da Sie bei Verwendung einer nicht deklarierten Variablen eine Fehlermeldung erhalten.

Über das Menü *Extras – Optionen,* Register *Editor* können Sie festlegen, dass diese Anweisung automatisch zu Beginn jedes neuen Moduls eingefügt wird (Bild 9.14).

Bild 9.14 Variablendeklaration erzwingen

Deklarationsbereich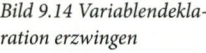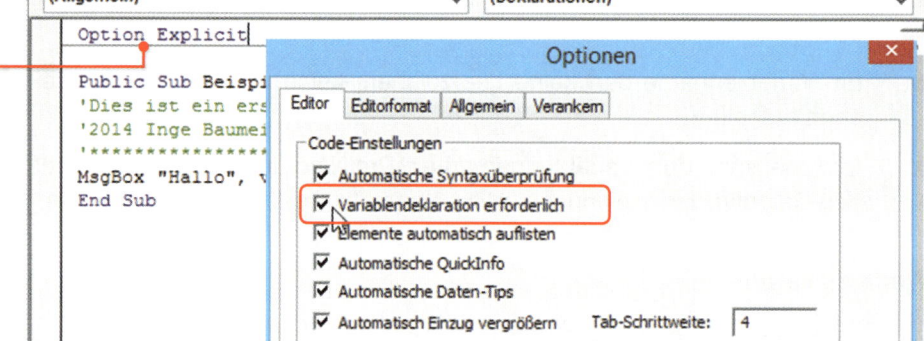

Geltungsbereich von Variablen

Auf Prozedurebene mit dem Schlüsselwort `Dim` deklarierte Variablen besitzen nur innerhalb der Prozedur Gültigkeit und werden deshalb auch als lokale Variablen bezeichnet. Um den Geltungsbereich zu erweitern, können Variablen auch auf Modulebene deklariert werden. Die Deklaration muss dann zu Beginn des Moduls im Deklarationsbereich erfolgen. Mit dem Schlüsselwort `Private` besitzt eine Variable Gültigkeit innerhalb des Moduls, mit dem Schlüsselwort `Public` ist sie global, d.h. in allen Modulen eines Projekts gültig. Beispiele:

```
Private Benutzer as String
Public Benutzer as String
```

Konstanten

Konstanten speichern feste Werte

Konstanten sind feste Werte, die während der Ausführung nicht geändert werden. Die Deklaration und Wertzuweisung von Konstanten erfolgt, wie bei Variablen am Beginn einer Prozedur und beginnt dort mit dem Schlüsselwort `Const`. Soll eine Konstante auf Modulebene deklariert werden, so geschieht dies am Beginn des Moduls im Deklarationsbereich. Auch für Konstanten wird der Geltungsbereich über Schlüsselwörter festgelegt, `Public` für globale Konstanten und `Private`, wenn die Konstanten nur innerhalb des Moduls verfügbar sein sollen. Für Namen von Konstanten gelten die gleichen Regeln wie für Variablennamen, als Typ sind alle zulässigen VBA-Datentypen möglich. Beispiele:

```
Const Nummer as Integer = 100
Public Const Benutzer as String = "Karl-Theodor"
```

VBA verfügt außerdem über einige integrierte Konstanten, die Sie auch ohne Deklaration verwenden können, an der Vorsilbe erkennen Sie die Herkunft. Hier einige Beispiele:

Vorsilbe	Zugehörigkeit	Beispiel	
vb	VBA	vbRed	Farbe Rot
xl	Excel	xlNone	keine Farbe
Mso	MS Office	msoSortOrder	Sortierreihenfolge

Operatoren und Ausdrücke

Operatoren verknüpfen und vergleichen Variablen, Werte oder Ausdrücke. VBA unterscheidet die folgenden Operatoren, bzw. vier Grundtypen:

Typ	Beschreibung	Zeichen
Arithmetische Operatoren	Addition	+
	Subtraktion	-
	Division	/
	Multiplikation	*
	Ganzzahlige Division	\
	Potenz	^
	Modulo	Mod
Vergleichsoperatoren	Gleich	=
	kleiner als	<
	kleiner oder gleich	<=
	Größer als	>
	Größer oder gleich	>=
	Ungleich	<>
Vergleichsoperatoren für Text	entspricht	LIKE
Vergleichsoperatoren für Objekte	entspricht	IS

Typ	Beschreibung	Zeichen
Logische Operatoren	Und	AND
	Oder	OR
	Nicht	NOT
Text verketten	Zeichenfolgen anfügen	&, +

Verkettungsoperatoren werden häufig benötigt, um mehrere Zeichenfolgen miteinander zu verketten. Das folgende Beispiel gibt eine persönliche Begrüßung in einem Meldungsfenster aus, indem die Zeichenfolgen aus der Variablen *Name* und der Text *"Guten Morgen"* mit Leerzeichen dazwischen aneinandergefügt werden..

```
Sub Begruessung()
Dim strName as String
strName = "Theodor"
MsgBox "Guten Morgen " & strName
End Sub
```

9.4   Einfache Dialoge

Eingabe und Ausgabe

Während des Programmablaufs ist es häufig erforderlich, Meldungen an den Benutzer auszugeben oder Eingaben des Benutzers einzulesen. Dazu können entweder benutzerdefinierte Dialoge erstellt oder die Dialogfunktionen von VBA eingesetzt werden. Für einfache Dialoge benutzen Sie in VBA die Funktionen `MsgBox` und `InputBox`.

Eine Meldung ausgeben

Gibt eine Meldung aus und unterbricht den Programmablauf

`MsgBox` haben Sie bereits in einigen Beispielen kennen gelernt. Diese Funktion, gibt eine Meldung in einem Fenster aus und unterbricht den Programmablauf solange, bis auf eine Schaltfläche geklickt wird. Die Syntax:

```
MsgBox(prompt[,buttons] [,title] [,helpfile],[context])
```

In der einfachsten Form benötigen Sie nur das Argument `Prompt` für die eigentliche Meldung, z. B.

```
MsgBox "Falsche Eingabe"
```

Die weiteren Argumente sind optional und steuern das Aussehen des Meldungsfensters:

Argument	Beschreibung
`Prompt`	Der eigentlichen Meldungstext muss in " " eingegeben werden, maximale Länge 1024 Zeichen.
`Buttons`	Damit legen Sie fest, welche Schaltflächen das Dialogfenster enthalten soll, z. B. `vbOKCancel` zeigt die Schaltflächen *OK* und *Abbrechen* an.
`Title`	Legt den Titel des Meldungsfensters fest.
`Helpfile/Context`	Definiert die kontextbezogene Hilfedatei und das Hilfethema für das Dialogfenster.

Schaltflächen verwenden

Wird das Argument `Buttons` nicht angegeben, so zeigt das Meldungsfenster nur die Schaltfläche *OK* an. Mit dem Argument `Buttons` können Sie hingegen zwischen verschiedenen Schaltflächen wählen. Eine Liste der verfügbaren Möglichkeiten erscheint, sobald Sie nach dem Argument `Prompt` das Komma eingegeben haben. Die Bedeutung der Schaltflächen und die dazugehörigen Werte finden Sie in der VBA-Hilfe. Klicken Sie dazu in das Wort `MsgBox` und drücken Sie die Taste F1.

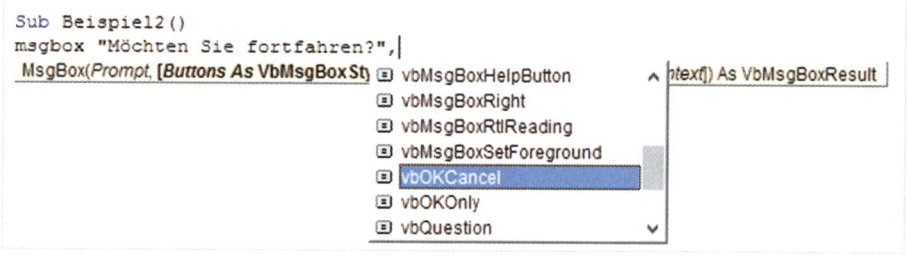

Bild 9.15 Auswahl Schaltflächen

Jede Schaltfläche gibt beim Anklicken einen bestimmten Wert als Zahl vom Typ Integer zurück. Um auszuwerten, welche Taste angeklickt wurde, müssen Sie den Rückgabewert der Funktion `MsgBox` einer Variablen zuweisen. Die folgende Anweisung erzeugt ein Meldungsfenster mit den Schaltflächen *OK* und *Abbrechen* und weist den Rückgabewert der Variablen *Taste* zu.

Die Rückgabewerte der Tasten erhalten Sie in der Hilfe mit F1

```
Dim Taste As Integer
Taste = MsgBox("Möchten Sie fortfahren?", vbOKCancel)
```

Die weitere Vorgehensweise ist abhängig von der gedrückten Taste, wobei *OK* den Wert 1 und *Abbrechen* den Wert 2 zurückgibt. Sie kann beispielsweise in Form einer `If` Anweisung realisiert werden.

Siehe nächster Abschnitt

```
If Taste = 1 Then
     Anweisung1
     Anweisung2
     Anweisung...
Else
     Exit Sub      'Bei Abbrechen wird die Prozedur verlassen
End If
```

Benutzereingaben mit InputBox

Für einfache Benutzereingaben stellt VBA mit der Funktion InputBox ein Dialogfenster mit einem Eingabefeld zur Verfügung. Die Syntax ist ähnlich der Funktion MsgBox und lautet:

```
InputBox(prompt[,title] [,default] [,xpos] [,ypos])
```

Die Argumente Prompt und Title werden wie in der Funktion MsgBox verwendet. Mit Default können Sie im Eingabefeld einen Standardwert vorgeben, ansonsten ist das Feld leer. Die beiden Argumente xpos und ypos geben, falls erforderlich, die X und Y-Position des Fensters im Verhältnis zur linken oberen Bildschirmecke an. Wird nichts angegeben, erscheint das Fenster zentriert.

Die folgende Anweisung gibt das abgebildete Dialogfenster aus und weist den Eingabewert der Variablen *strVorname* zu.

```
strVorname = InputBox("Bitte geben Sie Ihren Vornamen ein")
```

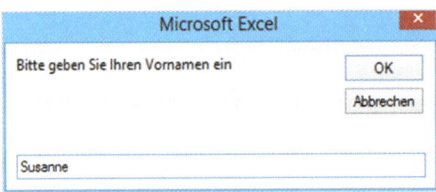

 Achtung: Die Funktion InputBox liefert einen Wert zurück, nämlich die Eingabe des Benutzers, die Argumente müssen daher in Klammern gesetzt werden.

9.5 Kontrollstrukturen

In der einfachsten Form enthält eine Prozedur Anweisungen, die der Reihe nach ausgeführt werden. Oft ist es jedoch erforderlich, Anweisungen entweder mehrmals zu wiederholen oder die Ausführung von einer Bedingung abhängig zu machen. Dazu verwendet man in der Programmierung Kontrollstrukturen.

Programmablauf steuern

Tipp: Rücken Sie alle Anweisungen innerhalb von Kontrollstrukturen mit der Tab-Taste oder dem Symbol *Einzug vergrößern* ein. Dies ist zwar nicht zwingend erforderlich, erhöht aber die Lesbarkeit und Übersichtlichkeit.

Entscheidungsstrukturen oder Verzweigungen

Einseitige Auswahl

Entscheidungsstrukturen machen die Ausführung eines Anweisungsblocks davon abhängig, ob eine Bedingung erfüllt ist. Als Bedingung verwenden Sie einen Ausdruck, der als Ergebnis die Werte `True` oder `False` liefert, vergleichbar der WENN-Arbeitsblattfunktion von Excel. Die allgemeine Syntax lautet:

Vergleichbar der Funktion WENN

```
If Bedingung = True Then
    Anweisung1
    Anweisung2
    Anweisung...
End If
```

Ist die Bedingung nicht erfüllt, so werden alle Anweisungen zwischen `If` und `End If` ignoriert und die Programmausführung mit den Anweisungen nach `End If` fortgesetzt. Als Beispiel berechnet die folgende Prozedur einen Rabatt von 5% nur dann, wenn der Rechnungsbetrag 100 Euro oder mehr beträgt und gibt diesen in einem Meldungsfenster aus.

```
Sub RabattBerechnen()
Dim dblRabatt As Double
Dim dblBetrag As Double
dblRabatt = 0.05
dblBetrag = 120
If dblBetrag >= 100 Then
    dblBetrag = dblBetrag - (dblBetrag * dblRabatt)
End If
MsgBox "Der endgültige Betrag beträgt " & dblBetrag
End Sub
```

Zweiseitige Auswahl

Die zweiseitige Auswahl lässt zwei Alternativen zu: Der erste Anweisungsblock wird ausgeführt, wenn die Bedingung das Ergebnis `True` liefert, der zweite Block (`Else`) wird ausgeführt, wenn das Ergebnis `False` lautet. Der Aufbau sieht dann so aus:

```
If Bedingung = True Then
    Anweisung1
    Anweisung2
    Anweisung ...
Else
    Anweisung3
    Anweisung...
End If
```

Mehrstufige Auswahl

Sollen mehrere Bedingungen nacheinander geprüft werden, so verwenden Sie eine mehrstufige Auswahl mit folgendem Aufbau:

Vergleichbar einer verschachtelten WENN Funktion

```
If Bedingung1 Then
    Anweisungsblock1
ElseIf Bedingung2 Then
    Anweisungsblock2
ElseIf Bedingung3 Then
    Anweisungsblock3
Else
    AnweisungsblockN
End If
```

Sobald eine Bedingung erfüllt ist, wird der darauffolgende Anweisungsblock ausgeführt und anschließend die Auswahl verlassen. Die letzte Stufe `Else` wird nur ausgeführt, wenn keine der zuvor definierten Bedingungen zutreffend war. Das folgende Beispiel liefert anhand der Schulnote den dazugehörigen Notentext und gibt ihn in einem Meldungsfenster aus.

```
Sub Noten()
Dim intNote As Integer
Dim strNotenText As String
intNote = InputBox("Bitte die Note eingeben")  'Note einlesen
If intNote = 1 Then
    strNotenText = "Sehr gut"
ElseIf intNote = 2 Then
    strNotenText = "Gut"
ElseIf intNote = 3 Then
    strNotenText = "Befriedigend"
ElseIf intNote = 4 Then
    strNotenText = "Ausreichend"
ElseIf intNote = 5 Then
    strNotenText = "Mangelhaft"
Else
    strNotenText = "Nicht Ausreichend"
End If
MsgBox "Sie haben die Note " & strNotenText
End Sub
```

Fallauswahl

Soll eine Variable auf viele Werte überprüft werden, eignet sich auch die Fallauswahl. Sie beginnt mit der Anweisung `Select Case` und endet mit `End Se-
lect`. Die Syntax lautet:

```
Select Case Variable
    Case Wert1
        Anweisungsblock1
    Case Wert2
        Anweisungsblock2
    Case Wert3
        Anweisungsblock3
    Case Wert...
        Anweisungsblock...
    Case Else
        AnweisungsblockN
End Select
```

Der Teil `Case Else` ist optional und wird nur dann ausgeführt, wenn zuvor keine
der angegebenen Bedingungen zutreffend war. Hier ein Beispiel:

```
Sub ZahlenBeispiel()
Dim intZahl As Integer
Dim strText As String
intZahl = InputBox("Eine Zahl zwischen 10 und 50 eingeben!")
Select Case intZahl
    Case Is > 50
        strText = "Die Zahl ist zu groß!"
    Case Is < 10
        strText = "Die Zahl ist zu klein!"
    Case Else
        strText = "Gratulation - Sie haben es geschafft!"
End Select
MsgBox strText
End Sub
```

Verschachtelte Bedingungen

Auswahlstrukturen und Bedingungen können natürlich auch beliebig ineinander verschachtelt werden. Achten Sie in diesem Fall darauf, dass jede dieser
Kontrollstrukturen auch wieder beendet werden muss. Hier einige Tipps:

Achten Sie auf Über-
sichtlichkeit

- Einrücken der dazugehörigen Anweisungsblöcke hilft bei der Fehlersuche und verschafft Ihnen auch später einen besseren Überblick.

- Schreiben Sie nach der Anweisung `If` sofort die `End If` Anweisung und
fügen Sie erst dann dazwischen die übrigen Anweisungszeilen ein, damit
vergessen Sie nicht, die Kontrollstruktur wieder zu schließen.

Wiederholungsschleifen

Bei zahlreichen Problemstellungen müssen Anweisungen mehrmals ausgeführt werden. Zu diesem Zweck kennt jede Programmiersprache Strukturen, die einen bestimmten Anweisungsteil mehrmals durchlaufen, sie werden als Wiederholungsschleifen bezeichnet. Eine Schleife besteht immer aus einer Schleifensteuerung, die festlegt, wie oft die Schleife durchlaufen wird und dem eigentlichen Anweisungsteil, dem Schleifenkörper.

Achten Sie unbedingt darauf, dass eine Schleife mit einer entsprechenden Anweisung oder Bedingung auch wieder verlassen werden kann. Eine Schleife wird sonst schnell zur Endlosschleife und kann dann nur noch über die Tastenkombination Strg+Alt+Entf oder Strg+Pause abgebrochen werden.

VBA unterscheidet grundsätzlich zwischen zählergesteuerten Schleifen und Bedingungsschleifen:

For ... Next Schleife

Zählervariable erforderlich

Bei einer zählergesteuerten Schleife legt der Wert einer Variablen, der Zählervariablen, die Anzahl der Wiederholungen fest. Die `For...Next` Schleife erfordert eine Zählervariable vom Typ Zahl, die bei jedem Schleifendurchlauf automatisch um die angegebene Schrittweite erhöht wird. Diese Variable muss selbstverändlich, wie alle Variablen, zuvor deklariert werden. Mit der Anweisung `Exit For` kann die Schleife vorzeitig verlassen werden. Die Syntax lautet:

```
For Zählervariable = Startwert To Endwert Step Schrittweite
        Anweisung1
        Anweisung2
        Anweisung...
Next
```

Das folgende Beispiel berechnet für alle geraden Zahlen von 2 bis 20 das Quadrat und gibt das Ergebnis als Meldung aus. Der Wert der Zählervariablen wird automatisch um die angegebene Schrittweite 2 erhöht.

```
Sub QuadratzahlenBerechnen()
Dim N As Integer
Dim intZahl As Integer
For N = 2 To 20 Step 2
    intZahl = N ^ 2
    MsgBox "Das Quadrat von " & N & " beträgt " & intZahl
Next
End Sub
```

Beachten Sie: Bei der `For ... Next` Schleife wird der Wert der Zählervariablen mit jedem Schleifendurchlauf automatisch um die angegebene Schrittweite erhöht. Wird nichts angegeben, so gilt Schrittweite 1.

For Each Schleife

Für Objektauflistungen, also mehrere gleichartige Objekte wie z. B. die Tabellenblätter einer Arbeitsmappe, stellt VBA eine besondere Form einer Zählerschleife zur Verfügung, die `For Each … Next` Schleife. Mit der Anweisung `Exit For` kann die Schleife verlassen werden. Die Syntax lautet:

Siehe 9.6, Die Excel-Objekte

```
For Each Element in Gruppe
        Anweisungen
Next
```

Das folgende Beispiel benennt alle Tabellenblätter der aktiven Arbeitsmappe um in Beispiel-1, Beispiel-2, ... Im Gegensatz zur `For...Next` Schleife erhält hier die Zählervariable *Nr* vor Beginn der Schleife den Wert 1 und muss innerhalb der Schleife mit einer Anweisung bei jedem Durchlauf um 1 erhöht werden.

```
Sub BlattBenennen()
Dim Nr As Integer
Dim Blatt As Worksheet
NR = 1
For Each Blatt In Worksheets
    Blatt.Name = "Beispiel-" & Nr
    Nr = Nr + 1
    Next
End Sub
```

Soll die Schleife nach einer bestimmten Anzahl Wiederholungen verlassen werden, benötigen Sie eine zusätzliche Bedingung. Damit beispielsweise nur die ersten drei Blätter umbenannt werden, muss die Prozedur so lauten:

```
Sub BlattBenennen()
Dim Nr As Integer
Dim Blatt As Worksheet
NR = 1
For Each Blatt In Worksheets
    Blatt.Name = "Beispiel-" & Nr
    Nr = Nr + 1
    If Nr = 4 then
        Exit For     'Schleife verlassen
    End if
Next
End Sub
```

Bedingungsschleifen

Bedingungsschleifen führen einen Anweisungsblock aus, abhängig davon ob eine Bedingung erfüllt ist. Die Schleife wird so oft durchlaufen, solange die Bedingung den Wert `True` zurückgibt.

Die Zählervariable muss per Anweisung erhöht werden

Achtung: Im Gegensatz zu Zählerschleifen müssen Sie bei Bedingungsschleifen den Wert einer Zählervariablen per Anweisung erhöhen.

While-Schleife

Viele Schleifenstrukturen basieren auf einer While...Wend Schleife. In dieser Schleife wird die Bedingung am Beginn der Schleife geprüft und der Schleifenkörper nur dann ausgeführt, wenn die Bedingung das Ergebnis True liefert. Beim Ergebnis False wird dagegen die Prozedur mit den Anweisungen nach Wend fortgesetzt. Die allgemeine Syntax lautet:

```
While Bedingung
        Anweisung1
        Anweisung2
        Anweisung...
Wend
```

Do...Loop Anweisung

Diese Anweisung existiert in verschiedenen Varianten, mit der Anweisung Exit Do kann die Schleife vorzeitig verlassen werden. Die Bedingung wird zu Beginn der Schleife vor jedem Durchlauf überprüft und der Anweisungsblock ausgeführt, solange die Bedingung erfüllt ist. Die allgemeine Syntax lautet dann:

```
Do While Bedingung
        Anweisung1
        Anweisung2
        Anweisung...
Loop
```

Beispiel

Vielleicht kennen Sie das folgende Rechenbeispiel in dieser oder einer ähnlichen Form: Eine Schnecke klettert eine Mauer hoch. Tagsüber klettert sie um 50 cm nach oben, in jeder Nacht rutscht sie 10 cm nach unten, die Mauer ist 4 m hoch. Nach wie vielen Tagen ist sie oben?

```
Sub Schnecke()
Dim intTage As Integer
Dim dblMorgen As Double
Dim dblAbend As Double
intTage = 0
dblMorgen = 0
Do While dblAbend < 4
    intTage = intTage + 1
    dblAbend = dblMorgen + 0.5
    dblMorgen = dblAbend - 0.1
Loop
MsgBox "Die Schnecke benötigt " & intTage & " Tage."
End Sub
```

Als zweite Alternative kann die Bedingung für die Schleife anstelle von While auch mit Until formuliert werden. Dann werden die Anweisungen solange ausgeführt, bis die Bedingung erfüllt ist, die Syntax lautet dann:

```
Do Until Bedingung
     Anweisungen
Loop
```

Auf das Schneckenproblem abgewandt, müsste die Schleife dann lauten:

```
Do Until dblAbend >= 4
     intTage = intTage + 1
     dblAbend = dblMorgen + 0.5
     dblMorgen = dblAbend - 0.1
Loop
```

Eine weitere Möglichkeit besteht darin, die Bedingung erst am Ende der Schleife zu prüfen. Dies bedeutet allerdings, dass die Schleife in jedem Fall mindestens einmal durchlaufen wird. Dann würde die Bedingung lauten:

Schleife wird mindestens 1 Mal durchlaufen

```
Do
     intTage = intTage + 1
     dblAbend = dblMorgen + 0.5
     dblMorgen = dblAbend - 0.1
Loop Until dblAbend >= 4
```

Die Formulierung `While` ist ebenfalls am Schleifenende zulässig und würde lauten:

```
Loop While dblAbend < 4
```

Die With-Anweisung

Diese Anweisung ist eigentlich keine Schleife, da sie nur einmal durchlaufen wird. Sie erlaubt es, gleich mehrere Eigenschaften eines Objekts zu ändern, dabei muss der Objektname dabei nur ein einziges Mal angegeben werden. Die Syntax:

Weist einem Objekt nacheinander mehrere Eigenschaften zu

```
With Objekt
     Anweisungen
End With
```

Beispiel: Sie möchten einem markierten Zellbereich gleich mehrere Formatierungen zuweisen.

```
Sub ZellbereichFormatieren()
ActiveSheet.Range("B5").Select
With ActiveCell
     .Font.Bold = True
     .Font.Size = 14
     .Borders.ColorIndex = 5
End With
End Sub
```

9.6   Die Excel-Objekte

Siehe Lektion 9.1
VBA-Hilfe

Microsoft Excel kennt mehr als 200 Objekte, das gesamte Excel-Objektmodell mit allen Objekten finden Sie in der VBA-Hilfe. Hier betrachten wir als Beispiele nur einige der wichtigsten und am häufigsten verwendeten Objekte:

Objekt	Beschreibung
Application	Die Anwendung Excel selbst bzw. das Excel-Fenster
Workbook	Excel Arbeitsmappe
Worksheet	Tabellenblatt
Range	Zellbereich, bzw. eine einzelne Zelle

Die Objekte stehen in hierarchischer Abhängigkeit zueinander: die oberste Ebene bildet das Application-Objekt, also die Anwendung Excel. Bild 9.16 zeigt die Hierarchie der oben genannten Objekte. Diese stellt nur einen kleinen Ausschnitt dar, die gesamte Objekthierarchie ist wesentlich umfangreicher.

Bild 9.16 Hierarchie der Excel Objekte

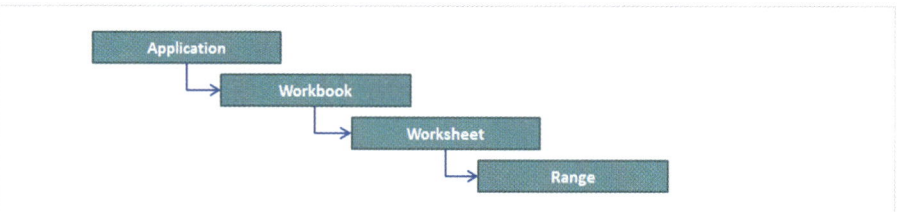

Eine besondere Form von Objekten bilden die Auflistungen (collections). Sie fassen mehrere gleichartige Objekte zusammen, so umfasst beispielsweise die Auflistung `Worksheets` alle Tabellenblätter einer Arbeitsmappe, in Klammern dahinter geben Sie den Namen eines bestimmten Blattes ein.

Objektzugriff über die Hierarchie

Die Objekthierarchie regelt auch den Zugriff auf Objekte. Um auf ein bestimmtes Objekt zuzugreifen, beispielsweise um im Tabellenblatt Tabelle1 in die Zelle A3 den Text „Hallo" einzufügen, ist die folgende Anweisung erforderlich:

```
Worksheets("Tabelle1").Range("A3") = "Hallo"
```

Hinweis: Anstelle der Auflistung `Worksheets` kann auch die Auflistung `Sheets` verwendet werden, dann lautet die Anweisung:

```
Sheets("Tabelle1").Range("A3") = "Hallo"
```

Ohne Angabe des Arbeitsblattes würde sich eine Anweisung immer auf eine Zelle des aktuellen Blattes beziehen.

Objekteigenschaften

Eigenschaften sind Attribute, die Aussehen und Zustand eines Objekts bestimmen. Die verfügbaren Eigenschaften sind abhängig vom jeweiligen Objekt, sie lassen sich in Prozeduren abfragen, einige Eigenschaften können auch per Programmanweisung geändert werden. Einige der häufig verwendeten Eigenschaften sind:

Objektbeschreibung

Eigenschaft	Beschreibung
Caption	Beschriftung eines Objekts.
Name	Die Bezeichnung, unter der ein Objekt angesprochen wird.
Value	Wert oder Inhalt eines Objekts, Zellinhalt.

Beispiel: Die beiden folgenden Anweisungen weisen im Blatt Tabelle1 der Zelle A3 den Wert 999 zu. Da die Eigenschaft Value gleichzeitig die Standardeigenschaft des Range-Objekts darstellt, kann diese auch weggelassen werden.

```
Worksheets("Tabelle1").Range("A3").Value = 999
Sheets("Tabelle1").Range("A3") = 999
```

Methoden und Ereignisse

Neben den Eigenschaften verfügen Objekte auch über Methoden. Darunter versteht VBA Aktionen, die an oder mit einem Objekt ausgeführt werden können. So verfügt beispielsweise ein Arbeitsblatt über die Methoden Einfügen, Verschieben oder Löschen. Häufig verwendete Methoden sind:

Aktionen, die an einem Objekt ausgeführt werden

Methode und Beispiel	Beschreibung
Worksheets("Tabelle1").Select	Wählt das Objekt Tabelle1 aus
Worksheets("Tabelle1").Activate	Aktiviert das Objekt Tabelle1
Worksheets("Tabelle1").Delete	Löscht das Objekt Tabelle1
Range("A1:D5").ClearContents	Löscht den Inhalt eines Zellbereichs, die Formate bleiben erhalten
Range("A1:D10").Clear	Löscht Inhalte und Formatierungen
Workbook("Beispiel.xlsx").Close	Schließt die Arbeitsmappe Beispiel.xlsx

Ereignisse von Objekten spielen vor allem dann eine Rolle, wenn Prozeduren beim Eintrete ausgeführt ausgeführt werden sollen, z. B. beim Öffnen einer Arbeitsmappe, auf diese Möglichkeit wird hier nicht weiter eingegangen.

Ein Beispiel für das Ereignis Öffnen finden Sie in Lektion 10 in Zusammenhang mit ActiveX-Steuerelementen

Der Objektkatalog

Objektkatalog anzeigen: F2

Eine Übersicht über die verfügbaren Objekte, deren Eigenschaften und Methoden erhalten Sie im Objektkatalog. Sie öffnen den Objektkatalog im VBA-Editor entweder mit der Taste F2, per Mausklick auf das Symbol *Objektkatalog* oder über den Menübefehl *Ansicht - Objektkatalog*. Mit der *Schließen*-Schaltfläche des Objektkatalogs kehren Sie zurück in die VBA-Entwicklungsumgebung.

Bild 9.17 Objektkatalog anzeigen

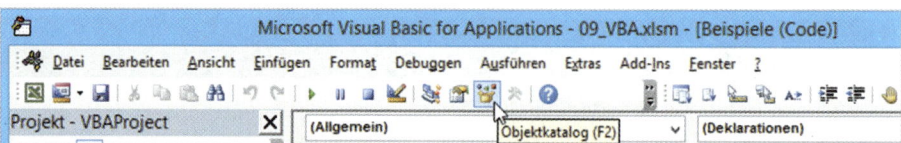

Zur Suche nach einem bestimmten Objekt geben Sie einen Suchbegriff ein, z. B. „worksheet" (auch unvollständige Angaben sind möglich) und klicken auf die Schaltfläche *Suchen*. Das Suchergebnis erscheint unterhalb in einem weiteren Teilfenster, hier sehen Sie auch die Zugehörigkeit zur jeweiligen Bibliothek. Zum Ausblenden der Bibliotheken benutzen Sie die Schaltfläche rechts neben der *Suchen*-Schaltfläche. Sie können auch gezielt anstelle von *<Alle Bibliotheken>* die Bibliothek *Excel* auswählen. Ein weiteres Fenster zeigt unterhalb das gesuchte Objekt zusammen mit allen dazugehörigen Eigenschaften, Methoden und Ereignissen an.

Bild 9.18 Objektkatalog

Katalog schließen

Bibliothek wählen

Suchbegriff

Zuordnung zu Bibliotheken aus/einblenden

Worksheet

Die dazugehörigen Elemente

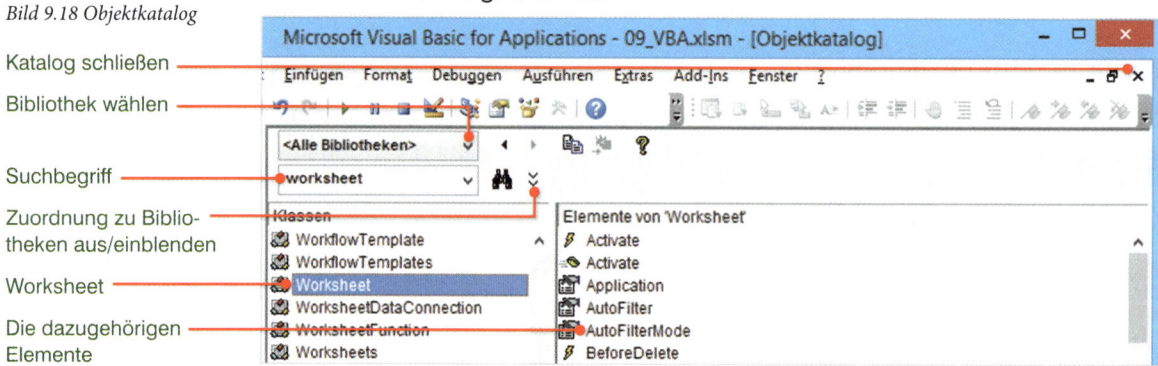

An den Symbolen können Sie erkennen, ob es sich um eine Eigenschaft, eine Methode oder ein Ereignis handelt.

Symbol	Typ	Beispiel	
	Objekt	Worksheet	(Arbeitsblatt)
	Eigenschaft	Name	(Name)
	Methode/Funktion	Delete	(Löschen)
	Ereignis	Activate	(Aktivieren)

9.7   Zugriff auf Excel-Objekte

Zugriff auf Tabellenblätter

Die Auflistungen `Worksheets` und `Sheets` enthalten alle Excel-Arbeitsblätter der aktuellen Arbeitsmappe. Der Zugriff auf ein bestimmtes Blatt erfolgt entweder über den Namen oder die Position (Indexwert). Eine Auswahl über den Index ist allerdings nicht empfehlenswert, da dieser abhängig ist von der relativen Position innerhalb der Arbeitsmappe und somit auch veränderbar. Hier einige Beispiele zum Auswählen eines Arbeitsblattes:

Zugriff über...	Anweisung
Name	`Worksheets("Tabelle1").Select` `Sheets("Tabelle1").Activate`
Indexwert	`Worksheets(1).Select` `Sheets(5).Select`

Für den Zugriff auf das aktuelle Arbeitsblatt verwenden Sie `ActiveSheet`, beispielsweise, um dem Blatt einen Namen zuzuweisen.

```
ActiveSheet.Name = "Januar"
```

Allerdings ist es beim Umbenennen eines Blattes nicht zwingend erforderlich, dieses zuvor auszuwählen, mit der folgenden Anweisung benennen Sie das Blatt Tabelle2 um, auch wenn es sich nicht um das aktuelle Blatt handelt.

```
WorkSheets("Tabelle2").Name = "Februar"
```

Einige Methoden und Eigenschaften in Zusammenhang mit Arbeitsblättern:

Sie möchten...	Anweisung
Ein neues Arbeitsblatt einfügen	`Worksheets.Add`
Ein Arbeitsblatt auswählen	`Worksheets("Tabelle1").Select` `Worksheets("Tabelle1").Activate`
Ein Arbeitsblatt löschen	`Worksheets("Tabelle1").Delete` `ActiveSheet.Delete`
Die Anzahl aller Arbeitsblätter der Mappe ermitteln	`Worksheets.Count`
Einem Arbeitsblatt einen Namen zuweisen	`Worksheets("Tabelle1").Name = "Test"` `ActiveSheet.Name = "Test"`

Etwas komplizierter wird es, wenn Sie ein neues Arbeitsblatt einfügen und diesem anschließend einen Namen zuweisen möchten. Da der Name nicht im voraus bekannt ist (neue Arbeitsblätter erhalten die Namen Tabelle1, Tabelle2, Tabelle...), erledigen Sie dies mit einer Objektvariablen, der Sie das neue Blatt mit folgenden Anweisungen zuweisen:

```
Dim NeuesBlatt as Object
Set Neues Blatt = Worksheets.Add
NeuesBlatt.Name = "Soeben eingefügt"
```

Zugriff auf Arbeitsmappen

Wechseln zwischen geöffneten Arbeitsmappen

In der Regel beziehen sich Anweisungen auf die aktuelle Arbeitsmappe, dann kann das übergeordnete Arbeitsmappen-Objekt auch weggelassen werden. Sind mehrere Arbeitsmappen geöffnet, verwenden Sie die Auflistung Workbooks, um zwischen den Arbeitsmappen zu wechseln. Diese Auflistung erlaubt die Auswahl über den Namen oder den Indexwert, beachten Sie aber, dass der Indexwert die Reihenfolge wiedergibt, in der die Arbeitsmappen geöffnet wurden. Verwenden Sie also am besser eine Anweisung in dieser Form:

```
Workbooks("Mappe1.xlsx").Activate
Workbooks("Mappe1.xlsx").Worksheets("Tabelle2").Activate
```

Arbeitsmappe öffnen

Zum Öffnen einer Excel-Arbeitsmappe verwenden Sie eine Anweisung in der folgenden Form. Achten Sie beim Zugriff auf nicht geöffnete Arbeitsmappen darauf, dass Dateinamenserweiterung und vollständiger Suchpfad immer mit angegeben werden müssen!

```
Workbooks.Open "D:\Daten\Uebung.xlsx"
```

Eine neue Arbeitsmappe erstellen Sie mit der Anweisung:

```
Workbooks.Add
```

Zellen und Zellbereiche adressieren

Das Range Objekt

Range verwendet immer absolute Zelladressen

Das Objekt Range wird verwendet, um in Excel eine Zelle oder einen Zellbereich mit absoluter Zelladresse anzusprechen. Die Methoden Activate und Select entsprechen dem Aktivieren, bzw. Markieren und lassen sich sowohl auf Arbeitsblätter, als auch auf Zellen und Zellbereiche anwenden. Die folgende Anweisung markiert im aktuellen Arbeitsblatt die Zelle A5.

```
Range("A5").Select
```

Befindet sich die gewünschte Zelle in einem anderen Arbeitsblatt, so muss zuerst dieses Arbeitsblatt mit `Select` oder `Activate` ausgewählt werden.

```
Worksheets("Tabelle3").Select
Range("D10").Select
```

Einige Beispiele zum Auswählen und Bearbeiten von Zellen und Zellbereichen:

Sie möchten...	Anweisung
Eine Zelle im aktuellen Arbeitsblatt markieren/ auswählen	`Range("A5").Select` `Range("A5").Activate`
Einen Zellbereich im aktuellen Arbeitsblatt markieren (z. B. B2 bis B10)	`Range("B2", "B10").Select` `Range("B2:B10").Select`
Den Inhalt der aktiven Zelle löschen	`ActiveCell.Clear`
Den Inhalt des markierten Zellbereichs löschen	`Selection.Clear`

Die Cells Eigenschaft

`Cells` ist eine Eigenschaft des `Range` Objektes. Mit dieser Eigenschaft werden die Zeilen- und Spaltenwerte in der Schreibweise `Cells`(Zeile, Spalte) als Zahlen angegeben. Ein wichtiger Vorteil bei der Verwendung der `Cells` Eigenschaft liegt darin, dass sich Zeilen- und Spaltenwerte auch berechnen lassen. Die allgemeine Schreibweise lautet:

Achten Sie auf die Schreibweise!

Zeile, Spalte

```
Cells(Zeile, Spalte)
```

Beispiel, die Zelle B7 markieren:

```
Cells(7, 2).Select
```

Beispiel, Zellbereich markieren: Dazu müssen Sie diese Eigenschaft in Verbindung mit dem `Range` Objekt verwenden, beispielsweise wenn der Bereich A1 bis C5 markiert werden soll:

```
Range(Cells(1, 1), Cells(5, 3)).Select
```

Zellbereiche mit der Offset Methode ansteuern

Die `Offset` Methode verschiebt die Markierung um die angegebene Zeilen- und Spaltenzahl, sie entspricht der Funktion BEREICH.VERSCHIEBEN. Die Syntax:

Markierung verschieben

```
ActiveCell.Offset(Zeilen, Spalten)
```

Beispiel: Die folgenden Anweisungen markieren zuerst die Zelle B10 und verschieben anschließend die Markierung in derselben Spalte um 5 Zeilen nach unten. Dadurch wird die Zelle B15 markiert.

```
Range("B10").Select
ActiveCell.Offset(5, 0).Select
```

Negative Angaben können ebenfalls verwendet werden, die folgende Anweisung verschiebt die Markierung um 1 Zeile nach oben und 3 Spalten nach links.

```
ActiveCell.Offset(-1, -3).Select
```

Werte in Zellen eintragen

Die Eingabe von Werten in eine Zelle erfolgt über die Value Eigenschaft. Da diese Eigenschaft die Standardeigenschaft von Zellen ist, kann sie auch weggelassen werden. Hier einige Beispiele:

```
ActiveCell.Value = 125
ActiveCell.Value = "Musterbeispiel"
ActiveCell = 999
```

Sie können einer Zelle des aktuellen Arbeitsblattes aber auch ohne vorheriges Markieren eine Eigenschaft oder einen Wert zuweisen. Die folgende Anweisung weist der Zelle B5 die Zahl 100 zu.

```
Range("B5") = 100
```

Befindet sich die Zelle in einem anderen Arbeitsblatt, so können Sie einer Zelle ebenfalls ohne vorheriges Markieren einen Wert zuweisen.

```
Worksheets("Tabelle1").Range("E1") = 99
```

Ausschneiden, Kopieren und Einfügen

Die Zwischenablage verwenden

Zum Ausschneiden, Kopieren und Einfügen über die Zwischenablage verwendet VBA die Methoden Cut, Copy und Paste.

Sie möchten...	Beispiel
Ausschneiden	`Range("A5").Cut`
Kopieren	`Range("A5").Copy`
Einfügen	`ActiveSheet.Paste Destination:=Range("B25")`

Soll der ausgeschnittene oder kopierte Inhalt in einer einzigen Anweisung wieder eingefügt werden, so wird die Angabe `Destination` benutzt. Sie können aber auch die verkürzte Schreibweise verwenden. Zum Einfügen von Zellbereichen wird die obere linke Ecke als Zielangabe verwendet. Eventuell vorhandene Inhalte der Zielzellen werden, wie auch bei manuellen Kopiervorgängen überschrieben. Einige Beispiele:

```
Range("A1").Copy Destination:=Range("B25")
Range("A1").Copy Range("B25")
Range("A1:B8").Copy Range("D1")
```

Beachten Sie, dass in VBA der Inhalt der Zwischenablage nach dem Einfügen leer ist, zum mehrmaligen Einfügen müssen Sie daher Wiederholungsschleifen verwenden.

Berechnungen mit Formeln und Funktionen

Formeln beginnen auch in VBA mit einem Gleichheitszeichen, beachten Sie aber, dass Formeln als Ausdruck, d. h. in Anführungszeichen eingegeben werden müssen. Bei Zellbezügen in Formeln unterscheidet VBA ebenfalls zwischen relativen und absoluten Zellbezügen und verwendet dafür unterschiedliche Zelleigenschaften.

Absolute Zellbezüge

Die Eingabe von Formeln mit absoluten Zellbezügen erfolgt mit der Eigenschaft `Formula`. Die Formel muss als Ausdruck in Anführungszeichen gesetzt werden, hier einige Beispiele für Formeln mit absoluten Zellbezügen:

Formula = absolute Zellbezüge

```
Range("B5").Formula = "= B3 + B4"
Cells(1, 3).Formula = "= A1 * B1"
Worksheets("Tabelle2").Range("A5").Formula = "= A3 / A4"
```

Relative Zellbezüge

Wenn Sie für eine Formel relative Zellbezüge benötigen, beispielsweise um eine Formel mit Hilfe einer Wiederholungsschleife in mehrere Zeilen einzufügen, so geben Sie die Formel über die Eigenschaft `FormulaR1C1` ein. Diese beinhaltet einen relativen Verweis in Zeilen (R = Row) und Spalten (C = Column). Achten Sie auch hier wieder bei der Schreibweise auf die Reihenfolge Zeile, Spalte. Der folgende Ausdruck verweist auf die Zelle, die sich in derselben Zeile links von der aktuellen Zelle befindet:

FormulaR1C1 = relative Zellbezüge

```
ActiveCell.FormulaR1C1 = "=RC[-1]"
```

Achten Sie auf die Schreibweise: Der Wert der jeweiligen Differenz muss in eckigen Klammern angegeben werden. Befindet sich die Zelle in derselben Zeile oder Spalte wie die Formel, so ist hierfür keine weitere Angabe erforderlich. Einige Formelbeispiele:

```
ActiveCell.FormulaR1C1 = "=R[-5]C[-1]+R[-4]C-1]"
ActiveCell.FormulaR1C1 = "=Sum(R[-10]C:R[-1]C)"
```

Im folgenden Beispiel sollen in Spalte C die Werte aus den Spalten A und B miteinander multipliziert werden. Da die Formel über mehrere Zeilen berechnet werden muss, ist eine Wiederholungsschleife erforderlich.

Bild 9.19 Beispiel Formel

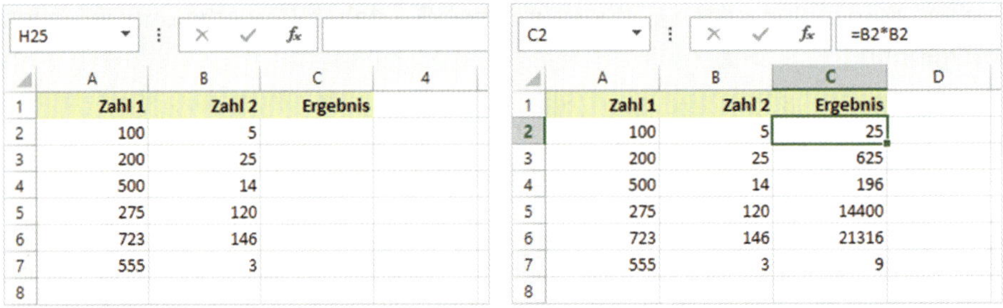

	A	B	C	4
1	**Zahl 1**	**Zahl 2**	**Ergebnis**	
2	100	5		
3	200	25		
4	500	14		
5	275	120		
6	723	146		
7	555	3		
8				

C2 · fx =B2*B2

	A	B	C	D
1	**Zahl 1**	**Zahl 2**	**Ergebnis**	
2	100	5	25	
3	200	25	625	
4	500	14	196	
5	275	120	14400	
6	723	146	21316	
7	555	3	9	
8				

Beispiel: Formel für einen Zellbereich berechnen

```
Sub WerteBerechnen()
Dim Z As Integer
Sheets("Tabelle1").Select            'Blatt auswählen
For Z = 2 To 7
    Cells(Z, 3).FormulaR1C1 = "=RC[-2]*RC[-1]"
Next
End Sub
```

Berechnungsfunktionen

Funktionen müssen in VBA mit ihrer englischen Bezeichnung eingegeben werden, hier eine kleine Übersicht über die wichtigsten Funktionen.

Excel-Funktion	VBA-Funktion	Beschreibung
Summe	Sum	Summe berechnen
Mittelwert	Average	Durchschnitt (Mittelwert)
Anzahl	Count	Anzahl der Werte
Min	Min	Niedrigster Wert
Max	Max	Höchster Wert
Rnd	Rnd	Zufallszahl (Random)
Heute	Date	Aktuelles Datum

Das folgende Beispiel berechnet in A7 die Summe der Zellen A1 bis A6.

```
ActiveSheet.Range("A7").Formula = "= Sum(A1:A6)"
```

Position ermitteln

Um die aktuelle Position, beispielsweise die markierte Zelle oder das aktive Arbeitsblatt zu ermitteln, können die folgenden Anweisungen verwendet werden:

Beschreibung	Anweisung
Die Adresse der aktuell markierten/ aktiven Zelle des aktuellen Arbeitsblattes	`ActiveCell.Adress`
Die Zeilennummer der aktiven Zelle	`ActiveCell.Row`
Die Spaltennummer der aktiven Zelle	`ActiveCell.Column`
Name der aktuellen Tabelle	`ActiveCell.Parent.Name`
Name der Arbeitsmappe	`ActiveSheet.Parent.Name`

Hinweis: Die Eigenschaft `Parent` steht für das jeweils übergeordnete Objekt. Bei einem Zellbereich ist dies das Arbeitsblatt, in einem Arbeitsblatt die Arbeitsmappe.

Zellbereiche ermitteln

Auch in der VBA-Programmierung ist Excel in der Lage, zusammenhängende Tabellenbereiche zu erkennen. Häufig geht es darum, einen Zellbereich auszuwerten, dessen genauer Umfang nicht bekannt ist. Hier verwenden Sie die Eigenschaft `CurrentRegion`, die ein `Range` Objekt zurückgibt.

Zusammenhängenden Bereich ermitteln

Beispiel: Sie möchten innerhalb der Tabelle in Bild 9.20 alle Zellen mit Schriftgröße 8 und roter Schrift formatieren. Die Tabelle beginnt in A1, könnte aber beliebig viele Zeilen und Spalten umfassen.

▲	A	B	C	D	E	F	G
1	Nachname	Vorname	Geburtsdatum				
2	Müller	Sabine	01.06.1978				
3	Brösel	Karl-Heinz	14.02.1989				
4	Meyerson	Thomas	06.12.2091				
5	Kabelschacht	Alfred	29.03.1981				
6	Fröhlich	Frieda	16.04.1975				
7							

Bild 9.20 Beispiel

Zuerst müssen Sie das Arbeitsblatt und die Zelle A1 als festen Bezugspunkt auswählen. Die nächste Anweisung markiert ab der markierten Zelle den gesamten dazugehörigen Zellbereich. Anschließend legen Sie für den markierten Bereich (`Selection`) nacheinander Schriftgröße und Schriftfarbe fest.

```
Sub ZellbereichFormatieren()
Worksheets("Namensliste").Select
ActiveSheet.Range("A1").Select
ActiveCell.CurrentRegion.Select
With Selection
    .Font.Size = 8
    .Font.Color = vbRed
End with
End Sub
```

Anzahl der Zeilen und Spalten ermitteln

Ausgangssituation: Sie möchten innerhalb einer Liste für jede Zeile die Werte aus Spalte A mit den Werten aus Spalte B multiplizieren, im Gegensatz zum Beispiel auf Seite 226 ist jedoch die genaue Anzahl der Zeilen und somit die erforderliche Anzahl der Schleifenwiederholungen nicht bekannt.

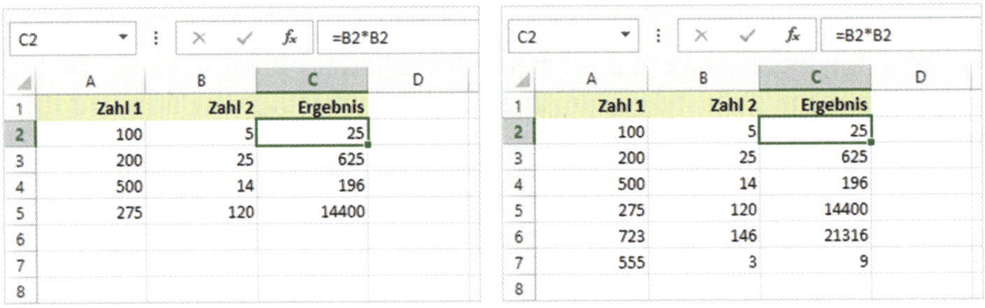

Bild 9.21 Anzahl Wiederholungen ermitteln

	A	B	C	D
	C2	fx	=B2*B2	
1	**Zahl 1**	**Zahl 2**	**Ergebnis**	
2	100	5	25	
3	200	25	625	
4	500	14	196	
5	275	120	14400	
6				
7				
8				

	A	B	C	D
	C2	fx	=B2*B2	
1	**Zahl 1**	**Zahl 2**	**Ergebnis**	
2	100	5	25	
3	200	25	625	
4	500	14	196	
5	275	120	14400	
6	723	146	21316	
7	555	3	9	
8				

Die Eigenschaft `count` liefert für einen Zellbereich sowohl die Anzahl der Zeilen (`rows.count`) als auch der Spalten (`columns.count`). Für unser Beispiel müssen wir ermitteln, wieviele Zeilen der Zellbereich umfasst. Die dazugehörige Prozedur sieht dann wie folgt aus, sie funktioniert auch, wenn die Tabelle aus Bild 9.21 mehr oder weniger Zeilen umfasst.

```
Sub WerteBerechnen2()
Dim Z As Integer
Sheets("Tabelle1").Select
Range("A1").Select
For Z = 2 To ActiveCell.CurrentRegion.Rows.Count
    Cells(Z, 3).FormulaR1C1 = "=RC[-2]*RC[-1]"
Next
End Sub
```

Beispiel: Jede zweite Zeile mit einer Füllfarbe formatieren

An dieser Stelle ein Beispiel, das in zahlreichen Varianten existiert. In dieser Prozedur geht es darum, jede zweite Zeile des zuvor markierten Zellbereichs mit einer Füllfarbe zu formatieren, in diesem Beispiel hellgelb.

Bild 9.22 Jede zweite Zeile formatieren

	A	B	C	D	E	F	G	H	I	J
1	Jahr	Kunden-Nr	Firma	Land	Modell-Nr	VK-Preis Netto	Auftragsmenge	Umsatz		
2	2012	45	Hügli & Brettschneider	Schweiz	300	500,00	9	4.500,00		
3	2012	233	ELCOG	Deutschland	450	510,00	25	12.750,00		
4	2012	971	BRAIN	Österreich	100	290,00	22	6.380,00		
5	2012	45	Hügli & Brettschneider	Schweiz	200	63,50	12	762,00		
6	2012	1019	WGT GmbH	Deutschland	100	290,00	14	4.060,00		
7	2012	45	Hügli & Brettschneider	Schweiz	300	500,00	3	1.500,00		
8	2012	233	ELCOG	Deutschland	304	620,00	7	4.340,00		
9	2013	971	BRAIN	Österreich	304	620,00	6	3.720,00		
10	2013	233	ELCOG	Deutschland	304	620,00	33	20.460,00		
11	2013	971	BRAIN	Österreich	209	1.019,00	9	9.171,00		
12	2013	1019	WGT GmbH	Deutschland	100	290,00	12	3.480,00		
13	2013	233	ELCOG	Deutschland	200	63,50	2	127,00		
14	2013	971	BRAIN	Österreich	200	63,50	89	5.651,50		
15	2013	45	Hügli & Brettschneider	Schweiz	450	510,00	2	1.020,00		
16	2013	233	ELCOG	Deutschland	100	290,00	1	290,00		
17	2013	45	Hügli & Brettschneider	Schweiz	304	620,00	56	34.720,00		
18	2013	1019	WGT GmbH	Deutschland	200	63,50	100	6.350,00		
19										

- Da die Prozedur für jeweils den markierten Zellbereich gilt, muss zunächst mit den Eigenschaften `Selection.Row` und `Selection.Column` die linke obere Ecke des markierten Zellbereichs ermittelt werden. Die oben erwähnten Eigenschaften `ActiveCell.Row` und `ActiveCell.column` eignen sich dazu nicht, da diese ermitteln, ab welcher Position mit der Markierung begonnen wurde und dies könnte im Bild oben auch H18 sein..

- Über `Selection.Columns.Count` wird anschließend die Anzahl der markierten Spalten (8) ermittelt. Wenn Sie nun beide Werte addieren, um die letzte markierte Spalte zu berechnen, dann erhalten Sie nicht das korrekte Ergebnis, da die erste Spalte doppelt einbezogen wird. Daher müssen den Wert korrigieren, indem Sie 1 subtrahieren. Dasselbe gilt auch für die Zeilen. Der zu formatierende Zellbereich ist somit Z2, S1 bis Z18, S8.

- Da mit der Anzahl der Zeilen auch die Anzahl der Wiederholungen feststeht, kann im nächsten Schritt eine Zählerschleife verwendet werden (`For ... Next`).

- Um die nächste Zeile zu adressieren, wird innerhalb der Wiederholungsschleife einfach die Zählervariable zur Zeile addiert.

- Nun muss nur noch mit einer einfachen Bedingung (`If ... Then ... Else`) überprüft werden, ob die Zählervariable eine gerade Zahl, also durch 2 teilbar ist. `Mod 2` (Modulo) liefert den Rest der Division durch 2, ist dieser 0, so handelt es sich um eine gerade zahl.

- Zuletzt braucht nur noch die gewünschte Farbe angegeben werden. Mit der Eigenschaft `Interior.color` können Sie etweder eine VBA-Konstante, z. B. `vbRed` oder mit der Funktion `RGB` einen Farbwert zuweisen. Benötigen Sie keine Farbe, dann verwenden Sie am besten `xlNone` = keine Füllung.

Die Schreibweise der `RGB`-Funktion:

```
= RGB(Red, Green, Blue)
```

Die komplette Prozedur:

```
Public Sub ZeilenFuellen()
'Jede zweite Zeile des markierten Zellbereichs
'mit einer Füllfarbe formatieren
'*******************************************************
Dim Zeile As Integer
Dim Spalte As Integer
Dim AnzSpalten As Integer
Dim AnzZeilen As Integer
Dim Zaehler As Integer                'Zählervariable
Zeile = Selection.Row                 'Beginn der Markierung Zeile
Spalte = Selection.Column             'Beginn der Markierung Spalte
AnzSpalten = Selection.Columns.Count - 1
AnzZeilen = Selection.Rows.Count - 1
For Zaehler = 0 To AnzZeilen
    With Range(Cells(Zeile + Zaehler, Spalte), _
    Cells(Zeile + AnzZeilen, Spalte + AnzSpalten))
        If Zaehler Mod 2 = 0 Then     'Gerade oder ungerade Zahl
            .Interior.Color = RGB(255,255,200)
        Else
            .Interior.ColorIndex = xlNone
        End If
    End With
Next
End Sub
```

Bild 9.23 Das Ergebnis

	A	B	C	D	E	F	G	H	I	J
1	Jahr	Kunden-Nr	Firma	Land	Modell-Nr	VK-Preis Netto	Auftragsmenge	Umsatz		
2	2012	45	Hügli & Brettschneider	Schweiz	300	500,00	9	4.500,00		
3	2012	233	ELCOG	Deutschland	450	510,00	25	12.750,00		
4	2012	971	BRAIN	Österreich	100	290,00	22	6.380,00		
5	2012	45	Hügli & Brettschneider	Schweiz	200	63,50	12	762,00		
6	2012	1019	WGT GmbH	Deutschland	100	290,00	14	4.060,00		
7	2012	45	Hügli & Brettschneider	Schweiz	300	500,00	3	1.500,00		
8	2012	233	ELCOG	Deutschland	304	620,00	7	4.340,00		
9	2013	971	BRAIN	Österreich	304	620,00	6	3.720,00		
10	2013	233	ELCOG	Deutschland	304	620,00	33	20.460,00		
11	2013	971	BRAIN	Österreich	209	1.019,00	9	9.171,00		
12	2013	1019	WGT GmbH	Deutschland	100	290,00	12	3.480,00		
13	2013	233	ELCOG	Deutschland	200	63,50	2	127,00		
14	2013	971	BRAIN	Österreich	200	63,50	89	5.651,50		
15	2013	45	Hügli & Brettschneider	Schweiz	450	510,00	2	1.020,00		
16	2013	233	ELCOG	Deutschland	100	290,00	1	290,00		
17	2013	45	Hügli & Brettschneider	Schweiz	304	620,00	56	34.720,00		
18	2013	1019	WGT GmbH	Deutschland	200	63,50	100	6.350,00		
19										

Wie finden Sie den gewünschten RGB-Farbwert? Dies ist ganz einfach: Formatieren Sie im Tabellenblatt eine beliebige Zelle mit der gewünschten Farbe, markieren Sie diese und klicken Sie auf den Dropdown-Pfeil der Schaltfläche *Füllfarbe*. Wählen Sie *Weitere Farben...* und klicken Sie im Dialogfenster *Farben* auf das Register *Benutzerdefiniert*. Hier können Sie den RGB-Farbwert ablesen.

9.8 Prozeduren testen

Einzelschritte ausführen

Zur Fehlersuche oder zum Testen können Sie eine Prozedur schrittweise ausführen. Dazu klicken Sie im VBA-Editor in die jeweilige Prozedur und klicken dann auf das Menü *Debuggen* und auf *Einzelschritt*. Die erste Anweisungszeile bzw. der Beginn der Prozedur wird gelb markiert und ist links mit einem gelben Pfeil versehen. Mit dem nächsten Befehl *Einzelschritt* wird diese Anweisung ausgeführt und die nächste markiert. Schneller geht es, wenn Sie jeden Einzelschritt mit der Funktionstaste F8 ausführen.

Einzelschritte = F8

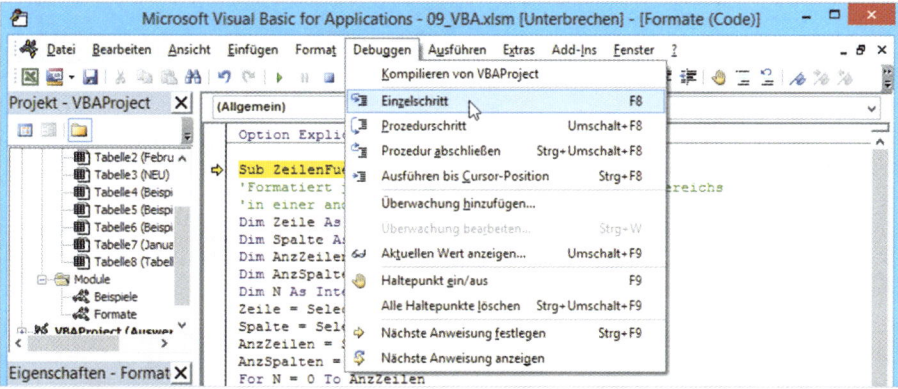

Bild 9.24 Schrittweise ausführen

Mit der Schaltfläche *Zurücksetzen* können Sie die schrittweise Ausführung jederzeit abbrechen. Um einzelne Anweisungen zu überspringen, bzw. zu wiederholen, ziehen Sie mit der Maus den Pfeil in der Spalte links neben der Anweisungszeile einfach an die gewünschte Stelle

Variablen überwachen

Während der schrittweisen Ausführung einer Prozedur lassen sich auch die Inhalte von Variablen überwachen: Im einfachsten Fall zeigen Sie einfach mit der Maus auf die entsprechende Variable, um den Inhalt kurz einzublenden.

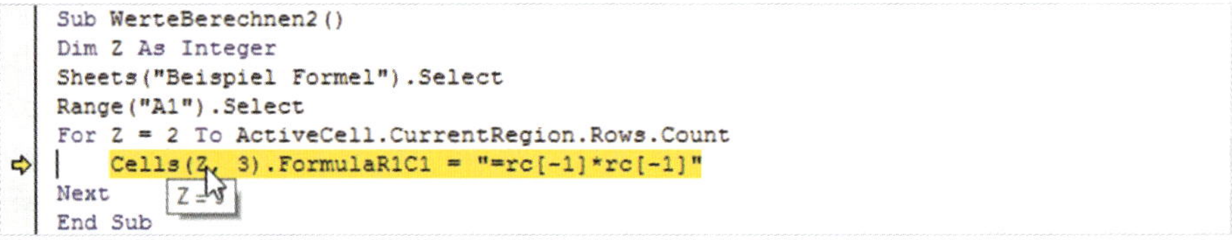

Bild 9.25 Variable anzeigen

```
Sub WerteBerechnen2()
Dim Z As Integer
Sheets("Beispiel Formel").Select
Range("A1").Select
For Z = 2 To ActiveCell.CurrentRegion.Rows.Count
    Cells(Z, 3).FormulaR1C1 = "=rc[-1]*rc[-1]"
Next            Z = 5
End Sub
```

Überwachungs- und Direktfenster

Wenn Sie den Inhalt einer Variablen ständig beobachten möchten, dann verwenden Sie das Überwachungsfenster und das Direktfenster. Beide werden über das Menü *Ansicht* ein- und ausgeblendet. Zur Anzeige im Überwachungsfenster müssen Sie für jede Variable die Überwachung explizit festlegen. Klicken Sie dazu mit der rechten Maustaste auf die Variable und wählen Sie den Befehl *Überwachung hinzufügen*. Bestätigen Sie anschließend mit *OK*. Über die rechte Maustaste können Sie für eine Variable ggfs. die Überwachung auch wieder entfernen.

Bild 9.26 Überwachung hinzufügen

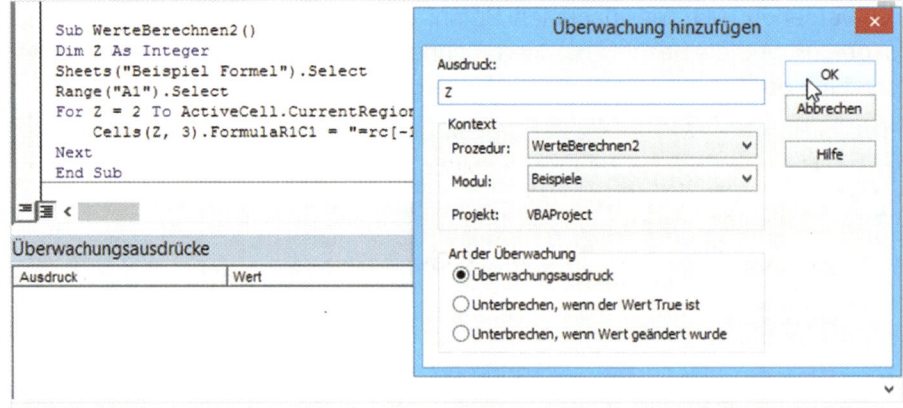

Unten ein Beispiel für eine überwachte Variable im Überwachungsfenster. Beachten Sie, dass nach Beenden der Prozedur die Inhalte von Variablen leer sind und nicht mehr angezeigt werden.

Bild 9.27 Beispiel überwachte Variable

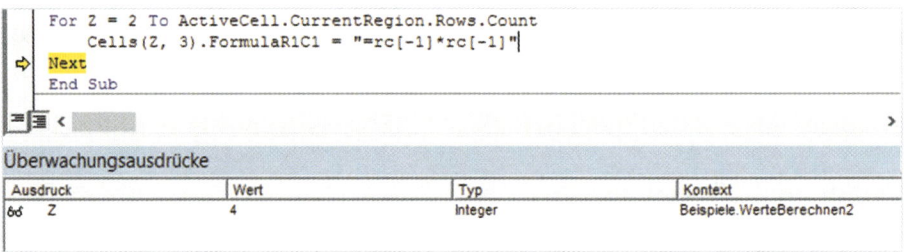

Mit der folgenden Anweisung können Sie den Inhalt einer Variablen im Direktfenster ausgeben lassen:

```
Debug.Print Variablenname
```

Im Gegensatz zum Überwachungsfenster wird das Direktfenster nach Beenden der Prozedur nicht geleert; wenn diese Anweisung nicht mehr benötigt wird, sollte Sie daher aus der Prozedur entfernt werden.

Haltepunkte verwenden

Haltepunkte unterbrechen die Prozedurausführung an einer bestimmten Stelle. Anschließend kann beispielsweise die weitere Ausführung schrittweise erfolgen. Um einen Haltepunkt zu setzen, klicken Sie mit der Maus in die graue Spalte links neben der entsprechenden Anweisung. An dieser Stelle wird die Anweisungszeile braun hervorgehoben und links mit einem braunen Punkt gekennzeichnet. Zum Entfernen nicht mehr benötigter Haltepunkte klicken Sie einfach auf den jeweiligen Punkt.

Prozedur unterbrechen

```
AnzZeilen = Selection.Rows.Count - 1
AnzSpalten = Selection.Columns.Count - 1
For N = 0 To AnzZeilen
    With Range(Cells(Zeile + N, Spalte), _
        Cells(Zeile + AnzZeilen, Spalte + AnzSpalten))
        If N Mod 2 = 0 Then
            .Interior.Color = RGB(255, 255, 200)
```

Bild 9.28 Haltepunkte

Fehlerbehandlung

Häufige Fehlerursachen während der Programmausführung sind falsche oder fehlende Benutzereingaben. Haben Sie beispielsweise eine Variable vom Typ Integer deklariert und weisen über `InputBox` dieser Variablen einen Wert zu, so erhalten Sie einen Laufzeitfehler, wenn statt einer Zahl versehentlich Text eingegeben wird. Bei Laufzeitfehlern wird die Programmausführung unterbrochen und es erscheint das unten abgebildete Fenster mit dieser oder einer ähnlichen Fehlermeldung. Sie können nun mit *Beenden* die Ausführung abbrechen oder mit der Schaltfläche *Debuggen* den VBA-Editor öffnen. Da die Ausführung nur angehalten wurde, ist die fehlerhafte Anweisungszeile gelb markiert. Sie können nun diese Anweisung korrigieren und danach die Ausführung fortsetzen.

233

Für unerfahrene Benutzer sind solche Fehlermeldungen erfahrungsgemäß eher verwirrend und sollten daher unterdrückt werden. Dazu können Sie eine so genannte Sprungmarke definieren, die im Fall eines Laufzeitfehlers mit der folgenden Anweisung angesteuert wird. Diese Anweisung sollte sich am Beginn der Prozedur befinden.

```
On Error GoTo Sprungmarke
```

Damit wird während der Ausführung die Prozedur mit den Anweisungen ab der Sprungmarke fortgesetzt, Sprungmarken sollten sich daher immer am Ende der Prozedur befinden. Aus diesem Grund sollten Sie auch nicht vergessen, die Prozedur bei normalem Ablauf mit der Anweisung *exit sub* oberhalb der Sprungmarke zu beenden.

Beispiel: Fehlerhafte Eingabe

Das folgende Beispiel multipliziert zwei Zahlen. Bei einer fehlerhaften Eingabe wird die Prozedur am der Sprungmarke mit dem Namen `Fehler` fortgesetzt.

```
Sub Fehlertest()
On Error GoTo Fehler
Dim Zahl1 as Integer
Dim Zahl2 as Integer
Dim Ergebnis as Integer
Zahl1 = InputBox("Geben Sie die erste Zahl ein")
Zahl2 = InputBox("Geben Sie die zweite Zahl ein")
Ergebnis = Zahl1 * Zahl2
MsgBox "Das Ergebnis lautet " & Ergebnis
Exit Sub                                'Prozedur verlassen

'ab hier beginnen Anweisungen, die im Fall eines Fehlers
'ausgeführt werden
Fehler: MsgBox "Sie haben keine gültige Zahl eingegeben!"
End Sub
```

Soll dagegen bei einem Laufzeitfehler dieser Fehler igoriert und die Programmausführung einfach fortgesetzt werden, so fügen Sie zu Beginn der Prozedur folgende Anweisung ein:

Progammausführung fortsetzen

```
On Error Resume Next
```

9.9 Benutzerdefinierte Funktionen

Benutzerdefinierte Funktionen erstellen

Häufig benötigte Berechnungen, für die Excel keine integrierte Funktion zur Verfügung stellt, können mit VBA erstellt und als benutzerdefinierte Funktionen gespeichert werden. Auch häufig benötigte verschachtelte WENN-Funktionen lassen sich unter Umständen in VBA mit verschachtelten Kontrollstrukturen, z. B. `If ... Then ... Else` besser und übersichtlicher erstellen. Benutzerdefinierte Funktionen können aus VBA-Prozeduren heraus aufgerufen werden oder als Excel Arbeitsblatt-Funktionen verwendet werden.

Benutzerdefinierte Funktionen sollten am besten in einem gesonderten Modul gespeichert werden. Zum Erstellen der Funktion klicken Sie im VBA-Editor auf das Menü *Einfügen* und auf *Prozedur...*. Geben Sie einen Namen für die Prozedur ein und wählen Sie den Typ `Function`, als Gültigkeitsbereich legen Sie `Public` fest.

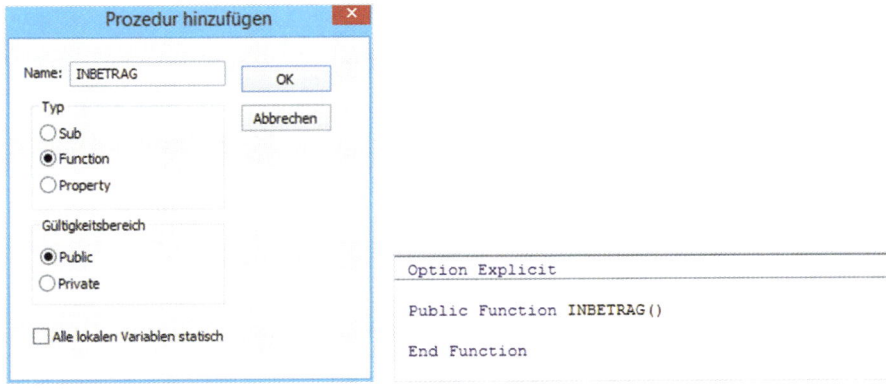

Bild 9.29 Funktion hinzufügen   Bild 9.30 Neue Funktion

Sie können natürlich auch den Beginn der neuen Funktion einfach über die Tastatur eintippen. Funktionen beginnen immer mit dem Schlüsselwort `function`, gefolgt vom Funktionsnamen, die erforderlichen Argumente müssen dahinter in Klammern zusammen mit ihrem Datentyp angegeben werden. Außerdem sollten Sie auch festlegen, welchen Datentyp die Funktion als Ergebnis liefert. Mit dem Schlüsselwort `Public` vor dem Funktionsnamen stellen Sie sicher, dass die Funktion im gesamten Projekt verfügbar ist. Der allgemeine Aufbau einer benutzerdefinierten Funktion sieht damit so aus:

```
Public Function Funktionsname (Argument1 As Datentyp, Argument2
As Datentyp, ...) As Datentyp
    Anweisungsteil
End Function
```

Beispiel: Eine benutzerdefinierte Funktion zur Prozentrechnung

Die folgende benutzerdefinierte Funktion INBETRAG( ) rechnet auf Hundert und kann später verwendet werden, um aus einem Betrag die enthaltene Umsatzsteuer herauszurechnen. Zur Berechnung sind die beiden Argumente Bruttobetrag und Steuersatz erforderlich.

```
Public Function INBETRAG(Brutto As Double, Steuer As Double) _
    As Double
'Den enthaltenen Umsatzsteuerbetrag aus dem Bruttobetrag
'herausrechnen
'***********************************************************
    INBETRAG = Brutto / (1 + Steuer) * Steuer
End Function
```

Zum Testen von Funktionen eignet sich das *Ausführen*-Symbol nicht. Als Abhilfe verwenden Sie den Menübefehl *Debuggen – Kompilieren*. Damit wird die Funktion zwar nicht ausgeführt, aber auf Fehler überprüft.

Benutzerdefinierte Funktionen verwenden

Im Tabellenblatt können Sie die Funktion einfach über die Tastatur eingeben. Wenn Sie den Funktionsassistenten verwenden, dann finden Sie Ihre Funktionen in der Kategorie *Benutzerdefiniert*.

Bild 9.31 Benutzerdefinierte Arbeitsblatt-Funktion

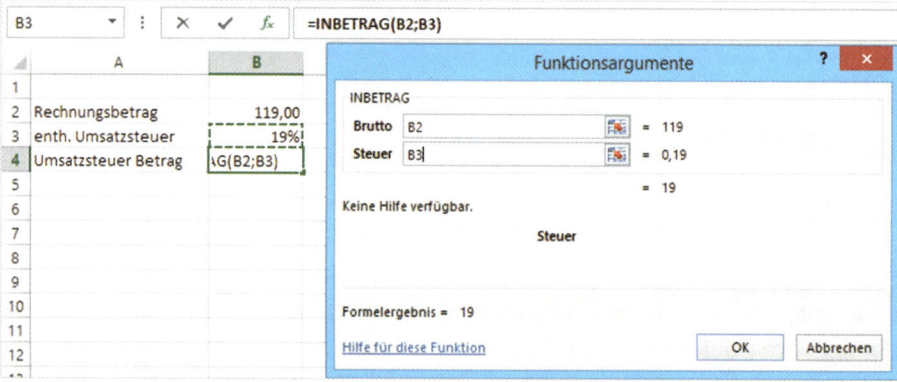

Als Add-In speichern

Genau wie VBA-Prozeduren werden auch benutzerdefinierte Funktionen normalerweise zusammen mit der Arbeitsmappe gespeichert. Soll eine benutzerdefinierte Funktion in allen Arbeitsmappen verfügbar sein, so müssen Sie die Mappe als Add-In (*.xlam) speichern. Am besten erstellen Sie Ihre Funktionen gesonderten Arbeitsmappe, diese sollte ausschließlich Ihre benutzerdefinierten Funktionen enthalten. Beim Speichern der Mappe gehen Sie wie folgt vor:

1 Öffnen Sie über das Register *DATEI* das *Speichern*-Dialogfenster. Wählen Sie als Dateityp *Excel-Add-In* (*.xlam) und geben Sie einen Dateinamen ein (Bild 9.32). Standardmäßig wird das Add-In im Ordner AddIns gespeichert, der genaue Suchpfad hängt vom verwendeten Betriebssystem ab, unter Windows 8.1 ist dies beispielsweise folgender Ordner:

Als Add-In (.xlam)
speichern

C:\Users\Benutzer\AppData\Roaming\Microsoft\AddIns

Falls Sie das AddIn in einem anderen Ordner, z. B. auf einem Netzlaufwerk speichern möchten, ist dies kein Problem.

2 Anschließend können Sie Ihr Add-In laden. Klicken Sie im Register *DATEI* auf *Optionen* und wählen Sie die Kategorie *Add-Ins*.

3 Sollte das Add-In hier nicht aufgeführt sein, dann wurde es an einem anderen Ordner gespeichert. Klicken Sie in diesem Fall auf die Schaltfläche *Durchsuchen* (Bild 9.33).

Add-In laden, siehe
Lektion 2.9

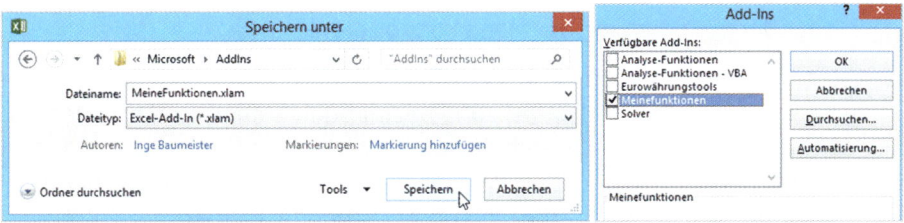

Bild 9.32 AddIn speichern   Bild 9.33 AddIn laden

9.10 Zusammenfassung

■ Eingabe und Bearbeitung von VBA-Prozeduren erfolgen im VBA-Editor. Sie öffnen den VBA-Editor über das Register *ENTWICKLERTOOLS, Code anzeigen* oder schneller mit den Tasten Alt + F11. Der VBA-Editor ist eine eigenständige Anwendung, die Sie mit einer umfangreichen Hilfe, Eingabehilfen und einer automatischen Syntaxüberprüfung bei der Befehlseingabe unterstützt. Die Hilfe können Sie kontextbezogen mit der Taste F1 aufrufen.

■ Einzelne Programme werden als Prozeduren bezeichnet und in Modulen gespeichert. Jede Prozedur beginnt mit dem Schlüsselwort `Sub` und endet mit `End Sub`. Mit `Public` oder `Private` legen Sie den Gültigkeitsbereich fest. Variablen dienen zur Zwischenspeicherung von Daten, ihnen wird erst während der Laufzeit ein Wert zugewiesen. Um Fehler zu vermeiden, sollten alle Variablen mit Name und Typ zu Beginn der Prozedur deklariert werden. Im Gegensatz zu Variablen wird Konstanten bei der

Deklaration ein fester Wert zugewiesen, der während der Laufzeit nicht verändert wird.

■   Excel-Elemente wie Arbeitsmappen oder Tabellenblätter stellen in der VBA-Programmierung Objekte dar. Die Objekthierarchie legt fest, wie ein Objekt, beispielsweise eine Zelle oder ein Arbeitsblatt adressiert wird.

■   Kontrollstrukturen sind wichtige Elemente der Programmierung. Entscheidungsstrukturen oder Verzweigungen machen die Ausführung von Anweisungen von Bedingungen abhängig und sind vergleichbar mit der Arbeitsblatt-Funktion WENN( ). Wiederholungsschleifen wiederholen Anweisungen mehrfach, die Anzahl der Wiederholungen wird entweder über eine Zählervariable oder eine Bedingung festgelegt.

■   Zum Testen und zur Fehlersuche können Prozeduren auch schrittweise ausgeführt bzw. Haltepunkte zur Unterbrechung gesetzt werden. Die Inhalte von Variablen lassen sich zur Laufzeit im Überwachungsfenster oder durch Zeigen mit der Maus kontrollieren.

■   Mit VBA können auch benutzerdefinierte Funktionen erstellt werden. Sie beginnen mit dem Schlüsselwort *Function* und stehen anschließend sowohl in Prozeduren als auch in Tabellenblättern zur Verfügung. Wurden sie als Excel-AddIns (.xlam) gespeichert, so können sie als Add-In geladen und somit in allen Arbeitsmappen verwendet werden.

Notizen:

10 Steuerelemente in Tabellenblättern

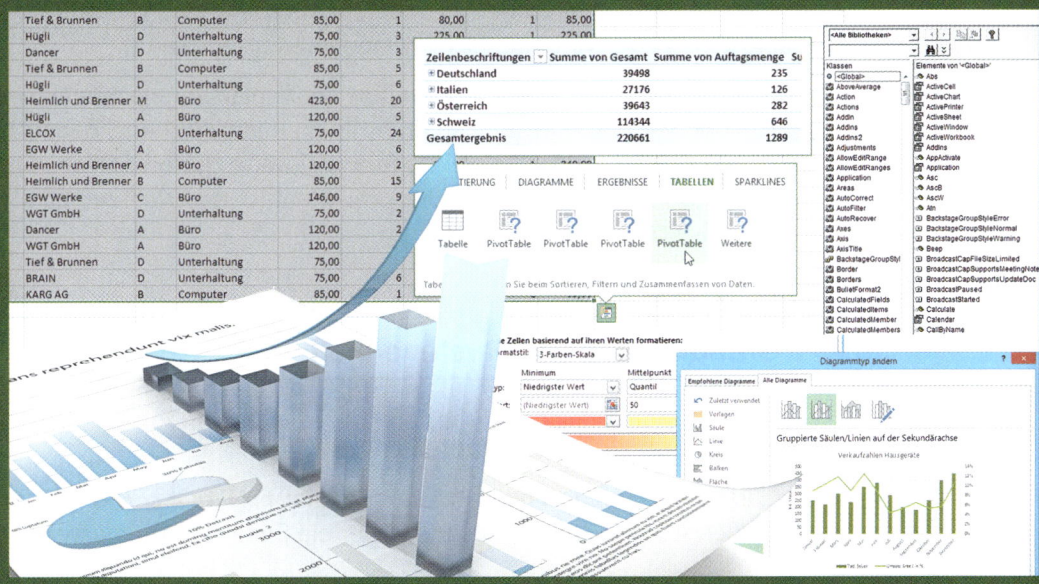

In dieser Lektion lernen Sie...

- Wozu Sie Steuerelemente einsetzen können
- Formularsteuerelemente nutzen
- eine Einführung in die Verwendung von ActiveX-Steuerelementen

Diese Kenntnisse sollten Sie bereits mitbringen...

- Verweisfunktionen
- Makros aufzeichnen und ausführen
- Grundlagen der VBA-Programmierung

10.1   Wozu Steuerelemente?

MIt Hilfe von Steuerelementen lassen sich in Excel Formulare, d. h. vorgefertigte Arbeitsblätter optisch und funktional aufwerten. Steuerelemente sind Objekte, die Daten anzeigen, die Dateneingabe und -bearbeitung vereinfachen oder eine Auswahl zur Verfügung stellen. Steuerelemente können auch Makros ausführen oder auf bestimmte Ereignisse reagieren. Excel verfügt über zwei Arten von Steuerelementen:

■   Formularsteuerelemente sind die ursprünglichen Steuerelemente und waren bereits in älteren Versionen von Excel verfügbar. Mit ihnen können Sie z. B. auf Zellinhalte verweisen oder Makros ausführen. VBA-Kenntnisse sind zu ihrer Verwendung nicht zwingend erforderlich.

■   ActiveX-Steuerelemente sind gegenüber Formularsteuerlementen wesentlich flexibler, erfordern aber aufgrund ihrer umfangreichen Eigenschaften VBA-Kenntnisse, sowie einen höheren Aufwand bei ihrer Gestaltung. Zudem können nicht alle ActiveX-Steuerelemente in ein Excel-Arbeitsblatt eingefügt werden.

10.2   Grundlagen Formularsteuerelemente

Wo finden Sie die Formularsteuerelemente?

ENTWICKLERTOOLS einblenden, siehe Lektion 8.1

Die Formularsteuerelemente finden Sie im Register *ENTWICKLERTOOLS* zusammen mit den ActiveX-Steuerelementen über die Schaltfläche *Einfügen*.

Bild 10.1 Formularsteuerelemente

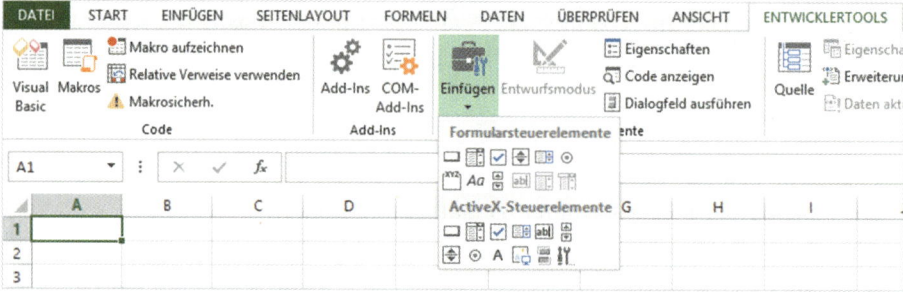

Die wichtigsten Formularsteuerelemente im Überblick

Steuerelement	Beschreibung	Beispiel
Schaltfläche	Führt eine Aktion, bzw. ein Makro aus, wenn darauf geklickt wird	Starten

Steuerelement	Beschreibung	Beispiel
Kombinationsfeld	Öffnet beim Klick auf den Dropdown-Pfeil eine Liste mit mehreren Auswahl-möglichkeiten.	
Listenfeld	Funktioniert wie ein Kombinationsfeld, mit dem Unterschied, dass ein Listen-feld immer geöffnet ist und daher mehr Platz benötigt. Der ausgewählte Wert ist markiert.	
Drehfeld	Erhöht oder verringert einen Wert per Mausklick auf die kleinen Pfeile nach oben bzw. unten. Der Wert kann auch direkt eingegeben werden.	
Bildlaufleiste	Führt einen Bildlauf durch einen festge-legten Wertebereich durch.	
Kontrollkästchen	Liefert nur zwei Werte: WAHR (aktiviert) oder FALSCH (deaktiviert).	
Gruppenfeld	Erlaubt unter mehreren Möglichkeiten nur die Auswahl einer einzigen Option	

Formularsteuerelement einfügen

Klicken Sie zur Auswahl im Register *ENTWICKLERTOOLS* auf *Einfügen* und auf das gewünschte Formularsteuerelement. Zum Einfügen im Tabellenblatt gibt es verschiedene Möglichkeiten:

Achtung: Aus dem Menüband in das Tabellenblatt ziehen, funktioniert nicht!

- Ziehen Sie im Tabellenblatt mit gedrückter Maustaste das Element auf die gewünschte Größe.

- Wenn Sie während des Ziehens gleichzeitig die Alt-Taste gedrückt halten, so passt sich das Steuerelement der Größe der Zelle an. Um dies beizu-behalten, müssen Sie auch bei nachträglichen Größenänderungen mit der Maus die Alt-Taste verwenden.

■ Wenn Sie zum Einfügen nicht ziehen, sondern nur an die gewünschte Stelle klicken, so erhalten Sie ein quadratisches Steuerelement. Um diese Form beizubehalten, müssen Sie bei nachträglichen Größenänderungen mit der Maus die Umschalt-Taste gedrückt halten.

Formularsteuerelement bearbeiten

Markieren

Die Bearbeitung ist für alle Steuerelemente gleich: Um es zu bearbeiten, müssen Sie es markieren und dies ist gar nicht so einfach: Wenn Sie einfach mit der Maus darauf klicken, wird eine Aktion ausgeführt. Verwenden Sie daher zum Markieren eine der folgenden Möglichkeiten:

■ Klicken Sie mit der rechten Maustaste, dann erscheint auch gleichzeitig das Kontextmenü.

■ Oder klicken Sie es mit gleichzeitig gedrückter Strg-Taste an.

Beschriftung ändern

Bei Befehlsschaltflächen, Kontrollkästchen und Optionsfeldern (Gruppen) können Sie die Beschriftung ändern: Klicken Sie mit der rechten Maustaste auf das Steuerelement und auf *Text bearbeiten*.

Steuerelement formatieren

Die weitere Bearbeitung eines Steuerelements erfolgt über den Befehl *Steuerelement formatieren...*, dieser erscheint, wenn Sie mit der rechten Maustaste auf das Element klicken. Mit Ausnahme der Befehlsschaltfläche legen Sie alle Steuerungsparameter über diesen Befehl fest.

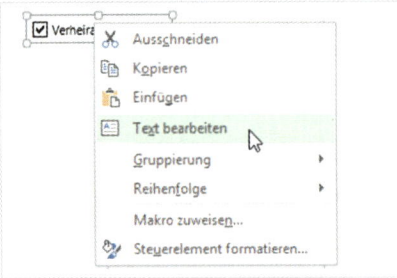
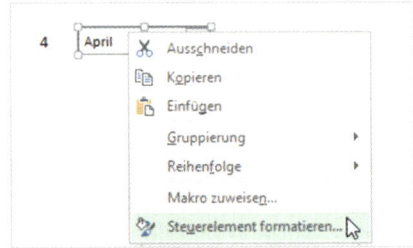

Bild 10.2 Text bearbeiten   *Bild 10.3 Steuerelement formatieren*

Steuerelement löschen

Ein zuvor markiertes Steuerelement können Sie mit der Entf-Taste jederzeit wieder aus dem Arbeitsblatt entfernen.

10.3 Beispiele Formularsteuerelemente

Befehlsschaltfläche

Unmittelbar nach dem Einfügen einer Befehlsschaltfläche öffnet sich automatisch das Fenster *Makro zuweisen*. Markieren Sie das gewünschte Makro und klicken Sie zum Übernehmen auf *OK*.

Falls das Makro noch nicht vorhanden ist, können Sie mit einem Klick auf die Schaltfläche *Aufzeichnen* die Aufzeichnung starten. In diesem Fall sollten Sie dem Makro einen aussagekräftigeren Namen geben, da das Makro sonst den Namen *Schaltfläche_Klicken* erhält.

Bei Bedarf können Sie über die rechte Maustaste und den Befehl *Makro zuweisen* dieses Fenster jederzeit wieder öffnen und entweder ein anderes Makro zuweisen oder über die Schaltfläche *Bearbeiten* den VBA-Editor öffnen und den Code bearbeiten.

Tipp: Über die Schaltfläche *Code anzeigen* (*ENTWICKLERTOOLS*) wird ebenfalls der VBA-Editor mit dem dazugehörigen Programmcode geöffnet.

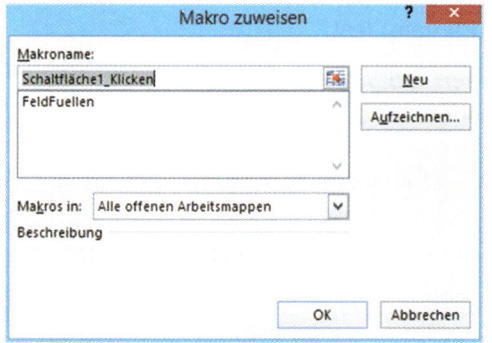

Bild 10.4 Makro zuweisen

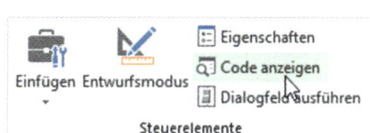

Bild 10.5 Code anzeigen

Kombinationsfeld und Listenfeld

Kombinations- und Listenfelder zeigen eine Auswahlliste an und geben den markierten Wert in eine zuvor festgelegte Zelle aus. Allerdings liefern beide Felder nur den Zeilenindex, d. h. der wievielte Wert der Liste wurde ausgewählt, Sie benötigen daher in den meisten Fällen noch die Funktion INDEX( ).

Beispiel: Sie möchten über ein Kombinationsfeld einen Artikel auswählen und der Preis dieses Artikels soll anschließend im Arbeitsblatt angezeigt werden.

1 Im ersten Schritt fügen Sie in das Tabellenblatt ein Kombinationsfeld zusammen mit den erforderlichen Beschriftungen ein (Bild 10.6).

2 Dann benötigen Sie noch eine Liste mit Werten, die im Kombinationsfeld angezeigt werden sollen, in unserem Beispiel die Preisliste. Diese kann sich entweder im selben oder einem anderen Arbeitsblatt befinden. In diesem Beispiel befindet sich die Liste im Blatt „Preisliste".

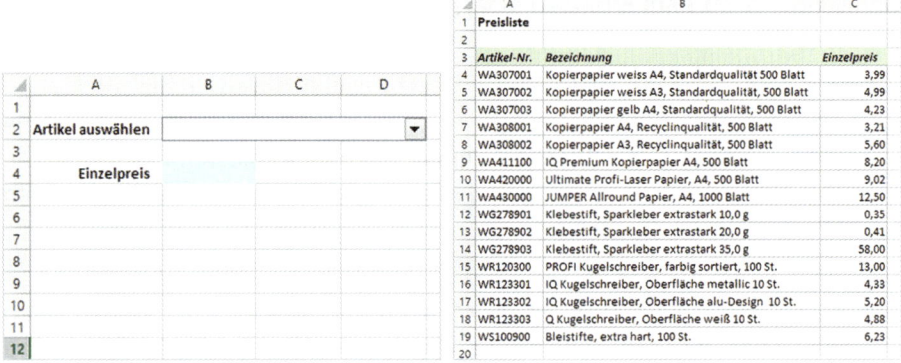

Bild 10.6 Kombinationsfeld

Bild 10.7 Die Preisliste

3 Im nächsten Schritt klicken Sie mit der rechten Maustaste auf das Kombinationsfeld und auf *Steuerelement formatieren...*. Im Register *Steuerung* legen Sie nun die Steuerungsparameter fest:

Hinweis: Befindet sich der Eingabebereich in einem anderen Tabellenblatt, so ist in älteren Excel-Versionen hierfür ein Bereichsname erforderlich!

Eingabebereich: Woher stammen die Werte des Kombinationsfeldes? Klicken Sie in das Feld und markieren Sie anschließend im Tabellenblatt den gewünschten Bereich. Beachten Sie, dass das Formularsteuerelement Kombinationsfeld immer nur eine einzige Spalte anzeigen kann, Sie können daher in unserem Beispiel entweder die Spalte *Artikelnummer* oder *Bezeichnung* angeben. In unserem Fall verwenden wir die Bezeichnung, also den Bereich B4:B19 (Bild 10.7).

Zellverknüpfung: Welche Zelle soll den ausgewählten Wert anzeigen, in unserem Beispiel zunächst C4 (Bild 10.8).

Unter *Dropdownzeilen* können Sie ggfs. noch angeben, wieviele Zeilen das geöffnete Kombinationsfeld gleichzeitig anzeigen soll.

Bild 10.8 Steuerungsparameter festlegen

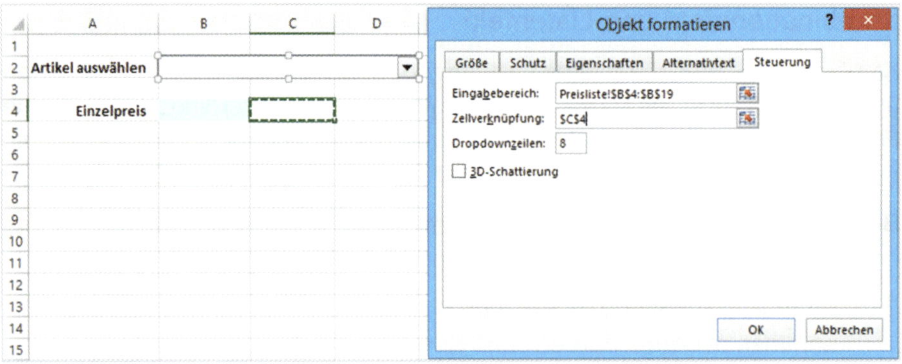

Vor dem Testen müssen Sie die Markierung mit einem Klick an eine beliebige Stelle des Arbeitsblattes aufheben. Klicken Sie dann auf den Dropdown-Pfeil des Kombinationsfeldes und auf eine Bezeichung, sofort erscheint in der verknüpften Zelle der Zeilenindex des ausgewählten Wertes.

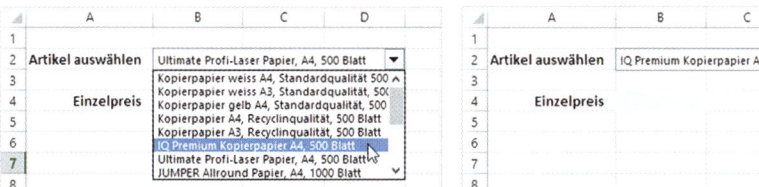

Bild 10.9 Das fertige Kombinationsfeld

Zuletzt benötigen Sie noch in B4 die Funktion INDEX( ), um den Einzelpreis zu ermitteln, diese muss lauten:

Siehe Lektion 2.4, Nachschlage- und Verweisfunktionen

```
=INDEX(Preisliste!B4:C19;C4;2)
```

Der Zeilenindex in C4 dient eigentlich nur als Zwischenergebnis und kann durch Formatieren mit weißer Schriftfarbe unsichtbar gemacht werden.

Bei einem Listenfeld unterscheidet sich die Vorgehensweise nicht, so dass Sie dieses Beispiel auch mit einem Listenfeld testen können.

Kontrollkästchen

Fügen Sie das Formularsteuerelement Kontrollkästchen in ein Arbeitsblatt ein und ändern Sie die Beschriftung. Öffnen Sie dann das Fenster *Steuerelement formatieren* und legen Sie die folgenden Steuerungsparameter fest:

Zellverknüpfung: In welche Zelle soll der Wert WAHR oder FALSCH ausgegeben werden? In Bild 10.10, Steuerungsparameter Kontrollkästchen

Wert: Hier legen Sie die Standardeinstellung des Kontrollkästchens fest.

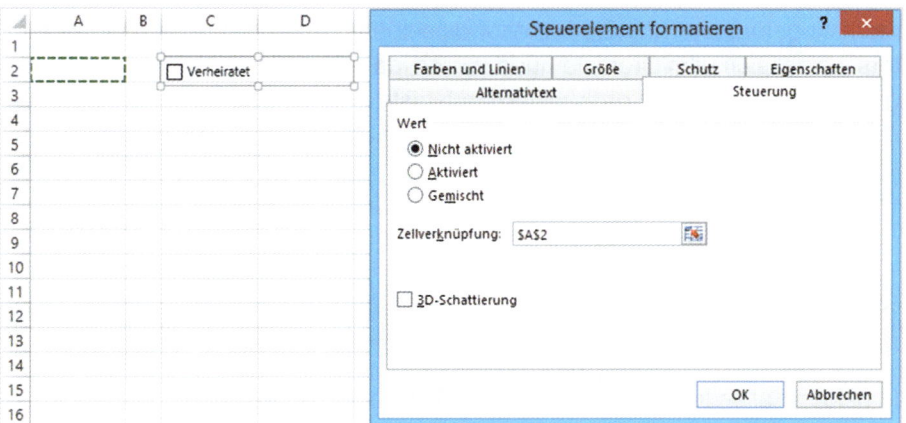

Bild 10.10 Steuerungsparameter Kontrollkästchen

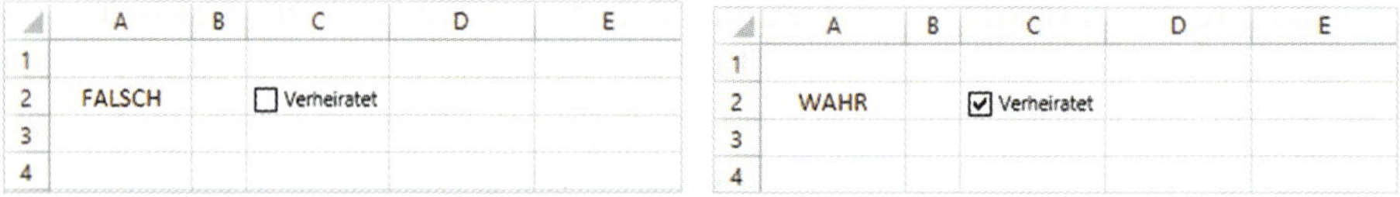

Bild 10.11 Ergebnis Kontrollkästchen

◢	A	B	C	D	E
1					
2	FALSCH		☐ Verheiratet		
3					
4					

◢	A	B	C	D	E
1					
2	WAHR		☑ Verheiratet		
3					
4					

Lektion 2.1, Logikfunktionen

Die Werte WAHR/FALSCH können anschließend in weiteren Formeln ausgewertet werden, z. B. in Verbindung mit der Funktion WENN( ).

Drehfeld und Bildlaufleiste

Die Steuerelemente Drehfeld und Bildlaufleiste eignen sich zur Eingabe bzw. Auswahl von Zahlen. Als Beispiel fügen Sie ein Drehfeld in das Arbeitsblatt ein und öffnen das Fenster *Steuerelement formatieren*. Als Steuerungsparameter werden benötigt: Minimal- und Maximalwert, sowie die Schrittweite, um die mit jedem Mausklick hochgezählt wird. Unter *Aktueller Wert* geben Sie den Ausgangswert des Steuerelements an. Als *Zellverknüpfung* geben Sie wieder an, welche Zelle den ausgewählten Wert erhalten soll.

Bild 10.12 Steuerungsparameter Drehfeld

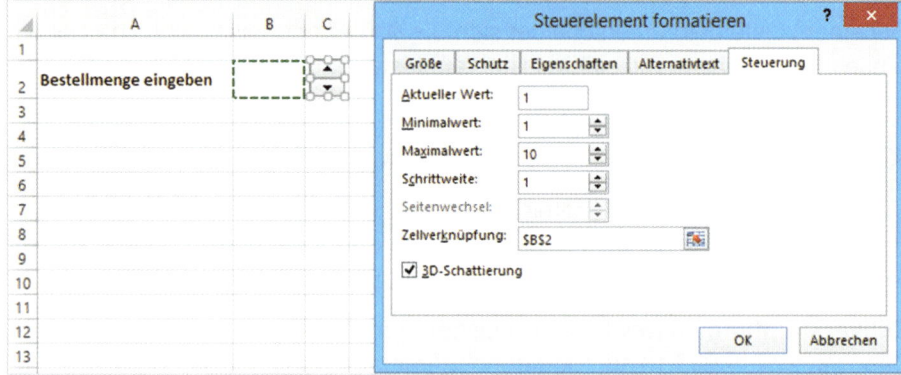

Ähnlich verhält sich auch eine Bildlaufleiste, diese kann waagrecht oder senkrecht eingefügt werden. Sie benötigt dieselben Steuerungsparameter und unterscheidet sich vom Drehfeld nur dadurch, dass hier die Auswahl eines Wertes durch Verschieben mit gedrückter Maustaste erfolgt. Oder klicken Sie auf die kleinen Pfeile rechts und links bzw. oben und unten.

Bild 10.13 Drehfeld   *Bild 10.14 Waagrechte Bildlaufleiste*

In beiden Fällen kann in die verknüpfte Zelle auch einfach eine Zahl eingetippt werden.

Weitere Steuerelementeigenschaften

Blattschutz

Falls Sie später das Arbeitsblatt schützen und nur noch eine Eingabe über die Formularfelder zulassen möchten, dürfen Sie nicht vergessen, für die verknüpften Felder und die Steuerelemente die Sperrung aufzuheben. Öffnen Sie dazu das Fenster *Steuerelement formatieren* und klicken Sie hier auf das Register *Schutz*. Deaktivieren Sie dann das Kontrollkästchen *Gesperrt* (Bild 10.15).

Steuerelemente nicht drucken

Standardmäßig werden beim Drucken auch die Steuerelemente gedruckt. Um dies zu verhindern, klicken Sie im Fenster *Steuerelement formatieren* auf das Register Eigenschaften und deaktivieren das Kontrollkästchen *Objekt drucken*.

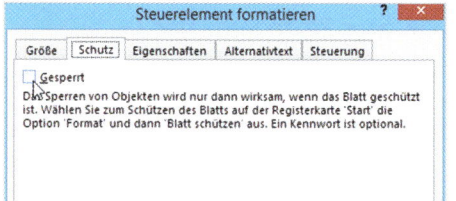

Bild 10.15 Sperrung aufheben

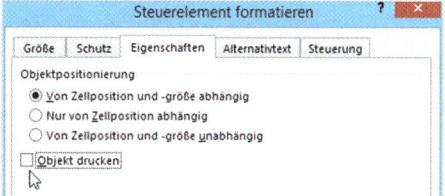

Bild 10.16 Steuerelement nicht drucken

Makros zuweisen

Nicht nur Befehlsschaltflächen, sondern auch allen anderen Formularsteuerelementen kann über den Befehl der rechten Maustaste ein Makro zugewiesen werden. Wichtig zu wissen: Dann startet das Makro nicht beim Klicken, sondern wenn eine Änderung über das Steuerelement vorgenommen, z. B. ein Wert ausgewählt wurde.

10.4   ActiveX-Steuerelemente

ActiveX-Steuerelemente besitzen gegenüber Formularsteuerelementen den Vorteil, dass Sie über erheblich mehr Eigenschaften verfügen. So können Sie zum Beispiel dem Steuerelement einen Namen zuweisen und in einer VBA-Prozedur über den Namen auf das Steuerelement zugreifen. Das Platzieren dieser Steuerelemente unterscheidet sich nicht von Formularsteuerelementen.

Siehe 10.2, Grundlagen Formularsteuerelemente

Entwurfsmodus

ActiveX-Steuerelemente können nur im Entwurfsmodus markiert und bearbeitet werden, die rechte Maustaste ist dann nicht erforderlich. Die Ausführung von Makros ist dagegen nur möglich, wenn der Entwurfsmodus nicht aktiv ist. Den Entwurfsmodus aktivieren und deaktivieren Sie über eine Schaltfläche im Menüband, Register *ENTWICKLERTOOLS*.

Die Eigenschaften eines ActiveX-Kombinationsfeldes

Am Beispiel eines Kombinationsfeldes soll die Funktionsweise von ActiveX-Steuerelementen vorgestellt werden. So gehen Sie vor:

1 Klicken Sie im Register *ENTWICKLERTOOLS* auf *Einfügen* und fügen Sie das ActiveX-Steuerelement *Kombinationsfeld* in das Arbeitsblatt ein. Damit ist der Entwurfsmodus automatisch aktiv und Sie können das Steuerelement bearbeiten.

2 Im ersten Schritt blenden Sie zur weiteren Bearbeitung das Eigenschaftenfenster ein. Klicken Sie dazu im Menüband in der Gruppe *Steuerelemente* (*ENTWICKLERTOOLS*) auf *Eigenschaften*. Hier können Sie nun den Namen ändern: Klicken Sie in die Zeile *Name* und geben Sie anstelle von *ComboBox1* einen Namen ein (Bild 10.17). Für Namen von Steuerelementen gelten dieselben Regeln, wie für Prozedurnamen.

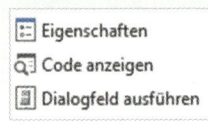

Siehe „Regeln für Modul- und Prozedurnamen" auf Seite 198

Bild 10.17 Eigenschaftenfenster: Name

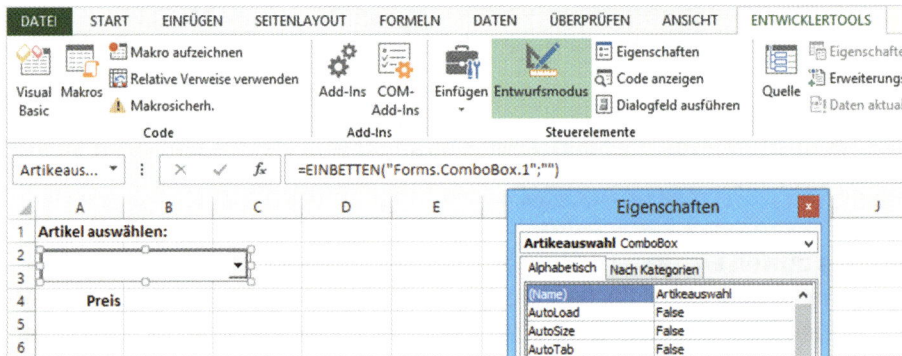

3 Die Eigenschaft *ListFillRange* legt fest, woher das Kombinationsfeld die Werte beziehen soll. Leider können Sie hier die Zellbezüge nicht durch Markieren mit der Maus einfügen, sondern müssen den Zellbereich per Tastatur eintippen. Dafür kann ein ActiveX-Kombinationsfeld auch mehrere Spalten anzeigen, im Beispiel in Bild 10.18 den Bereich G2:I6. On diesem Fall müssen Sie mit der Eigenschaft *ColumnCount* außerdem die Anzahl der Spalten (3) angeben (Bild 10.19).

4 Mit der Eigenschaft *LinkedCell* legen Sie die verknüpfte Zelle fest, im Beispiel in Bild 10.18 ist dies B4.

Bild 10.18 Wertebereich und verknüpfte Zelle

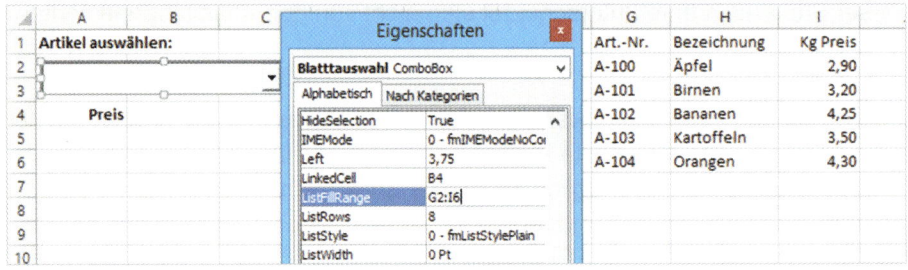

5   Enthält das Kombinationsfeld mehrere Spalten, so geben Sie mit *Bound-Column* an, welche den benötigten Wert enthält. In unserem Beispiel ist dies der Preis in Spalte 3.

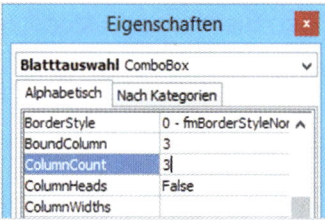

Bild 10.19 ColumnCount

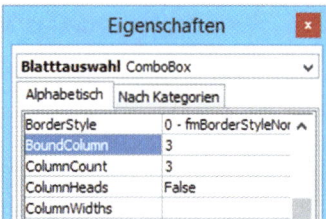

Bild 10.20 BoundColumn

Als Ergebnis liefert das Kombinationsfeld in B4 den Preis des ausgewählten Artikels. Achtung: Entwurfsmodus vorher deaktivieren!

Tipp: Mit der Eigenschaft *ColumnWidths* können Sie im Kombinationsfeld jeder Spalte eine bestimmte Breite zuweisen und mit Breite 0 ein Feld ausblenden. So können Sie für das Beipiel oben als Spaltenbreite die Werte 1,5cm;2cm;0cm verwenden, das Ergebnis sehen Sie in Bild 10.22). Achtung: Ohne die Maßangabe cm werden die Werte als Punkt (Pt) interpretiert!

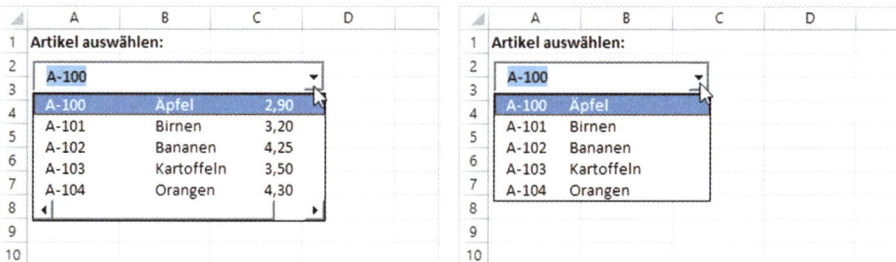

Bild 10.21 Kombinationsfeld mit 3 Spalten   *Bild 10.22 Spaltenbreite festlegen*

Ein ActiveX-Kombinationsfeld in Verbindung mit VBA

Als zweites Beispiel soll auf einem Arbeitsblatt als Startseite ein Kombinationsfeld die Navigation zu Tabellenblättern erleichtern. Da Anzahl und Namen der Tabellenblätter zum jetzigen Zeitpunkt nicht bekannt sind, werden diese über eine VBA-Prozedur eingelesen.

Zunächst fügen Sie im Arbeitsblatt wieder ein ActiveX-Kombinationsfeld ein und benennen es im Eigenschaftenfenster um, es erhält den Namen „Blattauswahl". Das Arbeitsblatt selbst erhält am besten den Namen „Start".

Arbeitsblätter in das Kombinationsfeld einlesen
Im ersten Schritt schreiben Sie eine kleine VBA-Prozedur, die die Namen der Arbeitsblätter in der Mappe in das Kombinationsfeld einliest.

1   Öffnen Sie mit Alt+F11 den VBA-Editor. Achtung, verwenden Sie dazu nicht die Schaltfläche *Code anzeigen*, da sonst die falsche Prozedur erzeugt wird.

2   Fügen Sie ein neues Modul ein und geben Sie in diesem Modul folgenden Code ein:

```
Sub FeldFuellen()
'Namen der Tabellenblätter in das Kombinationsfeld einlesen
Dim BlattName As String
Dim intBlaetter As Long
Dim N As Long
intBlaetter = ActiveWorkbook.Worksheets.Count
Worksheets("Start").Activate
ActiveSheet.Blattauswahl.Clear     'Ev. vorhandene Inhalte löschen
For N = 1 To intBlaetter
    ActiveSheet.Blattauswahl.AddItem Worksheets(N).Name
Next
End Sub
```

Anschließend starten Sie zum Testen die Prozedur aus dem VBA-Editor heraus und überprüfen das Ergebnis im Excel-Arbeitsblatt.

Bild 10.23 Ergebnis Kombinationsfeld

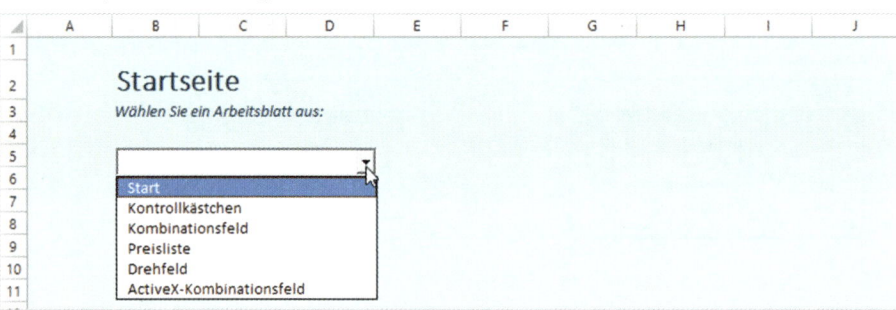

Prozedur beim Ereignis Öffnen starten

Im nächsten Schritt müssen Sie festlegen, wie diese Prozedur gestartet wird. Dies geschieht am besten beim Öffnen der Mappe, zu diesem Zweck verfügt das Workbook-Objekt über das Ereignis `Open`.

1   Wechseln Sie in den VBA-Editor und öffnen Sie über den Projekt-Explorer das Codefenster zum Objekt *DieseArbeitsmappe*.

2   Wählen Sie oberhalb des Codebereichs das Objekt `Workbook` aus (Bild 10.24). Damit wird automatisch die folgende Prozedur erzeugt, als Alternative können Sie natürlich auch den Namen der Prozedur über die Tastatur eingeben:

```
      Private Sub Workbook_Open()
```

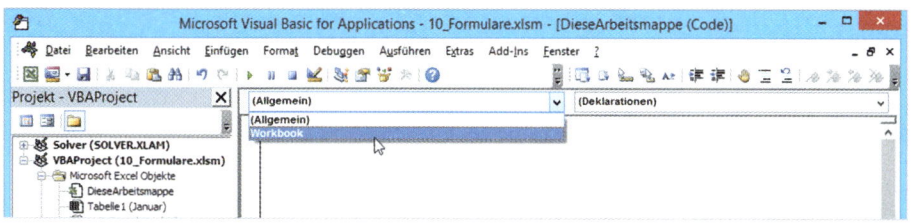

Bild 10.24 Prozedur einfügen

3 Um in einer Prozedur die Ausführung eines Makros oder einer anderen Prozedur zu starten, geben Sie als Anweisung einfach den Namen, in diesem Fall `FeldFuellen` ein. Die Prozedur lautet dann:

```
Private Sub Workbook_Open( )
    FeldFuellen
End Sub
```

Tabellenblatt auswählen

Nach dem nächsten Öffnen der Arbeitsmappe zeigt das Kombintionsfeld zwar die Namen der Tabellenblätter an, Sie benötigen aber noch eine weitere Prozedur, damit nach der Auswahl im Kombinationsfeld das entsprechende Arbeitsblatt angezeigt wird.

1 Dazu klicken Sie im Entwurfsmodus mit der rechten Maustaste auf das Kombinationsfeld und auf *Code anzeigen*. Der VBA-Editor wird geöffnet und gleichzeitig die Prozedur `Private Sub Blattauswahl_Change( )` eingefügt. `Change` bedeutet, diese Prozedur wird beim Öffnen-Ereignis des Kombinationsfeldes gestartet. Die Prozedur befindet sich außerdem nicht in einem Modul, sondern gehört zum Tabellenblatt Start, in dem sich auch das Kombinationsfeld befindet, wie ein Blick in das Projekt-Fenster zeigt.

Diese Schaltfläche existiert zwar auch im Menüband, zeigt aber nicht immer den dazugehörigen Code an

2 Geben Sie in die Prozedur eine Anweisung ein, mit der das ausgewählte Arbeitsblatt ausgewählt oder aktiviert wird. Die Prozedur lautet:

```
Private Sub Blattauswahl_Change( )
Dim Blattname as String
Blattname = Blattauswahl.Value
Sheets(Blattname).Select
End Sub
```

Die Anweisung `Blattname = Blattauswahl.Value` übergibt den aktuellen Wert des Kombinationsfeldes an die Variable `Blattname`.

Dieses Beispiel ließe sich nun auch noch erweitern um Makros oder Prozeduren, mit denen Sie immer wieder zurück zur Startseite gelangen. Sie könnten auch alle Arbeitsblätter, mit Ausnahme des jeweils aktuellen Blattes ausblenden. Dies passiert mit der Worksheets-Eigenschaft `Visible`, der Sie den Wert `False` oder `True` zuweisen.

10.5   Zusammenfassung

■ Mit Hilfe von Steuerelementen lassen sich Excel-Formulare optisch ansprechend gestalten und die Dateneingabe für ungeübte Benutzer erleichtern.

■ Excel unterscheidet zwischen Formular- und ActiveX-Steuerelementen. Formularsteuerelemente lassen sich auch ohne VBA-Kenntnisse einfügen und bearbeiten, hingegen bieten ActiveX-Steuerelemente wesentlich mehr Möglichkeiten, erfordern aber auch mehr Aufwand.

■ Die wichtigsten Formularsteuerelemente sind Befehlsschaltfläche, Kontrollkästchen, Kombinations- und Listenfeld, sowie Drehfeld und Bildlaufleiste. Sie werden über das Register *ENTWICKLERTOOLS* eingefügt; über das Kontextmenü und den Befehl *Steuerelement formatieren...* legen Sie die Steuerungsparameter fest. Mit dem Befehl *Makro zuweisen* können Sie einem Formularsteuerelement entweder ein bestehendes Makro zuweisen oder ein Makro neu aufzeichnen.

■ Unter den ActiveX-Steuerelementen befinden sich ebenfalls Befehlsschaltflächen, Kombinations- und Listenfelder, sowie Drehfeld und Bildlaufleiste. Sie werden wie Formularsteuerelemente im Tabellenblatt platziert, die weitere Bearbeitung erfolgt im Entwurfsmodus. Sie verfügen über zahlreiche Eigenschaften, die Sie im Fenster *Eigenschaften* bearbeiten können. Einige Eigenschaften können auch mit VBA-Prozeduren festgelegt oder geändert werden. Beachten Sie, dass nicht alle ActiveX-Steuerelemente in ein Arbeitsblatt eingefügt werden können.

Notizen

Tastenkombinationen

Dokumente verwalten

Neues Dokument	STRG+N
Dokument öffnen	STRG+O
Dokument speichern	STRG+S
Dokument schließen	STRG+W oder STRG+F4
Dokument drucken (Dialogfenster *Drucken*)	STRG+P
Seitenansicht, bzw.Druckvorschau (2003)	STRG+F2
Anwendung beenden / Fenster schließen	ALT+F4
Fenster maximieren, bzw. Wiederherstellen der vorherigen Größe	STRG+F10
Wechseln zwischen deutschem und US-Tastaturlayout	ALT+UMSCHALT

Allgemein

Kopieren des markierten Textes oder Objekts	STRG+C
Ausschneiden des markierten Textes oder Objekts	STRG+X
Einfügen aus Zwischenablage (Text oder Objekt)	STRG+V
Markiertes Objekt duplizieren (wird anschließend sofort eingefügt, ohne Zwischenablage)	STRG+D
Rückgängigmachen der letzten Aktion	STRG+Z
Wiederholen der letzten Aktion	STRG+Y oder F4
Markierte Auswahl fett formatieren	STRG+UMSCHALT+F
Markierte Auswahl kursiv formatieren	STRG+UMSCHALT+K
Markierte Auswahl unterstreichen	STRG+UMSCHALT+U
Menü des aktuellen Kombinationsfeldes öffnen (statt Dropdown-Pfeil)	ALT+NACH-UNTEN
Auswahl aus Menü	NACH-UNTEN / NACH-OBEN
Auswahl übernehmen	EINGABE

Tastenkombinationen

Arbeiten im Tabellenblatt

Eingabe in Zelle abschließen (Zelle darunter wird markiert)	EINGABE
Eingabe in Zelle abschließen (Nächste Zelle rechts wird markiert)	TAB (Tabulator-Taste)
Eingabe in Zelle abbrechen	ESC
Neue Zeile in Zelle beginnen	ALT+EINGABE
Eingabe in den gesamten markierten Zellbereich übernehmen	STRG+UMSCHALT+EINGABE
Nächste Zelle rechts / links markieren	NACH-RECHTS / NACH-LINKS
Nächste Zelle oben / unten markieren	NACH-OBEN / NACH-UNTEN
Markierung nach rechts / links erweitern	UMSCHALT+NACH-RECHTS / UMSCHALT+NACH-LINKS
Markierung nach oben / unten erweitern	UMSCHALT+NACH-OBEN / UMSCHALT+NACH-UNTEN
Erste Zelle in Zeile markieren	POS1
Erste Zelle im Arbeitsblatt (A1) markieren	STRG+POS1
Gesamtes Arbeitsblatt markieren Wenn eine Zelle innerhalb einer Tabelle markiert ist, dann zweimal STRG+A drücken	STRG+A
Aktuelle Spalte markieren	STRG+LEERTASTE
Aktuelle Zeile markieren	UMSCHALT+LEERTASTE
Auswahl nächstes / vorheriges Arbeitsblatt	STRG+BILD-OBEN STRG+BILD-UNTEN
Zellen einfügen (Dialogfenster) anzeigen	STRG+Pluszeichen(+)
Zellen löschen (Dialogfenster) anzeigen	STRG+Minuszeichen(-)
Neues Arbeitsblatt einfügen	UMSCHALT+F11

Eingabe

Aktuelles Datum einfügen	STRG+. (Punkt)
Aktuelle Uhrzeit einfügen	STRG+UMSCHALT+: (Doppelp.)
Markierte Zelle bearbeiten (Bearbeiten-Modus) Einfügemarke erscheint in der Zelle	F2
Bearbeiten-Modus: Cursor an den Anfang	POS1

Bearbeiten-Modus: Cursor an das Ende	ENDE
Kopiert den Inhalt aus der darüberliegenden Zelle in die aktuelle Zelle	STRG+UMSCHALT+, (Komma)
Unten ausfüllen (Format und Inhalt der ersten Zelle des markierten Bereichs in die darunterliegenden Zellen kopieren)	STRG+U
Rechts ausfüllen (Format und Inhalt der ersten Zelle des markierten Bereichs in die angrenzenden Zellen rechts kopieren)	STRG+R
Suchen Dialogfenster öffnen	STRG+F
Ersetzen Dialogfenster öffnen	STRG+H

Formeln und Formeleingabe

Dialogfenster Funktion einfügen öffnen	UMSCHALT+F3
Zwischen relativen, festen (absoluten) und gemischten Zellbezügen wechseln (Cursor befindet sich in der Formel unmittelbar in oder nach einem Zellbezug)	F4
Öffnet das Fenster Funktionsargumente (Cursor befindet sich in der Formel unmittelbar hinter dem Funktionsnamen)	STRG+A
Nach Eingabe des Funktionsnamens Klammern und Funktionsargumente einfügen (Cursor befindet sich in der Formel unmittelbar hinter dem Funktionsnamen)	STRG+UMSCHALT+A
Eingabe einer Matrixfunktion oder -Formel abschließen	STRG+UMSCHALT+EINGABE
Neuberechnung einer Formel/Funktion	F9

Zusammenhängende Tabellenbereiche
(Markierung befindet sich innerhalb des Tabellenbereichs!)

Tabelle (Liste) erstellen	STRG+L
Erste / letzte Zelle in Zeile	STRG+NACH-LINKS / RECHTS
Erste / letzte Zelle in Spalte	STRG+NACH-OBEN / UNTEN
Erste / letzte Zelle in Tabelle	STRG+POS1 / STRG+ENDE
Zeile markieren (ab Markierung bis zur ersten / letzten nicht leeren Zelle)	STRG+UMSCHALT+LINKS / STRG+UMSCHALT+RECHTS

Spalte markieren (ab Markierung bis zur ersten / letzten nicht leeren Zelle)	STRG+UMSCHALT+OBEN / STRG+UMSCHALT+UNTEN
Gesamte Tabelle markieren	STRG+UMSCHALT+* (nicht im Ziffernblock)
Ende-Modus aktivieren / deaktivieren	ENDE
Ende-Modus: Erste / letzte nicht leere Zelle in Spalte auswählen	NACH-OBEN / NACH-UNTEN
Ende-Modus: Erste / letzte nicht leere Zelle in Zeile auswählen	NACH-LINKS / NACH-RECHTS
Ende-Modus: Spalte ab Markierung bis zur ersten / letzten nicht leeren Zelle markieren	UMSCHALT+NACH-OBEN / UNTEN
Ende-Modus: Zeile ab Markierung bis zur ersten / letzten nicht leeren Zelle markieren	UMSCHALT+NACH-LINKS / UMSCHALT+NACH-RECHTS

Formatieren

Dialogfenster Zellen formatieren öffnen	STRG+1 (nicht im Ziffernblock)
Mit zwei Dezimalstellen formatieren (einschl. Tausenderzeichen)	STRG+UMSCHALT+!
Währungsformat zuweisen	STRG+UMSCHALT+$
Prozentformat (ohne Dezimalstellen)	STRG+UMSCHALT+%
Exponentialschreibweise	STRG+UMSCHALT+"
Standardzahlenformat	STRG+UMSCHALT+&
Zahl als Datum formatieren (TT. MMM JJ)	STRG+#
Zahl mit Datum und Uhrzeit formatieren	STRG+°

Sonstiges

Pivot-Tabelle/Verknüpfung aktualisieren	ALT + F5
VBA-Editor öffnen	ALT + F11
Schrittweise Ausführung (VBA)	F8

Glossar

.csv	Comma separated values, diese Dateinamenserweiterung wird für Textdateien verwendet, in denen die Werte anstelle von Spalten mit Semikolon (;) getrennt sind.
.odc	Office Data Connection. Mit dieser Dateinamenserweiterung speichert Excel Verbindungsdaten zu einer externen Datenbank, beispielsweise einer Access-Datenbank oder einer Textdatei.
.xlsb	Die persönliche Makroarbeitsmappe wird im Ordner XL-START gespeichert und enthält alle Makros, die in allen Excel-Mappen verfügbar sind.
.xlsm	Excel-Arbeitsmappen mit Makros werden als gesonderter Dateityp mit der Erweiterung .xlsm gespeichert
.xlam	Siehe Add-Ins
Add-In	Als Add-In bezeichnet Excel Programmerweiterungen, die nachträglich geladen werden können. Dazu zählen der Solver, Analyse-Funktionen, aber auch benutzerdefinierte Funktionen. Add-Ins werden mit der Dateinamenserweiterung .xlam gespeichert.
Debugger	Ein Debugger ist ein Werkzeug zum Auffinden und Beheben von Fehlern in einem Computerprogramm. Auch der VBA-Editor verfügt über einen Debugger.
Drilldown	Als Drilldown bezeichnet man ganz allgemein die Navigation in hierarchischen Systemen. Eine Excel Pivot-Tabelle kopiert beim Drilldown per Doppelklick auf einen Wert alle entsprechenden Einzeldatensätze in ein gesondertes Tabellenblatt.
Fehlerindikatoren	Fehlerindikatoren oder Fehlerbalken visualisieren in Diagrammen die, auf systematischen oder statistischen Fehlern beruhenden, Abweichungen von Messwerten gegenüber dem tatsächlichen Wert.
Kompilieren	Beim Kompilieren wird ein Computerprogramm aus einer Programmiersprache in Maschinensprache übersetzt, also in Befehle, die von der CPU ausgeführt werden können. Dies geschieht während der Ausführung mit Hilfe eines so genannten Compilers.
Konsolidieren	Als Konsolidieren bezeichnet Excel das Zusammenfassen und Auswerten von Daten aus mehreren Arbeitsblättern oder Arbeitsmappen.

Glossar

Konstanten	Konstanten stellen in der Programmierung feste Werte dar, die während der Ausführung nicht verändert werden. Sie werden mit Namen und Datentyp, sowie dem entsprechenden Wert deklariert.
Matrix	Als Matrix bezeichnet man eine Tabelle oder einen rechteckigen Zellbereich, der sich über mehrere Zeilen und Spalten erstreckt.
Microsoft Access	Access ist eine Anwendung zur Erstellung und Verwaltung von Datenbanken und gehört neben Excel und Word zu den Microsoft-Office Anwendungen.
Objekte	In der VBA-Programmierung stellen alle Excel-Elemente, z.B. Arbeitsblätter oder Arbeitsmappen, Objekte dar. Objekte werden über Eigenschaften näher beschrieben, die meisten Objekte verfügen auch noch über genau festgelegte Methoden und Ereignisse.
Regression	Als Regression bezeichnet man ein statistisches Analyseverfahren, mit dem sich Abhängigkeiten zwischen zwei oder mehreren Variablen ermitteln lassen.
Seriendruck	Mit Microsoft Word können Briefe oder Adressetiketten an einen größeren Personenkreis individuell adressiert werden, die Adressen befinden sich häufig in einer Excel- oder Access-Datenbank.
Syntax	Als Syntax bezeichnet man die „Rechtschreib- und Grammatikregeln" einer Programmiersprache.
Variablen	Als Variablen bezeichnet man in der Programmierung Platzhalter oder Behälter für Werte, denen erst während der Programmausführung ein fester Wert zugewiesen wird. Variablen sollten mit Namen und Datentyp deklariert werden.
XML	Extensible Markup Language, eine Auszeichnungssprache zur Darstellung hierarchisch strukturierter Daten in Textdateien. XML eignet sich in erster Linie zum Datenaustausch.

Index

Index

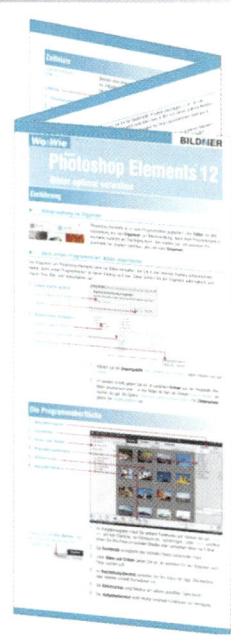

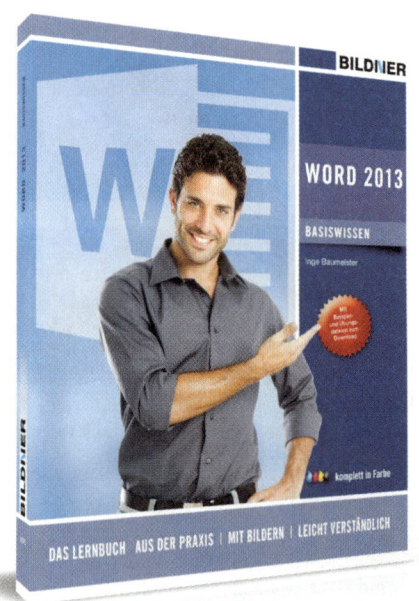